税務申告でミスしないための

組織再編の申告調整ケース50+6

西村美智子・中島礼子・長沼洋佑 [編著]

中央経済社

はじめに

　合併，分割，株式交換・移転などの組織再編成が行われた場合，これら取引に係る会計処理と税務処理は必ずしも一致するわけではない。むしろ一致するほうがまれである。

　例えば，組織再編成における受入法人側の処理に着目した場合，法人税法上は，適格組織再編成として，移転資産・負債を帳簿価額にて受け入れていても，会計上は「取得」として受入資産・負債に時価を付すことがある（図表0−1）。逆に，法人税法上非適格組織再編として時価受入処理をしていても，会計上は「共通支配下の取引」等として簿価受入処理を行うこともある。

　また，会計・税務ともに簿価引継処理であっても，会計と税務における「帳簿価額」が異なっていたり，受入れにより増加する株主資本の処理が異なったりすることもある（図表0−2）。同様に，会計・税務ともに時価受入れであっても，会計と税務で負債の範囲や，取得原価の概念が異なる結果，両者の処理に差異が発生することがある。

　このような会計処理と税務処理の乖離は，組織再編成の出し手法人側や，再編当事者の株主においても生じる。

◆図表0−1　会計上の仕訳と税務上の仕訳が異なる例（その1）◆

会計仕訳
「取得」として処理（＝時価受入れ）

諸資産	500	諸負債	100
		資本剰余金	×

税務仕訳
適格合併に該当（＝帳簿価額引継ぎ）

諸資産	400	諸負債	100
		資本金等の額	××
		利益積立金額	××

受入資産に付す帳簿価額が会計と税務で異なっている

申告調整必要

◆**図表 0 - 2　会計上の仕訳と税務上の仕訳が異なる例（その２）**◆

（受入資産・負債には同じ金額を付しているが，株主資本の構成が異なるケース）

会計仕訳　　　　　　　　　　　　　税務仕訳
「共通支配下の取引」として処理　　適格合併に該当
　　　（帳簿価額引継）　　　　　　　　　（帳簿価額引継）

| 諸資産 | 400 | 諸負債 | 100 |
| | | 資本剰余金 | 300 |

諸資産	400	諸負債	100
		資本金等の額	100
		利益積立金額	200

資産・負債の金額は同じでも，
株主資本の構成が異なる

↓

申告調整必要

　このように，組織再編再編成に伴う会計処理と税務処理は，往々にして異なることが多く，結果，法人税申告書において調整が必要となることが多い。しかも，その調整は，別表四における課税所得の調整と別表五㈠における利益積立金額の調整が１対１で対応するといったシンプルなものではなく，課税所得・利益積立金額・資本金等の額の調整が複雑に絡むものや，別表四を介さない別表五㈠のみの調整も多い。このため，これら組織再編成に伴う申告調整はしばしば申告書作成担当者の頭を悩ませることになる。

　しかしながら，組織再編成に伴う申告調整は，適切に手順さえ踏んでいれば，必ずしも難しいものではない，というのが筆者の実感である。

　適切な手順とは，①税務上の仕訳をきちんと作成した上で②これと会計上の仕訳を比較して税務調整仕訳を作成し，③税務調整仕訳を申告書に反映させる，という，ある意味至極当然の手続きである。実務上散見される処理誤りの例は，①または②を適切に行っていないことにより発生していることが多い（例えば，税務仕訳について借方しか考慮していない，税務調整仕訳作成過程を省略して別表を作成しているなど）。

　本書では，各種事例に基づき，上述の手続きに沿った形で申告調整の解説を行う。具体的な構成は以下のとおりである。

　　第Ⅰ編：基礎事項
　　　第1章：組織再編成の税務処理の概要
　　　第2章：組織再編に関する会計基準の概要
　　　第3章：申告調整の手順
　　第Ⅱ編：事例編
　　　第1章：合　併
　　　第2章：分社型分割
　　　第3章：分割型分割
　　　第4章：現物出資
　　　第5章：現物分配
　　　第6章：株式交換・株式移転
　　　第7章：株式併合（株式交換等）

　＜留意事項＞
　本書において「組織再編成」とは，法人税法上の組織再編税制の枠組みにて処理される取引，つまり以下の範囲を指すこととする。

> 合併，分割（分社型分割・分割型分割），現物出資，現物分配，株式分配，株式交換等，株式移転

　文中，意見にわたる部分は執筆者の個人的見解である点をご了解願いたい。
　本書は組織再編成に伴う申告調整について解説するものであるから，組織再編成の適格要件についての解説は他書に譲ることとする。また，単体納税下における課税関係申告調整を対象としており，連結納税下における取扱いについての解説は省略している。

【改訂版注記】

平成29年度税制改正により組織再編税制に大幅な改正が加えられることとなった。改正の主な項目としては以下が挙げられる（※本書は改正後の法令によっている）。

(ⅰ)　スピンアウト税制の創設（「独立して事業を行うための分割」の適格分割への追加）

(ⅱ)　「株式分配」に係る措置の創設

(ⅲ)　吸収合併・株式交換における対価要件の見直し

　　（一定の現金合併・現金株式交換が適格要件を満たし得ることになった）

(ⅳ)　完全子法人化に係る課税関係の統一

　　（株式併合・全部取得条項付種類株式を利用したキャッシュアウト・特定支配株主による売渡請求等のうち一定のものについて「株式交換等」として組織再編税制の適用対象となった。）

(ⅴ)　分割型分割における支配継続要件の見直し

(ⅵ)　非適格株式交換等・移転における時価評価資産の範囲の見直し

第2版においては，これらの改正のうち申告処理に関連する部分について，既存の設例を修正するとともに，新規設例を6つ設けた（第1章設例6，第5章設例5，6，第6章設例7，第7章設例1，2）。これに伴い書籍名も『組織再編の申告調整ケース50』から『組織再編の申告調整ケース50＋6』に変更した。

本書の執筆にあたっては，中央経済社の矢澤泰幹氏にひとかたならぬお世話になりました。この場を借りて御礼申し上げます。

本書が，組織再編成に携わる実務家の皆様のお役に立つことができれば幸甚です。

平成29年8月

西村美智子

中島　礼子

長沼　洋佑

目　次

第Ⅰ編　基礎事項

第Ⅱ編　事 例 編

第1章

64

合　併

第2章

分社型分割

第 3 章

分割型分割

196

第6章

株式交換・株式移転

第7章
株式併合（株式交換等）

<凡例>

法人税法………………………………………………	法法
法人税法施行令…………………………………………	法令
法人税法施行規則………………………………………	法規
租税特別措置法…………………………………………	措法
租税特別措置法施行令…………………………………	措令
租税特別措置法施行規則………………………………	措規
法人税基本通達…………………………………………	法基通
消費税法…………………………………………………	消法
消費税法施行令…………………………………………	消令
消費税法基本通達………………………………………	消基通
所得税法施行令…………………………………………	所令
会社法施行規則…………………………………………	会規
企業結合に関する会計基準……………………………	企業結合会計基準
事業分離等に関する会計基準…………………………	事業分離会計基準
連結財務諸表に関する会計基準………………………	連結会計基準
企業結合会計基準及び事業分離等会計基準に関する適用指針………………………………………………	結合分離適用指針

第Ⅰ編

基礎事項

　本編では，組織再編成に伴う申告調整を行うにあたって，最低限必要と思われる事項についての解説を行う。

【第Ⅰ編の構成】
第1章　組織再編成の税務処理の概要
第2章　組織再編に関する会計基準の概要
第3章　申告調整の手順

　第1，2章においては，組織再編成に係る税務・会計処理の概要を俯瞰する。
　第3章においては，会計処理と税務処理の相違を申告書にて調整する際の基本的な手続きの流れを説明する。

第**1**章

組織再編成の税務処理の概要

1 組織再編成のタイプ

　法人税法上，組織再編成税制の枠組みにおいて処理される取引とは，合併，分割，現物出資，現物分配，株式分配，株式交換等，株式移転である。これらはその形態により，大きく2つのタイプに分類することができる。1つは，合併，分割といった再編当事者の事業／資産・負債の移転を伴うもの，もう1つは株式交換・株式移転といった，再編当事者の株式のみが移転するものである（図表1-1）。そして，組織再編成が行われた場合の税務処理は，前者グループ，後者グループでそれぞれ共通点が多い。さらに，前者グループの中では分社型分割と現物出資，合併と分割型分割が，それぞれ取引形態として近似しており，法人税法上の取扱いについてもおおむね同等となっている。

◆図表1-1　組織再編成のタイプ◆

再編当事者の事業／資産・負債の移転を伴う組織再編成	再編当事者の株式のみが移転する組織再編成
・　合併 ・　分割（分社型分割，分割型分割） ・　現物出資 ・　現物分配 ・　株式分配	・　株式交換等 ・　株式移転

◆図表1-2　再編当事者の事業／資産・負債の移転を伴う組織再編◆

（合併，分割，現物出資，現物分配）

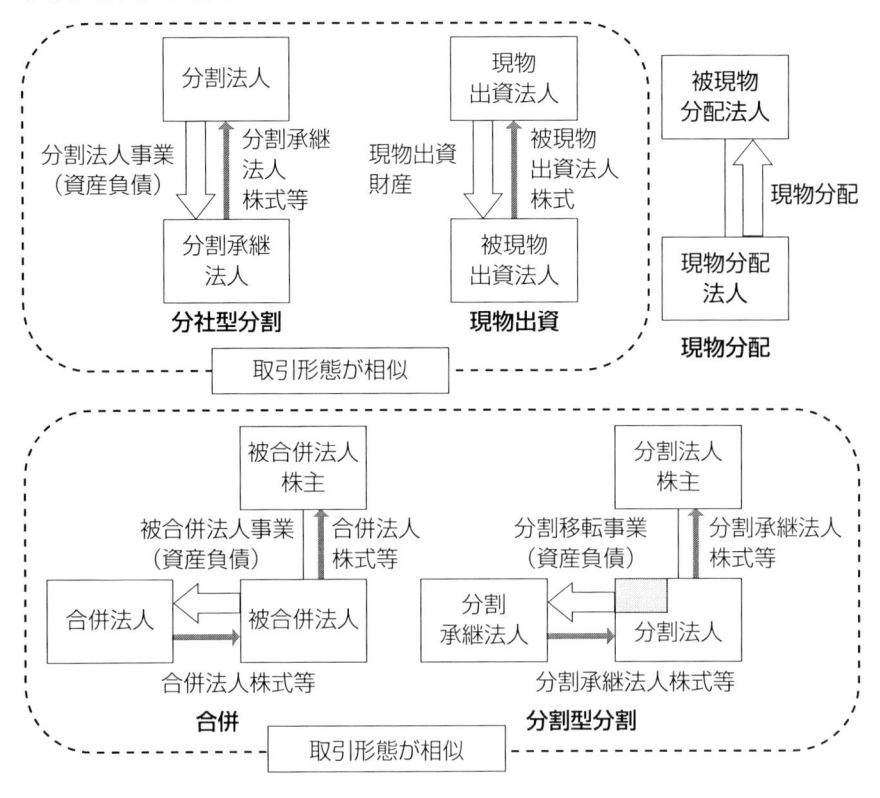

（平成29年度改正で新たに加わったスピンオフ税制）

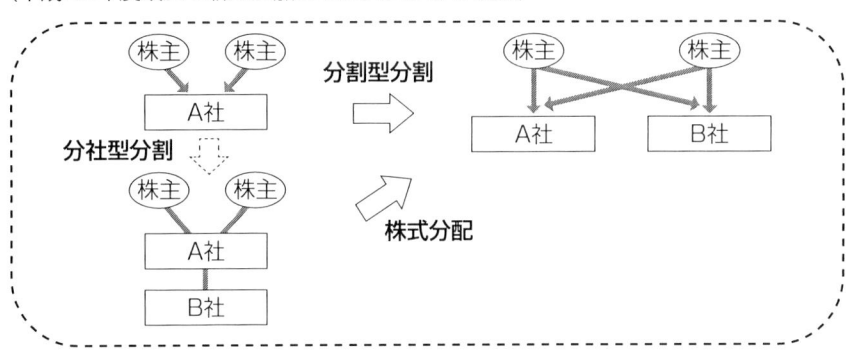

◆図表1-3 再編当事者の株式のみが移転する組織再編成◆

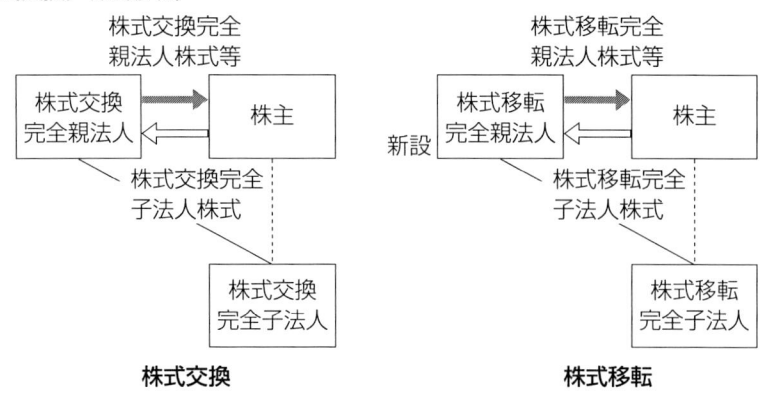

※株式交換以外の株式交換等については7を参照。

以下，各再編形態の税務処理概要につき，仕訳イメージを示しつつ説明を行う。なお，本章では，組織再編成に係る税務処理の全体像を理解することを主目的としているため，各組織再編成における税務処理の詳細については第Ⅱ編を参照されたい。また，同様の理由から本章の説明においては，いわゆる三角組織再編成や無対価組織再編成については考慮外としている。また，再編当事者，株主ともに内国法人を前提としている。

2 分社型分割・現物出資

(1) 取引内容

分社型分割，現物出資においては，出し手側の法人（分割法人・現物出資法人）から受け手側の法人（分割承継法人・被現物出資法人）に対して資産・負

---

1 このほか，次の無対価分割も分社型分割に該当する（法法２十二の十ロ）。
　・分割直前において分割法人が分割承継法人株式を保有している場合（分割承継法人が分割法人の発行済株式の全部を保有している場合を除く）

債を移転，対価として分割承継法人株式（被現物出資法人）あるいは金銭等を収受する[1]。

取引イメージ（分社型分割の場合）

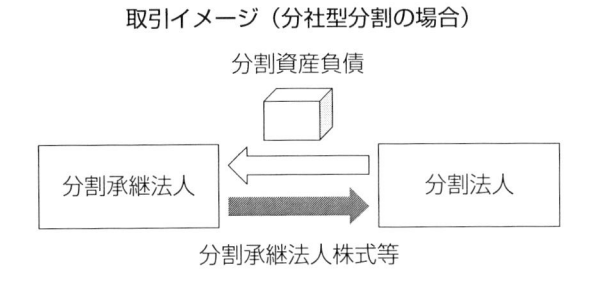

分割資産負債

分割承継法人　←　分割法人

分割承継法人株式等

(2)　適格分社型分割，適格現物出資

【概要】分社型分割，現物出資が適格組織再編成に該当する場合，資産負債は分割・現物出資直前の帳簿価額にて譲渡をしたものとして取り扱う（法法62の3①，62の4①）。したがって，再編当事者の税務処理は以下のようになる。

✓ 分割法人，現物出資法人（出し手）……譲渡損益なし（法法62の3，62の4）。分割交付対価（分割承継法人株式・被現物出資法人株式）は移転純資産帳簿価額にて受入れ（法令119①七）。

✓ 分割承継法人，被現物出資法人（受け手）……移転資産負債を分割法人・現物出資法人における帳簿価額にて受入れ（法令123の4，123の5）。

仕訳イメージ（適格分社型分割）

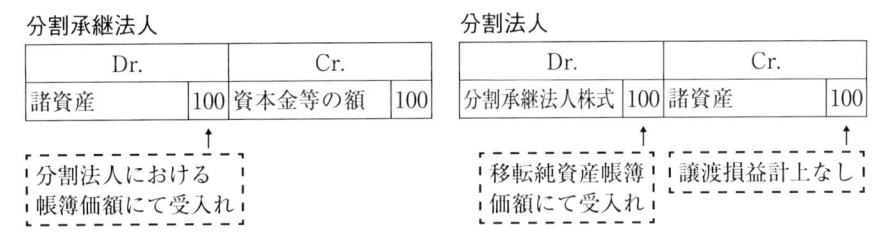

分割承継法人

Dr.		Cr.	
諸資産	100	資本金等の額	100

分割法人

Dr.		Cr.	
分割承継法人株式	100	諸資産	100

↑
分割法人における
帳簿価額にて受入れ

↑
移転純資産帳簿
価額にて受入れ

↑
譲渡損益計上なし

(3)　非適格分社型分割，非適格現物出資

【概要】分社型分割，現物出資が非適格組織再編成に該当する場合，資産負債

は分割・現物出資時の時価にて譲渡をしたものとして取り扱う（法法62①）。
したがって，再編当事者の税務処理は以下のようになる。

✓ 分割法人，現物出資法人……譲渡損益計上[2]。分割交付対価（分割承継法人株式等・被現物出資法人株式）は時価にて受入れ。

✓ 分割承継法人，被現物出資法人……移転資産負債を時価にて受入れ（交付資産時価と移転を受けた資産・負債の時価純資産価額との差額は資産調整勘定又は差額負債調整勘定[3]として処理（法法62の8））。

仕訳イメージ（非適格分社型分割）

分割承継法人

Dr.		Cr.	
諸資産	150	資本金等の額	150

↑
時価にて受入れ
（交付した資産の時価と移転を受けた資産・負債の時価純資産価額との差額は資産調整勘定又は差額負債調整勘定[3]）

分割法人

Dr.		Cr.	
分割承継法人株式	150	資産	100
		譲渡損益	50

↑ 交付資産の時価にて受入れ   ↑ 譲渡損益計上

3 合併・分割型分割

(1) 取引内容

　合併，分割型分割は，税務上，出し手側の法人（被合併法人・分割法人）が受け手側の法人（合併法人・分割承継法人）に対して資産負債を移転，対価として合併法人株式（分割承継法人株式）あるいは金銭等を収受，当該対価を株主に即時配当する取引として整理される（法法2十二の九イ）。

2　完全支配関係者間の非適格分社型分割・非適格現物出資の場合，譲渡損益調整資産に係る譲渡損益につき繰延べを行う（後述⑧参照）。
3　資産調整勘定・差額負債調整勘定の計上金額詳細については後述⑦参照。

取引イメージ（合併の場合）

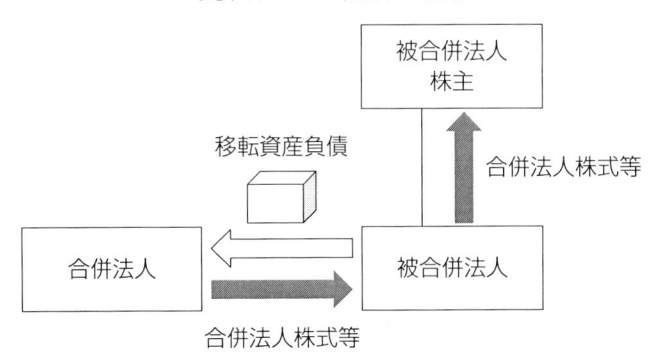

(2)　適格合併，適格分割型分割

【概要】合併，分割型分割が適格組織再編成に該当する場合，資産・負債は帳簿価額にて被合併法人・分割法人から合併法人・分割承継法人に引き継ぐ（法法62の2①）。

　株主においては，被合併法人株式・分割法人株式の全部・一部と引替えに合併法人・分割承継法人株式を取得したものとして，株式帳簿価額の付替えを行う。したがって，再編当事者及び株主の税務処理は次のとおりとなる。

①　被合併法人，分割法人

　譲渡損益なし（法法62の2）。分割移転資産の帳簿価額に相当する金額の利益積立金額・資本金等の額を比例按分的に減少させる（法令8①十五，9①十）。

②　合併法人，分割承継法人

　移転資産負債を被合併法人，分割法人における帳簿価額にて受入れ（法令123の3）。

仕訳イメージ（適格分割型分割）

分割承継法人

Dr.		Cr.	
諸資産	100	資本金等の額	70
		利益積立金額	30

分割法人

Dr.		Cr.	
資本金等の額	70	諸資産	100
利益積立金額	30		

分割法人における帳簿価額にて受入れ	分割法人の減少利益積立金額・資本金等の額に相当する利益積立金額・資本金等の額の増加	資本金等の額・利益積立金額を比例按分的に減少	譲渡損益計上なし

③ 被合併法人株主

被合併法人株式の帳簿価額相当額をもって合併法人株式の取得価額とする（法令119①五，法法61の2②）。

④ 分割法人株主

分割法人株式の帳簿価額に分割移転割合（純資産帳簿価額に占める移転純資産の帳簿価額）を乗じて計算した金額をもって分割承継法人株式の取得価額とし，同額を分割法人株式帳簿価額から減算する（法令119①六，法法61の2④）。

仕訳イメージ（分割型分割の場合）

分割法人株主

Dr.		Cr.	
分割承継法人株式	15	分割法人株式	15

分割法人株式帳簿価額×分割移転割合をもって分割法人株式と分割承継法人株式の帳簿価額を付替え。譲渡損益計上はなし。

(3) 非適格合併，非適格分割型分割

非適格合併，非適格分割型分割が行われた場合，被合併法人・分割法人は合

併・分割時の時価にて移転資産・負債を譲渡，合併法人・分割承継法人から合併交付対価をその時の時価にて取得，直ちに当該新株等を株主等に交付したものとして取り扱う（法法62）。

①　被合併法人，分割法人

移転資産・負債につき時価にて譲渡したものとして譲渡損益計上[4]（法法62）。分割法人については，分割移転純資産の時価相当額の利益積立金額・資本金等額の減少を認識[5]する（この際，分割法人の減少資本金等の額は，分割直前の資本金等の額に，分割移転割合を乗じたものとし，残額を利益積立金額の減少とする（法令8①十五，9①九）。

②　合併法人，分割承継法人

移転資産・負債を時価にて受入れ，交付資産時価と移転を受けた資産負債の時価純資産価額との差額は資産調整勘定・差額負債調整勘定[6]として処理する（法法62の8）。

仕訳イメージ（非適格分割型分割）

分割承継法人

Dr.		Cr.	
諸資産	150	資本金等の額	150

時価にて受入れ
（交付した資産の時価と移転を受けた資産負債の時価純資産価額との差額は資産調整勘定又は差額負債調整勘定）[6]

分割法人

Dr.		Cr.	
資本金等の額	70	諸資産	100
利益積立金額	80	譲渡益	50

資本金等の額，利益積立金額を減少

譲渡損益計上

4　完全支配関係者間の場合，譲渡損益調整資産に係る譲渡損益につき繰延べを行う（後述8参照）

5　資本金等の額の減少額：分割法人の分割型分割直前の資本金等の額に分割移転割合を乗じた金額（法令8①十五）
　　利益積立金額の減少額：分割移転純資産時価から減少資本金等の額を差し引いた額（法令9①九）。

6　資産調整勘定・差額負債調整勘定の計上金額詳細については後述7参照。

③　被合併法人株主，分割法人株主

(i)　金銭等の交付がない場合

株主においてみなし配当を認識する（株式譲渡損益は認識しない）。結果，合併法人株式，分割承継法人株式の取得価額は以下のとおりとなる（法令119①五六，法法61の2②④）。

- 合併法人株式の取得価額：被合併法人株式帳簿価額相当額＋みなし配当の額
- 分割承継法人株式の取得価額：（分割法人株式帳簿価額×分割移転割合）

　　　　　　　　　　　　　　　　＋みなし配当の額

仕訳イメージ（非適格分割型分割／金銭等交付なし）

分割法人株主（金銭等交付なし）

Dr.		Cr.	
分割承継法人株式	35	分割法人株式	15
		みなし配当	20

分割承継法人株式増加額
＝(a)＋みなし配当

分割法人株式減少額(a)
＝分割法人株式帳簿価額
　×分割移転割合

(ii)　金銭等の交付がある場合

合併・分割交付資産（金銭等）を時価にて受け入れるとともに，みなし配当と株式譲渡損益を認識する。株式譲渡対価，譲渡原価の金額は次のとおり（法法61の2①一，法令119の8①）。

- 株式譲渡対価：交付資産時価－みなし配当金額
- 株式譲渡原価：合併⇒被合併法人株式帳簿価額

　　　　　　　　　分割型分割⇒分割法人株式帳簿価額×分割移転割合

仕訳イメージ（非適格分割型分割／金銭等交付あり）

分割法人株主（金銭等交付あり）

Dr.		Cr.	
金銭等	32	分割法人株式	15
株式譲渡損益	3	みなし配当	20

分割交付資産：時価受入れ
株式譲渡損益：
　譲渡対価：分割交付資産時価－みなし配当の額
　譲渡原価：分割法人株式帳簿価額×分割移転割合

4 現物分配

(1) 取引内容

　現物分配とは，法人が次に掲げる事由により，金銭以外の資産を株主に交付することをいう（法法2十二の五の二）[7]。

◈図表1-4　金銭以外の資産の移転が現物分配とされる事由◈

> (i)　剰余金の配当[8]
> (ii)　解散による残余財産の分配
> (iii)　自己株式の取得[9]

　本書では，実務上取り扱う頻度が比較的高いと思われる(i)のケースについて説明する。なお，現物分配のうち，株式分配（下図）については 5 にて説明を行う。以下，本節において「現物分配」とは株式分配以外の現物分配を指す。

7　株式会社を想定。
8　利益剰余金の配当・資本剰余金の配当で，分割型分割によるものを除く。
9　金融商品取引所の開設する市場における購入その他一定の取得を除く（法法24①五）。

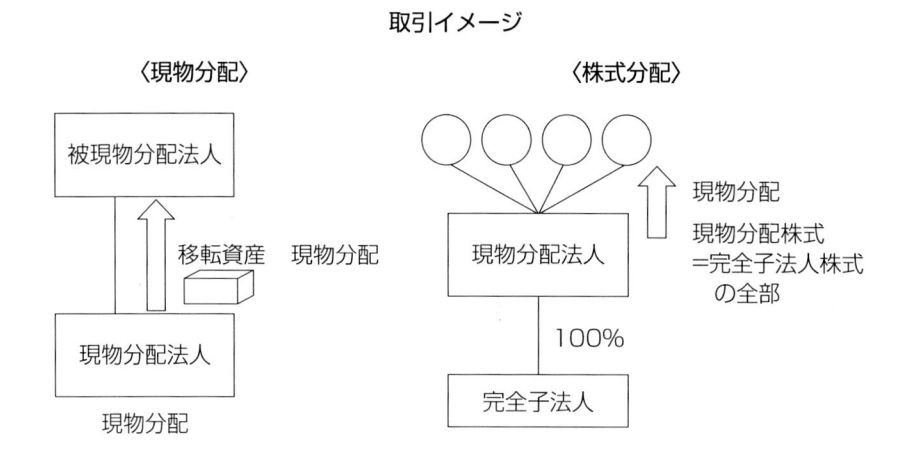

(2)　**適格現物分配**

【概要】適格現物分配が行われた場合，現物分配法人は，現物分配資産を現物分配直前の帳簿価額にて譲渡したものとして取り扱う（法法62の5③）。

　被現物分配法人側の税務上の取扱いは，当該現物分配が上記図表1-4のいずれによるものであるかによって異なるが，いずれの場合も被現物分配法人において課税所得が発生することはない。

　したがって，各再編当事者の税務処理は次のとおりとなる。

①　**現物分配法人**

　現物分配資産を現物分配直前の帳簿価額にて譲渡したものとして取り扱う（法法62の5③）。同時に，資産の移転に伴い，利益剰余金のみを原資とする現物分配については移転資産の帳簿価額に見合う利益積立金額を減少，資本剰余金を原資とする現物分配(注)については利益積立金額・資本金等の額を比例按分的に減少させる（法令8①十八，9①八,十二）。

(注)　資本剰余金及び利益剰余金双方を原資とする現物分配を含む。以下本節において同じ。

②　被現物分配法人

現物分配の区分に応じて以下のように取り扱う。

(ⅰ)　利益剰余金のみを原資とする剰余金の配当の場合

現物分配資産を現物分配法人の帳簿価額にて受け入れる（法令123の6）。適格現物分配に係る受取配当金額は全額益金不算入（法法62の5④）。

仕訳イメージ（利益剰余金のみを原資とする適格現物分配）

被現物分配法人

Dr.		Cr.	
現物分配資産	100	受取配当金 （利益積立金額）	100

現物分配法人における帳簿価額にて受入れ

適格現物分配に係る受取配当は全額益金不算入。結果として利益積立金額の増加のみ

現物分配法人

Dr.		Cr.	
利益積立金額	100	現物分配資産	100

利益積立金額の減少

譲渡損益計上なし

(ⅱ)　資本剰余金を原資[注]とする剰余金の配当の場合

現物分配資産を現物分配法人の帳簿価額にて受け入れる。当該受入価額は一部をみなし配当，残りを株式譲渡対価として取り扱う（法法24①，61の2①）。みなし配当部分については全額益金不算入，株式譲渡対価と対応する原価との差額は株式譲渡損益とせずに資本金等の額として処理する（法法62の5④，法令8①二十二）。

◆図表1-5　資本剰余金を原資とする現物配当に係る受入価額の取扱い◆

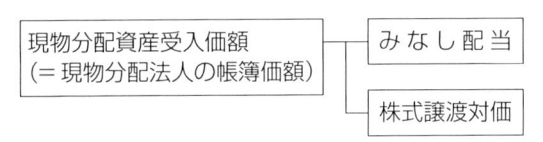

（注）利益剰余金・資本剰余金双方を原資とする場合を含む（15頁(ⅱ)において同じ）。

仕訳イメージ（資本剰余金を原資とする適格現物分配）

被現物分配法人

Dr.		Cr.	
現物分配資産	100	受取配当金 （利益積立金額）	70
資本金等の額	20	現物分配法人株式	50

現物分配法人にお
ける帳簿価額にて
受入れ

適格現物分配に係
る受取配当は全額
益金不算入

資本の払戻しに伴う現物分配法人株式
の減少を認識するとともに，株式譲渡
損益相当額は，資本金等の額にて処理

現物分配法人

Dr.		Cr.	
資本金等の額	30	現物分配資産	100
利益積立金額	70		

利益積立金額と資
本金等の額を比例
按分的に減少

譲渡損益計上なし

(3) 非適格現物分配

　非適格現物分配が行われた場合，現物分配法人は，現物分配資産を時価にて譲渡したものとして取り扱う。被現物分配法人の税務上の処理は，当該現物分配が当該現物分配の形態によって異なる。

① 現物分配法人

　現物分配資産を時価[10]にて譲渡したものとして取り扱う。同時に，資産の移転に伴い，利益剰余金のみを原資とする剰余金の配当による現物分配については移転資産の帳簿価額に見合う利益積立金額を減少，資本剰余金を原資とする剰余金の配当による現物分配については資本金等の額・利益積立金額を減少させる（減少金額の内訳の計算については第Ⅱ編第5章参照）。

② 被現物分配法人

　現物分配の形態に応じて以下のように取り扱う。

　10　残余財産の全部分配の場合は残余財産確定時の時価，それ以外の場合は現物分配時の時価（法法62の5①）

（i）　利益剰余金のみを原資とする剰余金の配当の場合

現物分配資産を時価にて受け入れる。受取配当については，受取配当益金不算入制度の枠組みにて，株式の区分（完全子法人株式等・関連法人株式等・非支配目的株式等に応じてその一部または全部を益金不算入とする（法法23）。

仕訳イメージ（非適格現物分配—利益剰余金のみを原資）

被現物分配法人

Dr.		Cr.	
現物分配資産	150	受取配当金 （利益積立金額）	150

　↑　　　　　　　↑
時価にて受入れ　　一般の受取配当益金不算入制度の枠組みで益金不算入額を計算する。

現物分配法人

Dr.		Cr.	
利益積立金額	150	現物分配資産	100
		譲渡損益	50

　　　　　　　　　↑
時価譲渡（譲渡損益計上）

（ii）　資本剰余金を原資とする剰余金の配当の場合

現物分配資産を時価にて受け入れる。

みなし配当と同時に株式の譲渡損益を認識する[11]。現物分配資産の受入価額（時価）については一部をみなし配当，残りを株式譲渡対価として取り扱う（法法24①，61の2①）。みなし配当については，受取配当益金不算入制度の枠組みにて，株式の区分（完全子法人株式等・関連法人株式等・その他株式等・非支配目的株式等）に応じてその一部または全部を益金不算入とする（法法23）。

株式譲渡対価とこれに対応する譲渡原価（現物分配法人株式の帳簿価額のうち資本金等の額の減少額に対応する部分の金額）との差額は株式譲渡損益とする[(注)]。

(注)　完全支配関係者に対する現物分配であるが，適格現物分配に該当しない場合（例：現物分配により資産の交付を受ける者に個人や外国法人が含まれている場

11　当該非適格現物分配が完全支配関係のある他の内国法人を現物分配法人とするものであれば，譲渡損益相当額については損益計上されずに資本金等の額として処理される（法令8①十九）。ただし，完全支配関係のある内国法人間の現物分配は適格現物分配に該当するためこのようなケースは限定的であると想定される。

合）には，帳簿価額をもって譲渡収入として取り扱い，差額は資本金等の額に計上する（法法61の2⑰，法令8①二十二）。

◆図表1-6　資本剰余金を原資とする現物配当の受入価額の取扱い◆

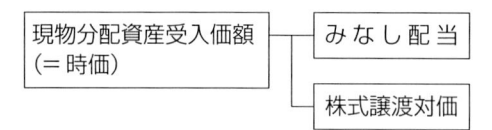

仕訳イメージ（資本剰余金を原資とする剰余金の配当に係る非適格現物分配）

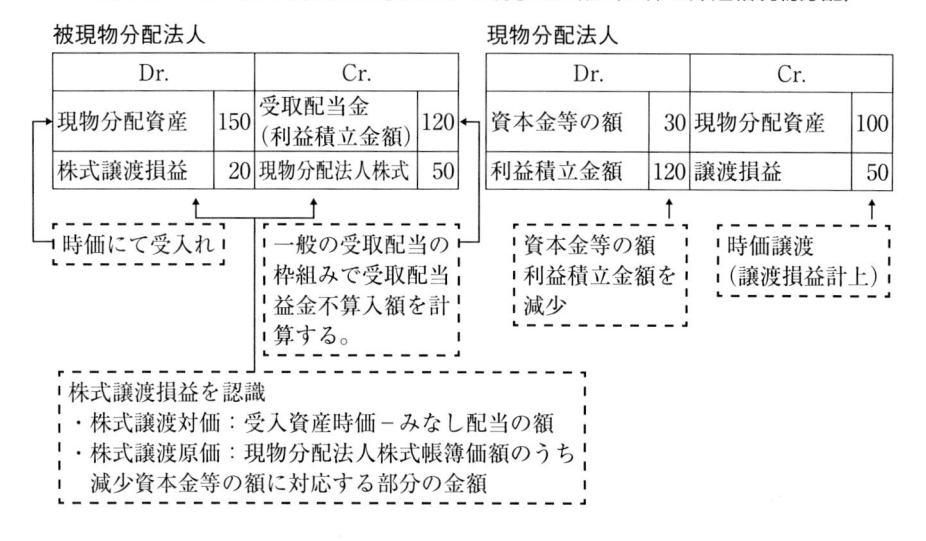

5　株式分配

(1)　取引内容

株式分配とは，現物分配のうち，以下を満たすものをいう（法法2十二の十五の二）。

① 　**現物分配の形態**：剰余金の配当[12]によるものであること。

② 　**移転資産**：現物分配法人の100％子法人（完全子法人[13]）の発行済株式の全部が現物分配により移転するものであること。

③ 　**現物分配法人の株主**：現物分配により上記②の移転を受ける者が，現物分配法人の完全支配関係者のみではないこと。

取引イメージ

〈株式分配〉

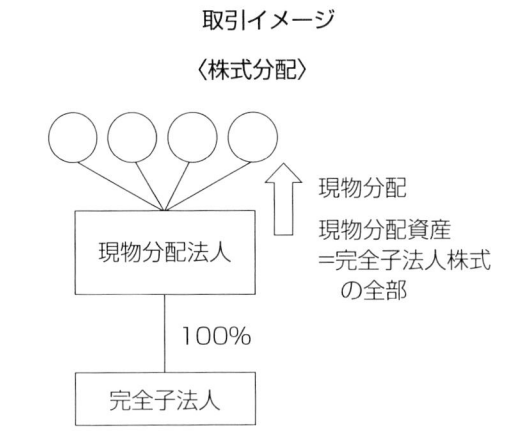

(2)　適格株式分配

【概要】　適格株式分配が行われた場合，現物分配法人（出し手）にあっては，完全子法人株式を帳簿価額にて譲渡したものとして取り扱う（譲渡損益なし）。

　したがって，各再編当事者の税務処理は次のとおりとなる。

・現物分配法人

　適格株式分配が行われた場合，現物分配法人は，完全子法人株式を株式分配直前の帳簿価額にて譲渡したものとして取り扱うと同時に，同額の資本金等の額の減少を認識する（法法62の5③，法令8①十六）。

12　自己株式取得又は残余財産の分配による株式の移転は「株式分配」に該当し得ない。

13　現物分配の直前において現物分配法人により発行済株式等の全部を保有されていた法人。以下本節において同じ。

- **現物分配法人の株主**

　現物分配法人株式の帳簿価額のうち完全子法人の株式に対応する部分の金額をもって完全子法人株式の帳簿価額に付け替える（法法61の2⑧，法令119①八，119の8の2①）。

仕訳イメージ（適格株式分配）

現物分配法人の株主（受け手）

Dr.		Cr.	
完全子法人株式	10	現物分配法人株式	10

↑　　　　　　　↑

現物分配法人株式帳簿価額×株式分配に係る移転割合をもって現物分配法人株式を完全子法人株式の帳簿価額に付替え[14]。譲渡損益計上はなし。

現物分配法人（出し手）

Dr.		Cr.	
資本金等の額	300	完全子法人株式	300

↑　　　　　　　　↑

資本金等の額が減少（配当原資にかかわらず）　　譲渡損益計上なし

(3)　非適格株式分配

【概要】　非適格株式分配が行われた場合，現物分配法人（出し手）にあっては，完全子法人株式を時価にて譲渡したものとして取り扱う（譲渡損益を認識する）。現物分配法人の株主にあっては，金銭等不交付株式分配についてはみなし配当を認識，それ以外の場合にはみなし配当と株式譲渡損益を認識する。

①　現物分配法人

　非適格株式分配が行われた場合，現物分配法人は，完全子法人株式を時価にて譲渡したものとして取り扱うと同時に，資本金等の額及び利益積立金額の減少を認識する（法法61の2①，法令8①十七，9①十一）。

14　現物分配法人株式の帳簿価額の減少額の計算方法については，第Ⅱ編第5章設例6を参照。

② 現物分配法人株主

(i) 完全子法人の株式以外の資産が交付されなかった場合（金銭等不交付株式分配）

　株主においてみなし配当を認識する（株式譲渡損益は認識しない。法法24①三，法令119の8の2①）。完全子法人株式の取得価額は，現物分配法人株式の帳簿価額の減少額[15]とみなし配当金額の合計額となる（法令119①八）。

(ii) (i)以外

　完全子法人株式を含む現物分配資産を時価にて受け入れるとともに，みなし配当，株式譲渡損益を認識する（法法24①三，法令23①三）。

仕訳イメージ（金銭不交付非適格株式分配）

現物分配法人の株主（受け手）

Dr.		Cr.	
完全子法人株式	50	現物分配法人株式	10
		みなし配当	40

現物分配法人株式の減少額＋みなし配当の額

現物分配法人株式帳簿価額×株式分配に係る移転割合をもって減少を認識[15]

現物分配法人（出し手）

Dr.		Cr.	
資本金等の額	100	現物分配資産	300
利益積立金額	400	譲渡損益	200

譲渡損益計上

15　現物分配法人株式の帳簿価額の減少額の計算方法については第Ⅱ編第5章設例6を参照。

6 株式交換・株式移転

(1) 取引内容[16]

　株式交換（移転）完全親法人が株式交換（移転）完全子法人株主より，株式交換（移転）完全子法人株式の全部を取得，対価として株式交換（移転）完全親法人株式あるいは金銭等を交付する。

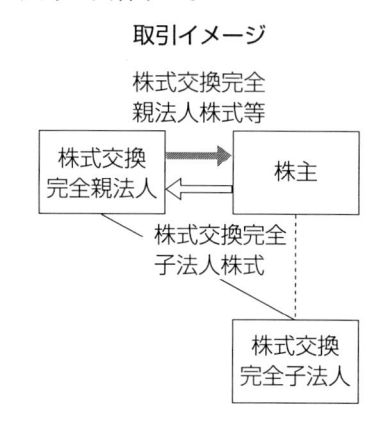

取引イメージ

(2) 適格株式交換・移転

【概要】適格株式交換・移転が行われた場合，株式交換（移転）完全子法人，株式交換（移転）完全子法人株主においては特段の課税関係は発生しない。帳簿価額の付替えのみ。

① 株式交換（移転）完全子法人

　特段の課税関係なし。

16　株式交換等のうち株式交換以外のものについては 7 を参照のこと。

② 株式交換（移転）完全親法人

（i）　金銭等不交付適格株式交換及び適格株式移転の場合

株式交換（移転）完全親法人における株式交換（移転）完全子法人株式の受入価額の計算方法は，株式交換（移転）直前の子法人の株主数に応じて次のとおり（法令119①十，十二）。

- 株主が50人未満の場合⇒株式交換（移転）完全子法人株主における株式交換（移転）完全子法人株式の帳簿価額の合計額

- 株主が50人以上の場合⇒ 株式交換（移転）完全子法人の簿価純資産価額 $\times \dfrac{\text{株式交換（移転）により取得した株式数}}{\text{株式交換（移転）直前の発行済株式総数}}$

（ii）　上記以外

株式交換完全子法人株式の時価をもって，株式交換完全子法人株式の取得価額とする（法令119①二十七）。

③ 株式交換（移転）完全子法人株主

株式交換（移転）完全子法人株主の取扱いは，対価として金銭等が交付されたか否かにより異なる。

- 金銭等不交付適格株式交換及び適格株式移転：株式交換（移転）完全子法人株式につき帳簿価額にて譲渡（簿価譲渡）したものとして取り扱う（法法61の2⑨⑪，法令119①九，十一）。
- 適格株式交換のうち上記以外：株式交換完全子法人株式につき時価にて譲渡したものとして譲渡損益を認識する。

仕訳イメージ（適格株式交換，金銭不交付型）

株式交換完全子法人

　仕訳なし

株式交換完全親法人

Dr.		Cr.	
株式交換完全 子法人株式	100	資本金等の額	100

株式交換完全子法人株主

Dr.		Cr.	
株式交換完全 親法人株式	10	株式交換完全 子法人株式	10

｜株式交換完全子法人株主における｜
｜帳簿価額にて受入れ(注)｜

｜子法人株式帳簿｜｜譲渡損益計上なし｜
｜価額にて受入れ｜

(注)　株主が50人以上の場合，株式交換完全子法人の簿価純資産価額を基礎として計算した金額にて受入れ。

(3)　非適格株式交換・移転

【概要】非適格株式交換・移転が行われた場合，株式交換（移転）完全子法人においては，その保有する一定の資産につき時価評価損益を認識する（法法62の9）。株式交換（移転）完全子法人株主においては，交付対価が金銭等であった場合は，株式交換（移転）完全子法人株式の譲渡損益を認識する。

①　株式交換（移転）完全子法人

株式交換（移転）の直前の時において有する時価評価資産（固定資産，土地，有価証券，金銭債権，繰延資産（一定のものを除く））につき時価評価損益を認識する[17]（法法62の9）。

②　株式交換（移転）完全親法人

株式交換（移転）完全子法人株式の時価をもって，株式交換（移転）完全子法人株式の取得価額とする[18]。

17　完全支配関係法人間の非適格株式交換・移転については，時価評価損益計上なし（法法62の9①）。
18　完全支配者間非適格株式交換・移転については，適格株式交換・移転における完全親法人の取得価額と同様（法令119①十・十二）。

③　株式交換（移転）完全子法人株主

　株式交換（移転）完全子法人株主の取扱いは，対価として金銭等が交付されたか否かにより異なる。

- 対価として株式交換（移転）完全子法人株式等以外の資産が交付されなかった場合：株式交換（移転）完全子法人株式につき帳簿価額にて譲渡（簿価譲渡）したものとして取り扱う（法法61の2⑨⑪，法令119①九，十一）。
- 対価として金銭等が交付された場合：株式交換（移転）完全子法人株式につき時価にて譲渡したものとして譲渡損益を認識する。

仕訳イメージ（非適格株式交換—金銭等交付なし）

株式交換完全子法人

Dr.		Cr.	
諸資産	70	評価損益	70

一定の資産につき評価損益計上

株式交換完全親法人

Dr.		Cr.	
株式交換完全子法人株式	100	資本金等の額	100

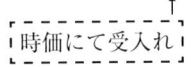

時価にて受入れ

株式交換完全子法人株主

Dr.		Cr.	
株式交換完全親法人株式	10	株式交換完全子法人株式	10

子法人株式帳簿価額にて受入れ　　譲渡損益計上なし

7　株式交換等のうち株式交換以外のもの

(1)　株式交換等の範囲

　「株式交換等」には，株式交換の他に，以下の取引により対象会社の株主が最大株主等のみとなるものが含まれる（法法2二十二の十六）。

　(a)　全部取得条項付種類株式を利用したキャッシュアウト

⒝　株式併合を利用したキャッシュアウト

⒞　株式売渡請求

　　※以下，本節において，⒜⒝を併せて「株式併合等」と称する。

　本節においては，株式交換等のうち株式交換以外のもの（上記⒜⒝⒞の取引）に係る，各当事者の課税関係の概要を説明する。

⑵　取引内容[19]

①　株式併合等を利用したキャッシュアウト

　最大株主等以外の株主が有する株式の数を一に満たない端数とし，端数相当株式につき最大株主等（株式交換完全親法人等）又は対象会社が買い取る。

取引イメージ（対象会社が端数相当株式を買い取る場合）

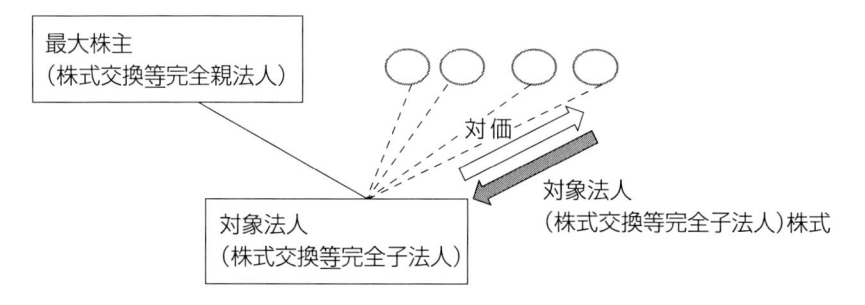

②　株式売渡請求

　特別支配株主による株式売渡請求（会社法179条）等により，一の株主が他の株主が有する対象法人の株式全部を取得する。

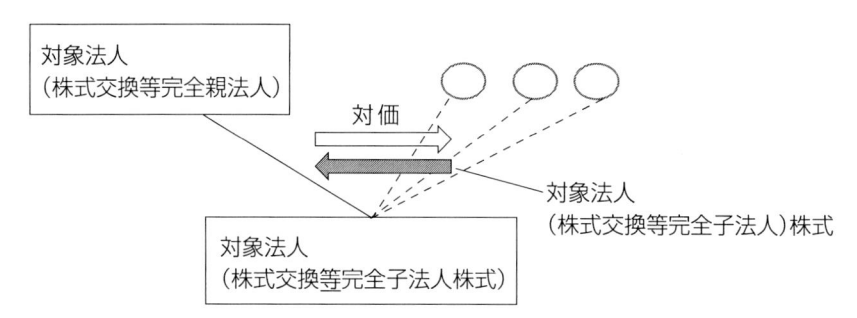

(2)　適格株式交換等（株式交換以外）

【概要】

株式交換等完全子法人において時価評価課税は生じない。完全子法人の株主の側においては，譲渡損益が発生する。

①　株式交換等完全子法人（対象会社）

特段の課税関係なし。

※ただし，株式併合等において対象会社が端数相当株式を取得する場合には，自己株式取得に係る仕訳を計上する。この場合，対象会社において，端数相当株式の対価の額として支出した金銭の額に相当する資本金等の額の減少を認識する（法令8①二十一）。

②　株式交換等完全親法人（残存株主）

(i)　親法人が株式を取得する場合

株式売渡請求を実施する場合，あるいは株式併合等で完全親法人が端数相当株式を取得する場合には，株式取得に係る仕訳を計上する（対価の額[20]をもって完全子法人株式の取得価額とする）。[21]

(ii)　対象法人が端数相当株式を取得する場合

株式併合等によるキャッシュアウトにおいて完全親法人にも端数が発生，対

19　以下には説明のため，各取引形態の概要のみを示している。より正確な定義については，他書を参照されたい。

20　等価取引を想定。

21　株式併合等を利用したキャッシュアウトにおいて，完全親法人が端数相当株式を買い取る場合，完全親法人が有する端数について，譲渡損益を認識するか，という疑問が生じる。この点については，当該取引を一種の自己取引と捉え，譲渡損益は認識しないものと考える（松尾拓也・若林義人・西村美智子・中島礼子著『スクイーズ・アウトの法務と税務』（中央経済社）p264参照）。この場合，株式取得に係る対価の額は，完全親法人が支出する端数相当株式の買取り対価の額から完全親法人自身に交付されるべき部分の金額を控除した金額となる。

象会社が端数相当株式を取得する場合，完全親法人において，端数の譲渡について譲渡損益を認識する（みなし配当は生じない。法法24①五）。

③　完全子法人株主（売り手）

　完全子法人株式（端数）の譲渡につき譲渡損益を認識する（対象会社が端数相当株式を取得する場合であってもみなし配当は生じない。法法24①五）。

仕訳イメージ（対象会社が端数相当株式を取得する株式併合。適格株式交換等に該当）

株式交換完全親法人
仕訳なし

株式交換等完全子法人（対象会社）

Dr.		Cr.	
資本金等の額	500	現預金	500

↑
資本金等の額を減少
（端数相当株式の買取りのため，利益積立金額の減少なし）

対象会社株主

Dr.		Cr.	
現預金	50	対象会社株式	10
		譲渡損益	40

↑
譲渡損益計上
（端数相当株式の買取りのため，みなし配当なし）

(3)　非適格株式交換等（株式交換以外）

①　株式交換等完全子法人（対象会社）

　株式交換等の直前の時において有する時価評価資産（固定資産，土地，有価証券，金銭債権，繰延資産（一定のものを除く））につき時価評価損益を認識する（法法62の9）。

※なお，株式併合等において対象会社が端数相当株式を取得する場合には，対象会社において株式取得に係る仕訳を計上する。この場合，対象会社においては取得対価相当額の資本金等の額の減少を認識する（法令8①二十一）。

②　株式交換等完全親法人

　上記(2)②と同じ。

③　完全子法人株主（売り手）

上記⑵③と同じ。

8 │ 資産調整勘定と負債調整勘定

上述②，③において，非適格組織再編成が行われた場合，資産調整勘定・負債調整勘定が計上される場合がある旨を説明した。資産調整勘定は会計上ののれんと類似している部分はあるものの，法人税法独自の概念である。したがって資産調整勘定が計上される場合は，原則として別表調整が必要になる。以下，資産調整勘定及び負債調整勘定の計上及び取崩しの概要について説明する。

⑴　資産調整勘定・負債調整勘定（後述⑵以外のもの）

非適格合併及び，非適格分割，非適格現物出資，事業譲渡のうち一定のもの[22]（以下「非適格合併等」）が行われた場合，非適格合併等の対価と受入資産・負債[23]の時価純資産価額との差額は，受入法人側において資産調整勘定又は差額負債調整勘定として計上する[24, 25]（法法62の8①。対価＞受入資産負債の時価純資産価額の場合は資産調整勘定，対価＜受入資産負債の時価純資産価額の場合は負債調整勘定（以下後述⑵の負債調整勘定と区別するため差額負債調整勘定と記す。））。この資産調整勘定・差額負債調整勘定は，計上以後の各事業年度において5年間で均等償却を行う[注]（法法62の8④）。

(注)　初年度については月数按分（平成29年度改正による）。

22　非適格分割，非適格現物出資，事業譲渡（以下「非適格分割等」）のうち，当該非適格分割等に係る分割法人，現物出資法人又は移転法人（事業の移転をした法人）の，当該非適格分割等直前に営む事業及び当該事業に係る主要な資産負債のおおむね全部が，当該非適格分割等に係る分割承継法人・被現物出資法人，譲受法人に移転するものをいう。

23　負債には後述⑵の負債調整勘定（退職給与負債調整勘定，短期重要負債調整勘定）を含む。また，資産・負債は税務上資産・負債と認められるものを指すため，資産には会計上ののれんは含まず，負債に税務上計上が認められていない引当金や未確定債務を含まない。

◆図表1-7　資産調整勘定・負債調整勘定の計上◆

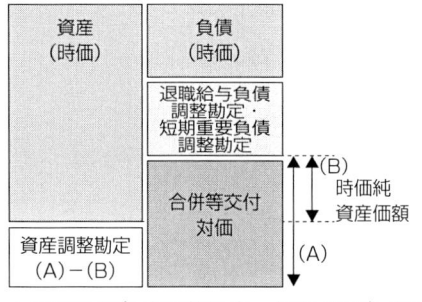
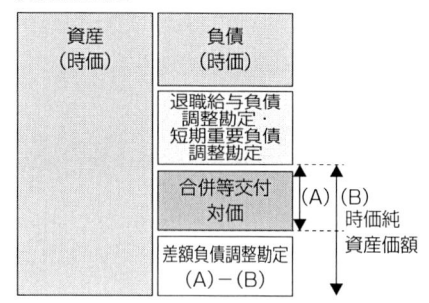

＊退職給与負債調整勘定，短期重要負債調整勘定の計算については後述(2)参照

(2)　退職給与負債調整勘定・短期重要負債調整勘定

　非適格合併等が行われた場合で，受入法人側が，退職給与に係る債務又は短期重要債務の引受けをした場合には，受入法人側ではこれを負債調整勘定として計上する（図表1-8参照。法法62の8②，法令123の10）。これらの負債調整勘定の金額は，退職給与債務に関しては従業者の退職に伴って取り崩し，短期重要債務については当該債務に係る損失が発生あるいは非適格合併等の日から3年を経過した日に取り崩す（法法62の8⑥，法令123の10⑩⑫）。

24　「資産超過差額」とされる部分を除く（法令123の10④）。資産超過差額とは，以下に掲げる区分に応じて，それぞれに記載した金額をいう。
　①　非適格合併等により交付された資産の時価（交付時価額）が，その合併等を約したときの価額（約定時価）の2倍を超えている場合⇒交付時価から移転事業価値として合理的に見積もられる金額又は約定時価を控除した金額。
　②　非適格合併により交付した資産の時価が移転を受けた資産負債の時価純資産価額を超えるの金額のうちに，被合併法人等の欠損金額（当該移転を受ける事業による収益にの額によって補てんされると見込まれるものを除く）に相当する部分から成ると認められる部分がある場合⇒当該欠損金額に相当する部分から成ると認められる金額。
25　完全支配関係者間で非適格合併が行われた場合の資産調整勘定，差額負債調整勘定についてはコラム⑥参照。

◆**図表1-8**　負債調整勘定（退職給与負債調整勘定／短期重要負債調整勘定）法法62の8②，法令123の10◆

引受債務／負担	負債調整勘定計上額	取崩事由・金額
退職給与負債調整勘定		
退職給与債務	引き継いだ従業者に係る退職給付引当金の額（一般に公正妥当と認められる会計の基準に従って算定された金額）	退職給与引受従業者が退職そのほかの事由により従業者でなくなった場合 ⇓ （原則）当初計上額×退職従業者数／退職給与引受従業者数 （例外）当該退職給与引受従業者ごとの退職給付引当金額に相当する金額
短期重要負債調整勘定		
移転を受けた事業に係る将来の債務（移転資産の取得価額の合計額26の20％相当額を超えるものに限る）でその履行が当該非適格合併等の日から3年以内に見込まれるもの。	債務の額	・短期重要債務見込み額に係る損失が発生 ⇒短期重要債務負債調整勘定のうち当該損失の額に相当する額 ・非適格合併等の日から3年が経過した場合 ⇒全額(注)

(注)　この他，自己を被合併法人とする非適格合併，残余財産の確定が行われた場合にも全額取り崩す（法62の8⑥二）。

【平成30年度税制改正に係る補遺—無対価組織再編成と資産調整勘定】

　平成30年度税制改正により，一定の無対価組織再編成が行われた場合の資産調整勘定・（差額）負債調整勘定の計上額は，以下のとおりとされた（法令123の10⑮）。

条件	計上額
(i)　対価の交付が省略された非適格合併等(注1)で一定の資産評定が行われた場合（下記(ii)の場合を除く）	下記①＞②の場合：①－②を以って資産調整勘定 下記①＜②の場合：②－①を以って(差額)負債調整勘定 ①　営業権（独立取引営業権を除く）価額（資産評定による） ②　未確定債務の額(注2)

26　「移転資産」に資産調整勘定は含まない。

(ii)　移転を受けた資産の取 得価額^(注3)＜移転を受け た負債の額^(注4)の場合	資産調整勘定・（差額）負債調整勘定は計上しない

（注1）　脚注22に示す非適格合併等のうち，再編当事者が163頁コラム⑧図表2-3に
　　　　掲げる関係にあるもの。

（注2）　移転事業に係る将来債務（退職給与負債調整勘定，短期重要負債調整勘定を
　　　　除く）履行に係る負担の引き受けをしたものの額。

（注3）　独立取引営業権を含む。一定の資産評定が行われている場合には，上記(i)①
　　　　（営業権）の額を含む。

（注4）　退職給与負債調整勘定，短期重要債務を含む。一定の資産評定が行われてい
　　　　る場合には，(i)の②（未確定債務）の額を含む。

⑨ グループ法人税制との関係

⑴　非適格合併・非適格分割・非適格現物出資・非適格現物分配

　完全支配関係者間で非適格合併・非適格分割・非適格現物出資・非適格現物
分配が行われた場合，再編により移転する資産負債について時価にて譲渡した
ものとした上で，一定の資産（譲渡損益調整資産）に係る譲渡損益については
繰延処理を行う。繰り延べた譲渡損益については，譲渡損益の実現事由が発生
した時点で，その一部または全額を取り崩す（法法61の13①〜④）。

　譲渡損益調整資産の範囲及び譲渡損益の実現事由はおよそ次のとおり。

◆譲渡損益調整資産
　固定資産，土地，有価証券，金銭債権，繰延資産
　　（注）帳簿価額1,000万円未満のものその他一定のものを除く

◆繰延譲渡損益の主な実現事由
　• 譲渡等調整資産の再譲渡等（譲渡，貸倒れ，除却，評価損益の計上，
　　償却）
　• 完全支配関係の喪失
　• 連結納税開始・加入による時価評価

【完全支配関係者間非適格合併について】

　完全支配関係者間で非適格合併が行われた場合には，合併法人側で譲渡損益調整資産につき簿価受入れを行うほか，欠損金使用制限，特定資産譲渡等損失の損金算入制限の適用対象となる（法法61の13⑦，57④，62の7①）。詳細は第Ⅱ編第1章コラム⑥を参照のこと。

(2)　非適格株式交換・非適格株式移転

　完全支配関係者間で非適格株式交換・非適格株式移転が行われた場合には，それ以外の非適格株式交換・移転の場合と異なり，完全子法人が有する資産について時価評価損益の計上は行われない（法法62の9①）。

10　まとめ

　以下，各種組織再編成における課税関係の概要を表に示しておく。

◆**図表1-9　各種組織再編成における課税関係の概要**◆

合併・分割・現物出資・現物分配

		再編当事者(出し手)	再編当事者(受け手)	株主（出し手の株主）
再編形態		被合併法人 分割法人 現物出資法人 現物分配法人	合併法人 分割承継法人 被現物出資法人 被現物分配法人 株式分配法人株主	被合併法人株主 分割法人株主 現物出資法人株主
適格	分社型分割 現物出資 合併 分割型分割 現物分配(注4)	簿価移転 （時価課税なし）	簿価受入	課税なし(注5) （帳簿価額付替え）
	株式分配		課税なし （帳簿価額付替え）	

非適格	分社型分割	時価課税あり(注1)	時価受入(注3)	
	現物出資			
	合併			【金銭等交付なし】みなし配当【金銭等交付あり】みなし配当，株式譲渡損益
	分割型分割			
	現物分配(注4)			
	株式分配		【金銭等交付なし】課税なし【金銭等交付あり】株式譲渡損益	

株式交換・移転

	再編形態	完全子法人	完全親法人	完全子法人株主
適格	株式交換等	課税なし	簿価受入	【金銭等交付なし】課税なし
	株式移転			
非適格	株式交換等	時価課税あり(注2)	時価受入	【金銭等交付あり】株式譲渡損益
	株式移転			

（注1）完全支配関係者間非適格組織再編成については，一定の資産（譲渡損益調整資産）につき譲渡損益繰延べ。

（注2）完全支配関係者間非適格株式交換・移転については時価課税なし。

（注3）完全支配関係者間非適格合併については簿価受入れ。

（注4）株式分配を除く。

（注5）金銭等の交付が行われる場合には株式譲渡損益を認識。

第**2**章

組織再編に関する会計基準の概要

1 組織再編に関する会計基準の概観

　わが国の組織再編に関する会計基準は，主として，企業結合に関する会計基準（以下「企業結合会計基準」という），事業分離等に関する会計基準（以下「事業分離会計基準」という）及び連結財務諸表に関する会計基準（以下「連結会計基準」という）から構成されている。また，企業結合会計基準及び事業分離会計基準のガイドラインとして「企業結合会計基準及び事業分離等会計基準に関する適用指針」（以下「結合分離適用指針」という）がある。

　本書では，個別財務諸表の会計処理を説明するため，企業結合会計基準，事業分離会計基準及び結合分離適用指針を中心に解説する。

　まず，会社分割を例にして，組織再編の当事者の会計処理を概観する。

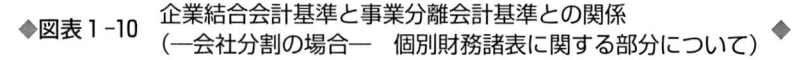

◆図表1-10　企業結合会計基準と事業分離会計基準との関係
　　　　　　（—会社分割の場合—　個別財務諸表に関する部分について）◆

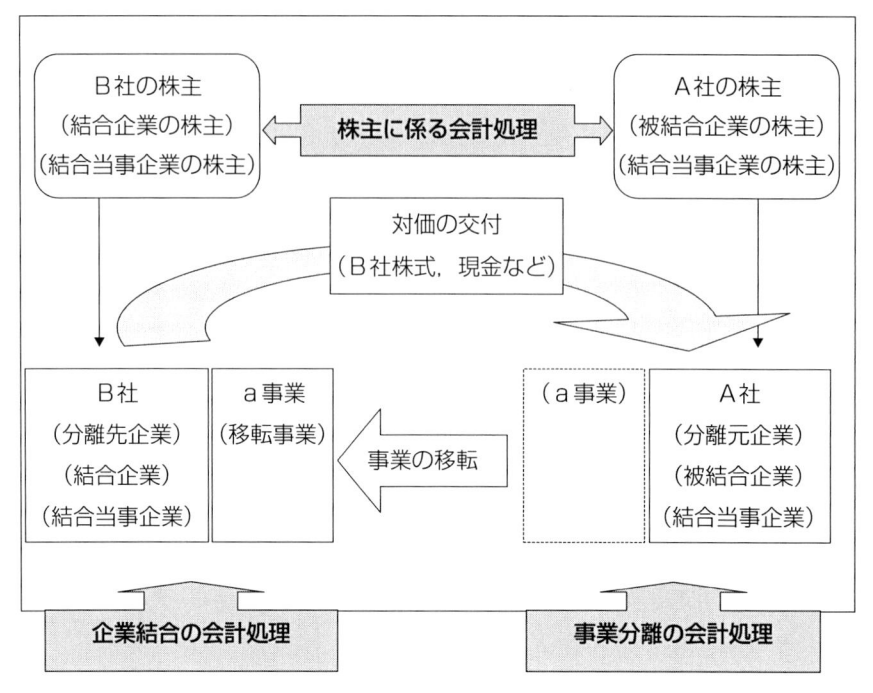

(1)　承継会社（B社）の会計処理

　B社はA社からa事業を受け入れるとともに，その対価として自社の株式をA社に交付するものとする。この場合，B社には企業結合会計基準が適用されることになる。

　企業結合会計基準では，後述のように，企業結合を「取得」「共同支配企業の形成」「共通支配下の取引」のいずれかに分類した上で，それぞれの分類ごとに会計処理を定めている。

(2)　分割会社（A社）の会計処理

　A社は，a事業を切り出し，これをB社に移転させ，その対価としてB社の

株式を受け取るものとする。この場合，Ａ社では事業分離会計基準が適用されることになる。

　事業分離会計の主要な論点は，分離元企業はどのような場合に事業移転に伴う損益を認識するかという点である。この点に関し，事業分離会計基準では，後述のように，一般に事業の成果をとらえる際の「投資の清算」と「投資の継続」という概念に基づき損益を認識するかどうかを判断するものとしている。

(3)　Ａ社及びＢ社の株主に係る会計処理

　ある組織再編が行われると，分離元企業（Ａ社）や結合企業（Ｂ社）のみならず，結合当事企業の株主の会計処理にも留意する必要がある。図表１－10のような会社分割の場合には，結合当事企業の株主は，会社分割の前後で株式の交換は行われないが，このような場合であっても，株式の交換が行われたときと同様，個別財務諸表上の会計処理が必要になるときがある。例えば，Ａ社の株主は，事業分離前はＡ社株式を子会社株式又は関連会社株式に分類していたが，事業分離の結果として，その他有価証券に分類変更された場合には損益を認識することになる。

　結合当事企業の株主の会計の主要な論点は，投資先の組織再編が行われた結果，株主はどのような場合に損益を認識するかという点である。結合当事企業の株主の会計は，後述のように，事業分離における分離元企業の会計と同様，「投資の継続」と「投資の清算」の概念に基づき損益を認識するかどうかを判断するものとしている。

2 企業結合会計

(1)　企業結合会計基準の概要

①　企業結合会計基準の適用範囲

　企業結合会計基準は，企業結合に該当する取引に適用される（企業結合会計

基準3項）。

　「企業結合」とは，ある企業又はある企業を構成する事業と他の企業又は他の企業を構成する事業とが1つの報告単位に統合されることをいう（企業結合会計基準5項）。また，「事業」とは，企業活動を行うために組織化され，有機的一体として機能する経営資源をいう（企業結合会計基準6項，事業分離会計基準3項）。このように，企業結合の対象を企業を構成する事業にまで拡げているため，企業と企業との結合である合併のほか，企業とある企業の一部門（事業）を承継する現物出資や吸収分割なども企業結合に含まれることになる。なお，組織再編が会社分割の形式をとっている場合であっても，移転対象が事業に該当しない限り，会計上は組織再編に関する会計基準は適用されない（この点，税務上は，会社分割の形式をとっている場合には，移転対象が資産であっても組織再編税制が適用されることになる）。

　また，企業結合を報告単位レベルでの統合の意味で用いているため，合併のように事業体レベルでの統合の場合（結合企業が事業を直接的に受け入れる企業結合）だけでなく，子会社株式の取得のように，子会社が連結範囲に含まれることにより親会社と同一の報告単位に統合される場合（親会社が他の会社を子会社株式という持分の形で間接的に受け入れる企業結合）も企業結合に含まれることになる。

②　企業結合の会計上の分類

　組織再編の法形式は，合併，会社分割，事業譲受，現物出資による受入れのように結合企業が企業又は事業を直接受け入れる方法のほか，株式交換，株式移転，子会社株式の現金による取得など企業を株式（持分）を通じて間接的に受け入れる方法がある。

　企業結合会計基準では，様々な法形式ごとに結合企業の会計処理を定めるのではなく，企業結合の経済的実質として，企業結合の会計上の分類（取得，共同支配企業の形成，共通支配下の取引）ごとに，適用すべき会計処理を使い分けることとしている。

したがって，企業結合の会計処理を行うにあたっては，最初に，企業結合の会計上の分類のいずれに該当するのかを検討しなければならない。

③　企業結合の会計上の分類と結合企業に適用される会計処理

企業結合の会計上の分類を識別するにあたっては，まず，ある企業結合が独立企業間で行われたのか，それとも企業集団内（グループ内）で行われたのかを識別する必要がある。

ある企業結合が親会社と子会社，子会社と子会社など企業集団内で行われた場合には，共通支配下の取引に該当し，基本的には適正な帳簿価額を基礎とした会計処理が行われる。

他方，ある企業結合が独立企業間で行われた場合には，合弁会社の設立のうち一定の要件を満たすもの（「共同支配企業の形成」）を除き，「取得」となる。「取得」と判定された場合には，結合当事企業のうち，いずれかの企業を取得企業（いわゆる買収者）として識別しなければならない。「取得」の会計処理は時価を基礎として行われることになる。この結果，ある合併が会計基準上は「取得」と判定されれば，会計上は，存続会社は消滅会社から受け入れる資産及び負債に時価を付さなければならない（他方，税務上は会計処理にかかわらず，適格組織再編と判定されれば，存続会社は消滅会社の税務上の帳簿価額で資産及び負債を受け入れることになる）。また，ある合併が会計上は「共通支配下の取引」とされれば，会計上は，存続会社は消滅会社が付した適正な帳簿価額により資産及び負債を受け入れなければならない（他方，税務上は，非適格組織再編と判定されれば，原則として，時価にて資産・負債を受け入れることとなる）。

「共同支配企業の形成」に該当した場合には，共同支配企業（合弁会社）は適正な帳簿価額を基礎として会計処理することになる。

本書では，「取得」と「共通支配下の取引」について，その概要を解説する。

◆図表 1-11　企業結合の会計上の分類と結合企業に適用される会計処理◆

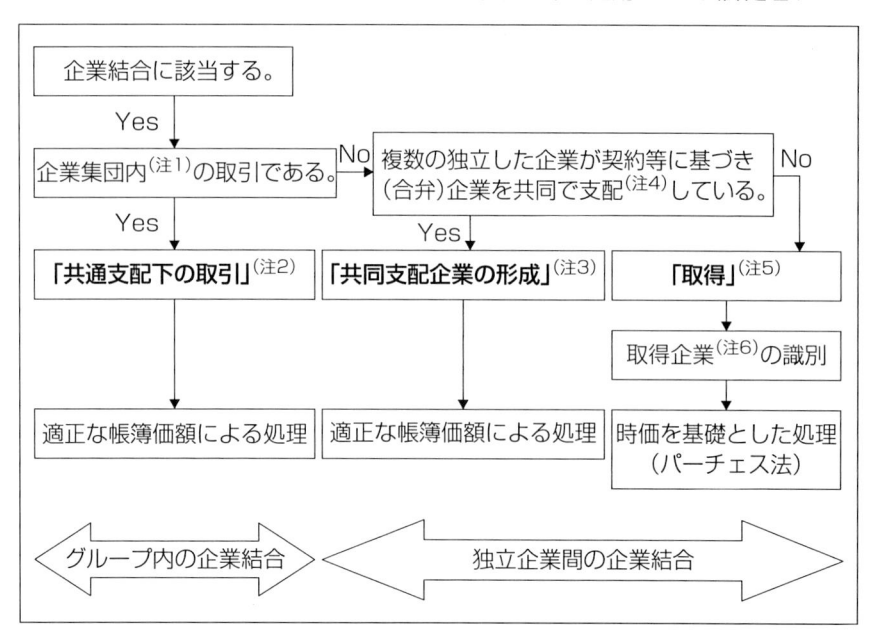

（注 1）「企業集団」とは，支配従属関係にある 2 つ以上の企業からなる集団をいう（連結会計基準 1 項）。

（注 2）「共通支配下の取引」とは，結合当事企業（又は事業）のすべてが，企業結合の前後で同一の株主により最終的に支配され，かつ，その支配が一時的ではない場合の企業結合をいう。親会社と子会社の合併及び子会社同士の合併は，共通支配下の取引に含まれる（企業結合会計基準16項）。

（注 3）「共同支配企業」とは，複数の独立した企業により共同で支配される企業をいい，「共同支配企業の形成」とは，複数の独立した企業が契約等に基づき，当該共同支配企業を形成する企業結合をいう（企業結合会計基準11項）。

（注 4）「支配」とは，ある企業又は企業を構成する事業の活動から便益を享受するために，その企業又は事業の財務及び経営方針を左右する能力を有していることをいう（企業結合会計基準 7 項）。

（注 5）「取得」とは，ある企業が他の企業又は企業を構成する事業に対する支配を獲得することをいう（企業結合会計基準 9 項）。

（注 6）「取得企業」とは，ある企業又は企業を構成する事業を取得する企業をいい，当該取得される企業を「被取得企業」という（企業結合会計基準10項）。

⑵　「取得」の会計処理

①　会計処理の概要

企業結合が取得と判定された場合には，パーチェス法が適用される（企業結合会計基準17項）。パーチェス法とは，被取得企業から受け入れる資産及び負債の取得原価を，原則として，対価として交付する現金及び株式等の時価とする方法をいう（結合分離適用指針29項）。

取得の会計処理は，以下の手順で行われる。

(ⅰ)　取得企業の決定（買収者は誰か？）

(ⅱ)　取得原価の算定（買収者は企業又は事業をいくらで買収したか？）

(ⅲ)　取得原価の配分（買収により受け入れた個々の資産・負債に付すべき帳簿価額（時価）及びのれん（又は負ののれん）はいくらか？）

②　取得企業の決定

企業結合が取得と判定された場合には，いずれかの結合当事企業を取得企業（他の企業又は事業に対する支配を獲得する企業）として決定しなければならない。すなわち，会計上は，企業結合に関係する企業のうち，いずれか1つの企業を買収者として特定しなければならない。

取得企業の決定方法は，対価が現金であれば現金を支払った企業が取得企業となるが，対価が株式の場合には，結合後企業に対する議決権比率の割合，取締役の人数の割合，相対的な企業規模などをふまえて総合的に判断することとなる（企業結合会計基準18項から22項）。

③　取得原価の算定

取得企業が決定されたら，次に取得企業は取得原価の算定及び取得原価の配分の会計処理を行うことになる。

取得原価は，原則として，取得の対価（支払対価）となる財の企業結合日における時価で算定する。取得関連費用（外部のアドバイザー等に支払った特定

の報酬・手数料等）は，発生した事業年度の費用として処理する（企業結合会計基準23項，26項）。

④　取得原価の配分

取得原価の配分は，被取得企業から取得した資産及び引き受けた負債のうち企業結合日時点において識別可能なもの（識別可能資産及び負債）の企業結合日時点の時価を基礎として，取得原価を当該資産及び負債に対して企業結合日以後１年以内に配分する（企業結合会計基準28項）。

識別可能資産及び負債の範囲については，被取得企業の企業結合日前の貸借対照表において計上されていたかどうかにかかわらず，企業がそれらに対して対価を支払って取得した場合，原則として，わが国において一般に公正妥当と認められる企業会計の基準の下で認識されるものに限定される（企業結合会計基準99項）。

適用指針では，このほか，取得原価の配分額の算定における簡便的な取扱いが示されており，一定の要件を満たす場合には，被取得企業の適正な帳簿価額を基礎として取得原価の配分額を算定できるとされている（結合分離適用指針54項）。

取得原価が，受け入れた資産及び引き受けた負債に配分された純額を上回る場合には，その超過額がのれんとなる（企業結合会計基準31項）。のれんは，資産に計上し，20年以内のその効果の及ぶ期間にわたって，定額法その他の合理的な方法により規則的に償却する（企業結合会計基準32項）。

取得原価が，受け入れた資産及び引き受けた負債に配分された純額を下回る場合には，その超過額が負ののれんとなる。負ののれんが生じる場合には，当該負ののれんが生じた事業年度の利益（特別利益）として処理することになる（企業結合会計基準33項）。

⑤　取得企業の増加資本の会計処理

企業結合の対価として，取得企業が新株を発行した場合には，払込資本（資

本金又は資本剰余金）の増加として会計処理する（すなわち，留保利益である利益剰余金を増やすことはできない）。増加すべき払込資本の内訳項目（資本金，資本準備金又はその他資本剰余金）は，会社法の規定に基づき決定する（結合分離適用指針79項）。

【設例】パーチェス法の会計処理－合併の場合－

（前提）

- A社（取得企業）はB社（被取得企業）を吸収合併した。
- A社がB社の株主に交付したA社株式の時価（合併効力発生日の時価）1,000
- A社がB社から受け入れた資産及び負債（諸資産）の時価（合併効力発生日の時価）800
- 取得関連費用　10

＜A社（取得企業：存続会社）の合併仕訳＞

諸　資　産（時　価）	800	払込資本（時　価）	1,000
の　れ　ん（差　額）	200		
合併費用	10	現　　　　金	10

---

(3)　共通支配下の取引の会計処理

①　会計処理の概要

　企業結合会計基準では，企業集団内の組織再編について，独立企業間の組織再編とは異なる会計処理，すなわち，「共通支配下の取引」の会計処理を定めている（企業結合会計基準40項）。

　共通支配下の取引とは，親会社と子会社との合併や親会社の支配下にある子会社同士の合併など，結合当事企業（又は事業）のすべてが，企業結合の前後で同一の株主により最終的に支配され，かつ，その支配が一時的ではない場合の企業結合をいう（企業結合会計基準16項）。したがって，支配の主体には企

業のみならず，個人も含まれることになる。

　共通支配下の取引は，親会社の立場からは企業集団内における純資産等の移転取引として「内部取引」と考えられるため，連結財務諸表と同様に，個別財務諸表の作成にあたっても，企業結合の前後で移転する資産及び負債の帳簿価額が相違することにならないよう，企業集団内における移転先の企業は移転元の適正な帳簿価額（親会社が子会社の事業を受け入れる場合には，連結財務諸表上の帳簿価額）により計上することになる（企業結合会計基準41項から43項，（注9））。

　次に共通支配下の取引における具体的な会計処理として，親会社が100％子会社を吸収合併するケースと，100％子会社同士が合併するケースを説明する。

②　親会社と100％子会社との合併

　親会社がその100％子会社を吸収合併する取引は，親会社にとっては，子会社への投資を（金銭ではなく）事業という現物により回収する取引であり，親会社では，投資成果の受入れとして，その回収差額を損益（抱合せ株式消滅差損益）に計上することになる。

　この取引に関する会計処理のポイントは以下の2点である。

> (ⅰ)　親会社は，子会社の資産及び負債を合併の効力発生日直前の連結財務諸表上の帳簿価額により受け入れる。
> (ⅱ)　親会社は，子会社純資産に占める親会社持分相当額と消滅する子会社株式の帳簿価額との差額を，抱合せ株式消滅差損益（特別損益）に計上する。

　まず，「連結財務諸表上の帳簿価額」は個別財務諸表上の「適正な帳簿価額」に以下の事項を調整したものである（結合分離適用指針207項）。

- 資本連結にあたり実施した子会社の資産及び負債の時価評価（時価評価に伴う税効果の調整を含む。）
- のれんの未償却残高
- 未実現損益に関する修正事項

　企業結合会計基準では，親会社（結合企業）と子会社（被結合企業）とが企業結合するときや子会社（結合企業）と孫会社（被結合企業）とが企業結合するとき，すなわち上位者が下位者を吸収する“垂直系”の企業結合においては，親会社は，親会社にとっての連結財務諸表上の金額である修正後の帳簿価額（のれんを含む）により資産及び負債を受け入れることとしている。

　親会社が子会社の資産・負債を連結財務諸表上の帳簿価額で受け入れるのは，個別財務諸表と連結財務諸表との整合性を図るためである。

【設例】

- P社は第三者からS社株式の100％を100で購入した。
- P社は買収直後にS社を吸収合併した。
- 買収時（＝合併時）のS社の簿価純資産は50（土地に30の含み益があり，時価純資産は80）である。
- のれんは20（＝100（投資原価）－80（支配獲得時の時価純資産＝連結財務諸表上の帳簿価額））である。なお，買収直後に合併するため，のれんは償却しない（合併時ののれんの未償却残高は20）。

＜P社（親会社：存続会社）の会計処理＞

| 子 会 社 株 式 | 100 | 現　　　　　金 | 100 |

| 諸資産（連結簿価） | 80 | 子会社株式（簿価） | 100 |
| のれん（連結簿価） | 20 | | |

- 当該組織再編は，上段の仕訳のP社によるS社の100％子会社化（取得の会計処理）と下段の仕訳のP社による当該100％子会社との合併（共通支配下の取引の会計処理）から構成される。
- P社による子会社の合併は共通支配下の取引として処理されるが，P社はS社の個別上の帳簿価額ではなく，連結財務諸表上の帳簿価額によりS社の資産・負債を受け入れることになる。

　次に,「抱合せ株式消滅差損益」は基本的には当該子会社が買収（設立）されてから合併の効力発生日直前までの期間において子会社が計上した損益（親会社持分に限る。）の累計額（配当が実施された場合には,その額を除く。）から当該子会社に関連するのれんの償却累計額（利益に計上された負ののれんを含む。）の合計額と一致することになる。これも親会社が作成する連結財務諸表と親会社の個別財務諸表との整合性が図られている。

　この関係を設例で示せば,次のようになる。

【設例】　抱合せ株式消滅差損益の会計処理

> ・P社は100％子会社S社を01年4月1日に100で設立した。
> ・S社は設立初年度（02年3月期）に利益を200計上した（S社の純資産は300）。
> ・P社は02年4月1日にS社を吸収合併した。
>
> ＜P社（親会社：存続会社）の合併仕訳＞
>
> | 諸資産（連結簿価） | 300 | 子会社株式（簿価） | 100 |
> |---|---|---|---|
> | | | 抱合せ株式消滅差益(差額) | 200 |
>
> （注）　P社はS社に100投資し,その後,合併によりS社から純資産を300回収したので,差額200はP社の投資を超える回収額として利益（抱合せ株式消滅差益）となる。なお,この200は,P社が作成する連結財務諸表では,子会社が利益を計上した年度に反映済みのものである。

　親会社が子会社を吸収合併する取引は,会計上は,親会社による投資成果の回収,すなわち損益取引として処理することになり,また,当該損益を適切に算定するために,連結財務諸表上の帳簿価額で子会社の資産及び負債を受け入れることになる。

③　100％子会社同士の合併

　子会社同士の合併など“水平系の合併”の場合には,子会社（存続会社）は

他の子会社（消滅会社）の「適正な帳簿価額」により資産及び負債を受け入れることになる。上位者（親会社）が下位者（子会社）を吸収する“垂直系の合併”とは異なり，存続会社は「連結財務諸表上の帳簿価額」ではなく個別財務諸表上の「適正な帳簿価額」を基礎として会計処理を行うことになる。

　具体的には，以下の点がポイントとなる。

(i)　子会社（存続会社）が他の子会社（消滅会社）から受け入れる資産及び負債には，合併の効力発生日直前の消滅会社における「適正な帳簿価額」を付す。

(ii)　子会社の増加する株主資本の会計処理は，以下のいずれかの方法による。どちらの方法を選択するかは，個々の合併ごとに任意に決定することができる。

　（原則法）払込資本を増加させる方法。この場合，増加すべき払込資本の内訳項目は，会社法の規定に基づき決定する。

　（容認法）消滅会社の株主資本をそのまま引き継ぐ方法。この方法を採用する場合には，消滅会社の合併直前の資本金及び準備金の額を吸収合併契約の記載事項である「資本金及び準備金の額に関する事項」（会社法749条1項2号イ）に記載する必要がある。

　なお，合併直前に，存続会社が消滅会社の株式（子会社では当該株式を関連会社株式又はその他有価証券として分類），すなわち，抱合せ株式を保有している場合には，その帳簿価額を存続会社のその他資本剰余金から控除することになり，抱合せ株式消滅差損益は生じない。

【設例】100％子会社同士の合併

- P社には100％子会社が2社（S1社・S2社）ある。
- S1社はS2社を吸収合併する。
- S2社の合併直前の資産の簿価は100，負債はゼロである。
- S1社は合併対価としてP社にS1社株式を交付する。
- S1社はS2社の資本勘定（資本金50，利益準備金20，その他利益剰余金30）を承継する。

<S1社（存続会社）の合併仕訳>

諸 資 産 （ 簿 価 ）	100	資 本 金 （ 簿 価 ）	50
		利益準備金（簿価）	20
		その他利益剰余金（簿価）	30

③ 事業分離会計

(1) 事業分離会計基準の適用範囲

事業分離会計基準は，以下のように，事業分離における分離元企業の会計処理等に適用される（事業分離会計基準9項）。企業結合会計基準と異なり，会計基準の適用対象は事業に限られず，現物資産も対象となる。

- 事業分離における分離元企業の会計処理（会社分割における分割会社の会計処理や事業譲渡における譲渡企業の会計処理など）
- 資産を移転し移転先の企業の株式を受け取る場合（上記に該当する場合を除く。）の移転元企業の会計処理（資産の現物出資を行った場合の出資者の会計処理など）
- 共同支配企業の形成及び共通支配下の取引以外の企業結合における結合当事企業の株主に係る会計処理

- 分割型の会社分割における当該分割会社の株主の会計処理
- 株主が現金以外の財産の分配を受けた場合の株主の会計処理（現物配当を受けた株主の会計処理）

⑵　投資の継続と投資の清算の考え方

　事業分離会計の主要な論点は，分離元企業はどのような場合に事業移転に伴う損益を認識するかという点である。この点に関し，事業分離会計基準では，一般に事業の成果をとらえる際の「投資の清算」と「投資の継続」という概念に基づき，実現損益を認識するかどうかを考えている（事業分離会計基準74項）。

　図表1－10（34頁）をご覧いただきたい。例えば，事業分離の受取対価が現金であれば，A社（分離元企業）では，a事業を売却したことになるので，a事業に対する投資は清算され，事業の移転損益（売却損益）を計上することになる。

　他方，事業分離の受取対価がB社株式である場合には，A社は分離先企業であるB社を子会社化するなど事業を売却したとはいえないケースもある。例えば，B社の企業規模に比して移転されたa事業の規模が大きく，B社がA社に多くの株式を発行した結果，A社がB社の発行済株式の過半数を保有することとなる場合が考えられる。このような場合，a事業はA社から分離されるものの，A社は受け取ったB社株式（子会社株式）を通じて，依然としてa事業に対する投資は継続していると考えられるので，事業の移転損益を認識することは適当ではない。

　事業分離会計基準では，受取対価の種類に基づき，「投資の清算」と「投資の継続」の判断を行うものとしている。事業分離会計基準では，受取対価が子会社株式又は関連会社株式の場合には投資は継続しているものとみなし，それ以外の場合には投資は清算されたとみなしている。

◆図表1-12　個別財務諸表上の投資の清算と投資の継続の考え方◆

区分	移転損益を認識するか	受取対価の種類
投資の清算	認識する	現金，その他有価証券に分類される株式（子会社株式又は関連会社株式以外の財）
投資の継続	認識しない	子会社株式又は関連会社株式（注）

(注)　共通支配下の取引において，子会社がグループ内の他の子会社に会社分割により事業を移転する場合は，分離元企業が受け取った分離先企業の株式が（子会社株式又は関連会社株式ではなく）「その他有価証券」に該当するときであっても，共通支配下の取引であるため，移転損益を認識しないことになる（結合分離適用指針254-2項，226項，447-2項）。

　なお，事業分離に要した支出額は，「投資の清算」「投資の継続」のいずれの場合であっても，分離元企業において，発生時の事業年度の費用として処理することになる（事業分離会計基準11項）。

⑶　投資の清算の会計処理

　移転した事業に関する投資が清算されたとみる場合には，その事業を分離先企業に移転したことにより受け取った対価となる財の時価と，移転した事業に係る株主資本相当額との差額を移転損益として認識するとともに，改めて当該受取対価の時価にて投資を行ったものとして会計処理する。

　現金など，移転した事業と明らかに異なる資産を対価として受け取る場合には，投資が清算されたとみなされる（事業分離会計基準10項⑴，14項から16項及び23項）。移転した事業と明らかに異なる資産には，現金等の財産や，図表1-13のように，分離元企業（X社）にとって「その他有価証券」に分類される分離先企業（Y社）の株式が該当する。

◆**図表1-13**　分離先企業（Y社）が分離元企業（X社）
の子会社又は関連会社以外となる場合 ◆

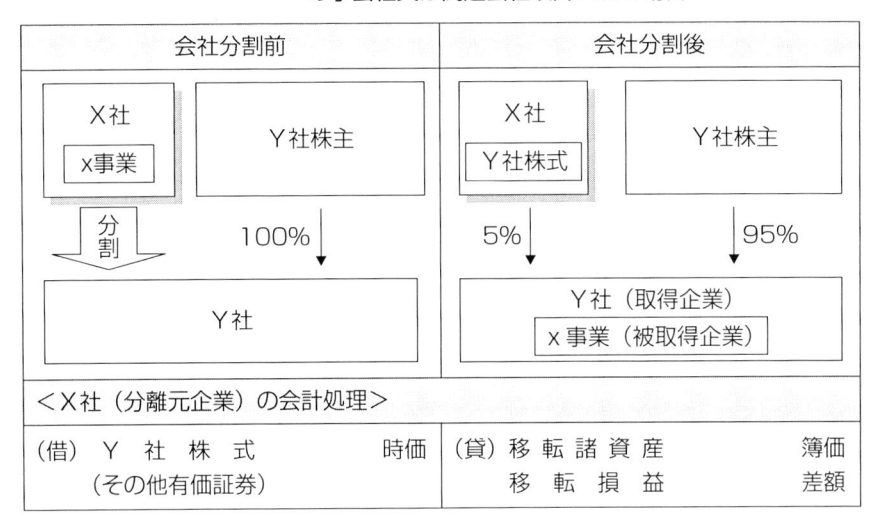

会社分割前	会社分割後
X社（x事業）　Y社株主 分割　100% Y社	X社（Y社株式）　Y社株主 5%　95% Y社（取得企業）（x事業（被取得企業））
＜X社（分離元企業）の会計処理＞	
（借）Y 社 株 式　　時価 　　（その他有価証券）	（貸）移 転 諸 資 産　　簿価 　　　移 転 損 益　　差額

(4)　投資の継続の会計処理

　移転した事業に関する投資がそのまま継続しているとみる場合，移転損益を認識せず，その事業を分離先企業に移転したことにより受け取る資産の取得原価は，移転した事業に係る株主資本相当額に基づいて算定することになる。

　子会社株式や関連会社株式となる分離先企業の株式のみを対価として受け取る場合には，当該株式を通じて，移転した事業に関する事業投資を引き続き行っていると考えられることから，当該事業に関する投資が継続しているとみなされる（事業分離会計基準10項(2)，17項から22項）。

　移転事業に対する「投資の継続」と判定された場合には，図表1-14のように，分離元企業（X社）が受け取った分離先企業（Y社）の株式（子会社株式）は，移転したx事業の適正な帳簿価額に基づいて算定されることになり，個別財務諸表上，事業の移転損益は発生しない。

◆**図表1-14　分離先企業（Ｙ社）が分離元企業（Ｘ社）の子会社となる場合**◆

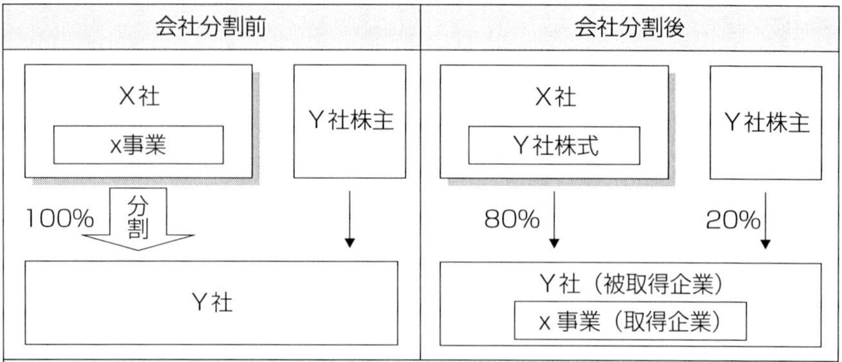

会社分割前	会社分割後
X社　x事業　Y社株主　100%　分割　Y社	X社　Y社株式　Y社株主　80%　20%　Y社（被取得企業）　x事業（取得企業）
＜Ｘ社（分離元企業）の会計処理＞	
（借）　Ｙ　社　株　式　　　簿価　（子会社株式）	（貸）移転諸資産　　　簿価

4　結合当事企業の株主の会計処理

　結合当事企業の株主に係る会計処理の主要な論点は，株式の交換に伴い交換損益を認識するかどうか，という点となる。

　事業分離会計基準では，結合当事企業の株主の会計処理と分離元企業の会計処理とが整合的になるように，事業分離会計で用いられた「投資の継続」と「投資の清算」の概念に基づき会計処理を定めている。

　これは，事業分離における分離元企業（事業分離前は移転事業の100％を所有）と，100％子会社を被結合企業とする企業結合における当該被結合企業の株主（親会社）とでは，経済的効果が実質的に同じであると考えられるためである（事業分離会計基準73項）。

第3章

申告調整の手順

1 申告調整の手順概要

　既述のように，組織再編成における会計処理と税務処理は一致しないことが多く，結果として，法人税申告書上，申告調整が必要となることが多い。

　本章では，申告調整の基本的な手続きの流れについて解説を行う。

　申告調整の手続きの流れはおよそ以下のとおりである。

◆図表1-15　申告調整の手順◆

STEP1	STEP2	STEP3	STEP4
会計上の仕訳を作成　税務上の仕訳を作成	会計仕訳と税務仕訳を比較して税務調整仕訳を作成	税務調整仕訳を申告書記入用に分解（必要に応じて）	申告書記入　記入金額チェック

　実務上散見されるのが，上記のようなステップを経ずに，資産負債の会計と税務上の金額の差異のみに着目して申告書を記載し，結果として別表上の残高が適切でないものとなってしまうというケースである（図表1-16参照）。多少遠回りに見えても，上記のステップを踏んでいくほうが確実だ。

◆図表1-16　申告書の誤記入例◆

　資産の帳簿価額の会計と税務の差異にのみ注目して税務調整を行った結果，申告書が適切でないものとなった例

【前提】適格分割型分割により資産Xを受入れ。会計，税務上の仕訳は次のとおり。

- 会計上の仕訳　｜資　　　産　　X　100／その他資本剰余金　100｜

- 税務上の仕訳　｜資　　　産　　X　120／資 本 金 等 の 額　50／利 益 積 立 金 額　70｜

（誤りの例：資産Xに関する調整のみを記載）

別表五（一）：利益積立金額及び資本金等の額の計算に関する明細書

Ⅰ：利益積立金額の計算に関する明細書

区分	期首現在利益積立金額	当期の増減		差引翌期首現在利益積立金額
		減	増	
資産X			※　20	20

差引利益積立金額の増加額

> 資産Xの税務と会計の帳簿価額の差異のみを記入

Ⅱ：資本金等の額の計算に関する明細書

区分	期首現在資本金等の額	当期の増減		差引翌期首現在資本金等の額
		減	増	
資本剰余金			100	100

⇒　｜別表上の　利益積立金額の増加 20, 資本金等の額の増加 100｜

↕

｜あるべき　利益積立金額の増加 70, 資本金等の額の増加 50｜

差異発生

> 誤りの原因　資産Xの税務簿価と会計簿価の差異のみを調整し，資本金等の額・利益積立金額増加額の税務と会計の差異について，調整を行っていない。

（あるべき別表記載例：利益積立金額・資本金等の額の入り繰りも記載）

別表五（一）：利益積立金額及び資本金等の額の計算に関する明細書

Ⅰ：利益積立金額の計算に関する明細書

区分	期首現在利益積立金額	当期の増減		差引翌期首現在利益積立金額
		減	増	
資産X			※　20	20
資本金等の額			50	50

利益積立金額増加計　70

Ⅱ：資本金等の額の計算に関する明細書

区分	期首現在資本金等の額	当期の増減		差引翌期首現在資本金等の額
		減	増	
その他資本剰余金			100	100
利益積立金額			▲ 50	▲ 50

資本金等の額増加計　50

⇒　利益積立金の増加70，資本金等の額の増加50
あるべき　増加利益積立金額＝70，増加資本金等の額＝50 一致

以下，上述のステップに沿って，申告書作成手続きを説明する。

2 STEP 1：会計仕訳，税務仕訳の作成

STEP1	STEP2	STEP3	STEP4
会計上の仕訳を作成　税務上の仕訳を作成	会計仕訳と税務仕訳を比較して税務調整仕訳を作成	税務調整仕訳を申告書記入用に分解（必要に応じて）	申告書記入　記入金額チェック

まず第1に，会計上の仕訳を確認すると同時に，税務上の仕訳を作成する。ここで重要なのが，税務処理を仕訳の形で整理することである。

資産負債の増減金額や益金・損金の額だけでなく，資本金等の額・利益積立金額の増減も含めて，貸借が一致する仕訳の形で整理を行うのである。この際，それぞれの項目について，その根拠となる条文を確認しながら仕訳を作成する。図表1-17に税務仕訳の作成例を示したので参照されたい。

◆図表1-17　税務仕訳の作成例◆

適格合併による資産Xの受入れに係る合併法人側の税務仕訳

【前提】

- 適格合併に該当
- 被合併法人が合併最後事業年度末に有する資産・負債は資産Xのみであり，その帳簿価額は120である
- 被合併法人の合併最後事業年度末の資本金等の額70，利益積立金額50。

＜税務仕訳＞

資　　産　　X	120[注1]	資 本 金 等 の 額	70[注2]
		利 益 積 立 金 額	50[注3]

＜税務仕訳の根拠＞

（注1）【資産の受入価額】
被合併法人の合併最後事業年度終了時の帳簿価額にて受入れ（法法62の2①，法令123の3）

（注2）【資本金等の額の増加額】
適格合併に係る被合併法人の合併最後事業年度終了時の資本金等の額に相当する金額（法令8①五）

（注3）【利益積立金額の増加額】
適格合併により移転を受けた資産の帳簿価額（120）－当該適格合併により増加した資本金等の額（70）＝50（法令9①二）

> 重要！
> 根拠規定を確認して税務仕訳（借方貸方とも）を作成する。

3　STEP2：税務調整仕訳の作成

次に，STEP1で作成した会計上の仕訳と税務上の仕訳を比較して税務調整仕訳を作成する。具体的には各勘定科目につき税務仕訳計上金額と会計仕訳計上金額の差異を引き算の形で求める。

図表1-16,17のケースに即して税務調整仕訳を求めると次のようになる。

【前提】税務と会計の仕訳

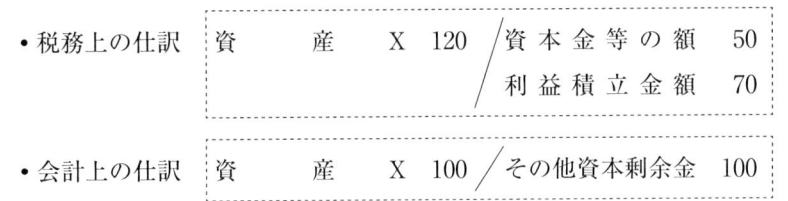

- 税務上の仕訳　　資　　　産　　X　120／資本金等の額　50
　　　　　　　　　　　　　　　　　　　／利益積立金額　70

- 会計上の仕訳　　資　　　産　　X　100／その他資本剰余金　100

【税務調整仕訳の作成】

- 勘定科目ごとの税務計上額と会計計上額の差異を求める。

 　以下では借方残をプラス，貸方残をマイナスとして表示している。

- 資産X：（税務）120 −（会計）100 = 20 　（借方残）
- 資本金等の額：（税務）△50 −（会計）△100 = 50（借方残）
- 利益積立金額：（税務）△70 −（会計）0 = △70（貸方残）

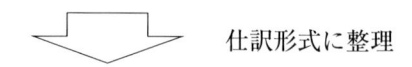 仕訳形式に整理

税務調整仕訳

資　　産　　　X	20	利 益 積 立 金 額	70
資 本 金 等 の 額	50		

4 STEP 3 ：税務調整仕訳を分解

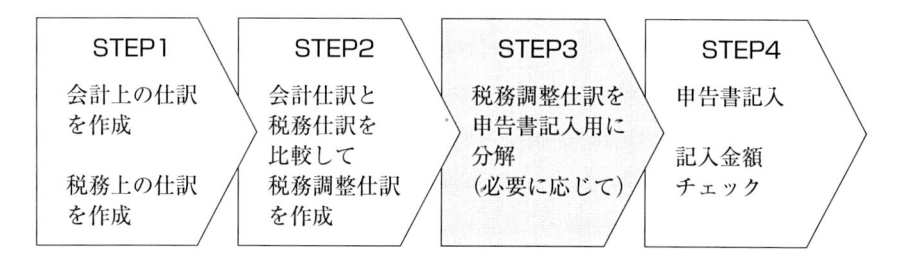

STEP1	STEP2	STEP3	STEP4
会計上の仕訳を作成 税務上の仕訳を作成	会計仕訳と税務仕訳を比較して税務調整仕訳を作成	税務調整仕訳を申告書記入用に分解（必要に応じて）	申告書記入 記入金額チェック

　上述STEP 2 で作成した税務調整が，資産負債項目と利益積立金額のみの調整など，シンプルなものである場合には，そのまま申告書への記入を行うが，仕訳が入り組んでいる場合，いったん税務調整仕訳を申告書に記入しやすい形に分解する。

　具体的には，資産負債項目の相手勘定が利益積立金額になるような形で分解をする。

　したがって，上述3の税務調整仕訳は次のように分解される。

| 資　　産　　X | 20 | 利　益　積　立　金　額 | 20 |
| 資　本　金　等　の　額 | 50 | 利　益　積　立　金　額 | 50 |

この仕訳が意味するところは次のとおりである。

- 会計上の利益積立金額（利益剰余金）の増加額よりも税務上の利益積立金額の増加額が70多い。⇒別表五（一）利益積立金額の計算表上，合計70の利益積立金額の調整を行う必要がある。
- 上記70の差異は以下に起因している。

(i)　資産Xの税務上の帳簿価額が会計上の帳簿価額より20大きい。

　　⇒別表五（一）利益積立金額の増加の内訳として資産X20を記入する必要

(ii)　税務上は利益積立金額の増加額とされるべき金額50が会計上は資本金・資本剰余金とされている（つまり会計と税務で利益積立金額と資本金等の額50の入り繰りが生じている）。

　　⇒別表五（一）利益積立金額につき＋50の調整を行う（相手勘定資本金等の額）とともに，資本金等の額につき△50の調整を行う（相手勘定：利益積立金額）。

- 会計上の資本金等の額（資本剰余金）の増加額よりも，税務上の資本金等の額の増加額が50少ない。⇒別表五（一）上，合計50の資本金等の額の調整（マイナス）を行う必要がある。

　別表五（一）の記入上，資産・負債項目の調整に係る相手勘定は（資本金等の額ではなく）利益積立金額としておく必要がある。したがって，資産・負債項目の相手勘定が利益積立金額となっていない場合には，資産・負債項目の相手勘定がこれに見合う利益積立金額となるように借方貸方に同額の利益積立金額を計上した上で，仕訳を分解する。

　以下に，両辺に利益積立金額を同額計上した上で仕訳を分解する例を示しておく。

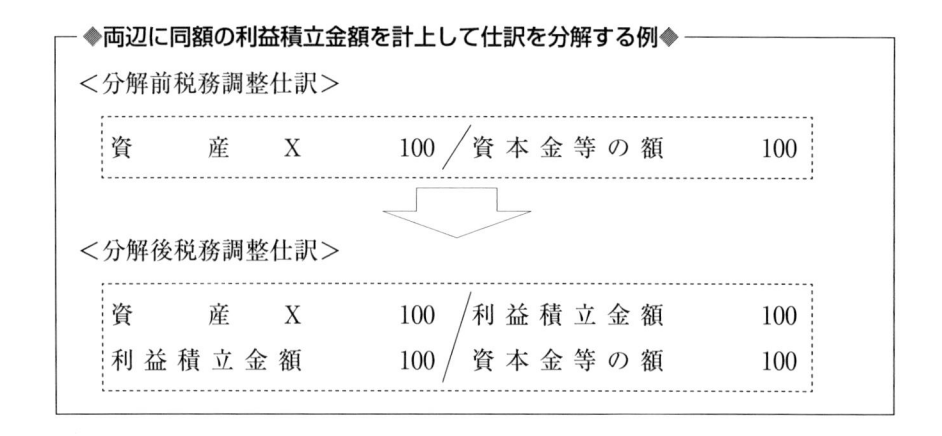

5 STEP 4：申告書に記入

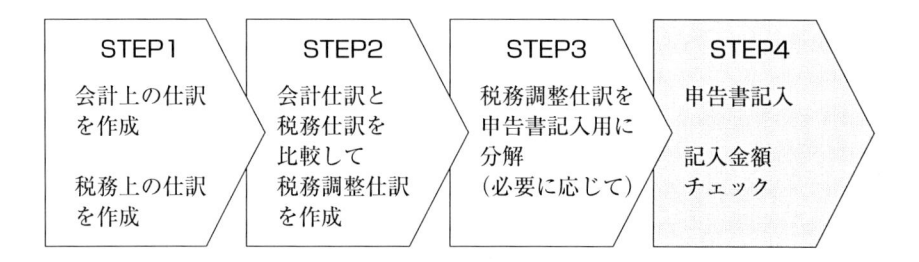

　最後にSTEP 3 で作成した税務調整仕訳を申告書に記入する。記入後，別表上の利益積立金額・資本金等の額の増減額を合計し，税務仕訳上の利益積立金額・資本金等の額の増減額との整合性を検証する。

(1)　申告書記入

　利益積立金額，資本金等の額に係る税務調整は，別表五（一）の「利益積立金額の計算に関する明細書」，「資本金等の額の計算に関する明細書」に記入する。

　例えば「有価証券100／利益積立金額100」という税務調整仕訳であれば，「利益積立金額の計算に関する明細書」に，区分を「有価証券」として当期増100を記入する。その際，別表四の記入を伴わない別表五（一）のみへの調整であ

ることから，金額には「※」マークを付しておく。

　以下に，前述の税務調整仕訳に即した申告書記入例を示しておく。

　この例は，別表五（一）のみの記入例であるが，課税所得の金額に関する税務調整がある場合には別表四への記入を併せて行う。別表四，五（一）が複雑に絡むケースの税務調整については，第Ⅱ編以後の設例にて示したのでそちらを参照されたい。

◆**図表1-18　税務調整仕訳の別表五（一）への記入例**◆

【税務調整仕訳】

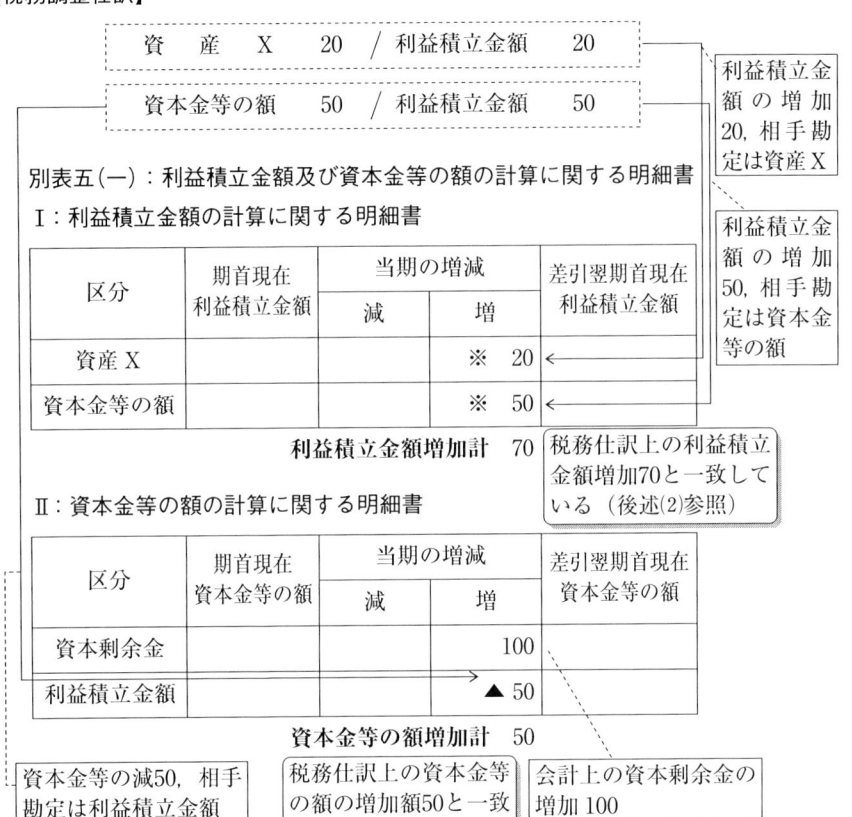

(2) 金額チェック

　申告書への記入が終了したら，申告書上の利益積立金額と資本金等の額の増減額が，税務仕訳上の利益積立金額・資本金等の額の増減額と一致していることを確認する。上述の例に即して言えば，申告書上の利益積立金額の増加額70，資本金等の額の増加額50が，それぞれ税務仕訳上の利益積立金額の増加額70，資本金等の額の増加額50と一致していることを確認する（図表1－18）。

コラム ①　別表五（一）の役割

　別表五（一）というと，個々の資産の会計上の簿価と税務上の帳簿価額の差異を示すためだけの表のように理解されがちであるが，この別表は，その名のごとく利益積立金額と資本金等の額，つまり税務上の純資産の額を示す表である。別表五（一）には，会計上と税務上の資産・負債の帳簿価額の相違を株主資本の相違として集約している。そして，これらの差異の発生原因として，税務・会計における資産・負債の帳簿価額の差異を示しているのである。

　この仕組みを単純な例で確認したい。

　会計上，取得価額100円として処理した有価証券につき，税務上は付随費用10円を含めた110円が取得価額とされた結果，会計上と税務上の有価証券帳簿価額及び会計上の利益剰余金と税務上の利益積立金額にそれぞれ10円の差異が生じているとする。この場合の会計，税務の純資産を図示すれば次のようになる。

会計上の貸借対照表

| 有価証券 100 | 資本金 10 |
| | 利益剰余金額 90 |

会計と税務の差異10

税務上の貸借対照表

| 有価証券 110 | 資本金等の額 10 |
| | 利益積立金額 100 |

　上記の税務上の貸借対照表を，会計数値と税務調整数値に分解すると以下のように表すことができる。別表五（一）記載にあたっては，この会計数値と税務調整数値を記入することによって，税務上の資本金等の額・利益積立金額の合計額を表すのである。

税務上の貸借対照表

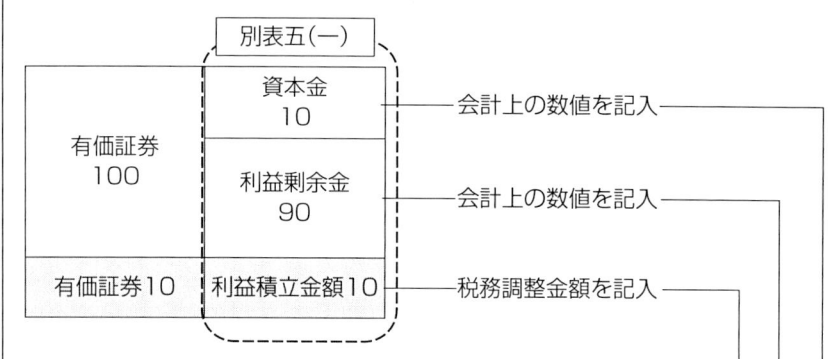

別表五（一）：利益積立金額及び資本金等の額の計算に関する明細書

Ⅰ：利益積立金額の計算に関する明細書

区分	期首現在利益積立金額	当期の増減		差引翌期首現在利益積立金額
		減	増	
有価証券				10
繰越損益金				90

　　　　　　　　　　　　　　　　　　　　　　　　　　計　100

Ⅱ：資本金等の額の計算に関する明細書

区分	期首現在資本金等の額	当期の増減		差引翌期首現在資本金等の額
		減	増	
資本金				10

ここがポイント

　申告書に申告調整を記入する際，ついつい資産・負債項目の調整に目を奪われがちだが，別表五（一）は税務上の利益積立金額・資本金等の額を示す表である。個々の調整を行った結果，全体として（つまり別表五（一）の全体として）の利益積立金額・資本金等の額の増減額が，税務上認識されるべき増減額と一致しているかどうか，必ず確認しておきたい。

第Ⅱ編

事例編

　本編では具体的な設例を用いて，各種組織再編成に係る税務処理及び申告調整について解説を行う。

【第Ⅱ編の構成】
第1章　合　併
第2章　分社型分割
第3章　分割型分割
第4章　現物出資
第5章　現物分配
第6章　株式交換・株式移転
第7章　株式併合（株式交換等）

　なお，説明の簡便性の観点から，特に断りのない限り，会計上の仕訳において税効果会計は省略している。また，特に断りのない限り，すべて単体納税を前提としている。

第1章

合　併

はじめに

第1章では，合併が行われた場合の申告調整につき，設例に基づいて解説を行う。各設例における，適格・非適格の区分，説明対象としている法人，トピックは次のとおり。

＜第1章にて取り扱う設例＞

設例番号	再編の種類	対象法人	トピック
設例1	適格合併	合併法人	会計税務ともに帳簿価額受入れ
設例2	適格合併	合併法人	税務＝帳簿価額受入れ，会計＝時価受入れ
設例3	適格合併	合併法人	100％親子間無対価・抱合せ株式消滅損益
設例4	適格合併	合併法人	親子間逆さ合併・自己株式受入れ
設例5	適格合併	合併法人	三角合併（親法人株式の交付）
設例6	適格現金合併	合併法人	
設例7	非適格合併	被合併法人	非適格合併に伴う譲渡損益，租税債務の取扱い
設例8	非適格合併	合併法人	時価受入れ，資産調整勘定／負債調整勘定
設例9	非適格合併	被合併法人株主	金銭交付なし⇒みなし配当，帳簿価額付替え
設例10	非適格合併	被合併法人株主	金銭交付あり⇒みなし配当，株式譲渡損益認識，帳簿価額付替え

設例 1　適格合併—合併法人　会計税務ともに帳簿価額受入れ

処理上のポイント

> ✓　適格合併が行われた場合，合併法人は合併による移転資産・負債を被合併法人における帳簿価額にて受け入れる。
>
> ✓　税務上，適格合併により帳簿価額の引継処理が行われ，会計上も帳簿価額引継が行われる場合であっても，合併受入処理に関して申告調整が必要となることが多い。

適格合併が行われた場合の，合併法人の税務処理のポイントは以下のとおり。

ポイント①：帳簿価額引継ぎ，資本金等の額・利益積立金額

適格合併が行われた場合，合併法人は，合併による移転資産・負債を，被合併法人の最後事業年度終了時の帳簿価額にて受け入れる（法法62の2①，法令123の3）。この際，会計上も被合併法人における帳簿価額を引き継ぐ処理を行っていても，次の理由により，申告調整が必要となることが多い。

（i）　帳簿価額の会計・税務での相違

被合併法人における資産・負債の税務・会計の帳簿価額が一致していないことがある（会計上の減損処理を税務上否認しているといったケースや，賞与引当金・退職給付引当金等，会計上の負債が税務上の負債として認められていないケースなど）。

（ii）　増加株主資本の相違

株主資本の増加額は，会計上は資本金，資本準備金及びその他資本剰余金とするのが原則的処理である一方，税務上は被合併法人の税務上の資本金等の額・利益積立金額を引き継ぐ。

ポイント②：増加資本金等の額・利益積立金額

　適格合併が行われた場合，合併法人において増加する資本金等の額及び利益積立金額は以下の金額とされている。結果，合併法人における増加資本金等の額・利益積立金額は，被合併法人の最後事業年度末における資本金等の額（抱合株式がある場合はこの金額を減算）・利益積立金額となる。

【増加資本金等の額】（法令8①五）

増加資本金等の額＝
　　適格合併に係る被合併法人の最後事業年度終了時における資本金等の額
　　　－抱合株式の帳簿価額

【増加利益積立金額】（法令9①二）

増加利益積立金額＝
　　適格合併により移転を受けた資産・負債の簿価純資産価額
　　　－増加資本金等の額

＊いわゆる三角合併における増加資本金等の額・利益積立金額については本章設例5を参照。

　[参考]　**適格合併の被合併法人における税務処理**

　適格合併に該当する合併が行われた場合，被合併法人の最後事業年度（期首〜合併期日の前日）の税務申告は通常事業年度のそれと変わらない。これは，事業年度が合併期日の前日に終了するため，合併に伴う資産・負債の移転を認識する必要がないことによる（法法14①二）。また，適格合併であることから譲渡損益の計上も行われない（法62の2①）。

　したがって，組織再編成に係る特段の論点はないため，本設例において，適格合併が行われた場合の被合併法人の最後事業年度の申告書作成については説明を加えない（非適格合併における被合併法人の税務処理については，設例7参照）。

　以下，適格合併が行われた場合の合併法人の税務処理について，税務上適格合併（帳簿価額引継ぎ），会計上帳簿価額受入れであるにもかかわらず申告調整が必要となるケースを事例に即して解説する。

■ 適格合併：会計上帳簿価額受入れでも申告調整の必要なケース

(1)　前　提

前　提　税務仕訳　調整仕訳　申告調整

① X1年4月1日，A社とB社はA社を合併法人，B社を被合併法人として合併した。当該合併は適格合併に該当する。

② A社とB社はいずれもX社の100%子会社である。

③ B社（被合併法人）の合併最後事業年度終了時の貸借対照表（会計・税務）は以下のとおり。

B社合併最後事業年度終了時の貸借対照表（会計）

諸資産	7,500	諸負債	500		
有価証券	500	賞与引当金	700	資産合計	8,000
		退職給付引当金	300	負債合計	−)2,000
		未払法人税等（注）	500	純資産	6,000
		資本金	3,000		
		資本準備金	1,000		
		繰越利益剰余金	2,000		

B社合併最後事業年度終了時の貸借対照表（税務）

諸資産	7,500	諸負債	500		
有価証券	1,000	賞与引当金	0	資産合計	8,500
		退職給付引当金	0	負債合計	−) 800
		未払法人税等（注）	300	純資産	7,700
		資本金等の額	4,000		
		利益積立金	3,700		

(注) 会計上の未払法人税等500（内訳：法人税200，住民税100，事業税200）。税務上の未払法人税等300の内訳は法人税200，住民税100。両者の差異は未払事業税200である。

④　B社の合併最後事業年度の法人税申告書における別表五（一）残高は次のとおり。

別表五（一）：利益積立金額及び資本金等の額の計算に関する明細書（抜粋）

Ⅰ：利益積立金額の計算に関する明細書

区分	差引翌期首現在 利益積立金額
有価証券	500
賞与引当金	700
退職給付引当金	300
繰越損益金	2,000
納税充当金	500
未納法人税等 未納法人税	▲ 200
未納道府県民税	▲ 100
差引合計額	3,700　(A)

Ⅱ：資本金等の額の計算に関する明細書

区分	差引翌期首現在 資本金等の額
資本金又は出資金	3,000
資本準備金	1,000
差引合計額	4,000　(B)

税務上の純資産の額（(A) ＋ (B)）＝　7,700

⑤　A社とB社はいずれもX社の100％子会社であり，会計上は共通支配下の取引としてB社の帳簿価額を基礎として以下のように合併受入処理を行っている。

合併受入仕訳―会計

借方		貸方	
諸　　資　　産	7,500	諸　　負　　債	500
有　価　証　券	500	賞　与　引　当　金	700
		退職給付引当金	300
		未　払　法　人　税　等	500
		資　　本　　金	1,500
		その他資本剰余金	4,500

（注）子会社同士の合併のため，資産・負債については被合併法人の適正な帳簿価額で引継ぎ，株主資本の内訳については，原則として被合併法人の合併期日の前日の適正な帳簿価額による株主資本の額を払込資本として会計処理する。増加すべき払込資本の内訳項目は，会社法の規定に基づき決定する。ただし，合併対価が原則として自社の株式のみの場合には消滅会社の株主資本の項目をそのまま引き継ぐ方法も認められる（結合分離適用指針247，185）。本設例では，合併契約において資本金を1,500，それ以外をその他資本剰余金とされているものとする。

(2) 税務上の仕訳―合併法人　　前　提／税務仕訳／調整仕訳／申告調整

　適格合併に該当するため，A社はB社の資産・負債を帳簿価額（税務上の簿価）にて引き継ぐとともに，税務上の利益積立金の額，資本金等の額を引き継ぐ[1]（法法62の2①，法令123の3①，8①五，9①二）。

合併受入仕訳―税務

諸　　資　　産	7,500[注1]	諸　　負　　債	500[注1]
有　価　証　券	1,000[注1]	賞　与　引　当　金	0[注1]
		退 職 給 付 引 当 金	0[注1]
		未 払 法 人 税 等	300[注1]
		資 本 金 等 の 額	4,000[注2]
		利 益 積 立 金 額	3,700[注3]

（注1）合併移転資産の帳簿価額受入れ：適格合併に該当するため，合併による移転資産・負債を被合併法人における最後事業年度終了時の帳簿価額にて受入れ（ポイント①参照）
（注2）増加資本金等の額（4,000）＝被合併法人の最後事業年度終了時における資本金等の額相当額（4,000）（法令8①五）（ポイント②参照）
（注3）増加利益積立金額（3,700）＝被合併法人の最後事業年度終了時における資産の帳簿価額（8,500）−負債の帳簿価額（800）−当該適格合併により増加した資本金等の額（4,000）（法令9①二）（ポイント②参照）

1　法令上，必ずしも資本金等の額・利益積立金額を「引き継ぐ」とはされていないが，抱合株式等のない適格合併においては，被合併法人の最後事業年度末における利益積立金額・資本金等の額が合併法人における増加利益積立金額・資本金等の額となる（ポイント②参照）。

(3)　税務と会計の調整仕訳—合併法人　前 提〉税務仕訳〉調整仕訳〉申告調整〉

Step 1 ：会計上と税務上の仕訳比較

　会計の合併受入仕訳(1)⑤と税務上の仕訳(2)に差異があるため，両者を比較して税務調整仕訳を作成する。具体的には税務仕訳から会計仕訳を差し引いたものが税務調整仕訳となる。

税務調整仕訳：税務仕訳−会計仕訳

有　価　証　券	500(注1)	未 払 法 人 税 等	300(注4)
賞　与　引　当　金	700(注2)	利 益 積 立 金 額	3,700(注5)
退 職 給 付 引 当 金	300(注3)		
未 払 法 人 税 等	500(注4)		
資 本 金 等 の 額	2,000(注6)		

（注1）　有価証券(500)＝税務上の増減額(1,000)−会計上の増減額(500)
（注2）　賞与引当金(▲700)＝税務上の増減額(0)−会計上の増減額(700)
（注3）　退職給付引当金(▲300)＝税務上の増減額(0)−会計上の増減額(▲300)
（注4）　未払法人税等については，取消仕訳(500)と再計上仕訳(300)の両建てで示している。
（注5）　利益積立金額増減額(3,700)＝税務上の利益積立金額増加額(3,700)−会計上の利益積立金増加額(０)
（注6）　資本金等の額増減額(▲2,000)＝税務上の資本金等の額増加額(4,000)−会計上の資本金・その他資本剰余金の増加額合計(6,000)

Step 2 ：仕訳分解

　別表五（一）記入にあたり，Step 1 の税務調整仕訳につき，資産・負債項目の相手勘定が利益積立金額となるようにいったん仕訳を分解する。分解に際しては，借方貸方に同額の利益積立金額を計上する（斜体部分が追加計上した利益積立金額。差引合計額はゼロとなる）。なお，仕訳を行わなくとも別表五（一）に記入ができる場合には，この手続きは不要である。

分解後税務調整仕訳

有価証券	*500*	*利益積立金額*	*500*	(A)
賞与引当金	*700*	*利益積立金額*	*700*	(A)
退職給付引当金	*300*	*利益積立金額*	*300*	(A)
未払法人税等	500	利益積立金額	500	(A)
資本金等の額	2,000	利益積立金額	2,000	(B)
利益積立金額	*300*	未払法人税等	300	(C)
利益積立金額	*3,700*	利益積立金額	3,700	(D)

＜上記仕訳の申告書記入に際しての留意点＞

- （A）の部分は，別表五（一）「利益積立金額の計算に関する明細書」に利益積立金額の増加として記入（別表四は経由しない）。（C）は利益積立金額の減少として記入。

- （B）の部分は別表五（一）「利益積立金額の計算に関する明細書」に利益積立金額の増加（項目＝「資本金等の額」）として記入。同時に，「資本金等の額の計算に関する明細書」に資本金等の額の減少（項目は「利益積立金額」として記入。

- （D）部分は，貸借同じ科目（利益積立金額）で，同じ金額が計上されているため，申告書への調整記入は不要。

(4)　申告調整—合併法人

<small>前提〉税務仕訳〉調整仕訳〉**申告調整**〉</small>

上記会計上の受入仕訳及び税務調整を反映した別表五（一）は以下のようになる。

なお，説明のため，会計処理に基づく処理は斜体にて，税務調整に基づく処理は通常の書体で示している。

別表五（一）：利益積立金額及び資本金等の額の計算に関する明細書

Ⅰ：利益積立金額の計算に関する明細書

区分	期首現在利益積立金額	当期の増減		差引翌期首現在利益積立金額
		減	増	
有価証券			(注1)※　500	500
賞与引当金			※　700	700
退職給付引当金			※　300	300
資本金等の額			※ 2,000	2,000
納税充当金			※　500	500
人税等 未納法人税 未納法人税			▲ 200	▲ 200
未納道府県民税			▲ 100	▲ 100
差引合計額	×××		(注2)3,700	×××

Ⅱ：資本金等の額の計算に関する明細書

区分	期首現在資本金等の額	当期の増減		差引翌期首現在資本金等の額
		減	増	
資本金又は出資金	×××		1,500	×××
その他資本剰余金			4,500	4,500
利益積立金額			▲ 2,000	▲ 2,000
差引合計額	×××		(注3)4,000	×××

（注1）別表四を経由しない調整については「※」を付して記入する。

（注2）別表五（一）上の利益積立金額の増加合計（3,700）と税務仕訳上の利益積立金額増加合計（3,700，(2)参照）は一致する。

（注3）別表五（一）上の資本金等の額の増加合計（4,000）と税務仕訳上の資本金等の額の増加合計（4,000＝1,500＋2,500，(2)参照）は一致する。

コラム ② 別表五（一）受入方法の別表―期首残高調整

合併受入れによる利益積立金額の増減で，別表四との対応関係のないものは，原則として別表五（一）利益積立金額の計算に関する明細書の「増」欄に※を付して記載する。しかしながら，この方法によると，期中における加算（減算）・留保に対応した利益積立金額の増減と，合併受入れによる増減の見分けが付きにくくなってしまうというデメリットがある。

そこで，別表四を経由することのない利益積立金額の増減について別紙で計算し，別表五（一）期首残高には，合併受入れ後の金額を記載，当期中の増減には合併受入れを基因とするもの以外を記載するという方法もある。

この別法により設例1の別表五（一）を作成すると次のようになる。

なお，この方法がなじむのは合併受入れに際して別表四上の調整がない場合に限られる。設例3のように別表四の調整がある場合には，うまく機能しにくい点に留意が必要だ。

別表五（一）添付
合併による利益積立金額・資本金等の額の増加
Ⅰ：利益積立金額の計算に関する明細書

区分	前期末利益積立金額①	被合併法人からの受入②	合計(①+②)
有価証券	×××	500	×××
賞与引当金	×××	700	×××
退職給付引当金	×××	300	×××
資本金等の額	×××	2,000	×××
納税充当金	×××	500	×××
未納法人税	×××	▲ 200	×××
未納道府県民税	×××	▲ 100	×××
未納市町村民税	×××		×××
差引合計額	×××	3,700	×××

Ⅱ：資本金等の額の計算に関する明細書

区分	前期末資本金等の額①	被合併法人からの受入②	合計(①+②)
資本金又は出資金		1,500	
資本剰余金		4,500	4,500
利益積立金額		▲ 2,000	▲ 2,000
差引合計額	×××	4,000	×××

転記 →

別表五（一）：利益積立金額及び資本金等の額の計算に関する明細書
Ⅰ：利益積立金額の計算に関する明細書

区分	期首現在利益積立金	当期の増減 減
有価証券	×××	
賞与引当金	×××	
退職給付引当金	×××	
資本金等の額	×××	
繰越損益金	×××	
納税充当金	×××	
未納法人税		
未納道府県民税		
未納市町村民税		
差引合計額	×××	

Ⅱ：資本金等の額の計算に関する明細書

区分	期首現在資本金等の額	当期の増減 減
資本金又は出資金	×××	
資本剰余金	4,500	
利益積立金額	▲ 2,000	
差引合計額	×××	0

コラム ③　組織再編による利益積立金額の増減と別表四,五（一）の検算

　別表四と五（一）の構造上，通常であれば次の検算式が成り立つ。法人税申告書のソフトウェアには，この検算式が成立しない場合にアラートが表示されるようになっているものも多い。

＜検算式＞

> 別表五（一）「期首現在利益積立金額合計」
> 　＋別表四「留保所得金額又は欠損金額」
> 　−中間分，確定分法人税，県市民税の合計額
> ＝別表五（一）「差引翌期首現在利益積立金額合計」

　しかしながら，組織再編成により別表四を経由することなく直接別表五（一）残高が増加する場合には，別表四を経由しない別表五（一）の増減分だけ，上記検算式に差異が生じることとなる。したがって，組織再編成が行われた場合，別表四,五（一）の検算にあたっては，この必然的な差異部分を考慮しておく必要がある。検算に際しては，ソフトウェアを利用し，ソフトウェアで表示されるアラート金額が，「あるべきアラート金額」になっているか確認する，という方法もよいだろう。

設例 2 適格合併─合併法人
税務＝帳簿価額受入れ，会計＝時価受入れ

処理上のポイント

✓　税務上，適格合併に該当，帳簿価額引継処理を行う場合であっても，会計上は時価受入処理を行うため，税務処理と会計処理が乖離することがある。

　合併が，税務上は適格合併に該当，会計上は「取得」として取り扱われる場合の，合併法人の申告書作成上のポイントは次のとおり。

ポイント：帳簿価額引継ぎと申告調整

　税務上，適格合併に該当する場合，合併法人は被合併法人の資産・負債を被合併法人の最後事業年度終了時の帳簿価額にて引き継ぐ（法令123の3）。

　税務上帳簿価額引継処理が行われる一方で，会計上時価受入処理がなされる場合（「取得」に該当する場合）には，申告調整項目が多岐にわたり，煩雑となることが多い。

■ 適格合併，会計上は「取得」とされるケース

(1) 前 提

前 提 ＞税務仕訳 ＞調整仕訳 ＞申告調整

①　A社とB社が合併（合併法人＝A社）。
②　A社・B社には資本関係はない。
③　税務上は共同事業要件を満たすものとして適格合併に該当。
④　会計上は「取得」と判定され（A社が取得企業，B社が被取得企業），パーチェス法により処理される。この際，取得原価は交付されたA社株式の時価（11,000）とされた（下記受入仕訳参照）。

⑤　B社（被合併法人）の合併最後事業年度終了時の貸借対照表は以下のとおり。なお，B社の土地の時価は2,500，その他の資産・負債に簿価と時価の差異なし。

B社合併最後事業年度終了時の貸借対照表（会計・税務）

諸資産	7,000	諸負債	2,000
土地	1,000	資本金(注)	3,000
		資本準備金(注)	1,000
		繰越利益剰余金（利益積立金額）	2,000

（注）資本金等の額（4,000）＝資本金（3,000）＋資本準備金（1,000）

⑥　A社の合併受入仕訳（会計）は以下のとおり。なお，増加資本金は1,500である。

合併受入仕訳－会計(注1)

諸 資 産	7,000	諸 負 債	2,000
土 地	2,500	資 本 金	1,500
の れ ん	3,500(注2)	その他資本剰余金	9,500(注3)

（注1）会計上，「取得」に該当するものとして，資産・負債について時価で受入れ。土地につき時価2,500で計上。取得原価（交付株式時価11,000）と識別可能な資産・負債に付された時価との差額をもってのれんを認識。また，株主資本については，合併契約上資本金の増加額とされた金額（1,500）以外はその他資本剰余金として処理した(注3)。

（注2）のれん計(3,500)＝取得原価（11,000）(＊1)－識別可能資産・負債に付された時価（7,500）(＊2)

　　　（＊1）取得原価(11,000)＝交付株式時価(11,000)

　　　（＊2）識別可能資産・負債に付された時価(7,500)＝諸資産(7,000)＋土地(2,500)－諸負債（2,000）

（注3）その他資本剰余金（9,500）＝交付株式時価（11,000）－増加資本金額（1,500）

(2)　税務上の仕訳―合併法人

前　提　税務仕訳　調整仕訳　申告調整

　適格合併に該当するため，A社はB社の資産・負債を帳簿価額（税務上の簿価）にて引き継ぐとともに，税務上の利益積立金額，資本金等の額を引き継ぐ（法法62の2，法令123の3，8①五，9①二）[2]。

合併受入仕訳－税務

諸　　資　　産	7,000[注1]	諸　　負　　債	2,000[注1]
土　　　　　地	1,000[注1]	資 本 金 等 の 額	4,000[注2]
		利 益 積 立 金 額	2,000[注3]

（注1）合併移転資産の帳簿価額受入れ：適格合併に該当するため，合併による移転資産・負債を被合併法人における最後事業年度終了時の帳簿価額にて受入れ（法令123の3）（ポイント参照）

（注2）資本金等の額（4,000）＝適格合併に係る被合併法人の最後事業年度終了時における資本金等の額（4,000）－抱き合わせ株式の帳簿価額（0）（法令8①五）（設例1ポイント②参照）

（注3）利益積立金額（2,000）＝適格合併により移転を受けた資産の帳簿価額（8,000）－諸負債の帳簿価額（2,000）－増加資本金等の額（4,000）（法令9①二）（設例1ポイント②参照）

(3)　税務と会計の調整仕訳

前　提　税務仕訳　調整仕訳　申告調整

Step1：会計上と税務上の仕訳比較

　会計上の仕訳（上記(1)）と税務上の仕訳（上記(2)）に差異があるため，これらを比較し，税務調整仕訳を作成する。具体的には税務仕訳から会計仕訳を差し引いたものが税務調整仕訳となる。

2　脚注1参照

税務調整仕訳：税務仕訳－会計仕訳

資 本 金 等 の 額	7,000(注4)	土　　　　　地	1,500(注1)
		の　　れ　　ん	3,500(注2)
		利 益 積 立 金 額	2,000(注3)

（注1）土地（▲1,500）＝税務上の増減額（1,000）－会計上の増減額（2,500）
（注2）のれん（▲3,500）＝税務上の増減額（0）－会計上の増減額（3,500）
（注3）利益積立金額（2,000）＝税務上の増減額（2,000）－会計上の増減額（0）
（注4）資本金等の額（▲7,000）＝税務上の増減額（4,000）－会計上の増減額（11,000）

Step 2 ：仕訳分解

　Step 1 の税務調整仕訳につき，資産・負債項目の相手勘定が利益積立金額となるようにいったん仕訳を分解する。分解に際しては，借方貸方に同額の利益積立金額を計上している（斜体部分が追加計上した利益積立金額。差引合計額はゼロとなる）。仕訳分解を行わなくとも別表五（一）に記入ができる場合には，この手続きは不要である。

分解後税務調整仕訳

利 益 積 立 金 額	*2,000*	土　　　　　地	1,500	(A)
利 益 積 立 金 額	*3,500*	の　　れ　　ん	3,500	(A)
利 益 積 立 金 額	*2,000*	*利 益 積 立 金*	*2,000*	(B)
資 本 金 等 の 額	7,000	*利 益 積 立 金 額*	*7,000*	(C)

＜上記仕訳の申告書記入に際しての留意点＞

- （A）の部分は，別表五（一）「利益積立金額の計算に関する明細書」に利益積立金額の減少として記入（別表四は経由しない）。

- （B）の部分は，貸借同じ科目（利益積立金額）で同じ金額が計上されているため，申告調整不要。

- （C）の部分は別表五（一）「利益積立金額の計算に関する明細書」に利益積立金額の増加（項目は「資本金等の額」）として記入。同時に，「資本金等の

額の計算に関する明細書」に資本金等の額の減少（項目は「利益積立金額」
として記入。

(4) 申告調整―合併法人

前 提 〉税務仕訳 〉調整仕訳 〉**申告調整** 〉

上記の会計上仕訳及び税務調整をもとに法人税申告書別表四, 五（一）を作
成すると以下のようになる。

なお, 説明のため, 会計処理に基づく処理は斜体にて, 税務調整に基づく処
理は通常の書体で示している。

別表五（一）：利益積立金額及び資本金等の額の計算に関する明細書

Ⅰ：利益積立金額の計算に関する明細書

区分	期首現在利益積立金額	当期の増減		差引翌期首現在利益積立金額
		減	増	
土地			(注1)※▲ 1,500	▲ 1,500
のれん			※▲ 3,500	▲ 3,500
資本金等の額			(注3)※ 7,000	7,000
差引合計額	×××		2,000(注4)	×××

利益積立金額の増加計 2,000(注4)

Ⅱ：資本金等の額の計算に関する明細書

区分	期首現在資本金等の額	当期の増減		差引翌期首現在資本金等の額
		減	増	
資本金又は出資金	×××		(注3) 1,500	×××
その他資本剰余金			(注3) 9,500	9,500
利益積立金額			(注2) ▲ 7,000	▲ 7,000
差引合計額	×××	0	(注5) 4,000	×××

（注1）別表四を経由しない調整については「※」を付して記入する。
（注2）利益積立金額と資本金等の額の入り繰りなので, 両者は（符合は逆で）一致
　　　する。
（注3）会計上の資本金の増加（1,500）, その他資本剰余金の増加（9,500）に対応。
（注4）利益積立金額の増加合計額（2,000）は税務上の利益積立金額の増加額（2,000）
　　　と一致している（(2)税務上の仕訳参照）。
（注5）資本金等の額の増加額（4,000）は税務上の資本金等の額の増加額（4,000）と
　　　一致している（(2)税務上の仕訳参照）。

設例 3　適格合併―合併法人
100％親子間無対価・抱合せ株式消滅損益

処理上のポイント

> ✓　合併法人が被合併法人株式を有していた場合，会計上，合併受入時
> において，抱合せ株式消滅差損益が認識されることが通常である。一
> 方税務上，被合併法人株式の帳簿価額相当額は資本金等の額の減少と
> して認識される。このため，両者の処理に乖離が生じ，別表四，五
> （一）にまたがる申告調整が必要となる。

　100％親子法人間において親法人を合併法人，子法人を被合併法人とする無
対価合併が行われた場合の，税務処理上のポイントは次のとおり（適格合併の
一般論点については，設例1「処理上のポイント」参照)。

ポイント①：100％親子間無対価合併

　100％親子間合併（親法人が合併法人）においては，合併交付対価を交付す
ることはできない。

　無対価合併のうち，税務上適格合併となり得るのは，合併法人・被合併法人
が一定の関係にある場合に限定されているが，100％親子関係はこれに該当す
る（無対価組織再編成のうち，適格組織再編成となり得る再編当事者の関係に
ついてはコラム⑧，162頁参照)。

ポイント②：抱合せ株式の取扱い

　100％親子間合併（親法人を合併法人とする適格合併）が行われた場合，会
計上，親法人は子法人の資産・負債を帳簿価額で受け入れるとともに，当該受
入純資産と子法人株式の帳簿価額との差額を抱合せ株式消滅差損益に計上する。

仕訳イメージ－会計

諸　　資　　産	××	子 法 人 株 式　　××
		抱合せ株式消滅差損益　　××

　一方，税務上，子法人株式の帳簿価額は増加資本金等の額から減算する（法令8①五）。

仕訳イメージ－税務

諸　　資　　産	××	資 本 金 等 の 額　　××
資 本 金 等 の 額	××	子 法 人 株 式　　××
		利 益 積 立 金 額　　××

＊適格合併を想定。

　このように，合併に伴い，合併法人において会計上は抱合せ株式消滅差損益が計上されるのに対し，税務上は損益は認識されないため，合併事業年度の申告上，課税所得（別表四）及び利益積立金額・資本金等の額（別表五（一））に係る申告調整が必要となる。

　以下の設例では100％親子間適格合併における抱合せ株式消滅差損益に係る税務調整を示した。

■ 100％親子間適格合併，抱合せ株式あり

(1)　前　提

　前　提／税務仕訳／調整仕訳／申告調整

　設例1と同様。以下追加・修正。

①　A社（合併法人）はB社（被合併法人）株式を100％保有しており，その会計上の帳簿価額は1,500，税務上の帳簿価額は4,100。

②　合併に際して，合併対価の交付先（被合併法人株主）が合併法人自身となるため，合併対価の交付はない。

③　会計上の受入仕訳は次のとおり（設例１前提⑤の修正）。

合併受入仕訳－会計

諸　　資　　産	7,500	諸　　　負　　　債	500
有　価　証　券	500	賞　与　引　当　金	700
		退　職　給　付　引　当　金	300
		未　払　法　人　税　等	500
		Ｂ　　社　　株　　式	1,500
		抱合せ株式消滅差益	4,500

（注）子会社から受け入れる資産・負債は合併期日の前日に付された連結財務諸表上の適正な帳簿価額により計上する（結合分離適用指針206(1)）。また，子会社から受け入れた資産・負債の差額のうち株主資本の額と，親会社が合併直前に保有していた子会社株式（抱合せ株式）の適正な帳簿価額との差額は特別損益（抱合せ株式消滅差損益）に計上する（結合分離適用指針206(2)）。

(2)　税務上の仕訳—合併法人　`前 提` `税務仕訳` `調整仕訳` `申告調整`

適格合併に該当するため，税務上の帳簿価額にて資産・負債を引き継ぐ。

この際，抱合せ株式の帳簿価額は増加資本金等の額の計算上減算される。結果，次のような受入仕訳となる（法法62の２①，法令123の３①，８①五，９①二）。

合併受入仕訳－税務

諸　　資　　産	7,500(注1)	諸　　　負　　　債	500(注1)
有　価　証　券	1,000(注1)	賞　与　引　当　金	0(注1)
資　本　金　等　の　額	100(注3)	退　職　給　付　引　当　金	0(注1)
		未　払　法　人　税　等	300(注1)
		Ｂ　　社　　株　　式	4,100(注2)
		利　益　積　立　金　額	3,700(注4)

（注１）合併移転資産の帳簿価額受入れ：適格合併に該当するため，合併による移転

　　資産・負債を被合併法人における最後事業年度終了時の帳簿価額（設例1前提③参照）にて受入れ（法令123の3）（ポイント①参照）

(注2) 被合併法人株式の帳簿価額を減額

(注3) 増加資本金等の額（▲100）＝被合併法人の合併の日の前日の属する事業年度終了時における資本金等の額相当額(4,000)＊－抱合せ株式の帳簿価額(4,100)（法令8①五）（ポイント②参照）

　　＊設例1前提③参照

(注4) 増加利益積立金額(3,700)＝被合併法人の合併の日の前日の属する事業年度終了時における資産の帳簿価額(8,500)－負債の帳簿価額(800)－当該適格合併により増加した資本金等の額(4,000)（法令9①二）（設例1ポイント②参照）

(3)　税務と会計の調整仕訳—合併法人 ～前　提～税務仕訳～調整仕訳～申告調整～

Step 1：会計上と税務上の仕訳比較

　会計上の仕訳（上記(1)）と税務上の仕訳（上記(2)）に差異があるため，これらを比較し，税務調整仕訳を作成する。具体的には税務仕訳から会計仕訳を差し引いたものが税務調整仕訳となる。

調整仕訳：税務仕訳—会計仕訳

有　価　証　券	500[注1]	未　払　法　人　税　等	300[注4]
賞　与　引　当　金	700[注2]	B　　社　　株　　式	2,600[注5]
退　職　給　付　引　当　金	300[注3]	利　益　積　立　金　額	3,700[注7]
未　払　法　人　税　等	500[注4]		
資　本　金　等　の　額	100[注6]		
抱合せ株式消滅差益	4,500[注8]		

(注1) 有価証券（500）＝税務受入価額（1,000）－会計受入価額（500）

(注2) 賞与引当金（▲700）＝税務受入価額（0）－会計受入価額（700）

(注3) 退職給付引当金（▲300）＝税務受入価額（0）－会計受入価額（300）

(注4) 未払法人税等については，取消仕訳（500）と再計上仕訳（300）の両建てで示している。

(注5) B社株式（▲2,600）＝税務上のB社株式増減額（▲4,100）－会計上のB社株式増減額（▲1,500）

(注6) 資本金等の額増減額（▲100）＝税務上の資本金等の額増減額（▲100）－会

計上の資本金等の増減額（0）
（注7）利益積立金額増減額（3,700）＝税務上の利益積立金額増減額（3,700）－会計
　　　　上の利益積立金額増減額（0）
（注8）抱合せ株式消滅差益（4,500）＝税務仕訳（0）－会計仕訳（4,500）

Step2：仕訳分解

　Step1の税務調整仕訳につき，資産・負債項目の相手勘定が利益積立金額と
なるようにいったん仕訳を分解する。分解に際しては，借方貸方に同額の利益
積立金額を計上している（斜体部分が追加計上した利益積立金額）。なお，仕
訳分解を行わなくとも別表五（一）に記入ができる場合には，この手続きは不
要である。

分解後税務調整仕訳

有　価　証　券	500	*利　益　積　立　金　額*	*500* (A)
賞　与　引　当　金	700	*利　益　積　立　金　額*	*700* (A)
退　職　給　付　引　当　金	300	*利　益　積　立　金　額*	*300* (A)
未　払　法　人　税　等	500	*利　益　積　立　金　額*	*500* (A)
資　本　金　等　の　額	100	*利　益　積　立　金　額*	*100* (D)
抱合せ株式消滅差益 （利　益　積　立　金　額）	4,500	*利　益　積　立　金　額*	*4,500* (E)
利　益　積　立　金　額	*300*	未　払　法　人　税　等	300 (B)
利　益　積　立　金　額	*2,600*	B　社　　株　　式	2,600 (B)
利　益　積　立　金　額	*3,700*	利　益　積　立　金　額	3,700 (C)

＜上記仕訳の申告書記入に際しての留意点＞

- （A）の部分は，別表五（一）「利益積立金額の計算に関する明細書」に利益
積立金額の増加として記入（別表四は経由しない）。
- （B）の部分は，別表五（一）「利益積立金額の計算に関する明細書」に利益
積立金額の減少として記入（別表四は経由しない）。
- （C）部分は，貸借同じ科目で同じ金額が計上されているため，申告調整不

要となる。

- (D) の部分は別表五（一）「利益積立金額の計算に関する明細書」に増加として記入（項目＝「資本金等の額」）すると同時に，「資本金等の額の計算に関する明細書」に減少として記入（項目＝「利益積立金額」）。
- (E) の部分は，別表四・五（一）にわたる調整となる。コラム④にて詳述する。

(4)　申告調整—合併法人 〈前 提〉〈税務仕訳〉〈調整仕訳〉〈**申告調整**〉

上記会計上の受入仕訳及び税務調整を反映した別表五（一）は以下のようになる。

なお，説明のため，会計処理に基づく処理は斜体にて，税務調整に基づく処理は通常の書体で示している。

別表四：所得の金額の計算に関する明細書

区分		総額	処分	
			留保	社外流出
減算	抱合せ株式消滅差益否認	4,500	4,500	

別表五（一）：利益積立金額及び資本金等の額の計算に関する明細書

Ⅰ：利益積立金額の計算に関する明細書

区分	期首現在利益積立金額	当期の増減		差引翌期首現在利益積立金額
		減	増	
有価証券			(注1)※ 500	500
賞与引当金			※ 700	700
退職給付引当金			※ 300	300
B社株式	2,600		※▲ 2,600	0
抱合せ株式消滅差益		(注2) 4,500	※ 4,500	
資本金等の額			(注4)※ 100	100
繰越損益金	××××		(注3) 4,500	××××
納税充当金			※ 500	500
未納法人税等 未納法人税			▲ 200	▲ 200
未納道府県民税			▲ 100	▲ 100
差引合計額	××××	4,500	8,200	××××

差引利益積立金額の増加額 3,700 (注5)

Ⅱ：資本金等の額の計算に関する明細書

区分	期首現在資本金等の額	当期の増減		差引翌期首現在資本金等の額
		減	増	
利益積立金額			(注4) ▲ 100	▲ 100
差引合計額	6,000	0	(注6) ▲ 100	5,900

（注1）別表四を経由しない調整については「※」を付して記入する。

（注2）別表四「抱合せ株式消滅差益否認」（4,500）と対応。

（注3）会計上の当期利益。説明上の観点から，当期利益＝抱合せ株式消滅益（4,500）として記載。

（注4）利益積立金額と資本金等の額の入り繰りなので，両者は（符号は逆で）一致する。

（注5）別表五（一）上の利益積立金額の増加合計（3,700）と税務仕訳上の利益積立金額増加合計（3,700）は一致する（(2)税務上の仕訳参照）。

（注6）別表五（一）上の資本金等の額の増減合計（▲100）と税務仕訳上の資本金等の額の増減合計（▲100）は一致する（(2)税務上の仕訳参照）。

コラム ④：「損益／利益積立金額」という形の申告調整の別表記入

　設例3の税務調整仕訳には，「損益／利益積立金額」という形のものが含まれていた。この形の税務調整仕訳の申告書記入方法は，直感的に理解しづらいため，以下設例3の例に即して説明を加えておく。

　設例3「(3)税務と会計の調整仕訳．Step 2：仕訳分解」で示した抱合せ株式に係る税務調整仕訳は以下のとおりであった。

抱合せ株式消滅差益 （利益積立金額）	4,500	利益積立金額	4,500

　ここにおいて，借方は所得の減算及び利益積立金額の減少を示している。したがって，別表四で所得の減算を行うとともに，別表五（一）にて利益積立金の減少を記入する（減算留保処理）。

　一方，貸方は利益積立金額の増加を示している。したがって，利益積立金額の増加を記入する。この結果，借方貸方で同額の利益積立金額が計上されるので，全体として利益積立金額の増減はないこととなる。

　これを別表四，五（一）に記載すると次のようになる。

税務調整仕訳（再掲）

| 抱合せ株式消滅差益
（利益積立金額） | 4,500 ／ 利 益 積 立 金 額 | 4,500 |

別表四減算留保，処理の上
別表五（一）に転記

別表五（一）
利益積立金額の増加として転記

別表四　所得の金額の計算に関する明細書

区分		総額	処分	
			留保	社外流出
減算	抱合せ株式消滅差益否認	4,500	→ 4,500	

別表五（一）

Ⅰ：利益積立金額の計算に関する明細書

区分	期首現在利益 積立金額	当期の増減		差引翌期首現在 利益積立金額
		減	増	
抱合せ株式消滅差益	0	4,500	※　4,500	0

同額の利益積立金額が増減。
結果として利益積立金額の
増減なし。

別表四を経由しない利益積
立金額の増加であるため※
を付して記載。

設例 4　適格合併—合併法人
親子間逆さ合併・自己株式受入れ

処理上のポイント

> ✓　適格合併に伴い自己株式を受け入れた場合，税務上，当該自己株式
> の帳簿価額をもって資本金等の額を減額する。

ポイント：受入自己株式に関する処理

　子法人を合併法人とする親子間合併（適格合併）が行われた場合，税務上は，受け入れた自己株式帳簿価額をもって資本金等の額を減額する[4]（法令8①二十一ロ）。

合併受入仕訳イメージ—税務（子法人＝S社として記載）

諸　　資　　産	××	資 本 金 等 の 額	××
S　社　株　式	××	利 益 積 立 金 額	××
資 本 金 等 の 額	××	S　社　株　式	××

　以下では子法人を合併法人とする100％親子間適格合併の税務処理を，設例に即して解説する。

■ 100％親子間逆さ合併，自己株式受入処理

(1)　前　提

> 前　提 〉税務仕訳 〉調整仕訳 〉申告調整 〉

　設例1と同様。以下追加・変更。

　①　合併直前においてB社（被合併法人）はA社（合併法人）株式を100％保

　4　【参考：非適格合併の場合】非適格合併に伴い，合併法人が被合併法人から自己株式の移転を受けた場合，当該自己株式株式の取得の対価の額に相当する額（＝時価）をもって資本金等の額を減額する（法令8①二十一本文）。

有している。

② B社（親法人である被合併法人）におけるA社株式の会計上の帳簿価額は500，税務上の帳簿価額は1,000で，設例1における「有価証券」がこれに該当する。

③ A社（合併法人）における会計上の合併受入仕訳は次のとおり。

合併受入仕訳－会計[注]

諸　　資　　産	7,500	諸　　負　　債	500
A　社　株　式	500	賞　与　引　当　金	700
		退 職 給 付 引 当 金	300
		未 払 法 人 税 等	500
		資　　本　　金	1,500
		その他資本剰余金	4,500
自　己　株　式 （純 資 産 の 部）	500	A　社　株　式	500

（注）子会社が合併法人となる親子会社間の合併が行われた場合，会計上，子会社は親会社の資産負債（含：子会社株式）を個別財務諸表上の適正な帳簿価額で受け入れる。受け入れた子会社株式は適正な帳簿価額をもって自己株式（純資産の部）に振り替えられる（結合分離適用指針210）。

(2)　税務上の仕訳―合併法人 　| 前　提 〉**税務仕訳**〉調整仕訳 〉申告調整 〉

適格合併に該当するため，税務上の帳簿価額にて資産・負債を引き継ぐ。資本金等の額・利益積立金額についても，被合併法人における資本金等の額，利益積立金額相当額をもって増加を認識した上で，受入自己株式の帳簿価額相当額をもって資本金等の額の減少を認識する（法法62の2①，法令123の3①，8①五，二十一，9①二）。

合併受入仕訳－税務

諸　　資　　産	7,500(注1)	諸　　負　　債	500(注1)
子 法 人 株 式	1,000(注1)	賞 与 引 当 金	0(注1)
		退 職 給 付 引 当 金	0(注1)
		未 払 法 人 税 等	300(注1)
		資 本 金 等 の 額	4,000(注2)
		利 益 積 立 金 額	3,700(注3)
資 本 金 等 の 額	1,000(注4)	子 法 人 株 式	1,000

(注1) 合併移転資産の帳簿価額受入れ：適格合併に該当するため，合併による移転資産・負債を被合併法人における最後事業年度終了時の帳簿価額にて受入れ（法令123の3）（設例1ポイント①参照）
(注2) 合併による資産負債受入れによる資本金等の額の増加額（4,000）＝被合併法人の合併の日の前日の属する事業年度終了時における資本金等の額相当額（4,000）（法令8①五）（設例1ポイント②参照）
(注3) 利益積立金額の増加額（3,700）＝被合併法人の合併の日の前日の属する事業年度終了時における資産の帳簿価額（8,500）－負債の帳簿価額（800）－当該適格合併により増加した資本金等の額（4,000）（法令9①二）（設例1ポイント②参照）
(注4) 自己株式取得に伴う資本金等の額の減少額（1,000）＝受入自己株式帳簿価額（1,000）（法令8①二十一）（ポイント参照）

(3)　税務と会計の調整仕訳

前　提　〉税務仕訳〉**調整仕訳**〉申告調整〉

Step 1：会計上と税務上の仕訳比較

　会計上の仕訳（上記(1)）と税務上の仕訳（上記(2)）に差異があるため，これらを比較し，税務調整仕訳を作成する。具体的には税務仕訳から会計仕訳を差し引いたものが税務調整仕訳となる。

税務調整仕訳：税務仕訳－会計仕訳

賞　与　引　当　金	700[注1]	未　払　法　人　税　等	300[注3]
退　職　給　付　引　当　金	300[注2]	利　益　積　立　金　額	3,700[注5]
未　払　法　人　税　等	500[注3]		
資　本　金　等　の　額	2,500[注4]		

(注1)　賞与引当金（▲700）＝税務上の増減額（0）－会計上の増減額（700）
(注2)　退職給付引当金（▲300）＝税務上の増減額（0）－会計上の増減額（300）
(注3)　未払法人税等については，取消仕訳（500）と再計上仕訳（300）の両建てで示している。
(注4)　資本金等の額（▲2,500）＝税務上の資本金等の額の増減額（3,000＝4000－1,000）－会計上の資本剰余金・自己株式の増減額（5,500＝6,000－500）
(注5)　利益積立金額の増減額（3,700）＝税務上の利益積立金額増減額（3,700）－会計上の利益積立金額増減額（0）

Step 2：仕訳分解

　Step 1の税務調整仕訳につき，資産・負債項目の相手勘定が利益積立金額となるようにいったん仕訳を分解する。分解に際しては，借方貸方に同額の利益積立金額を計上している（斜体部分が追加計上した利益積立金額）。なお，仕訳分解を行わなくとも別表五（一）に記入ができる場合には，この手続きは不要である。

賞　与　引　当　金	700	利　益　積　立　金　額	700	(A)
退　職　給　付　引　当　金	300	利　益　積　立　金　額	300	(A)
未　払　法　人　税　等	500	利　益　積　立　金　額	500	(A)
資　本　金　等　の　額	2,500	利　益　積　立　金　額	2,500	(B)
利　益　積　立　金　額	300	未　払　法　人　税　等	300	(A)
利　益　積　立　金　額	3,700	利　益　積　立　金　額	3,700	(C)

<上記仕訳の申告書記入に際しての留意点>

・（A）の部分は，別表五（一）「利益積立金額の計算に関する明細書」に利益

積立金額の増加として記入（別表四は経由しない）。

- (B) の部分は，別表五（一）「利益積立金額の計算に関する明細書」に増加として記入（項目は「資本金等の額」）すると同時に，「資本金等の額の計算に関する明細書」に減少として記入（項目は「利益積立金額」）。

- (C) の部分は，貸借同じ科目（利益積立金額）で同じ金額が計上されているため，申告調整不要。

(4)　申告調整

> 前 提 ＞ 税務仕訳 ＞ 調整仕訳 ＞ **申告調整** ＞

上記の会計上仕訳及び税務調整をもとに法人税申告書別表四，五（一）を作成すると以下のようになる。

なお，説明のため，会計処理に基づく処理は斜体にて，税務調整に基づく処理は通常の書体で示している。

別表五（一）：利益積立金額及び資本金等の額の計算に関する明細書

Ⅰ：利益積立金額の計算に関する明細書

区分		期首現在利益積立金額	当期の増減		差引翌期首現在利益積立金額
			減	増	
賞与引当金				(注1)※　700	700
退職給付引当金				※　300	300
資本金等の額				(注2)※　2,500	2,500
納税充当金				※　500	500
未納法人税等	未納法人税	×××		▲ 200	×××
	未納道府県民税	×××		▲ 100	×××
差引合計額		××××	0	3,700	××××

差引利益積立金額の増加額 3,700 (注4)

Ⅱ：資本金等の額の計算に関する明細書

区分	期首現在資本金等の額	当期の増減		差引翌期首現在資本金等の額
		減	増	
資本金	××		*1,500*	××
その他資本剰余金			(注3) *4,500*	*4,500*
自己株式			(注3) *▲ 500*	*▲ 500*
利益積立金額			(注2) ▲ 2,500	▲ 2,500
差引合計額	0	0	(注5) 3,000	3,000

（注1）別表四を経由しない調整については「※」を付して記入する。
（注2）利益積立金額と資本金等の額の入り繰りであるため，両者は符合は逆で一致
　　　する。
（注3）会計上の自己株式（純資産の部のマイナス項目）の増加（500）と，その他
　　　資本剰余金の増加（6,500）に対応（▲500＋6,500＝6,000）。
（注4）別表五（一）上の利益積立金額の増加合計（3,700）と税務仕訳上の利益積立
　　　金額の増加合計（3,700）は一致する（(2)税務上の仕訳参照）。
（注5）別表五（一）上の資本金等の額の増加合計（3,000）と税務仕訳上の資本金等
　　　の額の増加合計（3,000）は一致する（(2)税務上の仕訳参照（4,000－1,000＝3,000））。

設例 5　適格合併―合併法人　三角合併（親法人株式の交付）

処理上のポイント

✓　適格合併により合併親法人株式を交付する場合において，合併契約
　日において有していた合併親法人株式等については，契約日時点での
　含み損益課税が行われる。

✓　適格合併により合併親法人株式を交付した場合，合併親法人株式等
　の帳簿価額をもって資本金等の額を減額する。

　いわゆる三角合併（合併対価として，合併法人の親法人株式を交付する合併）
が適格合併に該当する場合の，合併法人における税務処理上のポイントとして
は以下が挙げられる。

ポイント①：親法人株式を対価とする適格合併

　適格合併の対価として，合併法人の親法人の株式（合併親法人株式）が交付
されることがある。ここで，「合併親法人株式」とは，合併の直前において合
併法人の株式の全部と直接に保有（＝直接完全支配関係）している法人で，か
つ，合併後に直接完全支配関係が継続することが見込まれている場合における，
当該法人の株式をいう（法令4の3①）。

ポイント②：合併契約日において親法人株式を有していた場合

合併法人が，合併により合併親法人株式等を交付しようとする場合において，合併契約日に合併親法人株式等を有していた場合[5]には，この合併親法人株式等[6]を当該契約日における価額（時価）にて譲渡し，かつこれら親法人株式をその価額により取得したものとみなして取り扱う。つまり，契約日時点での含み損益相当額について，譲渡損益を認識する（法法61の2㉓）。

一方会計上は，契約日時点で特段の評価益計上等は行わないため，ここにおいて会計処理と税務処理との間に乖離が生じ，税務調整が必要となる。

ポイント③：合併親法人株式等の交付処理

税務上，適格合併により被合併法人の株主等に合併親法人株式等を交付した場合は，合併法人の合併による増加資本金等の額から当該合併親法人株式等の帳簿価額を減額する（法令8①五）。交付時において親法人株式に係る譲渡損益は認識されない（法法61の2⑥）。

一方，会計上，合併法人にとって当該合併が「取得」に該当する場合，交付資産の帳簿価額と時価との差額は，合併期日において株式売却損益として認識される。このため，会計処理と税務処理との間に乖離が生じ，税務調整が必要となることが多い。

ポイント④：資本金等の額，利益積立金額の増加額

適格合併により合併親法人株式を交付する場合の，合併法人における増加資本金等の額，利益積立金額は以下のとおりとなる。

5　当該法人を組織再編当事者とする，適格合併，適格分割，適格現物出資，適格現物分配，完全支配関係者間非適格合併（譲渡損益繰延べがなされる場合に限る）等により契約日後に親法人株式の移転を受けた場合についても同様。

6　合併により交付しようとする親法人株式の数を超える場合，その超える部分の数の株式を除く（法法61の2㉓カッコ書，法令119の11の2③）。

【増加資本金等の額】（法令 8 ①五）

> 増加資本金等の額＝
>
> 　　適格合併に係る被合併法人の最後事業年度終了時における資本金等の額
> 　　－合併親法人株式の当該適格合併直前の帳簿価額
> 　　－抱合せ株式の帳簿価額

【増加利益積立金額】（法令 9 ①二）

> 増加利益積立金額＝
>
> 　　適格合併により移転を受けた資産・負債の簿価純資産価額
> 　　－増加資本金等の額
> 　　－合併親法人株式の当該適格合併直前の帳簿価額

　以下，いわゆる三角合併（適格合併）により，合併親法人株式を交付した場合の合併法人の申告調整につき，事例に即して解説を行う。

■ 三角合併（適格合併），合併親法人株式の交付

(1) 前 提 ＞前 提＞税務仕訳＞調整仕訳＞申告調整＞

①　X1年 4 月 1 日，A社とB社（両社とも 3 月決算法人。資本関係なし）はA社を合併法人，B社を被合併法人として合併した。当該合併は適格合併に該当する。

②　合併に際し，A社（合併法人）はB社（被合併法人）株主に対し，A社の100％親会社であるX社株式（上場株式）を合計50株交付した。この交付株式にはA社が合併契約日以前から保有していたものと，合併契約日後に取得したものがあり，それぞれの株式数及び帳簿価額は次のとおりである。

		帳簿価額（注）	
		会計	税務
(i)　合併契約日前より保有	10株	980	1,000
(ii)　合併契約日後に取得	40株	6,000	6,000
計	50株	6,980	7,000

(注)「帳簿価額」について：(i)については，合併契約日前日における帳簿価額，(ii)については合併契約日後に取得した際の取得価額（@150×40株＝6,000）を示している。

③　合併契約日はX1年2月10日で，契約日におけるX社株式の時価は@150である。また，企業結合日（合併の日X1年4月1日）におけるX社株式の時価は@155である。

④　B社（被合併法人）の合併最後事業年度終了時の貸借対照表（会計・税務）は以下のとおり。B社の個別資産・負債の時価は帳簿価額と一致している。

B社合併最後事業年度終了時の貸借対照表（会計・税務）

諸資産	8,000	諸負債	2,000
		資本金等の額	4,000
		利益積立金額	2,000

⑤　会計上はA社を取得企業とする「取得」と判定する。

⑥　A社（合併法人）の会計上の合併受入仕訳は以下のとおりである。

諸　　資　　産	8,000	諸　　負　　債	2,000
の　　れ　　ん	1,750[注2]	X　社　株　式	6,980[注3]
		株　式　売　却　益	770[注4]

(注1)「取得」に該当するため資産負債について時価で受け入れている。取得原価と識別可能な資産・負債に付された時価との差額をのれんとしている。

(注2)のれん（1,750）＝取得原価計（7,750）[*1] － 識別可能な資産・負債に付された時価（6,000）[*2]

（＊1）取得原価（7,750）＝取得対価（交付したX社株式時価（7,750＝@155×50株）

（＊2）識別可能な資産・負債に付された時価（6,000）＝諸資産（8,000）－諸負債（2,000）

(注3)X社株式の交付直前における帳簿価額（6,980）＝前提②より。

(注4)株式売却益（770）＝交付X社株式時価（7,750）－X社株式帳簿価額（6,980）

(2) 税務上の仕訳

前　提 ＞ **税務仕訳** ＞ 調整仕訳 ＞ 申告調整 ＞

① X1年３月期―合併契約日を含む事業年度

(i) 合併契約日における親法人株式譲渡損益の認識

　適格合併対価として交付予定の合併親法人株式のうち，合併法人が契約日において有しているものについては，契約日に時価にて譲渡，再取得したものとみなして譲渡損益を認識する（法法61の２㉓）[7]。したがって，合併契約日に有するX社（親法人）株式10株について，時価@150にて譲渡したものとして譲渡損益を認識する。

X 社 株 式	1,500[(注1)]	X 社 株 式	1,000[(注2)]
		譲 渡 損 益	500[(注3)]

（注1）X社株式（再）取得価額(1,500)＝合併契約日（X１年２月10日）におけるX社株式時価(@150)×保有株式数（10株）
（注2）X社株式譲渡原価(1,000)＝合併契約日に保有しているX社株式(10株)の税務上の帳簿価額
（注3）X社株式譲渡損益（500）＝X社株式（再）取得価額(1,500)－X社株式帳簿価額(1,000)（ポイント②参照）

② X2年３月期―合併期日を含む事業年度

(ii) 合併受入仕訳

　適格合併に該当するため，税務上の帳簿価額にて資産・負債を引き継ぐ。資本金等の額・利益積立金額の増加額については，それぞれ下記仕訳（注３）（注４）のように計算される（法法62の２①，法令123の３①，８①五，９①二）。

諸 資 産	8,000[(注1)]	諸 負 債	2,000[(注1)]
資 本 金 等 の 額	3,500[(注3)]	X 社 株 式	7,500[(注2)]
		利 益 積 立 金 額	2,000[(注3)]

　7　合併親法人株式の定義等についてはポイント①を参照のこと。

（注1）合併移転資産の帳簿価額を被合併法人における最後事業年度終了時の移転：適格合併に該当するため、合併による移転資産・負債を被合併法人における最後事業年度終了時の帳簿価額にて受入れ（法令123の3）（設例1ポイント①参照）

（注2）交付親法人株式帳簿価額（7,500）＝当初保有分10株（1,500）＋契約日後取得分40株（6,000）

（注3）資本金等の額（▲3,500）＝適格合併に係る被合併法人の最後事業年度終了時における資本金等の額（4,000）－交付親法人株式の帳簿価額（7,500）（ポイント③④参照）

（注4）利益積立金額（2,000）＝被合併法人の合併の日の前日の属する事業年度終了時における資産の帳簿価額（8,000）－負債の帳簿価額（2,000）－当該適格合併により増加した資本金等の額（▲3,500）－合併親法人株式等の適格合併直前の帳簿価額（7,500）（ポイント④参照）

（3）　税務と会計の調整仕訳

前提　税務仕訳　調整仕訳　申告調整

Step 1：会計上と税務上の仕訳比較

会計上の仕訳（上記(1)）と税務上の仕訳（上記(2)）に差異があるため、これらを比較し、税務調整仕訳を作成する。具体的には税務仕訳から会計仕訳を差し引いたものが税務調整仕訳となる。

(i)　X1年3月期－合併契約日を含む事業年度

税務調整仕訳：税務仕訳－会計仕訳

X　社　株　式	500(注)	譲　渡　損　益	500

（注）X1年3月期においては、税務仕訳のみが計上されているため、税務仕訳イコール税務調整仕訳となる。

(ii)　X2年3月期－合併期日を含む事業年度

税務調整仕訳：税務仕訳－会計仕訳

株 式 売 却 損 益	770(注3)	の　　れ　　ん	1,750(注1)
（利益積立金額）		X　社　株　式	520(注2)
資 本 金 等 の 額	3,500(注4)	利 益 積 立 金 額	2,000(注5)

（注1）のれん（▲1,750）＝税務上の増減額（0）－会計の増減額（1,750）
（注2）X社株式（▲520）＝税務の増減額（▲7,500）－会計の増減額（▲6,980）
（注3）株式売却益（▲770）＝税務上の収益の額（0）－会計上の収益の額（770）
（注4）資本金等の額の増減額（▲3,500）＝税務上の増減額（▲3,500）－会計上のの
　　　　増減額（0）
（注5）利益積立金額の増減額（2,000）＝税務上の増減額（2,000）－会計上の増減額（0）

Step 2：仕訳分解

　Step 1の税務調整仕訳につき，資産・負債項目の相手勘定が利益積立金額と
なるようにいったん仕訳を分解する。分解に際しては，借方貸方に同額の利益
積立金額を計上している（斜体部分が追加計上した利益積立金額。差し引き合
計額はゼロとなる）。なお，仕訳分解を行わなくとも別表五（一）に記入がで
きる場合には，この手続きは不要である（（i）の仕訳については仕訳分解の必要
はないが，再掲しておく）。

　（i）　X1年3月期―合併契約日を含む事業年度

| X 社 株 式 | 500 | 譲 渡 損 益
（利益積立金額） | 500 | (a) |

　（ii）　X2年3月期―合併期日を含む事業年度

利 益 積 立 金 額	*1,750*	の　　れ　　ん	1,750	(A)
利 益 積 立 金 額	*520*	X 社 株 式	520	(A)
利 益 積 立 金 額	*2,000*	利 益 積 立 金 額	2,000	(B)
資 本 金 等 の 額	3,500	*利 益 積 立 金 額*	*3,500*	(C)
株 式 売 却 益 （利益積立金額）	770	*利 益 積 立 金 額*	*770*	(D)

＜上記仕訳の申告書記入に際しての留意点＞

・（a）の仕訳については，別表四にて加算・留保処理をすると同時に別表五
　（一）「利益積立金額の計算に関する明細書」に利益積立金額の増加として記
　入。

・（A）の部分は，別表五（一）「利益積立金額の計算に関する明細書」に利益
　積立金額の減少として記入（別表四は経由しない）。

- (B) の部分は，貸借同じ科目で同じ金額が計上されているため，申告書への調整記入は不要。
- (C) の部分は別表五（一）「利益積立金額の計算に関する明細書」に増加として記入（項目は「資本金等の額」）すると同時に，「資本金等の額の計算に関する明細書」に減少として記入（項目は「利益積立金額」）。
- (D) について，借方は所得の減算及び利益積立金額の減少を示しているため，別表四で所得の減算を行うとともに，別表五（一）にて利益積立金額の減少を記入する（減算留保処理）。一方，貸方は利益積立金額の増加を示しているため，別表五（一）にて利益積立金額の増加を記入。結果として，別表五（一）残高の増減なし。同様の事例の詳細説明はコラム④，87頁を参照のこと。

(4)　申告調整―合併法人

〔前　提〕〉〔税務仕訳〕〉〔調整仕訳〕〉〔申告調整〕〉

上記会計上の受入仕訳及び税務調整を反映した別表五（一）は以下のようになる。

なお，説明のため，会計処理に基づく処理は斜体にて，税務調整に基づく処理は通常の書体で示している。

（i）　X1年3月期―合併契約日を含む事業年度

別表四　所得の金額の計算に関する明細書

区分		総額	処分	
			留保	社外流出
加算	X社株式譲渡損益	500	500	

別表五（一）：利益積立金額及び資本金等の額の計算に関する明細書

I：利益積立金額の計算に関する明細書

区分	期首現在利益積立金額	当期の増減		差引翌期首現在利益積立金額
		減	増	
X社株式	20		(注1) 500	(注2) 520

（注1）　別表四「X社株式譲渡損益」（加算・留保）（500）と対応。

（注2）　別表五（一）期末残高（520）＝税務上のX社株式帳簿価額（1,500＝1,000＋500）－会計上のX社株式帳簿価額（980）

(ii) X2年3月期―合併期日を含む事業年度

別表四：所得の金額の計算に関する明細書

区分		総額	処分	
			留保	社外流出
当期利益又は当期欠損の額		*770*	*770*	
減算	株式売却益	770	770	
仮計		0	0	

別表五（一）：利益積立金額及び資本金等の額の計算に関する明細書

Ⅰ：利益積立金額の計算に関する明細書

区分	期首現在利益積立金額	当期の増減		差引翌期首現在利益積立金額
		減	増	
X社株式（親法人株式）	520	※(注1) 520		0
株式売却益	0	(注3) 770	※ 770	0
のれん			※▲ 1,750	▲ 1,750
資本金等の額			(注4)※ 3,500	3,500
繰越損益金	××××		(注2) 770	×××
差引合計額	××××	1,290	3,290	×××

差引利益積立金額の増加額 2,000 (注5)

Ⅱ：資本金等の額の計算に関する明細書

区分	期首現在資本金等の額	当期の増減		差引翌期首現在資本金等の額
		減	増	
利益積立金額			(注4) ▲ 3,500	▲ 3,500
差引合計額	0	0	(注6) ▲ 3,500	▲ 3,500

（注1）別表四を経由しない調整については「※」を付して記入する。

（注2）会計上の当期利益。説明の簡略化の観点から会計上の当期利益を株式売却益（770）のみとして記載。会計上の仕訳に基づく記入については，税務調整による増減と区別するため斜体で示している。

（注3）別表四「株式売却益（減算・留保）」（770）と対応。

（注4）利益積立金額と資本金等の額の入り繰りであるため，両者は符合は逆で一致する。

（注5）別表五（一）上の利益積立金額の増加合計（2,000）と税務仕訳上の利益積立金額増加合計（2,000）は一致する（(2)税務上の仕訳参照）。

（注6）別表五（一）上の資本金等の額の増加合計（▲3,500）と税務仕訳上の資本金等の額の増加合計（▲3,500）は一致する（(2)税務上の仕訳参照）。

設例 6 適格現金合併―合併法人

処理上のポイント

✓ 合併法人は被合併法人の資産・負債を被合併法人の最後事業年度終了時の帳簿価額にて引き継ぐ。

✓ 合併法人が保有する被合併法人の株式について，会計上は抱合せ株式消滅差損益が発生するが，税務上は，抱合せ株式の帳簿価額をもって受入資本金等の額を減額する。

平成29年度税制改正により，合併法人が被合併法人の株式を2／3以上保有している場合，合併対価として金銭を交付しても金銭不交付要件に抵触しない，つまり適格合併に該当し得ることとなった（法法2①十二の八）。

現金合併が適格合併に該当する場合の，合併法人における税務処理上のポイントは以下のとおり。

ポイント①：資産負債の受入価額

合併法人は被合併法人の資産・負債を被合併法人の最後事業年度終了時の帳簿価額にて引き継ぐ（法令123の3）。詳細は設例2を参照のこと。

ポイント②：抱合せ株式に係る処理

合併法人が保有する被合併法人の株式について，会計上は抱合せ株式消滅差損益が発生する。一方税務上は，現金合併であっても適格合併に該当する限り，抱合せ株式に係る譲渡損益を認識せず，抱合せ株式の帳簿価額をもって受入資本金等の額を減額する（ポイント③参照）。

ポイント③：増加資本金等の額・利益積立金額

　適格現金合併が行われた場合の増加資本金等の額・利益積立金額は以下のとおり（法令8①五，9①二）。この結果，合併法人における利益積立金額の増加額は，被合併法人における最後事業年度終了時の利益積立金額となる。

> 増加資本金等の額＝
> 　適格合併に係る被合併法人の最後事業年度終了時における資本金等の額
> 　－交付金銭等の額
> 　－抱合せ株式の帳簿価額

> 増加利益積立金額＝
> 　適格合併により移転を受けた資産負債の簿価純資産帳簿価額
> 　－交付金銭等の額－増加資本金等の額－抱合せ株式の帳簿価額

　以下，設例に即して解説を行う。

(1)　前　提

前　提　税務仕訳　調整仕訳　申告調整

① 　X1年5月，A社はT社株式のTOBにより，T社株式を90株取得した（T社の発行済株式数=100株）。

② 　TOB後のA社保有T社株式帳簿価額は会計・税務ともに27,000である（@300×90株）。

③ 　X2年4月1日，A社を合併法人，T社を被合併法人とする合併を行った。合併交付対価は現金とし，1株当たり@300，合計3,000（@300×10株）をT社株主（A社以外）に対して交付した。

④ 　支配獲得時のT社の土地の時価は4,000（簿価は2,000）とし，土地以外の識別可能な資産及び負債の時価と簿価は一致していたものとする。

⑤ 　TOBによる支配獲得時のA社連結財務諸表上ののれんは9,000であり，5年間で均等償却する。

⑥ 　T社（被合併法人）の合併最後事業年度終了時の貸借対照表（会計・税務）は以下のとおり。

T社合併最後事業年度終了時の貸借対照表（会計）

諸資産	18,000	資本金	3,000
土地	2,000	その他資本剰余金	2,000
		繰越利益剰余金	15,000

T社合併最後事業年度終了時の貸借対照表（税務）

諸資産	18,000	資本金等の額	5,000
土地	2,000	利益積立金額	15,000

⑦　本件合併は適格合併に該当する。

⑧　会計上は，親子会社間の現金対価合併について，以下の仕訳を計上した。なお，税効果に関する処理は捨象している。

諸 資 産（90%）(注1)	16,200	子 会 社 株 式	27,000
土 　地（90%）(注2)	3,600		
の 　れ 　ん (注3)	7,350	抱合せ株式消滅益(注4)	150

諸 資 産（10%）(注1)	1,800	現 　　　　金	3,000
土 　地（10%）(注1,5)	400		
の 　れ 　ん (注6)	800		

（注1）子会社から受け入れる資産及び負債は，連結財務諸表上の帳簿価額及びのれんの未償却残高により計上する。この際，親会社持分相当額と非支配株主持分相当額を持分比率により按分する（企業結合会計基準（注9），結合分離適用指針206）。

（注2）土地の連結財務諸表上の帳簿価額4,000×90％＝3,600

（注3）のれんの当初認識額9,000×49ヶ月／60ヶ月＝7,350

（注4）差額150＝（16,200＋3,600＋7,350）－27,000

（注5）土地の連結財務諸表上の帳簿価額4,000×10％＝400

（注6）親会社の個別財務諸表において，親会社が自社の株式を対価として子会社を吸収合併する場合，非支配株主持分相当額と取得の対価（自社の株式の時価）

との差額は，平成25年の連結会計基準及び企業結合会計基準の改正により，のれんとして会計処理する方法からその他資本剰余金として会計処理する方法に変更されている。一方，非支配株主持分相当額の取得の対価が現金等であった場合の取扱いは明示されていないが，本設例では，非支配株主持分相当額を現金を対価として取得しており株式を交付していないため，当該差額をその他資本剰余金ではなく，のれんとして取り扱っている。

⑨　A社，T社ともに3月決算法人である。

⑩　A社（合併法人）の合併直前における貸借対照表は以下のとおり。

合併法人A社の貸借対照表（会計・税務）

子会社株式（T社株式）	27,000	借入金	29,400
現金	3,000	資本金等の額[注1]	500
		利益積立金額[注2]	100

（注1）会計上の科目は資本金
（注2）会計上の科目は繰越利益剰余金

⑪　本設例では，合併に係る処理のみを示すこととし，その後に生ずるのれんの償却に係る申告調整等については，考慮外とする。

(2)　税務上の仕訳

〉前　提〉**税務仕訳**〉調整仕訳〉申告調整〉

処理上のポイントをふまえたA社（合併法人）の税務上の処理は以下のようになる。

諸　　資　　産[注1]	18,000	現　　　　　金	3,000
土　　　　　　地[注1]	2,000	利 益 積 立 金 額[注3]	15,000
資 本 金 等 の 額[注2]	25,000	子 会 社 株 式	27,000

（注1）合併移転資産の帳簿価額受入れ：適格合併に該当するため，被合併法人の最後事業年度終了時の帳簿価額にて受入れ（法令123の3）
（注2）増加資本金等の額（▲25,000）＝適格合併に係る被合併法人の最後事業年度終了時における資本金等の額（5,000）－交付金銭等の額（3,000）－抱合せ株式の帳簿価額（27,000）（法令8①五，ポイント③参照）
（注3）増加利益積立金額（15,000）＝適格合併により移転を受けた資産負債の簿価純資産帳簿価額（20,000）－交付金銭等の額（3,000）－増加資本金等の額（▲25,000）－抱合せ株式の帳簿価額（27,000）（法令9①二，ポイント③参照）

(3) 税務と会計の調整仕訳

前 提 〉税務仕訳 〉調整仕訳 〉申告調整〉

Step 1 ：会計上と税務上の仕訳比較

会計上の仕訳（前提⑧）と税務上の仕訳（上記(2)）に差異があるため，以下のような調整が必要となる。この調整仕訳は会計上の仕訳と税務上の仕訳を比較することにより作成される。

資 本 金 等 の 額	25,000(注3)	土　　　　　地	2,000(注1)
抱合せ株式消滅益	150	の　れ　ん	8,150(注2)
		利 益 積 立 金 額	15,000(注4)

（注1） 土地　（▲2,000）＝税務上の増減額（2,000）－会計上の増減額（3,600+400）
（注2） のれん（▲8,150）＝税務上の増減額（0）－会計上の増減額（7,350+800）
（注3） 資本金等の額（▲25,000）＝税務上の増減額（▲25,000）－会計上の増減額（0）
（注4） 利益積立金額（15,000）＝税務上の増減額（15,000）－会計上の増減額（0）

Step 2 ：仕訳分解

別表五（一）記入に当たっては，資産・負債項目に係る調整は別表五（一）「利益積立金額の計算に関する明細書」に記載する必要がある。そこで，Step 1の調整仕訳を以下のように分解する（斜体部分が追加計上した利益積立金。差引合計はゼロとなる。

利 益 積 立 金 額	*2,000*	土　　　　　地	2,000
利 益 積 立 金 額	*8,150*	の　れ　ん	8,150
資 本 金 等 の 額	25,000	*利 益 積 立 金 額*	*25,000*
抱合せ株式消滅益	150	*利 益 積 立 金 額*	*150*
利 益 積 立 金 額	*15,000*	利 益 積 立 金 額	15,000

(4)　申告調整

前　提　＞税務仕訳＞調整仕訳＞**申告調整**

　この結果，A社のX3年3月期の別表四及び別表五（一）の処理は以下のようになる（当期利益は抱合せ株式消滅益相当額（150）のみと仮定して記載）。

別表四　所得の金額の計算に関する明細書

区分	総額	処分	
		留保	社外流出
当期利益又は当期欠損の額	150	150	
減算　抱合せ株式消滅益	150	150	
仮計	0	0	

別表五（一）：利益積立金額及び資本金等の額の計算に関する明細書

Ⅰ：利益積立金額の計算に関する明細書

区分	期首現在利益積立金額	当期の増減		差引翌期首現在利益積立金額
		減	増	
土地			(注1)※▲2,000	▲2,000
のれん			※▲8,150	▲8,150
資本金等の額			(注3)※25,000	25,000
抱合せ株式消滅益		(注4)150	※150	0
繰越損益金	100		(注2)※*150*	250
差引合計額		▲150	15,150	

差引利益積立金額の増加額（15,000）(注5)

Ⅱ：資本金等の額の計算に関する明細書

区分	期首現在資本金等の額	当期の増減		差引翌期首現在資本金等の額
		減	増	
資本金又は出資金	500			500
利益積立金額			(注3)▲25,000	▲25,000
差引合計額	0	0	(注6)▲25,000	▲24,500

（注1）別表四を経由しない調整については「※」を付して記入する。

（注2）会計上の当期利益（▲150）（抱合せ株式消滅益）に対応。

（注3）利益積立金額と資本金等の額の入り繰りなので，両者は（符合は逆で）一致する。

（注4）別表四「抱合せ株式消滅益」（減算）と対応。「損益/利益積立金額」という

　　形の申告調整についての詳細についてはコラム④，87頁）を参照のこと。
（注5）別表五（一）上の利益積立金額の増減額合計（15,000）と，税務仕訳上の利益積立金額増加合計（15,000）は一致する。
（注6）　別表五（一）上の資本金等の額の増減額合計（▲25,000）は税務仕訳上の資本金等の額の増減額合計（▲25,000）は一致する。

　本ケースでは，合併法人の合併後の資本金等の額がマイナスとなっている。これは，適格現金合併においては，利益積立金額については被合併法人の残高が引き継がれる一方で，資本金等の額については，被合併法人の資本金等の額から抱合せ株式の帳簿価額及び合併交付対価の額を差し引いたものが引き継がれることに由来する。

> **参考**　適格現金合併が行われた場合の，被合併法人・被合併法人株主の税務処理
>
> **被合併法人**→交付対価が金銭であっても，適格合併に該当する場合は，被合併法人の税務処理は，金銭不交付型の適格合併の場合と基本的に同様であるため，設例2を参照されたい
>
> **被合併法人株主**（合併法人以外）→合併対価として現金が交付されるが，適格合併に該当することからみなし配当を認識しない（法法24①）。したがって，合併交付対価の全額を株式譲渡収入として取り扱い，被合併法人帳簿価額との差額をもって譲渡損益を認識する（法法61の2①）。

設例 7　非適格合併―被合併法人
非適格合併に伴う譲渡損益，租税債務の取扱い

処理上のポイント

✓　非適格合併が行われた場合，被合併法人は合併期日の前日の属する事業年度において，合併による移転資産・負債の時価譲渡損益を認識する。

✓　非適格合併に係る移転資産・負債の譲渡損益の計算においては，引継租税債務を考慮したグロスアップ計算が必要となる。

非適格合併[8]が行われた場合の，被合併法人側の税務処理の主なポイントは次のとおり（合併法人側の処理は設例 8 参照）。

ポイント①：非適格合併に伴う譲渡損益の認識

非適格合併が行われた場合，被合併法人の合併期日の前日の属する事業年度（合併最後事業年度）において，合併による移転資産・負債の時価譲渡損益を認識する（法法62②）。

譲渡損益の額は次の算式により求める。

譲渡損益＝移転資産・負債時価（合併対価の時価）－移転資産・負債の帳簿価額

合併最後事業年度（合併期日の前日に終了）において合併による資産・負債の移転は行われていないため，資産・負債，資本金等の額・利益積立金額の減少は認識せず，非適格合併による譲渡損益は，申告書上，別表四社外流出欄にて処理する。

8　完全支配関係がない法人同士での合併を想定。完全支配関係者間の非適格合併の処理についてはコラム⑥参照。

ポイント②：租税債務が発生する場合の譲渡損益の計算

　上述の譲渡損益計算式中，「移転負債」には，未払法人税（含：地方法人税，以下同じ）・住民税も含まれる[9]わけだが，被合併法人の最後事業年度の法人税・住民税の額は，非適格合併による移転資産等の譲渡益の額が計算できないと求められない。そして，譲渡益は未払法人税等の額が決まらないと計算できない。つまり，循環計算になるのである。

　このため，以下の算式を満たす譲渡益の金額を方程式・表計算ソフト等により求めることとなる[10]。

<非適格合併に係る譲渡益と租税債務の関係>

- 譲渡益×法人税率×（1＋地方法人税＋住民税合計税率）＝租税債務…… a
- 合併対価－（租税債務を含まない移転純資産－租税債務）＝譲渡益……… b

（注）上記算式中「租税債務」とは非適格合併譲渡益に係る法人税・住民税を指す。

◆図表2-1　譲渡益⇒租税債務⇒譲渡益の循環計算◆

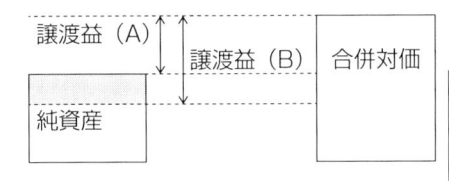
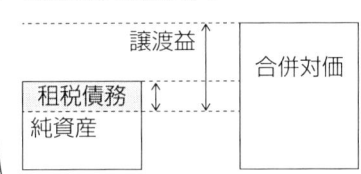

譲渡益(A)に対して，租税債務(網掛け部分)が発生，結果として純資産が目減りし，譲渡益が増加する(譲渡益(B))⇒循環する

次の2つの式が成立する譲渡益額を求める
- 譲渡益＝合併対価－(租税債務考慮前純資産－租税債務)
- 租税債務＝譲渡益×法人税率×(1＋地方法人税率＋住民税率)

　9　法令123②。なお，被合併法人の最後事業年度の事業税は，最後事業年度末の時点においては未確定債務であるため，合併移転負債を構成しない（コラム⑤参照）。

　10　非適格合併に係る譲渡益の求め方には，移転資産・負債（非適格合併譲渡原価）に未払事業税を含めて計算するべきとする見解も存在する。諸星健司『三訂版事例詳解　資本等取引をめぐる法人税実務』税務研究会出版局，平成23年1月，194頁。

> ### 留意事項
>
> 　(ⅰ)　申告ソフトの利用
>
> 　実務上は，非適格合併による移転資産の譲渡益と租税債務の組み合わせの計算に際して，端数処理や軽減税率も考慮に入れる必要がある。このため，方程式等で譲渡益とされるべきおよその金額を算出したのちに，法人税申告ソフトウェア等を使用して上記bの算式を満たす正確な譲渡益と租税債務の金額を導き出すことが必要となる。
>
> 　(ⅱ)　欠損金を有する場合で納税額が発生する場合
>
> 　欠損金控除前課税所得を超える青色欠損金を有しており，かつ欠損金の損金算入限度額が欠損金控除前課税所得の55（50）％に制限されるため，譲渡益の45（50）％相当額が課税対象となる場合は，上記aの算式中，「譲渡益」の部分を「譲渡益×45（50）％」として計算する。
>
> 　(ⅲ)　納税が発生しない場合
>
> 　欠損金控除前課税所得を超える欠損金を有しており，最後事業年度において納税額が発生しない場合については，譲渡益に係る租税債務がないため，上述の譲渡損益のグロスアップ計算は不要となる。
>
> 　(ⅳ)　繰戻還付が発生する場合
>
> 　最後事業年度において欠損が発生，繰戻還付請求を行う場合，繰戻還付に係る未収還付法人税・住民税は，繰戻還付請求書提出後に確定するため，被合併法人の最後事業年度末時点においては債権に該当しない（つまり移転資産・負債に含まれない）。したがって，繰戻還付が発生するケースにおいては，繰戻還付税額についての上述のようなグロスアップは不要と考える。

　以下では非適格合併により，被合併法人において譲渡益・租税債務が発生する場合の譲渡益の額の計算，申告調整につき，事例に即して解説を行う。

■ 非適格合併に伴う譲渡損益・租税債務

(1)　前　提

前　提〉税務仕訳〉調整仕訳〉申告調整〉

①　A社とB社が合併（合併法人＝A社）。

②　A社B社には資本関係はない。

③　被合併法人B社の株主に対して交付されるA社株式価額の合計額（合併期日におけるA社株式時価×交付株式数）は7,000である。

④　税務上は非適格合併に該当する。みなし配当に係る源泉税は別途株主から徴収の上，納付する。

⑤　B社に適用される法人税率は23.2％，地方法人税率10.3％，住民税率10.4％，事業税率は10.08％とする（外形標準課税不適用法人）[11]。

⑥　B社（被合併法人）の合併最後事業年度終了時の貸借対照表（会計・税務）は以下のとおり。

11　説明の簡便性を考慮して，外形標準不適用法人を想定している。

B社合併最後事業年度終了時の貸借対照表（会計）

―移転資産等の譲渡損益に係る法人税等考慮前―

諸資産	8,000	諸負債	1,200
		未払事業税	250
		未払法人税・地方法人税・住民税^(注)	800
		資本金・資本準備金・その他資本剰余金	4,000
		繰越利益剰余金	1,750

B社合併最後事業年度終了時の貸借対照表（税務）

―移転資産等の譲渡損益に係る法人税等考慮前―

諸資産	8,000	諸負債	1,200
		未払法人税・地方法人税・住民税^(注)	800
		資本金等の額	4,000
		利益積立金額	2,000

（注）内訳：未払法人税650，未払地方法人税・住民税150

(2)　税務上の仕訳

前　提　**税務仕訳**　調整仕訳　申告調整

①　被合併法人における資産等の移転に係る譲渡損益と法人税等

はじめに，合併による資産等の移転に係る譲渡損益を計算する。

前提より，法人税率23.2％，地方法人税10.3％，住民税率10.4％，合併交付資産時価7,000，租税債務を含まない移転純資産帳簿価額を6,000[注1]とした上で，譲渡益をX，租税債務をYとして，「処理上のポイント」ポイント②に示した算式に当てはめ，譲渡益と租税債務を求める。

＜算式＞

- 譲渡益（X）×法人税率（23.2％）×（1 ＋地方法人税率・住民税合計税率（20.7％））＝租税債務（Y）……a
- 合併対価（7,000）－（租税債務[注2]を含まない移転純資産（6,000）[注1]－租税債務[注2]（Y））＝譲渡益（X）……b

（注1）移転純資産の帳簿価額（6,000）＝
　　諸資産(8,000)−諸負債(1,200)−通常所得分の未払法人税・地方法人税・住民税(800)
（注2）上記算式中「租税債務」とは非適格合併譲渡益に係る法人税・地方法人税・住民税を指す。

- 上記aをbに代入して整理

　　$7,000 - 6,000 - (X \times 23.2\% \times 1.207) = X$

　　$1,000 = 0.719976X$

　　$X = 1,389$

- 譲渡益1,389として，法人税・地方法人税・住民税を計算

　　法人税：$1,389 \times 23.2\% = 322$

　　地方法人税・住民税：$322 \times 20.7\% = 67$

　　租税債務合計：$322 + 67 = 389$

（注）紙幅の都合上，上記では法定税率での単純割戻計算を行っているが，実際の譲渡益算定にあたっては実額ベースで計算を行う。軽減税率や課税標準・税額算定の際の1,000円未満・100円未満切捨て等があるため，申告書作成ソフトや表計算ソフトを利用して法人税・地方法人税・住民税控除後の手取利益金額が特定の金額となるような譲渡利益総額（及び法人税・地方法人税・住民税）を算出することとなる。

（検算）譲渡益（総額）1,389 −（法人税322＋地方法人税・住民税67）＝1,000

　　　←手取利益（7,000 − 6,000 ＝ 1,000）と一致，検算OK

この結果，以下のような税務上の損益が計上される。

非適格合併による移転資産の譲渡利益額又は譲渡損失額	1,389　（加算・流出）

（注）譲渡損益は認識するが，これに伴う純資産（利益積立金額）の増加はないため，加算・流出処理となる。

> **参考　合併移転仕訳**
>
> 　合併期日は被合併法人の最後事業年度末の翌日であるため，合併による資産・負債の移転仕訳を税務上認識することはないが，本事例における概念的な移転仕訳を示すと次のとおりとなる。
>
> **合併移転仕訳**
>
> | 諸　負　債 | 1,200 | 諸　資　産 | 8,000 |
> |---|---|---|---|
> | 未払法人税・住民税[注1] | 1,189 | 譲　渡　益[注2] | 1,389 |
> | 合　併　対　価 | 7,000 | | |
>
> （注1）　未払法人税住民税（1,189）＝通常所得に対応する分（800）＋譲渡益に対応する分（389）
> （注2）　譲渡益（1,389）＝合併対価時価（7,000）－（移転資産帳簿価額（8,000）－移転負債（1,200＋1,189＝2,389））

(3)　税務と会計の調整仕訳—被合併法人

前　提 〉税務仕訳 〉**調整仕訳** 〉申告調整 〉

　被合併法人の最後事業年度において，会計上は，資産・負債の譲渡損益は認識しない（資産・負債の移転は最後事業年度末日の翌日であるため）が，非適格合併に伴う譲渡損益に係る租税債務は認識する。このため，合併に係る会計と税務の調整仕訳はすなわち，(2)に示した税務仕訳となる。このほか，最後事業年度未払法人税等に係る申告調整が必要であるが，これは，通常事業年度のそれと特段変わるところがないためこれについては説明を割愛する。

(4)　申告調整—被合併法人

前　提 〉税務仕訳 〉調整仕訳 〉**申告調整** 〉

　上記をふまえた別表四の記載は以下のようになる。別表五（一）については，未払法人税・住民税を記載する以外，特段の調整は不要[12]。

12　合併最後事業年度末の時点においては，合併に伴う資産・負債の移転は行われていないことから，合併最後事業年度末の別表五（一）には，合併による資産・負債の移転・利益積立金額／資本金等の額の減少は反映されない。

別表四：所得の金額の計算に関する明細書

区分	総額	処分	
		留保	社外流出
非適格合併又は残余財産の全部分配等による移転資産等の譲渡利益額又は譲渡損失額	1,389(注1)		1,389

（注1）仮計より下，第37欄に記入

（注2）最後事業年度未払法人税計上に関する別表四の調整については記載を省略している。

参考　被合併法人最後事業年度申告書　別表五（一）末尾（税金部分）

Ⅰ：利益積立金額の計算に関する明細書

区分	期首現在利益積立金額	当期の増減		差引翌期首現在利益積立金額
		減	増	
繰越損益金	×××	×××	×××	(注1)　1,221
納税充当金	×××	×××	×××	(注2)　1,579
未納法人税等　未納法人税	×××	×××	×××	(注3)　▲ 972
未納法人税等　未納道府県民税	×××	×××	×××	(注3)　▲ 217
差引合計額	×××	×××	×××	(注4)　1,611

（注1）　繰越損益金（1,221）＝移転資産譲渡損益に係る法人税住民税計上前繰越利損益金（1,750）－移転資産譲渡損益に係る法人税・住民税及び事業税計（529）（下記（注2）参照）。

（注2）　会計上，実額をもって，未払計上したと仮定。内訳は以下のとおり。

	当初計上額	追加計上額	合計
未払法人税	650	322	972
未払住民税	150	67	217
未払事業税	250	※　140	390
合計	1,050	529	1,579

※未払事業税追加計上額＝譲渡利益1,389×10.08%

（注3）　未払法人税，住民税の額を記入（注2参照）

（注4）　別表五（一）上の利益積立金額の残高（1,611）＝移転資産譲渡損益に係る法人税住民税計上前利益積立金額（2,000）－移転資産負債譲渡益に係る未払法人税住民税計上額（389）

コラム ⑤　被合併法人の最後事業年度に係る事業税の取扱いについて

　非適格合併が行われた場合の事業税の損金算入時期及び損金算入主体については，①合併法人・被合併法人いずれにおいても損金算入できないとする説[13]と，②合併法人においてその額が具体的に確定した事業年度の損金の額に算入するとする説[14]とがある[15]。

　本書においては，後者の立場を採用している。これは合併により資産負債は包括的に合併法人に承継されることから，適格・非適格にかかわらず合併法人においてその額が具体的に確定した事業年度の損金の額に算入するべきという考え方に基づくものである。

13　澤田眞史『企業再編のための合併分割株式交換等の実務』清文社，平成19年4月，444頁，廣瀬彰（週刊税務通信No.2773）。なお，後者では，未納事業税は，合併移転負債に含まれないものの，時価算定のマイナス要素としては考慮されるため，結果として譲渡損失という形で被合併法人において事業税相当額が損金算入されるという考え方を示している。

14　稲見誠一，佐藤信祐『新版　制度別逐条解説　企業組織再編の税務』清文社，平成21年10月，72頁，武田昌輔『DHCコンメンタール法人税法』第一法規出版，617の9頁。

15　事業税の損金算入時期（原則）は，事業税の納税申告書を提出した事業年度（法基通9-5-1）。

設例 8　非適格合併—合併法人
時価受入れ，資産調整勘定／負債調整勘定

処理上のポイント

✓　非適格合併が行われた場合，合併法人は，合併移転資産・負債を時価にて受け入れる。合併交付対価と受入資産の時価純資産価額（退職給与負債調整勘定，短期重要負債調整勘定）時価との差額は資産調整勘定，（差額）負債調整勘定として取り扱う。

　非適格合併[16]が行われた場合の，合併法人側の税務処理の主なポイントは次のとおり。

ポイント①：時価受入れ

　非適格合併に該当する場合，合併法人は合併による移転資産・負債を時価にて受け入れる（法法62）。この際，「時価」とは税務上の時価であるから，会計上負債として認識されるものであっても，税務上負債としての取り扱われないもの（未確定債務，賞与引当金など）は負債計上されない。また，会計上の「のれん」は税務上は認識しない（別途，後述の資産調整勘定を認識する）。

ポイント②：資産調整勘定・（差額）負債調整勘定

(i)　資産調整勘定・（差額）負債調整勘定

　合併法人が非適格合併により交付した金銭及び金銭以外の資産の価額の合計額が移転を受けた資産負債[17]の時価純資産価額を超えるときはその超える金額を「資産調整勘定」として認識，時価純資産価額が交付金銭等の額を超えると

16　完全支配関係がない法人同士での合併を想定。完全支配関係者間非適格合併の処理についてはコラム⑥を参照のこと。

17　負債には後述する短期重要債務負債調整勘定，退職給与負債調整勘定を含む（法法62の8①）。

きはその超える金額を「（差額）負債調整勘定」として認識する[18]（法法62の8②）。

(ii)　退職給与負債調整勘定

引継ぎを受けた従業者につき退職給付債務の引受けをしている場合，会計上の退職給付引当金相当額の退職給与負債調整勘定を認識する（法法62の8②一。）

(iii)　短期重要負債調整勘定

被合併法人から移転を受けた事業に係る未確定債務で，その履行が3年以内に見込まれ，かつ，その金額が移転資産の取得価額の合計額[19]の20%に相当する額を超えるものがある場合は短期重要負債調整勘定として計上する（法法62の8②二，法令123の10⑧，法規27の16）。

　＊資産調整勘定・負債調整勘定の計上・取崩し概要については第Ⅰ編第1章7を
　　参照のこと。

ポイント③：利益積立金額・資本金等の額

非適格合併により合併法人が移転を受けた資産・負債の純資産価額（＝合併交付資産時価）の合計額をもって，合併法人の資本金等の額の増加額とする（法令8①五）。利益積立金額の引継ぎは行われない。

以下では非適格合併が行われた場合の合併法人における受入処理について事例に即して解説を行う。

18　「資産超過差額」とされる部分を除く（法令123の10④）。資産超過差額とは，以下に掲げる区分に応じて，それぞれに記載した金額をいう。
　①　非適格合併等により交付された資産の時価（交付時価額）が，その合併等を約したときの価額（約定時価）の2倍を超えている場合⇒交付時価から移転事業価値として合理的に見積もられる金額又は約定時価を控除した金額。
　②　非適格合併により交付した資産の時価が移転を受けた資産・負債の時価純資産価額を超える金額のうちに，被合併法人等の欠損金額（当該移転を受ける事業による収益にの額によって補てんされると見込まれるものを除く）に相当する部分から成ると認められる部分がある場合⇒当該欠損金額に相当する部分から成ると認められる金額
19　「移転資産」には，後述する資産調整勘定を含まない。

■ 非適格合併，合併法人の受入処理

(1)　前　提

前　提 ＼税務仕訳＼調整仕訳＼申告調整＼

① 　X1年4月1日，A社とB社はA社を合併法人，B社を被合併法人として合併した。A社B社間に資本関係なし。

② 　当該合併は非適格合併に該当する。

③ 　A社が合併により交付したA社株式の価額の合計額（合併期日におけるA社株式時価×交付株式数）は，7,000であった。会計上は当該金額をもって取得の対価としている。

④ 　A社はB社から引継ぎを受ける従業者に支給する退職給与の額について，合併前の在職期間等を通算して支給することとし，退職給与債務500の引き受けを行った。

⑤ 　B社（被合併法人）の合併最後事業年度終了時の貸借対照表（会計・税務）は以下のとおり。

B社合併最後事業年度終了時の貸借対照表（会計）

諸資産	8,000	諸負債	2,400
土地(注2)	800	未払法人税等(注1)	750
		賞与引当金	200
		退職給付引当金	500
		資本金・資本準備金・その他資本剰余金	4,000
		繰越利益剰余金	950

（注1）　未払法人税等は未払法人税・住民税計600と未払事業税150の合計額
（注2）　土地の時価は900
（注3）　土地以外の資産負債について時価と会計上の簿価の乖離はない。

B社合併最後事業年度終了時の貸借対照表（税務）

諸資産	8,000	諸負債	2,400
土地	1,000	未払法人税・住民税	600
		資本金等の額	4,000
		利益積立金額	2,000

　⑥　合併後3年以内に履行が見込まれる債務は，賞与200，事業税150，その他100である。

　⑦　会計上は，A社を取得企業とする「取得」に該当する。

　⑧　会計上の合併受入処理は下記のとおり。

合併受入仕訳－会計

諸　　資　　産	8,000[注1]	諸　　負　　債	2,400[注1]
土　　　　地	900[注1]	未 払 法 人 税 等	750[注1]
		賞 与 引 当 金	200[注1]
の　　れ　　ん	1,950[注1,2]	退 職 給 付 引 当 金	500[注1]
		その他資本剰余金	7,000[注3]

（注1）被合併法人から取得した資産，引き受けた負債のうち，企業結合日において識別可能なものについて，その企業結合日（合併期日）における時価を基礎として配分し，取得原価と識別可能資産への配分額との差額はのれんとして計上している（結合分離適用指針51）。
　　　　・取得原価＝取得の対価（7,000）
（注2）のれん（1,950）＝取得原価（7,000＝取得対価7,000）－識別可能資産・負債の時価計（5,050＝諸資産8,000＋土地900－諸負債2,400－未払法人税等750－賞与引当金200－退職給付引当金500）
（注3）その他資本剰余金（7,000）：払込資本の増加金額は取得対価の額相当額（7,000）。本設例では資本金・資本準備金の増加額を0とし，増加払込資本の全額（7,000）をもってその他資本剰余金の増加としている。

(2) 税務上の仕訳—合併法人

前 提 ＞**税務仕訳**＞調整仕訳＞申告調整＞

上記,「処理上のポイント」をふまえた,A社の合併受入仕訳(税務)は次のようになる。

A社合併受入仕訳—税務

諸　　資　　産	8,000[注1]	諸　　負　　債　　2,400[注1]
土　　　　　地	900[注1]	未払法人税・住民税　　600[注1]
		退職給与負債調整勘定　　500[注2]
資 産 調 整 勘 定	1,600[注5]	資 本 金 等 の 額　　7,000[注4]

(注1) 合併移転資産負債の時価受入れ:非適格合併に該当するため,合併移転資産・負債を時価(税務上の時価)にて受入れ(ポイント①参照)。

(注2) 退職給与負債調整勘定(500)＝会計上の退職給付引当金相当額(法法62の8②一)(ポイント②参照)

(注3) 短期重要債務負債調整勘定(0):合併後3年以内に履行が見込まれる債務のうちに資産の時価合計(8,900×20％＝1,780)を超えるものはないため,短期重要負債調整勘定はゼロとなる(ポイント②参照)。

(注4) 資本金等の額(7,000)＝交付A社株式の価額(時価)の合計額(7,000)(法令8①五)(ポイント③参照)

(注5) 資産調整勘定(1,600)＝交付A社株式の価額(時価)の合計額(7,000)－移転資産・負債の時価純資産価額(5,400)＊

(＊)移転資産・負債の時価純資産価額＝諸資産(8,000)＋土地(900)－諸負債(2,400)－未払法人税・住民税(600)－退職給与負債調整勘定(500)(法法62の8①)(ポイント②参照)

(3) 税務と会計の調整仕訳

前 提 ＞税務仕訳＞**調整仕訳**＞申告調整＞

Step 1：会計上と税務上の仕訳比較

会計上の仕訳(上記(1))と税務上の仕訳(上記(2))に差異があるため,これらを比較し,税務調整仕訳を作成する。具体的には税務仕訳から会計仕訳を差し引いたものが税務調整仕訳となる。

税務調整仕訳：税務仕訳－会計仕訳

未払法人税等 （納税充当金）	750[注1]	未払法人税・住民税	600[注1]	
賞　与　引　当　金	200[注2]	退職給与負債調整勘定	500[注4]	
退職給付引当金	500[注3]	の　　れ　　ん	1,950[注5]	
資　産　調　整　勘　定	1,600[注6]			

（注1）未払法人税等については，取消仕訳（750）と再計上仕訳（600）の両建てで
　　　　示している。
（注2）賞与引当金（▲200）＝税務上の増減額（0）－会計上の増減額（200）
（注3）退職給付引当金（▲500）＝税務上の増減額（0）－会計上の増減額（500）
（注4）退職給与負債調整勘定（500）＝税務上の増減額（500）－会計上の増減額（0）
（注5）のれん（▲1,950）＝税務上の増減額（0）－会計上の増減額（1,950）
（注6）資産調整勘定（1,600）＝税務上の増減額（1,600）－会計上の増減額（0）

Step 2：仕訳分解

　別表五（一）記入にあたり，Step 1 の税務調整仕訳につき，資産・負債項目
の相手勘定が利益積立金額となるようにいったん仕訳を分解する。分解に際し
ては，借方貸方に同額の利益積立金額を計上する（斜体部分が追加計上した利
益積立金額。差引合計額はゼロとなる）。なお，仕訳を行わなくとも別表五
（一）に記入ができる場合には，この手続きは不要である。

税務調整仕訳－仕訳分解後

未払法人税等 （納税充当金）	750	*利　益　積　立　金　額*	*750*	(A)
賞　与　引　当　金	200	*利　益　積　立　金　額*	*200*	(A)
退職給付引当金	500	*利　益　積　立　金　額*	*500*	(A)
資　産　調　整　勘　定	1,600	*利　益　積　立　金　額*	*1,600*	(A)
利　益　積　立　金　額	*600*	未払法人税・住民税	600	(B)
利　益　積　立　金　額	*500*	退職給与負債調整勘定	500	(B)
利　益　積　立　金　額	*1,950*	の　　れ　　ん	1,950	(B)

＜上記仕訳の申告書記入に際しての留意点＞

- （A）の部分は，別表五（一）「利益積立金額の計算に関する明細書」に利益積立金額の増加として記入（別表四は経由しない）。
- （B）の部分は，別表五（一）「利益積立金額の計算に関する明細書」に利益積立金額の減少として記入（別表四は経由しない）。

⑷　申告調整─合併法人

〈 前　提 〉〈 税務仕訳 〉〈 調整仕訳 〉〈 申告調整 〉

　上記会計上の受入仕訳及び税務調整を反映した別表五（一）は以下のようになる（説明のため，会計処理に基づく処理は斜体にて，税務調整に基づく処理は通常の書体で示している）。

　なお，本設例では合併受入れに係る申告調整のみを示している。実際の申告においては，合併後における資産調整勘定・負債調整勘定の取崩しや，のれんの償却に係る申告調整などが生じることとなる点に留意する（非適格再編成以後の事業年度の処理については第2章設例6を参照）。

別表五（一）：利益積立金額及び資本金等の額の計算に関する明細書

Ⅰ：利益積立金額の計算に関する明細書

区分		期首現在 利益積立金額	当期の増減		差引翌期首現在 利益積立金額
			減	増	
賞与引当金		××××		(注1)※　200	××××
退職給付引当金		××××		(注3)※　500	××××
退職給与負債調整勘定		0		(注3)※　▲ 500	▲ 500
のれん		0		(注2)※▲ 1,950	▲ 1,950
資産調整勘定		0		(注2)※　1,600	1,600
繰越損益金		××××		*0*	××××
納税充当金		×××		(注4)※　*750*	×××
未納法人税等	未納法人税	×××		(注4)　▲ 400	×××
	未納道府県民税	×××		(注4)　▲ 200	×××
差引合計額		××××	0	0	××××

差引利益積立金額の増加額 (注6)　　0

Ⅱ：資本金等の額の計算に関する明細書

区分	期首現在資本金等の額	当期の増減		差引翌期首現在資本金等の額
		減	増	
その他資本剰余金	0		(注5) 7,000	7,000
差引合計額	0	0	(注7) 7,000	7,000

（注1）別表四を経由しない調整については「※」を付して記入する。

（注2）のれん（会計）と資産調整勘定（税務）は，計上時の計算方法は似ているものの，別概念であり，取崩し（償却）タイミングも異なることが多いため両建てで表示している。

（注3）合併受入時における，会計上の退職給付引当金受入額と税務上の退職給与負債調整勘定の計上額は原則として一致するが，取崩方法が必ずしも一致しないため，両建てで表示している。

（注4）会計上の納税充当金額の取消しと，税務上の未払法人税・住民税額の計上。

（注5）会計上のその他資本剰余金の額の増加（7,000）。

（注6）別表五（一）上の利益積立金額の増加合計（0）は税務仕訳上の利益積立金額増加合計（0）と一致する。

（注7）別表五（一）上の資本金等の額の増加合計（7,000）は税務仕訳上の資本金等の額の増加合計（7,000）と一致する。

コラム ⑥　完全支配関係者間の非適格合併

　完全支配関係者間において非適格合併が行われた場合，グループ法人税制が適用となるため，通常の非適格合併とは異なる処理を行う部分がある。以下に，その概要を示しておく。

1．被合併法人─譲渡損益調整資産に係る譲渡損益不計上

　非適格合併が行われた場合，被合併法人は，資産負債は時価にて譲渡したものとし，当該譲渡損益は被合併法人の最後事業年度の所得の計算上益金又は損金の額に算入する（法法62①②）。この際，譲渡損益調整資産(＊)に係る譲渡利益額又は譲渡損失額に相当する金額は，当該最後事業年度の所得の金額の計算上，損金又は益金の額に算入する（譲渡損益の繰延べ。法法61の13①）。

　グループ法人税制適用により繰り延べた譲渡損益は，譲渡法人と譲受法

人との完全支配関係が喪失した場合には取り崩すこととされている[20]。合併であれば合併時に完全支配関係が喪失するが，被合併法人の最後事業年度は合併期日の前日に終了しているため，繰延譲渡損益が取り崩されることはない。この結果，譲渡損益調整資産については，被合併法人において，非適格合併に伴う時価課税は行われないこととなる。つまり実質的に簿価譲渡処理を行ったのと同様の結果となる。

＊「譲渡損益調整資産」とは，固定資産，有価証券（売買目的有価証券を除く），金銭債権，繰延資産で，帳簿価額が1千万円以上のものをいう（法法61の13①，法令122の14①）。いわゆる自己創設のれんについては，通常，帳簿価額がゼロであることから，譲渡損益調整資産には該当しないため，非適格合併に伴う事業の移転に伴い，譲渡損益を認識する（繰延べは行われない）。

２．合併法人―譲渡損益調整資産

■　譲渡損益調整資産の簿価受入れ

　非適格合併が行われた場合，合併法人は原則として，その資産負債を時価にて取得したものとして取り扱う（法法62①）。

　しかしながら，完全支配関係者間での非適格合併が行われた場合，譲渡損益調整資産については，時価から繰延譲渡損益相当額を控除又は加算した金額をもって取得価額とする旨規定されている（法法61の13⑦）。結果，譲渡損益調整資産については被合併法人の帳簿価額相当額が合併法人の受入価額となる。

　このような取扱いとされているのは，上述のとおり譲渡損益調整資産については被合併法人においては時価課税が行われていないことによる。

■　欠損金使用制限他

　上述のように，完全支配関係者間において非適格合併が行われた場合，

20　完全支配関係の喪失以外にも，譲渡損益の取崩事由として，譲受法人における再譲渡，減価償却などが挙げられるが，譲受法人において資産の受入れを認識する時点（合併期日）においては，被合併法人の最後事業年度が終了しているため，いずれにせよ被合併法人において繰延譲渡損益の取崩しを行うことはない。

譲渡損益調整資産については実質的に簿価譲渡処理が行われることとなる。このため，適格合併の場合と同様に，合併法人側において欠損金使用制限，特定資産譲渡等損失の損金算入制限が課される（法法57③，62の7①）。

　一方，被合併法人の欠損金については，適格合併の場合と異なり，合併に伴い合併法人に引き継がれることはない（法法57②）。また，残余財産の確定の場合と異なり完全支配関係のある当該法人の株主に対して欠損金が引き継がれることもない（法法57②）。

■　資産調整勘定・差額負債調整勘定の計算

　非適格合併が行われた場合，合併法人は以下の金額を「資産調整勘定」・「差額負債調整勘定」として認識する（詳細については設例8のポイント②を参照）

資産調整勘定の額：交付した金銭等の時価－移転資産負債の時価純資産価額
(A)　　　　　　　　　　　(B)

　((A)＜(B)の場合，差額負債調整勘定＝(B)－(A))

　ここで，「移転資産負債の時価純資産価額」とは資産の取得価額から負債（退職給与負債調整勘定・短期重要負債調整勘定を含む）の額を控除した額とされるが，この「資産の取得価額」とは，譲渡損益調整資産については，合併法人における受入価額（被合併法人における帳簿価額）につき繰延譲渡損益相当額の調整を行う前の金額，つまり時価である（法法62の8①カッコ書）。この結果，被合併法人において自己創設のれんについて認識された譲渡損益に見合う金額の資産調整勘定が，合併法人において計上される。

ポイント

✓　譲渡損益調整資産については実質簿価譲渡処理。

✓　合併法人において，欠損金使用制限，特定資産譲渡等損失損金
算入制限あり。

✓　（譲渡損益調整資産については実質簿価譲渡処理が行われるが）
資産調整勘定は時価を基礎として計算。

設例 9　非適格合併―被合併法人株主
金銭交付なし⇒みなし配当，帳簿価額付替え

処理上のポイント

✓　非適格合併（金銭等交付なし）が行われた場合，被合併法人株主は，
みなし配当を認識するとともに，被合併法人株式と合併法人株式の帳
簿価額の付替えを行う。

　合併交付資産が合併法人株式のみである非適格合併が行われた場合の，被合
併法人株主の課税上のポイントは次のとおりである。

ポイント①：みなし配当と帳簿価額の付替え

　被合併法人株主は当該非適格合併に係るみなし配当を認識するとともに，被
合併法人株式を帳簿価額にて譲渡したものとして取り扱う（法法24①一，61の
2②）。被合併法人株式帳簿価額に当該みなし配当金額を加算した金額をもっ
て合併法人株式取得価額とする（法令119①五[21, 22]）。

仕訳イメージ

合　併　法　人　株　式	×　×　×	被合併法人株式　　　　×　×　×
		み　な　し　配　当　　　　×　×　×

＊源泉所得税に関する処理は捨象している。

ポイント②：みなし配当金額

みなし配当金額は次の算式により求められる（法法24①一，法令23①一）。

$$
みなし配当金額 = \begin{array}{c}合併により交付を\\受けた資産の時価\end{array} - \begin{array}{c}被合併法人の資本金等の額のうち\\保有株式に対応する部分の金額^{(注)}\end{array}
$$

$$
(注)\begin{array}{c}被合併法人の資本金等\\の額のうち保有株式に\\対応する部分の金額\end{array} = \begin{array}{c}被合併法人の最後\\事業年度終了時の\\資本金等の額\end{array} \times \begin{array}{c}合併直前に有していた\\被合併法人の株式の数\\\hline 被合併法人の最後事業年度\\終了時における発行済株式\\総数（自己株式を除く）\end{array}
$$

　なお，このみなし配当金額は，通常の利益配当と同様，受取配当の益金不算入措置の対象となる。

　以下では非適格合併（金銭等交付なし）が行われた場合の被合併法人株主の税務処理につき，事例に即して解説を行う。

■ 非適格合併（金銭等交付なし）における被合併法人株主の処理

(1)　前　提　　　　　　　　前 提〉税務仕訳〉調整仕訳〉申告調整〉

　設例7と同様。ただし，以下の前提条件の変更及び追加。

　①　X社は被合併法人であるB社の株式を1株保有（X社とB社との間に完

21　合併法人株式の交付を受けるために要した費用がある場合はその費用の額も加算する（法令119①五）。

22　みなし配当に対して源泉所得税が課される。合併に伴い現金の交付を行わない場合，株主から源泉所得税相当額を徴収して納付することもあるが，簡略化の観点から，源泉税部分の処理については説明を割愛している。

全支配関係はない）。B社株式の税務上・会計上の帳簿価額は500。合併直
　前におけるB社発行済株式数10株。

②　合併に伴いX社はA社（合併法人）株式10株の交付を受けた。合併期日
　におけるA社株式時価は@70（交付株式時価合計700）

③　X社にとって，当該合併の前後でA社・B社のいずれについても子会社・
　関連会社に該当しない。

④　合併に伴うX社の会計処理は次のとおりであった。

会計上の仕訳(注)

A 社 株 式	500	B 社 株 式	500

（注）会計上，被結合企業（B社）株主における会計処理は，「投資の清算」「投資の
　　継続」という観点により区別される。つまり，B社への投資が清算されたとみら
　　れる場合には交換損益を認識し，投資が継続しているとみられる場合には交換損
　　益を認識しない（事業分離会計基準32）。後者の場合，被合併法人株主が取得す
　　る合併法人株式の取得原価はB社株式に係る合併直前の会計上の適正な帳簿価額
　　（500）に基づいて算定する（事業分離会計基準43）。

(2)　税務上の仕訳　　　　前 提　税務仕訳　調整仕訳　申告調整

①　みなし配当金額の計算

被合併法人株主X社におけるみなし配当金額は以下のように計算される。

　みなし配当金額（300）＝交付された合併法人株式の時価（700）

　　　－被合併法人の資本金等の額のうち保有株式に対応する部分の金額

　　　（400）(注)

　（注）B社資本金等の額（4,000）× $\dfrac{\text{X社の保有株式数（1株）}}{\text{B社発行済株式総数（10株）}}$

　（ポイント②参照）

②　税務上の仕訳

　A社株式の取得価額はX社におけるB社株式帳簿価額（税務）にみなし配当
相当額を加算したものとなるため，合併によるA社株式取得に係る税務上の仕

訳は以下のようになる。

A　社　株　式	800(注1)	B　社　株　式	500		
		み　な　し　配　当	300(注2)		

（注1）A社株式取得価額＝B社株式簿価（500）＋みなし配当金額（300）（ポイント①参照）
（注2）上記①参照。
（注3）みなし配当に対して，源泉所得税が課されるが，説明の簡略化の観点から捨象して記載している。みなし配当につき株主が負担する場合の，源泉所得税を考慮した仕訳は次のようになる（税率＝20％として記載）。

A　社　株　式	800	B　社　株　式	500	
		み　な　し　配　当	300	
（仮払）源泉税	60	未　払　金	60	

(3)　税務と会計の調整仕訳―被合併法人 ［前提］〉［税務仕訳］〉［調整仕訳］〉［申告調整］

　会計上の仕訳（上記(1)）と税務上の仕訳（上記(2)）が乖離しているため，以下のような税務調整仕訳が必要となる。これは会計上の仕訳と税務上の仕訳を比較することにより作成される。

税務調整仕訳：税務仕訳－会計仕訳

A　社　株　式	300(注1)	み　な　し　配　当	300(注2)

（注1）A社株式（300）＝税務上の増減額（800）－会計上の増減額（500）
（注2）みなし配当（300）＝税務上の収益の額（300）－会計上の収益の額（0）

(4)　申告調整―被合併法人株主 ［前提］〉［税務仕訳］〉［調整仕訳］〉［申告調整］

　上記をふまえた別表四，五（一）の記載は以下のようになる（B社における受取配当の金額は本件みなし配当のみであり，受取配当益金不算入額＝150であるものとして記入例を作成）。

別表四：所得の金額の計算に関する明細書（関係部分のみ）

区分		総額	処分	
			留保	社外流出
加算	みなし配当	300	300	
減算	受取配当等の益金不算入額	150		150

別表五（一）：利益積立金額及び資本金等の額の計算に関する明細書

Ⅰ：利益積立金額の計算に関する明細書

区分	期首現在 利益積立金額	当期の増減		差引翌期首現在 利益積立金額
		減	増	
A社株式	0		300	(注) 300

（注）X社におけるA社株式の税務上の帳簿価額（800）と会計上の帳簿価額（500）の差額（300）と一致。

設例 10 　非適格合併―被合併法人株主
金銭交付あり⇒みなし配当，株式譲渡損益認識

処理上のポイント

> ✓ 非適格合併（金銭等交付あり）が行われた場合，被合併法人株主は，みなし配当を認識するとともに，被合併法人株式の譲渡損益を認識する。

　合併交付資産に金銭等[23]含まれる非適格合併が行われた場合の，被合併法人株主における課税上のポイントは次のとおりである。

23　合併法人株式，合併親法人株式いずれか一方の株式以外の資産。

ポイント①：みなし配当・株式譲渡損益・帳簿価額付替え

被合併法人株主においては，当該非適格合併に係るみなし配当を認識するとともに，被合併法人株式を（合併交付資産時価－みなし配当金額）にて譲渡したものとして譲渡損益を認識する（法法61の2①）[24,25]。

仕訳イメージ

合併交付資産(時価)	×××	被合併法人株式	×××
		み な し 配 当	×××
		株 式 譲 渡 損 益	×××

＊源泉所得税に関する処理は捨象している。

ポイント②：みなし配当金額

みなし配当金額は次の算式により求められる（法法24①一，法令23①一）。

$$\text{みなし配当金額} = \text{合併により交付を受けた資産の時価} - \text{被合併法人の資本金等の額のうち保有株式に対応する部分の金額}^{(注)}$$

$$(注)\ \text{被合併法人の資本金等の額のうち保有株式に対応する部分の金額} = \text{被合併法人の最後事業年度終了時の資本金等の額} \times \frac{\text{合併直前に有していた被合併法人の株式の数}}{\text{被合併法人の最後事業年度終了時における発行済株式総数（自己株式を除く）}}$$

このみなし配当金額は，通常の利益配当と同様，受取配当の益金不算入措置の対象となる。

ポイント③：株式譲渡損益の額

株式譲渡対価は，合併交付資産時価からみなし配当の金額相当額を控除した

24　合併法人株式の交付を受けるために要した費用がある場合はその費用の額も加算する（法令119①五）。

25　みなし配当に対して源泉所得税が課される。合併に伴い現金の交付を行わない場合，株主から源泉所得税相当額を徴収して納付することもあるが，簡略化の観点から，源泉税部分の処理については説明を割愛している。

金額とされる[注]。結果，株式譲渡損益の金額は，次の算式により求められる（法法61の2①）。

$$\text{株式譲渡損益} = \underbrace{(\text{合併交付資産時価} - \text{みなし配当金額})}_{\text{株式譲渡対価}} - \text{被合併法人株式帳簿価額}$$

　以下では非適格合併（金銭等交付あり）が行われた場合の被合併法人株主の税務処理につき，事例に即して解説を行う。

(注) 被合併法人株主と被合併法人との間に完全支配関係がある場合には，帳簿価額にて，譲渡を行ったものとして取り扱う（株式譲渡損益の計上なし。法法61の2⑰）。この場合，株式譲渡損益相当額は資本金等の額にチャージされる（法令8①二十二）。

■ 非適格合併（金銭等交付あり）における被合併法人株主

(1) 前 提

| 前 提 | 税務仕訳 | 調整仕訳 | 申告調整 |

　設例9と同じ。ただし以下の前提条件の変更。

【前提条件の変更】

　① 合併に伴いX社は現金700の交付を受けた。

　② 合併に伴う会計処理は次のとおりであった。

会計上の仕訳

現　　　　　金	700	B　社　株　式	500
		株 式 譲 渡 損 益	200

(2) 税務上の仕訳

| 前 提 | **税務仕訳** | 調整仕訳 | 申告調整 |

　上記「処理上のポイント」をふまえた，合併に伴うX社の仕訳（税務）は次のようになる。

現　　　　　金	700	Ｂ　社　株　式	500
株 式 譲 渡 損 益	100(注2)	み な し 配 当	300(注1)

（注１）みなし配当金額（300）＝合併交付資産の時価（700）－被合併法人の資本金
　　　　等の額のうち保有株式に対応する部分の金額（400）(＊)
　　　　＊被合併法人の資本金等の額のうち保有株式に対応する部分の金額（400）
　　　　＝Ｂ社資本金等の額4,000×保有株式数（１株）／発行済株式数（10株）
　　　　（ポイント②参照）
（注２）株式譲渡損益（▲100）＝株式譲渡対価（400）(＊)－株式取得価額（500）
　　　　＊株式譲渡対価（400）＝合併交付資産時価（700）－みなし配当金額（300）
　　　　（ポイント③参照）
（注３）源泉税に関する仕訳は省略している。

(3)　税務と会計の調整仕訳

〈前　提〉〈税務仕訳〉〈**調整仕訳**〉〈申告調整〉

　会計上の仕訳（上記(1)）と税務上の仕訳（上記(2)）に差異があるため，これ
らを比較し，税務調整仕訳を作成する。具体的には税務仕訳から会計仕訳を差
し引いたものが税務調整仕訳となる。

税務調整仕訳

株 式 譲 渡 損 益	300(注1)	み な し 配 当	300(注2)

（注１）株式譲渡損益（▲300）＝税務上の収益の額（▲100）－会計上の収益の額（200）
（注２）みなし配当（300）＝税務上の収益の額（300）－会計上の収益の額（０）

(4)　申告調整─被合併法人株主

〈前　提〉〈税務仕訳〉〈調整仕訳〉〈**申告調整**〉

　上記を税務調整仕訳を反映させた別表四の記載は以下のようになる（X社に
おける受取配当の金額は本件みなし配当のみであり，受取配当益金不算入額＝
150であるものとして記入例を作成）。

別表四：所得の金額の計算に関する明細書（関係部分のみ）

区分		総額	処分	
			留保	社外流出
加算	みなし配当	(注) 300	300	
減算	受取配当等の益金不算入額	150		150
	株式譲渡損認容	(注) 300	300	

（注）課税所得に対する影響がないため，加算減算ともに記載しない方法もある。本設例では，税務上みなし配当を認識したことを明確にするためこれを表示する方法を採用している。また，留保加算・留保減算が同額であるため，別表五（一）の掲載を省略している。

第**2**章

分社型分割

はじめに

　第2章では，分社型分割が行われた場合の申告調整につき，設例に基づいて解説を行う。各設例における，適格・非適格の区分，説明対象としている法人，トピックは次のとおり。

＜第2章にて取り扱う設例＞

設例番号	再編の種類	対象法人	トピック
設例1	適格分社型分割	分割法人	期中貸倒引当金の計上
設例2	適格分社型分割	分割承継法人	期中貸倒引当金の引継ぎ
設例3	適格分社型分割	分割法人	無対価分社型分割
設例4	適格分社型分割	分割承継法人	無対価分社型分割
設例5	非適格分社型分割	分割法人	譲渡損益の計上
設例6	非適格分社型分割	分割承継法人	資産調整勘定
設例7	非適格分社型分割	分割法人	無対価，グループ法人税制
設例8	非適格分社型分割	分割承継法人	無対価，グループ法人税制

設例 1　　適格分社型分割—分割法人　期中貸倒引当金の計上

処理上のポイント

> ✓　適格分割（税務）・帳簿価額引継ぎ（会計）であっても，分割承継法人株式の取得価額が税務と会計で相違し，申告調整が必要となることがある。
>
> ✓　分割法人において，適格分割直前までの減価償却費や貸倒引当金等を損金算入するためには分割日以後2か月以内に一定の届出書の提出が必要となる。

　適格分社型分割が行われた場合の，分割法人における税務処理上のポイントとしては以下が挙げられる。

ポイント①：簿価譲渡

　適格分社型分割が行われた場合，分割法人は移転資産・負債を分割直前の帳簿価額により譲渡したものとして取り扱う（法法62の3①）。つまり分割に伴う譲渡損益は認識されない。

ポイント②：分割承継法人株式の取得価額

　分社型分割により交付を受けた分割承継法人株式の取得価額は，移転資産・負債の簿価純資産価額（移転資産の帳簿価額から移転負債の帳簿価額を減算した金額）にその株式等の交付を受けるために要した費用を加算した額とする（法令119①七）。

ポイント③：利益積立金額・資本金等の額

　分社型分割の分割法人にあっては利益積立金額及び資本金等の額の異動は生じない。

また，本設例（期中貸倒引当金の繰入計上を行う(注)）におけるポイントとしては以下が挙げられる。

(注)　平成23年12月税制改正により，貸倒引当金の繰入れは，一部の法人を除いては，認められないこととなったが，一定の中小法人及び銀行業等を営む法人については，繰入れが認められている（法法52）。

ポイント④：期中損金経理額等の損金算入

適格分割が行われた場合において，移転する金銭債権につき貸倒引当金勘定に相当するものを設けたときは，その金額のうち，分割の直前の時を事業年度終了の時とした場合の貸倒引当金繰入限度額に達するまでの金額は分割法人において損金の額に算入の上，分割承継法人に引き継がれる[1]（分割の日以後2か月以内に「適格分割等による期中損金経理額等の損金算入に関する届出書」を納税地の所轄税務署長へ提出する必要がある（法法52⑤⑥⑦⑧））。

このほか，分割移転資産について期首から分割直前までの減価償却費を計上する場合や，分割移転資産について圧縮記帳を行う場合なども，「適格分割等による期中損金経理額等の損金算入に関する届出書」を提出する必要があるが，これらについてはコラム⑦，152頁を参照のこと。

以下，適格分社型分割に係る分割法人の税務処理について事例に即して解説を行う。

1　【一括評価貸倒引当金の引継ぎに関する改正】平成22年度税制改正前においては，一括評価金銭債権に係る貸倒引当金は，過去の貸倒実績率から算定される一般的な将来の損失の見込額であり，個別金銭債権に係る貸倒引当金のように個々の金銭債権と一体不可分の関係にあるものではないため，適格合併，適格分割型分割の場合を除き，組織再編による引継ぎを認めないこととされていたが，平成22年度税制改正により適格分割型分割についてみなし事業年度がなくなったことや会計実務における処理を踏まえて，適格分割型分割と同様に適格分社型分割，適格現物出資，適格現物分配が行われた場合についても貸倒引当金の期中損金算入及び分割承継法人等への引継ぎを認めることとされた（平成22年度改正税法のすべて）。

■ 適格分社型分割（期中貸倒引当金）－分割法人

(1)　前　提

① A社（分割法人）はB社（分割承継法人）にa事業を分社型分割により移転した。

② A社は分割の対価としてB社株式を受け取った。

③ A社は分割直前にB社株式を60％保有しており，分割対価としてB社株式を受け取った結果，分割後の株式保有割合は80％となった。

④ A社，B社ともに3月決算法人である。分割期日はX1年10月1日。

⑤ 税務上は適格分社型分割に該当する。

⑥ 移転事業に係る資産等の帳簿価額は以下のとおり。なお，A社にはa事業以外に貸倒引当金の設定対象となる金銭債権はないものとし，期中の貸倒引当金の設定額（限度額内）について分割日以後2か月以内に期中損金経理額等に関する届出書を提出している。

分割B/S（会計）

諸資産	5,000	その他有価証券評価差額金	800
貸倒引当金(注)	▲500		
投資有価証券	3,800		

分割B/S（税務）

諸資産	5,000	
貸倒引当金(注)	▲400	
投資有価証券	3,000	

（注）会計上，税務上の貸倒引当金の詳細については前提⑦参照。

⑦　A社（分割法人）のX2年3月期における会計・税務上の貸倒引当金の計上額・取崩額は次のとおり（説明の便宜上，会計についても洗替え方式により示している）。

	(ⅰ)会計	(ⅱ)税務	差異(ⅰ)-(ⅱ)
期首残高	150	100	50
期首残高の取崩し（洗替え）	▲ 150	▲ 100	▲ 50
分割移転金銭債権に係る繰入れ	500	400	100
分割による移転	▲ 500	▲ 400	▲ 100
期末繰入	0	0	0
期末残高	0	0	0

（注）X1年3月期における貸倒引当金繰入限度額は100，分割移転資産に係る期中貸倒引当金繰入限度額は400。X2年3月期末繰入限度額は0。

⑧　会計上の分割移転仕訳及び貸倒引当金に関する仕訳は次のとおり。

（ⅰ）前期末計上貸倒引当金取崩し（洗替え）（会計）

貸　倒　引　当　金	150	貸倒引当金戻入益	150

（ⅱ）移転金銭債権に係る貸倒引当金の設定（会計）

貸倒引当金繰入額	500	貸　倒　引　当　金	500

（ⅲ）分割による資産移転に係る仕訳（会計）

その他有価証券評価差額金	800	諸　　資　　産	5,000
B　社　株　式	7,500[注]	貸　倒　引　当　金	▲500
		投　資　有　価　証　券	3,800

（注）会計上，共通支配下の取引に該当する場合，分割法人における分割承継法人株式の取得価額は移転事業に係る株主資本相当額とされる。この際，移転する資産に投資有価証券が含まれており，これに対応するその他有価証券評価差額金が計上されている場合にはこれを差し引いた額をもって株主資本相当額とする。

(2)　税務上の仕訳—分割法人　　前　提　税務仕訳　調整仕訳　申告調整

上記をふまえた分割法人A社の税務上の仕訳は以下のとおりとなる。

(i)　前期末計上貸倒引当金取崩し（洗替え）

| 貸 倒 引 当 金 | 100 | / | 貸倒引当金戻入益 | 100 |

(ii)　移転金銭債権に係る貸倒引当金の設定

| 貸倒引当金繰入額 | 400 | / | 貸 倒 引 当 金 | 400 |

(iii)　分割による資産移転に係る仕訳

B　社　株　式	7,600[注3]	/	諸　　資　　産	5,000[注1]
			貸 倒 引 当 金	▲400[注2]
			投 資 有 価 証 券	3,000[注1]

（注1）簿価譲渡:分割直前の税務上の帳簿価額にて譲渡したものとして取り扱う（前提⑥，ポイント①参照）。
（注2）期中損金経理額の届出による損金算入額（前提⑥，ポイント④参照）
（注3）分割承継法人（B社）株式取得価額（7,600）：適格分社型分割に該当。適格分社型分割直前の移転資産の帳簿価額−移転負債の帳簿価額（付随費用がある場合はこれを加算）（法令119①七）（ポイント②参照）

(3)　税務と会計の調整仕訳—分割法人　　前　提　税務仕訳　調整仕訳　申告調整

Step 1：会計上と税務上の仕訳比較

会計上の仕訳（前提⑧）と税務上の仕訳（上記(2)）に差異があるため，これらを比較し，税務調整仕訳を作成する。具体的には税務仕訳から会計仕訳を差し引いたものが税務調整仕訳となる。

税務調整仕訳

(i)(ii)　期首貸引戻入れ・分割期日前日の貸引繰入れに係る調整仕訳

| 貸 倒 引 当 金 | 50[注1] | / | 貸倒引当金繰入額 | 50[注2] |

(iii)　分割による資産移転に係る調整仕訳

B　社　株　式	100(注3)	貸　倒　引　当　金	100(注4)
投　資　有　価　証　券	800(注6)	その他有価証券評価差額金	800(注5)

(注1)　貸倒引当金（▲50）＝税務上の増減額（▲100＋400＝300）－会計上の増減額（▲150＋500＝350）
(注2)　貸倒引当金繰入額（▲50）＝税務上の繰入額（純額）（300）－会計上の繰入額（純額）（350）
(注3)　B社株式（100）＝税務上の増減額（7,600）－会計上の増減額（7,500）
(注4)　貸倒引当金（100）＝税務上の増減額（▲400）－会計上の増減額（▲500）
(注5)　その他有価証券評価差額金（800）＝税務上の増減額（0）－会計上の増減額（▲800）
(注6)　投資有価証券（800）＝税務上の増減額（▲3,000）－会計上の増減額（▲3,800）

Step 2 ：仕訳分解

別表五（一）記入にあたり，Step 1 の税務調整仕訳につき，資産・負債項目の相手勘定が利益積立金額となるようにいったん仕訳を分解する。分解に際しては，借方貸方に同額の利益積立金額を計上する（斜体部分が追加計上した利益積立金額。差引合計額はゼロとなる。(i)(ii)については仕訳分解の必要はないが，再掲しておく）。なお，仕訳を行わなくとも別表五（一）に記入ができる場合には，この手続きは不要である。

(i)(ii)　期首貸引戻入れ・分割期日前日の貸引繰入れに係る調整仕訳

貸　倒　引　当　金	50	貸倒引当金繰入額	50

(iii)　分割による資産移転に係る調整仕訳

B　社　株　式	100	*利　益　積　立　金　額*	100	(A)
利　益　積　立　金　額	*100*	貸　倒　引　当　金	100	(B)
利　益　積　立　金　額	*800*	その他有価証券評価差額金	800	(B)
投　資　有　価　証　券	800	*利　益　積　立　金　額*	800	(A)

＜上記仕訳の申告書記入に際しての留意点＞

- （A）の部分は，別表五（一）「利益積立金額の計算に関する明細書」に利益積立金額の増加として記入（別表四は経由しない）。

- （B）の部分は，別表五（一）「利益積立金額の計算に関する明細書」に利益積立金額の減少として記入（別表四は経由しない）。

⑷ 申告調整─分割法人

前 提 ＞ 税務仕訳 ＞ 調整仕訳 ＞ 申告調整

上記会計上の分割仕訳及び税務調整を反映したA社の別表四及び別表五（一）は以下のようになる。

なお，説明のため，会計処理に基づく処理は斜体にて，税務調整に基づく処理は通常の書体にて示している。

別表四：所得の金額の計算に関する明細書（分割法人）

区分		総額	処分	
			留保	社外流出
当期利益又は当期欠損の額		(注1) ▲ 350	▲ 350	
加算	貸倒引当金繰入否認	50	50	
所得金額又は欠損金額		(注2) ▲ 300	▲ 300	

（注1）会計上の貸倒引当金繰入額（▲500）−貸倒引当金戻入益（150）＝（▲350）
（注2）所得金額は税務仕訳上の所得金額（▲300＝100−400）と一致する。

別表五（一）：利益積立金額及び資本金等の額の計算に関する明細書

Ⅰ：利益積立金額の計算に関する明細書（分割法人）

区分	期首現在利益積立金額	当期の増減		差引翌期首現在利益積立金額
		減	増	
B社株式			(注1,3)※ 100	(注4) 100
貸倒引当金	50		(注1,3)※▲ 100 (注2) 50	0
投資有価証券	▲ 800	(注1,3)※▲800		0
その他有価証券評価差額金	800	(注1,3)※ 800		0
繰越損益金	××××		▲ 350	××××
差引合計額		0	▲ 300	××××

差引利益積立金額の増加額 ▲ 300 (注5)

（注1）別表四を経由しない調整については「※」を付して記入する。
（注2）貸倒引当金繰入否認（税務調整仕訳(ⅱ)に係る処理，別表四加算（50）と対応）
（注3）適格分社型分割（税務調整仕訳(ⅲ)に係る処理）
（注4）期末B社株式帳簿価額の税務と会計の差額（100）（＝税務7,600－会計7,500）
（注5）別表五（一）上の利益積立金額の増加合計（▲300）と，税務仕訳上の利益
　　　積立金額増加合計（▲300＝分割による増減0＋貸倒引当金の損金算入額▲300）
　　　は一致する。

設例 2　適格分社型分割─分割承継法人期中貸倒引当金の引継ぎ

処理上のポイント

✔　適格分割（税務）・帳簿価額引継ぎ（会計）であっても，分割受入
　処理に際しては，申告調整が必要となることが多い。

　適格分社型分割が行われた場合の，分割承継法人における税務処理上のポイントは次のとおり。

ポイント①：移転資産・負債の簿価受入れ

　適格分社型分割により受け入れた資産・負債は，分割法人における税務上の帳簿価額[2]にて受け入れる（法法62の3②，法令123の4）。

ポイント②：資本金等の額の増加

　受入資産・負債の簿価純資産価額に相当する金額の資本金等の額の増加を認識する（法令8①七）。利益積立金額は増加しない。

　また，本設例（期中貸倒引当金の引継ぎを行う）におけるポイントとしては以下が挙げられる。

　2　取得のために要した費用がある場合には当該費用を加算した金額。

ポイント③：期中貸倒引当金勘定の引継ぎ

分割法人において損金の額に算入された期中貸倒引当金勘定（設例1参照）がある場合，当該貸倒引当金勘定の金額は分割承継法人に引き継ぐ（法法52⑧）。

以下，適格分社型分割に係る分割承継法人の税務処理について事例に即して解説を行う。

■ 適格分社型分割（期中貸倒引当金）－分割承継法人

(1) 前 提

> 前 提 ＞税務仕訳＞調整仕訳＞申告調整＞

設例1と同様。以下追加。

① 分割承継法人B社の分割受入仕訳及び期末貸倒引当金の計上仕訳は以下のとおり。

分割承継法人

(i) 分割日：分割受入仕訳

諸　　資　　産	5,000	その他有価証券評価差額金	800
貸 倒 引 当 金	▲500	その他資本剰余金(注)	7,500
投 資 有 価 証 券	3,800		

(注) 親会社から非支配株主が存在する子会社へ事業を移転する場合の会計処理（子会社）

子会社の個別財務諸表上は，子会社が受け入れる資産及び負債は親会社において分割期日の前日に付された適正な帳簿価額により計上する。増加する資本の額は，払込資本とし，その内訳は会社法の規定に基づき決定する（結合分離適用指針227，228）。本設例ではその他資本剰余金7,500とする。

(ii) 期末：貸倒引当金の計上仕訳

貸 倒 引 当 金	500	貸倒引当金戻入益	500
貸倒引当金繰入額	400	貸 倒 引 当 金	400

② B社は貸倒引当金の繰入れが認められる法人であり，X2年3月期の税務

上の貸倒引当金繰入限度額は250である。

なお，X1年3月期は貸倒引当金の繰入れなし。

(2) 税務上の仕訳—分割承継法人 　前 提　**税務仕訳**　調整仕訳　申告調整

分割承継法人B社の税務上の分割受入仕訳，期末仕訳は以下のとおりとなる。

(i) 分割日：分割受入仕訳

諸　　資　　産	5,000[注1]	資本金等の額	7,600[注3]
貸 倒 引 当 金	▲400[注2]		
投 資 有 価 証 券	3,000[注1]		

(注1) 移転資産の取得価額：分割法人における税務上の帳簿価額にて受入れ（ポイント①参照）。

(注2) 期中損金経理額の届出による引継ぎ額（ポイント③参照）。

(注3) 資本金等の額：適格分社型分割により移転を受けた資産負債の分割法人における分割直前の帳簿価額（5,000－400＋3,000＝7,600）－増加資本金額等（0）－交付金銭等（0）（法令8①七）（ポイント②参照）。

(ii) 期末：貸倒引当金の計上仕訳

貸 倒 引 当 金	400	貸倒引当金戻入益	400
貸倒引当金繰入額	250	貸 倒 引 当 金	250

(3) 税務と会計の調整仕訳—分割承継法人

　前 提　税務仕訳　**調整仕訳**　申告調整

Step 1 ：会計上と税務上の仕訳比較

会計上の分割受入仕訳（上記(1)①）と税務上の分割受入仕訳（上記(2)）に差異があるため，以下のような調整が必要となる。この調整仕訳は会計上の仕訳と税務上の仕訳を比較することにより作成される。

税務調整仕訳

(i)　分割による資産受入れに係る調整仕訳

貸 倒 引 当 金	100(注1)	資 本 金 等 の 額	100(注3)
その他有価証券評価差額金	800(注2)	投 資 有 価 証 券	800(注4)

(ii)　期末貸倒引当金繰入れに係る調整仕訳

貸倒引当金戻入益 （利 益 積 立 金 額）	100(注5)	貸 倒 引 当 金	100
貸 倒 引 当 金	150	貸倒引当金繰入額 （利 益 積 立 金 額）	150(注6)

(注1)　貸倒引当金（▲100）＝税務上の増減額（400）－会計上の増減額（500）
(注2)　その他有価証券評価差額金（▲800）＝税務上の増減額（0）－会計上の増減額（800）
(注3)　資本金等の額（100）＝税務上の増減額（7,600）－会計上の増減額（7,500）
(注4)　投資有価証券（▲800）＝税務上の増減額（3,000）－会計上の増減額（3,800）
(注5)　貸倒引当金戻入益（▲100）＝税務上の収益の額（400）－会計上の収益の額（500）
(注6)　貸倒引当金繰入額（▲150）＝税務上の費用の額（250）－会計上の費用の額（400）

Step 2 ：仕訳分解

　別表五（一）記入にあたり，Step 1 の税務調整仕訳につき，資産・負債項目の相手勘定が利益積立金額となるようにいったん仕訳を分解する。分解に際しては，借方貸方に同額の利益積立金額を計上する（斜体部分が追加計上した利益積立金額。差引合計額はゼロとなる）。なお，仕訳を行わなくとも別表五（一）に記入ができる場合には，この手続きは不要である（(ii)については仕訳分解の必要はないが，再掲しておく）。

(i)　分割による資産受入れに係る調整仕訳

貸 倒 引 当 金	100	*利 益 積 立 金 額*	*100*	(A)
その他有価証券評価差額金	800	*利 益 積 立 金 額*	*800*	(A)
利 益 積 立 金 額	800	投 資 有 価 証 券	800	(B)
利 益 積 立 金 額	*100*	資 本 金 等 の 額	100	(C)

(ii)　期末貸倒引当金繰入に係る調整仕訳（再掲）

| 貸倒引当金戻入益
（利益積立金額） | 100 | 貸　倒　引　当　金 | 100 | (D) |
| 貸　倒　引　当　金 | 150 | 貸倒引当金繰入額
（利益積立金額） | 150 | (E) |

＜上記仕訳の申告書記入に際しての留意点＞

- （A）の部分は，別表五（一）「利益積立金額の計算に関する明細書」に利益積立金額の増加として記入（別表四は経由しない）。
- （B）の部分は，別表五（一）「利益積立金額の計算に関する明細書」に利益積立金額の減少として記入（別表四は経由しない）。
- （C）の部分は別表五（一）「利益積立金額の計算に関する明細書」に利益積立金額の減少（項目＝「資本金等の額」）として記入。同時に，「資本金等の額の計算に関する明細書」に資本金等の額の増加（項目は「利益積立金額」）として記入。
- （D）の部分は，別表四にて所得の減算調整を行うとともに，別表五（一）において利益積立金額の減少を記入。
- （E）の部分は，別表四にて所得の加算調整を行うとともに，別表五（一）において利益積立金額の増加を記入。

(4)　申告調整—分割承継法人　

　上記会計上の受入仕訳及び税務調整を反映したB社のX2年3月期の別表四及び別表五（一）の処理は以下のようになる。

　なお，説明のため，会計処理に基づく処理は斜体にて，税務調整に基づく処理は通常の書体にて示している。

別表四：所得の金額の計算に関する明細書（分割承継法人）

区分		総額	処分	
			留保	社外流出
	当期利益又は当期欠損の額	(注) 100	100	—
加算	貸倒引当金繰入超過額	150	150	
減算	貸倒引当金戻入益否認	100	100	
	所得金額又は欠損金額	150	150	

（注）会計上の利益は貸倒引当金戻入（500）－貸倒引当金繰入（400）のみとする。

別表五（一）：利益積立金額及び資本金等の額の計算に関する明細書

Ⅰ：利益積立金額の計算に関する明細書（分割承継法人）

区分	期首現在利益積立金額	当期の増減		差引翌期首現在利益積立金額
		減	増	
貸倒引当金		(注5) 100	(注1,2)※ 100 (注5) 150	150
投資有価証券			(注1,2)※▲ 800	▲ 800
その他有価証券評価差額金			(注1,2)※ 800	800
資本金等の額			(注1,2,4)※▲ 100	▲ 100
繰越損益金	×××		100	××××
差引合計額		100	250	××××

差引利益積立金額の増加額　150 (注6)

Ⅱ：資本金等の額の計算に関する明細書

区分	期首現在資本金等の額	当期の増減		差引翌期首現在資本金等の額
	①	減 ②	増 ③	④
その他資本剰余金	×××		7,500	×××
利益積立金額			(注4) 100	100
差引合計額			(注3) 7,600	×××

（注1）別表四を経由しない調整については「※」を付して記入する。

（注2）分割受入仕訳にかかる調整。別表五（一）上の利益積立金の増加合計（0 ＝100－800＋800－100）は税務仕訳上の利益積立金増加額（0）（上記(2)(i)参照） と一致する。

（注3）別表五（一）上の資本金等の額の増加合計（7,600）は税務仕訳上の資本金等 の額増加額（7,600）（上記(2)(i)参照）と一致する。

（注4）利益積立金額と資本金等の額の入り繰りなので，両者は（符号は逆で）一致

する。

（注5）貸倒引当金の期末戻入れ及び繰入れに係る税務調整（別表四経由）。

（注6）分割受入れによる利益積立金額の増加（0）＋貸倒引当金繰入超過額（150）
　　　＝（150）

コラム ⑦　組織再編成に伴う各種引継ぎ・期中損金経理に関する届出書

　適格分割・適格現物出資・適格現物分配^(注)（以下「適格分割等」）により，事業／資産を移転した場合において，貸倒引当金や繰延資産，外国税額の繰越控除限度額，圧縮記帳の特別勘定等を分割法人等（分割法人，現物出資法人，現物分配法人）から分割承継法人等（分割承継法人，被現物出資法人，被現物分配法人）に引き継ぐためには，組織再編成後所定の期限内に一定の届出を行っておく必要がある（法法52⑦，32⑤，69⑪他）。期中に再編を行った場合，期首から再編日に対応する引当金・準備金の繰入れや減価償却等（損金経理が要件となるもの）を分割法人等で損金算入する場合についても届出書の提出が必要となる（法法31③，52⑦他）。

　（注）規定により対象となる組織再編成の範囲に若干の差異あり。

　下記図表に適格組織再編成に関する主な届出書とその提出期限を示しておく。

◆図表2-2　組織再編成に伴う各種引継・期中損金経理に関する届出書の例◆

項目	届出書名	関連条文		届出書提出期限
期中損金経理額	適格分割等による期中損金経理額等の損金算入に関する届出^(注1)	法法31③ 法法32③ 法法42⑦ 法法44⑤ 法法45⑦ 法法47⑦ 法法48⑦^(注2) 法法49⑤ 法法50⑥ 法法52⑦ 法法53⑤^(注2)	法令133の2③ 法令139の4⑧ この他措置法上の準備金等に関しても規定あり	適格分割等の日以後2か月以内

繰延資産	適格分割等により移転する資産等と関連を有する繰延資産の引継ぎに関する届出	法法32⑤	
貸倒引当金（貸倒実績率）(注2)	適格分割等を行った場合の貸倒実績率の特別な計算方法の承認申請	法令97②	
一括償却資産	適格分割等による一括償却資産の引継ぎに関する届出	法令133の2⑧	
繰延消費税	適格分割等により移転する資産に係る繰延消費税額等の引継ぎに関する届出	法令139の4⑬	
外国税額控除	適格分割等が行われた場合の外国税額の控除に係る繰越控除限度額等の計算の特例に関する届出(注2)	法法69⑪	適格分割等の日以後3か月以内(注3)
試験研究費	分割等による移転試験研究費の額の計算方法の認定申請(注2)	措規20③⑧，22の23③⑧	分割等の日以後2か月以内
	分割等による試験研究費の額の区分に関する届出(注2)		
買換え（圧縮記帳）	適格分割等による特定資産の買換えの場合における買換資産の帳簿価額の減額又は特定資産の譲渡に伴い設定をした期中特別勘定に関する届出及び提出書類の届出	措法65の7⑪（65の8⑯），68の78⑪（68の79⑰）他	適格分割等の日以後2か月以内
	適格分割等による特定の資産の譲渡に係る特別勘定の金額の引継ぎに関する届出(注2)	措法65の8⑤，68の79⑥他	

（注1）期中損金経理額等を損金の額に算入することについての届出
- 減価償却費⇒分割法人等において期首から適格分割等の日の前日を事業年度末とした場合の減価償却費を損金算入（法法31②）
- 貸倒引当金⇒適格分割等の直前の時を事業年度末とみなして繰入（法法52⑤⑥）。貸倒引当金（期中貸倒引当金）を分割承継法人等に引継ぎ（法法52⑧二）
- 圧縮記帳⇒期首から適格分割の日までの間に取得した資産について圧縮記帳を行う（措法65の7⑨他）

（注2）適格現物分配は対象外
（注3）法人税法施行令第146条第11項又は同令第155条の34第11項の規定の適用がある場合は4か月以内

設例 3　適格分社型分割—分割法人　無対価分社型分割

処理上のポイント

> ✓　無対価適格分社型分割（100%親子間）が行われた場合，分割法人における移転資産負債の相手勘定は，税務上は子会社株式である一方，会計上は株主資本であることが通常である。結果，税務調整が必要となる。

　対価が交付されない組織再編成（無対価組織再編成）についても，完全支配関係者間の組織再編成で一定のケースについては，適格組織再編成に該当し得る（コラム⑧参照）。

　無対価適格分社型分割が行われた場合の分割法人の税務処理のポイントは次のとおり。

ポイント①：簿価譲渡

　他の適格分社型分割の場合と同様，分割法人は移転資産・負債を分割直前の帳簿価額により譲渡したものとして取り扱う（法法62の3①）。

ポイント②：分割承継法人株式の取得価額

　無対価分割の場合，分割承継法人株式は交付されないが，移転資産・負債の簿価純資産価額（移転資産の帳簿価額から移転負債の帳簿価額を減算した金額）相当額だけ，分割承継法人株式の帳簿価額を増加させる（法令119の3⑬，119の4①）。

　以下，100%親子間における無対価適格分社型分割に係る分割法人の税務処理について，事例に即して解説を行う。

■ 無対価適格分社型分割－分割法人

(1)　前　提

前　提　税務仕訳　調整仕訳　申告調整

①　A社はB社の株式を100%保有している。

②　X1年10月1日，A社を分割法人，B社を分割承継法人とする分社型分割によりA社のa事業をB社に移転した。分割対価の交付なし。

③　税務上は適格分社型分割に該当する[3]。

④　分割移転資産・負債の帳簿価額は以下のとおり。

分割B/S（会計）

諸資産	2,000	退職給付引当金	500
土地	700		

分割B/S（税務）

諸資産	2,000		
土地	1,000		

⑤　分割法人A社の会計上の分割移転仕訳は以下のとおり。

会計仕訳―分割法人A社

退 職 給 付 引 当 金	500	諸 　 資 　 産	2,000
その他資本剰余金	2,200[(注)]	土 　 　 地	700

(注) 親会社から100%子会社へ無対価分割により事業を移転する場合の会計処理（親会社）

親会社の個別財務諸表上は，移転事業に係る株主資本相当額に基づき株主資本を変動させる（結合分離適用指針203－2(2)①）。減少させる株主資本の内訳は取

3　適格分割の要件としては「分割対価資産として分割承継法人の株式又は分割承継親法人株式のいずれか一方の株式以外の資産が交付されないもの……」とされているため，分割対価が交付されないことによって適格要件には抵触しない（法法2十二の十一）。

締役会等の意思決定機関において定められた結果に従う。本設例ではその他資本剰余金2,200とする。

⑥　A社，B社ともに3月決算法人である。

(2)　税務上の仕訳—分割法人　前　提　税務仕訳　調整仕訳　申告調整

適格分社型分割に該当するため，分割法人A社の税務上の仕訳は以下のとおりとなる。

B　社　株　式	3,000[注2]	諸　　資　　産	2,000[注1]
		土　　　　　地	1,000[注1]

（注1）簿価譲渡：適格分社型分割に該当するため，移転資産は分割直前の帳簿価額にて譲渡をしたものとして取り扱われ，譲渡損益は生じない（法法62の3①）（ポイント①参照）。
（注2）分割承継法人株式の交付は受けないものの，税務上は移転資産・負債の簿価純資産価額相当額の分割承継法人株式の帳簿価額の増加を認識する。
　　　　・B社株式(3,000)＝適格分社型分割直前の移転資産の帳簿価額(2,000＋1,000＝3,000)－移転負債の帳簿価額（0）（法令119の3⑬，119の4①）（ポイント②参照）。

(3)　税務と会計の調整仕訳—分割法人　前　提　税務仕訳　調整仕訳　申告調整

Step 1：会計上と税務上の仕訳比較

会計上の仕訳（前提⑤）と税務上の仕訳（上記(2)）に差異があるため，これらを比較し，税務調整仕訳を作成する。具体的には税務仕訳から会計仕訳を差し引いたものが税務調整仕訳となる。

税務調整仕訳

B　社　株　式	3,000[注1]	土　　　　　地	300[注2]
		退 職 給 付 引 当 金	500[注3]
		資 本 金 等 の 額	2,200[注4]

（注1）B社株式（3,000）＝税務上の増減額（3,000）－会計上の増減額（0）
（注2）土地（▲300）＝税務上の増減額（▲1,000）－会計上の増減額（▲700）

（注3）退職給付引当金（500）＝税務上の増減額（0）－会計上の増減額（▲500）
（注4）資本金等の額（2,200）＝税務上の増減額（0）－会計上の増減額（▲2,200）

Step2：仕訳分解

　別表五（一）記入にあたり，Step1の税務調整仕訳につき，資産・負債項目の相手勘定が利益積立金額となるようにいったん仕訳を分解する。分解に際しては，貸方借方に同額の利益積立金額を計上する（斜体部分が追加計上した利益積立金額。差引合計額はゼロとなる）。

B　社　株　式	3,000	利　益　積　立　金　額	3,000	(A)
利　益　積　立　金　額	*300*	土　　　　　　　地	300	(B)
利　益　積　立　金　額	*500*	退　職　給　付　引　当　金	500	(B)
利　益　積　立　金　額	*2,200*	資　本　金　等　の　額	2,200	(B)

＜上記仕訳の申告書記入に際しての留意点＞

- （A）の部分は，別表五（一）「利益積立金額の計算に関する明細書」に利益積立金額の増加として記入（別表四は経由しない）。
- （B）の部分は，別表五（一）「利益積立金額の計算に関する明細書」に利益積立金額の減少として記入（別表四は経由しない）。

(4)　申告調整—分割法人

前　提　＞税務仕訳＞調整仕訳＞申告調整＞

　上記をふまえた分割法人A社の別表五（一）の記載は以下のようになる。なお，会計処理に基づく記入については，税務調整に基づく処理と区別するため斜体にて示している。

別表五（一）：利益積立金額及び資本金等の額の計算に関する明細書

Ⅰ：利益積立金額の計算に関する明細書（分割法人）

区分	期首現在 利益積立金額	当期の増減		差引翌期首現在 利益積立金額
		減	増	
土地	300		(注1) ※ ▲ 300	0
退職給付引当金	500		(注1) ※ ▲ 500	0
B社株式			(注1) ※ 3,000	3,000
資本金等の額			(注1, 4) ※▲ 2,200	▲ 2,200
差引合計額		0	0	

差引利益積立金額の増加額　0 (注2)

Ⅱ：資本金等の額の計算に関する明細書

区分	期首現在 資本金等の額	当期の増減		差引翌期首現在 資本金等の額
		減	増	
その他資本剰余金	× × ×		▲ 2,200	× × ×
利益積立金額			(注4) 2,200	2,200
差引合計額			(注3) 0	× × ×

（注１）別表四を経由しない調整については「※」を付して記入する。

（注２）別表五（一）上の利益積立金額の増加合計（０）は税務仕訳上の利益積立金額増加額（０）（上記(2)参照）と一致する。

（注３）別表五（一）上の資本金等の額の増加合計（０）は税務仕訳上の資本金等の額増加額（０）（上記(2)参照）と一致する。

（注４）利益積立金額と資本金等の額の入り繰りなので，両者は（符号は逆で）一致する。

設例 **4**　適格分社型分割—分割承継法人　無対価分社型分割

処理上のポイント

✓　無対価適格分社型分割であっても分割承継法人側の税務処理は，通常の（対価のある）適格分社型分割の税務処理と変わるところはない。

　無対価適格分社型分割であっても，分割承継法人側の税務処理は，通常の（対価のある）適格分社型分割の税務処理と変わるところはなく，資産・負債を分割法人の帳簿価額にて受け入れるとともに，受入資産の簿価純資産価額に相当する資本金等の額の増加を認識する。

ポイント①：移転資産・負債の簿価受入れ

　適格分社型分割により受け入れた資産・負債の取得価額は，分割法人における税務上の帳簿価額（取得のために要した費用がある場合には当該費用を加算した金額）とされている（法法62の3②，法令123の4）。

ポイント②：資本金等の額の増加

　受入資産・負債の簿価純資産価額に相当する金額の資本金等の額の増加を認識する（法令8①七）。利益積立金額は増加しない。

　以下，100％親子関係における無対価適格分社型分割に係る分割承継法人の税務処理について，事例に即して解説を行う。

■ 無対価適格分社型分割—分割承継法人

(1) 前　提

前　提 ＞税務仕訳 ＞調整仕訳 ＞申告調整＞

　設例3と同じ前提条件とする。以下追加。

・分割承継法人B社の会計上の分割受入仕訳は以下のとおり。

分割受入仕訳—会計

| 諸　　資　　産 | 2,000 | / | 退 職 給 付 引 当 金 | 500 |
| 土　　　　地 | 700 | / | その他資本剰余金 | 2,200[注] |

（注）親会社から100%子会社へ無対価分割により事業を移転する場合の会計処理（子会社）

　　　子会社の個別財務諸表上は，子会社が受け入れる資産及び負債は親会社において分割期日の前日に付された適正な帳簿価額により計上するとともに，親会社で減少させた株主資本の額を会社法の規定に基づき計上する（結合分離適用指針203－2(2)①，234(1)(2)）。

(2)　税務上の仕訳—分割承継法人　　〉前 提〉**税務仕訳**〉調整仕訳〉申告調整〉

　適格分社型分割に該当するため，分割承継法人B社の税務上の仕訳は以下のとおりとなる。

| 諸　　資　　産 | 2,000[注1] | / | 資 本 金 等 の 額 | 3,000[注2] |
| 土　　　　地 | 1,000[注1] | / | | |

（注1）移転資産の取得価額：分割法人における税務上の帳簿価額にて受入れ（ポイント①参照）。

（注2）資本金等の額（3,000）＝適格分社型分割により移転を受けた資産・負債の分割法人における分割直前の帳簿価額（2,000＋1,000＝3,000）－増加資本金額等（0）－交付金銭等（0）（法令8①七）（ポイント②参照）

(3)　税務と会計の調整仕訳—分割承継法人

〉前 提〉税務仕訳〉**調整仕訳**〉申告調整〉

Step 1：会計上と税務上の仕訳比較

　会計上の仕訳（上記(1)）と税務上の仕訳（上記(2)）に差異があるため，これらを比較し，税務調整仕訳を作成する。具体的には税務仕訳から会計仕訳を差し引いたものが税務調整仕訳となる。

税務調整仕訳

土　　　　　　地	300(注1)	資　本　金　等　の　額	800(注3)

(注1)　土地（300）＝税務上の増減額（1,000）－会計上の増減額（700）
(注2)　退職給付引当金（▲500）＝税務上の増減額（0）－会計上の増減額（500）
(注3)　資本金等の額（800）＝税務上の増減額（3,000）－会計上の増減額（2,200）

Step 2 ：仕訳分解

　別表五（一）記入にあたり，Step 1 の税務調整仕訳につき，資産・負債項目の相手勘定が利益積立金額となるようにいったん仕訳を分解する。分解に際しては，借方貸方に同額の利益積立金額を計上する（斜体部分が追加計上した利益積立金額。差引合計額はゼロとなる）。なお，仕訳分解を行わなくとも別表五（一）に記入ができる場合には，この手続きは不要である。

土　　　　　　地	300	*利　益　積　立　金　額*	*300*	(A)
退 職 給 付 引 当 金	500	*利　益　積　立　金　額*	*500*	(A)
利　益　積　立　金　額	*800*	資　本　金　等　の　額	800	(B)

＜上記仕訳の申告書記入に際しての留意点＞

- （A）の部分は，別表五（一）「利益積立金額の計算に関する明細書」に利益積立金額の増加として記入（別表四は経由しない）。
- （B）の部分は，別表五（一）「利益積立金額の計算に関する明細書」に利益積立金額の減少として記入（別表四は経由しない）。

(4)　申告調整―分割承継法人　前　提　税務仕訳　調整仕訳　申告調整

　上記をふまえた別表五（一）の記載は以下のようになる。なお，会計処理に基づく記入については，税務調整に基づく処理と区別するため斜体にて示している。

別表五（一）：利益積立金額及び資本金等の額の計算に関する明細書

Ⅰ：利益積立金額の計算に関する明細書（分割承継法人）

区分	期首現在 利益積立金額	当期の増減		差引翌期首現在 利益積立金額
		減	増	
土地			(注1) ※ 300	300
退職給付引当金			(注1) ※ 500	500
資本金等の額			(注1, 4) ※▲ 800	▲ 800
差引合計額		0	0	×××

差引利益積立金額の増加額 0 (注2)

Ⅱ：資本金等の額の計算に関する明細書

区分	期首現在 資本金等の額	当期の増減		差引翌期首現在 資本金等の額
		減	増	
その他資本剰余金	×××		2,200	×××
利益積立金額			(注4) 800	800
差引合計額			(注3) 3,000	×××

（注1）別表四を経由しない調整については「※」を付して記入する

（注2）別表五（一）上の利益積立金額の増加合計（0）は税務仕訳上の利益積立金増加額（0）（上記(2)参照）と一致する。

（注3）別表五（一）上の資本金等の額の増加合計（3,000）は税務仕訳上の資本金等の額増加額（3,000）（上記(2)参照）と一致する。

（注4）利益積立金額と資本金等の額の入り繰りなので，両者は（符号は逆で）一致する。

コラム ⑧　無対価組織再編成が適格組織再編成に該当し得る再編当事者の関係

　無対価組織再編成（合併・分割）の場合，適格組織再編成に該当し得る再編の範囲は完全支配関係のある親子間・兄弟間等，一定の関係における合併・分割に限定される。換言すればそれ以外の無対価合併・分割は非適格組織再編成に該当することとなる。

　無対価組織再編成（合併，分割）のうち，適格組織再編成に該当し得る再編当事者間の関係は以下のとおり。

◆**図表2-3**　無対価組織再編成が適格組織再編成に該当し得る再編当事者の関係◆

合併	①　合併法人が被合併法人の株式の全部を保有している場合（法令4の3②一、二イ）⇒図表2-4　1-(i)参照 ②　被合併法人・合併法人の株主等（当該被合併法人及び合併法人を除く）の全てについて、以下の等式が成立する場合（法令4の3②二ロ）⇒図表2-4　1-(ii)～(v)参照 $$\frac{その者が保有する当該被合併法人の株式の数}{当該被合併法人の発行済株式等の総数^{(※1)}} = \frac{その者が保有する当該合併法人の株式の数}{当該合併法人の発行済株式等の総数^{(※2)}}$$ ※1：当該合併法人が保有する当該被合併法人の株式を除く。 ※2：当該被合併法人が保有する当該合併法人の株式を除く。
分社型分割	分割法人が分割承継法人の株式の全部を保有している場合（法令4の3⑥一ロ、二ロ）⇒図表2-4　2-(i)参照
分割型分割	①　分割承継法人が分割法人の株式の全部を保有している場合（法令4の3⑥一イ、二イ(1)）⇒図表2-4　3-(i)参照 ②　分割法人の株主等（当該分割法人及び分割承継法人を除く）及び分割承継法人の株主等（当該分割承継法人及び分割法人を除く）の全てについて、以下の等式が成立する場合（法令4の3⑥二イ(2)）⇒図表2-4　3-(ii)～(iv)参照 $$\frac{その者が保有する当該分割法人の株式の数}{当該分割法人の発行済株式等の総数^{(※1)}} = \frac{その者が保有する当該分割承継法人の株式の数}{当該分割承継法人の発行済株式等の総数^{(※2)}}$$ ※1：当該分割承継法人が保有する当該分割法人の株式を除く。 ※2：当該分割法人が保有する当該分割承継法人の株式を除く。

(注1)　株式交換についても同様の規定あり（法令4の3⑱）。現物出資はもともと株式の交付があってはじめて成立するものであるから，これについては無対価組織再編成に関する規定は置かれていない。また，現物分配はもともと対価を収受するものではないことから，こちらについても無対価組織再編成に関する特段の規定は置かれていない。

(注2)　上記のほか，被合併法人のすべて又は合併法人が資本又は出資を有しない法人である合併，分割法人のすべてが資本又は出資を有しない法人である分割型分割も適格合併・分割（共同事業要件による適格合併・分割）に該当し得るが，これについては説明を割愛する（法令4の3④，4の3⑧）。

◆**図表2-4　無対価合併・分割が適格合併・分割に該当し得る当事者間の関係**◆

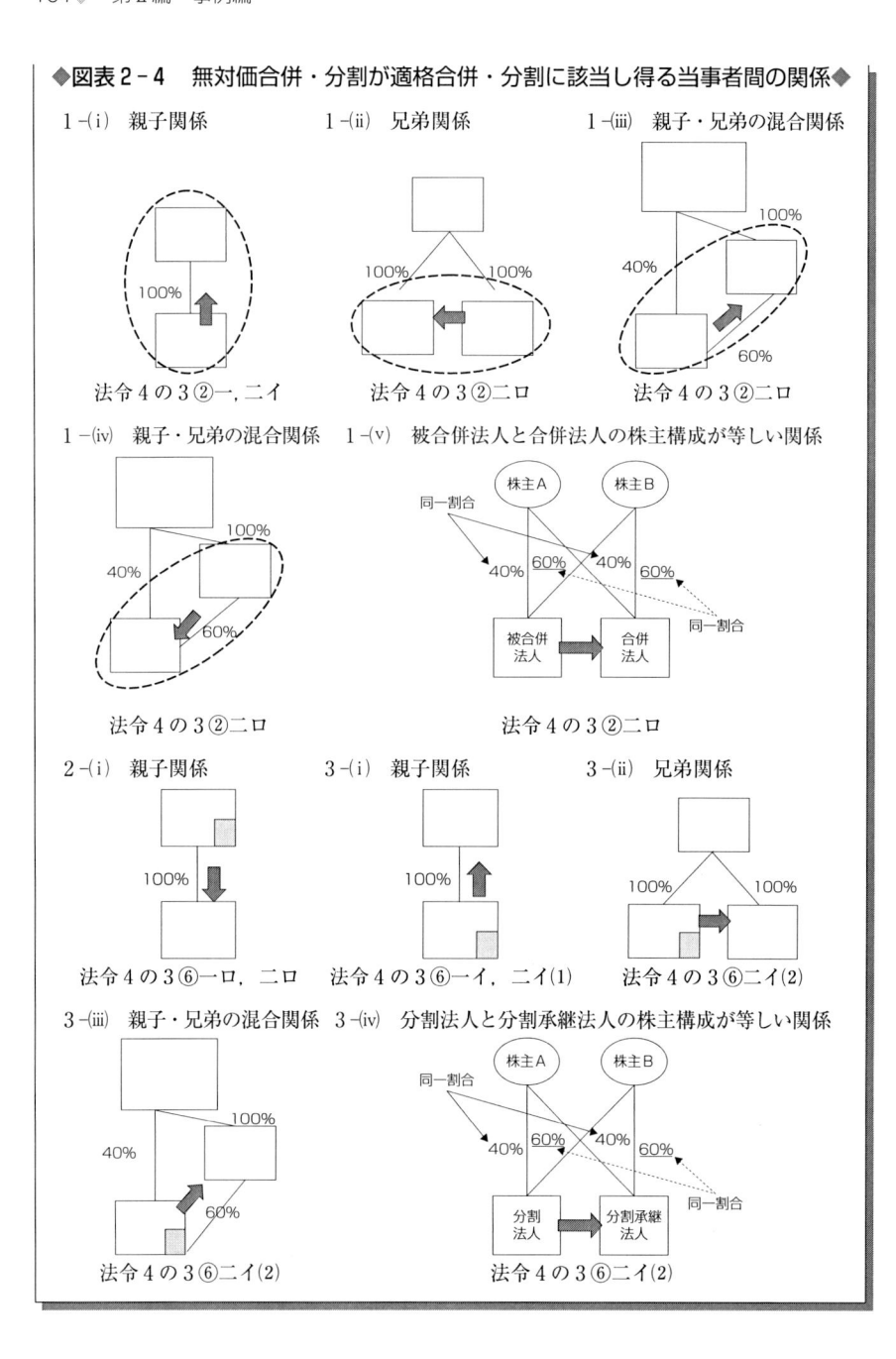

1-(i)　親子関係

100%

法令4の3②一,二イ

1-(ii)　兄弟関係

100%　100%

法令4の3②二ロ

1-(iii)　親子・兄弟の混合関係

100%

40%

60%

法令4の3②二ロ

1-(iv)　親子・兄弟の混合関係

100%

40%

60%

法令4の3②二ロ

1-(v)　被合併法人と合併法人の株主構成が等しい関係

株主A　株主B

同一割合

40%　60%　40%　60%

同一割合

被合併法人　→　合併法人

法令4の3②二ロ

2-(i)　親子関係

100%

法令4の3⑥一ロ,二ロ

3-(i)　親子関係

100%

法令4の3⑥一イ,二イ(1)

3-(ii)　兄弟関係

100%　100%

法令4の3⑥二イ(2)

3-(iii)　親子・兄弟の混合関係

100%

40%

60%

法令4の3⑥二イ(2)

3-(iv)　分割法人と分割承継法人の株主構成が等しい関係

株主A　株主B

同一割合

40%　60%　40%　60%

同一割合

分割法人　→　分割承継法人

法令4の3⑥二イ(2)

設例 5　非適格分社型分割―分割法人　譲渡損益の計上

処理上のポイント

> ✓　非適格分社型分割が行われた場合，分割法人においては分割移転資産・負債を時価にて譲渡したものとして譲渡損益を認識し，分割対価は時価にて受け入れる。
>
> ✓　分割法人において計上されていた資産調整勘定は，当該分割事業に関するものであったとしても分割承継法人に引き継がれることはなく，分割法人にて継続償却する。

　非適格分社型分割[4]が行われた場合の，分割法人における税務処理のポイントは次のとおり。

ポイント①：分割譲渡損益の認識

　非適格分割が行われた場合，分割期日において，分割移転資産・負債を分割時の時価にて譲渡したものとして譲渡損益を認識する。譲渡損益は分割期日の属する事業年度の損金・益金とされる（法法62①）。

ポイント②：分割承継法人株式の取得価額（無対価分割を除く）

　非適格分社型分割により交付を受けた分割承継法人株式の取得価額は，交付を受けた分割承継法人株式のその取得の時における時価とする（法令119①二十七）[5]。

　また，本設例（移転事業に関連して資産調整勘定が計上されている場合）に

　4　完全支配関係のない法人間の分割を想定。完全支配関係者間の非適格分社型分割の処理については設例7を参照のこと。

　5　分割承継法人株式以外の資産が分割対価であった場合も，時価をもって受入価額とする。

おけるポイントとしては以下が挙げられる。

ポイント③：移転事業に関連して資産調整勘定，差額負債調整勘定が計上されている場合

　分割前に分割法人において資産調整勘定・差額負債調整勘定が計上されており，当該資産調整勘定・差額負債調整勘定が分割移転事業に関連して計上されたものであった場合においても，非適格分割に伴いその未償却残額を一括して損金又は益金に算入することは認められておらず（＝資産調整勘定等の未償却残高を譲渡原価の計算に含めることができない），従前どおり5年間の均等償却を継続する必要がある（法法62の8④⑤⑦⑧）[6,7]。

　以下，非適格分社型分割に係る分割法人の税務処理について事例に即して解説を行う。

■　非適格分社型分割－分割法人

(1)　前　提

　　前　提　税務仕訳　調整仕訳　申告調整

①　X1年4月1日を分割期日として，A社を分割法人，B社を分割承継法人とする分社型分割を行った。分割に際しては，分割移転事業に係る全資産・負債を移転。分割対価はB社株式で，その時価は3,600。

②　分割前においてA社とB社は資本関係を有していなかったが，分割によりA社はB社株式を60%保有することとなった。

③　税務上は非適格分社型分割に該当する。

　6　この他に分割法人にて処理が継続される項目としては一括償却資産（非適格分割の場合）が挙げられる。

　7　非適格合併の場合，被合併法人に資産調整勘定が残っているときには当該資産調整勘定の金額の全額を取り崩し，合併日の前日の属する事業年度（合併最後事業年度）の損金又は益金に算入することとされている（法法62の8④かっこ書）が，非適格分割の場合にはこのような特例は定められていない。

④　A社，B社ともに3月決算法人である。

⑤　分割移転事業に関連して過去に資産調整勘定（税務），のれん（会計）が計上されており，これらの分割直前の残高はともに600である。A社における（分割が行われなかった場合の）X2年3月期以降の償却スケジュールはともに次のとおり。

資産調整勘定・のれんの償却スケジュール

X1年3月末 残高合計	X2年3月期	X3年3月期	X4年3月期
600	200	200	200

⑥　分割によるB社の増加資本金額は1,000。残額はその他資本剰余金とする。

⑦　分割法人A社における分割移転事業に関連する資産・負債の会計・税務上の帳簿価額は以下のとおり。

分割B/S（会計）

諸資産	2,000(注1)	退職給付引当金	800
のれん	600		

分割B/S（税務）

諸資産	2,000		
資産調整勘定	600(注2)		

(注1) 諸資産の時価は2,000。
(注2) 資産調整勘定は特定の資産・負債に付随するものではないが，のれんとの対比を行うために，上記B/Sに含めて表示している。

⑧　分割法人の会計上の分割に係る仕訳は以下のとおり。

【分割法人】

(i) 分割に係る仕訳（X1年4月1日）

退職給付引当金	800	諸　資　産	2,000
B　社　株　式	1,800	の　れ　ん	600

(注) 分社型吸収分割により分割承継法人が分割法人の子会社となる場合の会計処理
　　吸収分割の結果として分割承継法人（分離先企業）が子会社となる場合には，
　　会計上はいわゆる「逆取得」に該当し，分割法人（取得企業，分離元企業）の個
　　別財務諸表の会計処理は以下のようになる（対価が株式のみを前提）。
　・分割法人（取得企業・分離元企業）：分割法人（分離元企業）が受け取った分
　　割承継法人（分離先企業）株式の取得原価は移転事業に係る株主資本相当額に
　　基づいて算定する。移転損益は認識されない（結合分離適用指針98(1)）。

(2)　税務上の仕訳―分割法人

　前掲「処理上のポイント」をふまえた分割法人の分割に係る税務上の仕訳及
び期末の仕訳は次のとおり。

(i)　分割による資産負債の移転―分割期日（X1年4月1日）

B　社　株　式	3,600(注1)	/	諸　　資　　産	2,000(注2)
			譲　渡　損　益	1,600(注2)

(注1) 分割時におけるB社株式の時価3,600（上記(1)①）により受入れ（ポイント②
　　参照）。
(注2) 分割移転資産・負債を分割承継法人に対して分割時の時価にて譲渡したもの
　　として取り扱う（法法62①）。譲渡損益は分割法人の分割日の属する事業年度
　　において認識する（ポイント①参照）。
　　　譲渡損益の額は次のように計算される。

a	譲渡収入	交付分割承継法人株式の時価(＊1)	3,600
b	譲渡原価	分割法人A社の分割移転簿価純資産（税務）(＊2)	2,000
c	譲渡益	a－b	1,600

　　（＊1）交付B社株式の時価3,600（上記(1)前提①）。
　　（＊2）資産調整勘定600は移転（一括損金計上）しない。
　　　　　この点，会計上ののれんの取扱いと異なる（ポイント③参照）。

(ii)　資産調整勘定の償却－期末（X2年3月31日）

償　　却　　費	200(注)	/	資　産　調　整　勘　定	200

(注) 資産調整勘定は，分割により移転（一括損金計上）することなくA社で償却を
　　継続する。償却費200（上記(1)前提⑤より）（ポイント③参照）。

(3)　税務と会計の調整仕訳

前　提　税務仕訳　調整仕訳　申告調整

Step 1：会計上と税務上の仕訳比較

　会計上の仕訳（前提⑧）と税務上の仕訳（上記(2)）に差異があるため，これらを比較し，税務調整仕訳を作成する。具体的には税務仕訳から会計仕訳を差し引いたものが税務調整仕訳となる。

（i）　分割による資産移転に係る税務調整

B 社 株 式	1,800[注1]	退 職 給 付 引 当 金	800[注2]
の れ ん	600[注3]	譲 渡 損 益	1,600[注4]

（ii）　資産調整勘定の償却費に係る税務調整

償　却　費 （利 益 積 立 金 額）	200	資 産 調 整 勘 定	200

（注1）　B社株式（1,800）＝税務上の増減額（3,600）－会計上の増減額（1,800）
（注2）　退職給付引当金（800）＝税務上の増減額（0）－会計上の増減額（▲800）
（注3）　のれん（600）＝税務上の増減額（0）－会計上の増減額（▲600）
（注4）　譲渡損益（1,600）＝税務上の増減額（1,600）－会計上の増減額（0）

Step 2：仕訳分解

　別表五（一）記入にあたり，Step 1 の税務調整仕訳につき，資産・負債項目の相手勘定が利益積立金額となるようにいったん仕訳を分解する。分解に際しては，借方貸方に同額の利益積立金額を計上する（斜体部分が追加計上した利益積立金額。差引合計額はゼロとなる）。なお，仕訳を行わなくとも別表五（一）に記入ができる場合には，この手続きは不要である（(ii)については仕訳分解の必要はないが，再掲しておく）。

（i） 分割による資産移転に係る調整仕訳

B 社 株 式	1,800	利 益 積 立 金 額	1,800	(A)
利 益 積 立 金 額	1,600	譲 渡 損 益	1,600	(B)
の れ ん	600	利 益 積 立 金 額	600	(A)
利 益 積 立 金 額	800	退 職 給 付 引 当 金	800	(C)

（ii） 資産調整勘定の償却費に係る税務調整

償 却 費 （利 益 積 立 金 額）	200	資 産 調 整 勘 定	200	(D)

＜上記仕訳の申告書記入に際しての留意点＞

- （A）の部分は，別表五（一）「利益積立金額の計算に関する明細書」に利益積立金額の増加として記入（別表四は経由しない）。
- （B）については，貸方は所得の加算及び利益積立金額の増加を示しているため，別表四で所得の加算を行うとともに，別表五（一）にて利益積立金額の増加を記入する（加算留保処理）。一方，借方は利益積立金額の減少を示しているため，別表五（一）にて利益積立金額の減少を記入。結果として，別表五（一）残高の増減なし。同様の事例の詳細説明は第1章コラム④，87頁を参照のこと。
- （C）の部分は，別表五（一）「利益積立金額の計算に関する明細書」に利益積立金額の減少として記入（別表四は経由しない）。
- （D）の部分は，別表四にて所得の減算調整を行うとともに，別表五（一）において利益積立金額の減少を記入。

(4) 申告調整

この結果，A社のX2年3月期の別表四及び別表五（一）は以下のようになる。

別表四：所得の金額の計算に関する明細書（分割法人）

区分		総額	処分	
			留保	社外流出
	当期利益又は当期欠損の額	0	0	
加算	非適格分社型分割に係る譲渡益	1,600	1,600	
減算	資産調整勘定償却費	200	200	
	所得金額又は欠損金額	1,400	1,400	

別表五（一）：利益積立金額及び資本金等の額の計算に関する明細書

Ⅰ：利益積立金額の計算に関する明細書（分割法人）

区分	期首現在利益積立金額	当期の増減		差引翌期首現在利益積立金額
		減	増	
B社株式			(注1)※ 1,800	(注4) 1,800
分割に係る譲渡損益	0	(注1)※ 1,600	(注2) 1,600	0
退職給付引当金	××××	(注1)※ 800		××××
のれん	▲ 600	(注1)※▲ 600		
資産調整勘定	600	(注3) 200		(注5) 400
差引合計額		2,000	3,400	××××

差引利益積立金額の増加額 1,400 (注6)

（注1）別表四を経由しない調整については「※」を付して記入する。

（注2）別表四「非適格分社型分割に係る譲渡益」1,600（加算・留保）と対応。

（注3）別表四「資産調整勘定償却費」200（減算・留保）と対応。

（注4）子会社（B社）株式の税務と会計の簿価の差額（1,800＝税務3,600－会計1,800）。

（注5）資産調整勘定の税務と会計の簿価の差額（400＝税務400－会計0）。

（注6）別表五（一）上の利益積立金額の増加合計（1,400）は税務仕訳上の利益積立金額増加額（非適格分割に係る譲渡益1,600－資産調整勘定償却費200＝1,400）と一致。

設例 6　非適格分社型分割─分割承継法人　資産調整勘定

処理上のポイント

> ✓　非適格分社型分割が行われた場合，分割承継法人は分割移転資産負債を時価にて受け入れる。
> ✓　分割交付対価と受入資産の時価純資産価額（退職給与負債調整勘定，短期重要負債調整勘定を含む）との差額は資産調整勘定，（差額）負債調整勘定として取り扱う。

非適格分社型分割[8]が行われた場合の，分割承継法人側の税務処理のポイントは次のとおり。

ポイント①：資産・負債の時価取得

非適格分割が行われた場合，分割承継法人は，分割期日において，分割移転資産・負債を分割時の時価にて取得したものとして取り扱う（法法62）。

この際，「時価」とは税務上の時価であるから，会計上負債として認識されるものであっても，税務上負債として取り扱われないもの（未確定債務，賞与引当金など）は負債計上されない。また，会計上の「のれん」は税務上は認識しない（別途，後述の資産調整勘定を認識する）。

ポイント②：資本金等の額／利益積立金額

分割により移転を受けた資産及び負債の時価純資産価額（＝分割交付資産の時価[9]）から分割法人に交付した金銭その他の資産の価額の合計額を減算した金額の資本金等の額の増加を認識する（法令8①七）。利益積立金額の異動はなし。

8　完全支配関係のない法人間の分割を想定。完全支配関係者間の非適格分社型分割の処理については設例8を参照のこと。
9　非適格分社型分割が本章脚注11に示す事業の移転を伴う分割に該当しない場合には移転資産の価額から移転負債の価額を減算した金額（法令8①七）。

ポイント③：資産調整勘定・差額負債調整勘定

(i)　資産調整勘定・差額負債調整勘定

分割承継法人が非適格分割により交付した金銭及び金銭以外の資産の価額の合計額（非適格分割対価額）が移転を受けた資産・負債[10]の時価純資産価額を超えるときは，その超える金額を「資産調整勘定」として認識する[11,12]（法法62の8①）。資産調整勘定は計上後5年間で均等償却[(注)]し損金の額に算入する（法法62の8④⑤）。

一方，非適格分割対価額が移転を受けた資産・負債の時価純資産価額に満たないときは，その満たない金額を「差額負債調整勘定」として認識し，計上後5年間で均等償却[(注)]し益金に算入する（法法62の8③⑦⑧）。

(注)　非適格合併等の属する事業年度については，分割の日から事業年度終了の日までの期間の月数分を償却（法法62の8④）。

(ii)　退職給与負債調整勘定

分割により引継ぎを受けた従業者につき退職給付債務の引受けをした場合，会計上の退職給付引当金相当額の退職給与負債調整勘定を認識する（法法62の8②一，法令123の10⑦）。

その後，退職給与引受従業者が退職その他の事由により従業者でなくなった

10　負債には後述する退職給与負債調整勘定，短期重要負債調整勘定を含む（法法62の8①）。

11　非適格分割のうち，当該非適格分割に係る分割法人の当該非適格分割直前に営む事業及び当該事業に係る主要な資産負債のおおむね全部が，当該非適格分割に係る分割承継法人に移転するものに限る（個別資産のみが移転するような場合には資産調整勘定・差額負債調整勘定は認識しない）（法令123の10①）。

12　「資産等超過差額」とされる部分を除く（法令123の10④）。資産等超過差額とは，以下に掲げる区分に応じて，それぞれに記載した金額をいう（法規27の16）。

①　非適格合併等により交付された資産の時価（交付時価額）が，その合併等を約したときの価額（約定時価額）の2倍を超えている場合⇒交付時価額から移転事業価値として合理的に見積もられる金額又は約定時価額を控除した金額。

②　非適格合併等により交付した資産の時価が移転を受けた資産・負債の時価純資産価額を超える金額のうちに，被合併法人等の欠損金額（当該移転を受ける事業による収益の額によって補てんされると見込まれるものを除く）に相当する部分から成ると認められる金額があるとき⇒当該欠損金額に相当する部分から成ると認められる金額。

場合に原則法又は簡便法により取り崩し，益金に算入する（法法62の8⑥一，法令123の10⑩⑫）。

(iii)　短期重要負債調整勘定

　分割により移転を受けた事業に係る未確定債務で，その履行が分割日からおおむね3年以内に見込まれ，かつ，その金額が移転を受けた資産の取得価額の20%を超えるものの引受けをした場合は短期重要負債調整勘定を認識する（法法62の8②二，法令123の10⑧）。

　その後，短期重要債務に係る損失が発生又は非適格合併等の日から3年が経過した場合において取り崩し，益金に算入する（法法62の8⑥二）。

> ＊資産調整勘定・負債調整勘定の計上金額・取崩事由・金額詳細については
> 　第Ⅰ編第1章⑦を参照のこと。

　以下，非適格分社型分割に係る分割承継法人の税務処理について事例に即して解説を行う。

■ 非適格分社型分割（資産調整勘定の計上）－分割承継法人

(1)　前 提

前 提〉税務仕訳〉調整仕訳〉申告調整〉

　設例5と同じ前提条件とする。以下追加。

①　分割に係る退職給与引受従業者は80名。うち，X2年3月期中に8名退職し，退職金50を支払った。

②　分割承継法人の会計上の分割に係る仕訳は以下のとおり。

【分割承継法人】

(i)　分割に係る仕訳（X1年4月1日）

諸　　資　　産	2,000	退 職 給 付 引 当 金	800
の　　れ　　ん	600	資　　本　　金	1,000
		その他資本剰余金	800

（注）分社型吸収分割により分割承継法人が分割法人の子会社となる場合の会計処理
　　　吸収分割の結果として分割承継法人（分離先企業）が子会社となる場合には，
　　　会計上はいわゆる「逆取得」に該当し，分割承継法人（被取得企業，分離先企業）
　　　の個別財務諸表の会計処理は以下のようになる（対価が株式のみを前提）。
　　　・分割承継法人（被取得企業・分離先企業）：分割法人の資産・負債の移転直前
　　　　の適正な帳簿価額を引き継ぐ（結合分離適用指針87）。

(ii)　のれん償却，退職給付引当金取崩し（X2年3月31日）

のれん償却費	200^(注)	の　れ　ん	200
退職給付引当金	50	現　金　預　金	50

（注）計上後20年以内の効果の及ぶ期間にて償却する。本設例の償却費200は設例5
　　　前提⑤参照。

(2)　税務上の仕訳—分割承継法人　〔前提〕〔税務仕訳〕〔調整仕訳〕〔申告調整〕

　　上記，「処理上のポイント」をふまえた，B社の分割受入仕訳（税務）及び，
資産調整勘定・退職給与負債調整勘定に係る期末処理は次のようになる。

(i)　分割期日（X1年4月1日）

諸　　資　　産	2,000^(注1)	退職給与負債調整勘定	800^(注2)
資　産　調　整　勘　定	2,400^(注3)	資　本　金　等　の　額	3,600^(注4)

（注1）諸資産：時価（2,000）にて受入れ（設例5前提⑦参照）。会計上の移転資産
　　　　に含まれるのれんは受入認識しない（ポイント①参照）。
（注2）退職給与負債調整勘定：非適格分社型分割に伴い分割法人から引継ぎを受け
　　　　た従業者につき退職給与債務引受けをした場合は，一般に公正妥当と認められ
　　　　る会計処理の基準に従って算定された退職給付引当金の額に相当する金額
　　　　（800）をもって退職給与負債調整勘定の額とする（法法62の8②一，法令123
　　　　の10⑦）。申告書への明細添付が必要（法令123の10⑦⑨）（ポイント③(ii)参照）。
（注3）資産調整勘定（2,400）＝交付B社株式時価（3,600）−（移転資産・負債の時
　　　　価（2,000）−退職給与負債調整勘定の額（800））（法法62の8①）（ポイント③
　　　　(i)参照）。
（注4）資本金等の額（3,600）＝交付B社株式時価（3,600）（法令8①七）（ポイント
　　　　②参照）。

（ii）　期末（X2年３月31日）

資 産 調 整 勘 定 償 却	480[注1]	資 産 調 整 勘 定	480	
退　　職　　金	50[注2]	現　金　預　金	50	
退職給与負債調整勘定	80	退 職 給 与 負 債 調 整 勘 定 取 崩 益	80[注3]	

（注１）　資産調整勘定償却：資産調整勘定計上額（2,400）×分割の日〜期末の月収
　　　（12か月）／（60か月）＝（480）（ポイント③(ⅰ)参照）。
（注２）　退職金：当期の支払額（前提①参照）。
（注３）　退職給与負債調整勘定取崩益：簡便法により取崩しを行うものとする。
　　　　退職給与負債調整勘定の当初計上額(800)×退職者数（８人）／退職給与引受
　　　従業者数（80人）＝（80）（ポイント③(ⅱ)参照）

（3）　税務と会計の調整仕訳

前　提　＞税務仕訳＞調整仕訳＞申告調整＞

Step１：会計上と税務上の仕訳比較

　会計上の仕訳（上記(1)②）と税務上の仕訳（上記(2)）に差異があるため，こ
れらを比較し，税務調整仕訳を作成する。具体的には税務仕訳から会計仕訳を
差し引いたものが税務調整仕訳となる。

（ⅰ）　分割による資産受入れに係る税務調整

退 職 給 付 引 当 金	800[注2]	の　　れ　　ん	600[注1]	
資 産 調 整 勘 定	2,400[注4]	退職給与負債調整勘定	800[注3]	
		資 本 金 等 の 額	1,800[注5]	

（注１）　のれん（▲600）＝税務上の増減額（０）−会計上の増減額（600）
（注２）　退職給付引当金（▲800）＝税務上の増減額（０）−会計上の増減額（800）
（注３）　退職給与負債調整勘定（800）＝税務上の増減額（800）−会計上の増減額（０）
（注４）　資産調整勘定（2,400）＝税務上の増減額（2,400）−会計上の増減額（０）
（注５）　資本金等の額（1,800）＝税務上の増減額（3,600）−会計上の増減額（1,800）

(ii)　のれん／資産調整勘定，退職給付引当金／退職給与負債調整勘定の償却・取崩しに係る税務調整

の　れ　ん	200	のれん償却費	200
資産調整勘定償却費	480	資産調整勘定	480
退　職　金	50	退職給付引当金	50
退職給与負債調整勘定	80	退職給与負債調整勘定取崩益	80

Step 2：仕訳分解

　別表五（一）記入にあたり，Step 1の税務調整仕訳につき，資産・負債項目の相手勘定が利益積立金額となるようにいったん仕訳を分解する。分解に際しては，借方貸方に同額の利益積立金額を計上する（斜体部分が追加計上した利益積立金額。差引合計額はゼロとなる）（(ii)については仕訳分解の必要はないが，再掲しておく）。

（i）　分割による資産受入れに係る調整仕訳

退職給付引当金	800	*利　益　積　立　金　額*	*800*	(A)
資産調整勘定	2,400	*利　益　積　立　金　額*	*2,400*	(A)
利　益　積　立　金　額	*600*	の　れ　ん	600	(B)
利　益　積　立　金　額	*800*	退職給与負債調整勘定	800	(B)
利　益　積　立　金　額	*1,800*	資本金等の額	1,800	(C)

(ii)　のれん／資産調整勘定，退職給付引当金／退職給与負債調整勘定の償却・取崩しに係る税務調整

のれん	200	のれん償却費	200	(D)
資産調整勘定償却費	480	資産調整勘定	480	(E)
退職金	50	退職給付引当金	50	(E)
退職給与負債調整勘定	80	退職給与負債調整勘定取崩益	80	(D)

＊会計仕訳を取り消し，税務仕訳を再計上している。

＜上記仕訳の申告書記入に際しての留意点＞

- (A) の部分は，別表五（一）「利益積立金額の計算に関する明細書」に利益積立金額の増加として記入（別表四は経由しない）。
- (B) の部分は，別表五（一）「利益積立金額の計算に関する明細書」に利益積立金額の減少として記入（別表四は経由しない）。
- (C) の部分は，別表五（一）「利益積立金額の計算に関する明細書」に利益積立金額の減少として記入（項目は「資本金等の額」）すると同時に，「資本金等の額の計算に関する明細書」に資本金等の額の増加として記入（項目は「利益積立金額」）。
- (D) の部分は，別表四にて所得の加算調整を行うとともに，別表五（一）において利益積立金額の増加を記入。
- (E) の部分は，別表四にて所得の減算調整を行うとともに，別表五（一）において利益積立金額の減少を記入。

(4)　申告調整　　　前　提　税務仕訳　調整仕訳　**申告調整**

この結果，B社のX2年3月期の別表四及び別表五（一）は以下のようになる。

なお，説明のため，会計処理に基づく処理は斜体にて，税務調整に基づく処理は通常の書体にて示している。

別表四：所得の金額の計算に関する明細書（分割承継法人）

区分		総額	処分	
			留保	社外流出
当期利益又は当期欠損の額	(注1)	▲ 200	▲ 200	―
加算	のれん償却費否認	200	200	
	退職給与負債調整勘定取崩益	80	80	
減算	資産調整勘定償却費認容	480	480	
	退職給付引当金	50	50	
所得金額又は欠損金額	(注2)	▲ 450	▲ 450	

（注1）会計上ののれん償却費（▲200）。
（注2）資産調整勘定償却費（▲480）－退職金支給額（▲50）－退職給与負債調整勘定取崩益（80）の合計額に相当する。

別表五（一）：利益積立金額及び資本金等の額の計算に関する明細書

Ⅰ：利益積立金額の計算に関する明細書（分割承継法人）

区分	期首現在利益積立金額	当期の増減		差引翌期首現在利益積立金額
		減	増	
のれん		(注2,4) ▲ 200	(注1) ※▲ 600	▲ 400
資産調整勘定		(注2,4) 480	(注1) ※2,400	1,920
退職給付引当金	××××	(注2,3) 50	(注1) ※800	××××
退職給与負債調整勘定		(注2,3) ▲ 80	(注1) ※▲ 800	▲ 720
資本金等の額			(注1,7) ※▲1,800	▲ 1,800
繰越損益金	×××		▲ 200	××××
差引合計額		250	▲ 200	

差引利益積立金額の増減額計 ▲ 450 (注5)

Ⅱ：資本金等の額の計算に関する明細書

区分	期首現在資本金等の額	当期の増減		差引翌期首現在資本金等の額
		減	増	
資本金又は出資金	×××		1,000	×××
その他資本剰余金	×××		800	×××
利益積立金額			(注7) 1,800	1,800
差引合計額			(注6) 3,600	×××

（注1）別表四を経由しない調整については「※」を付して記入する。
（注2）別表四加減算項目と対応。
（注3）退職給付引当金（会計）と退職給与負債調整勘定（税務）は両建てにて表示している。

（注4）のれん（会計）と資産調整勘定（税務）は両建てにて表示している。

（注5）別表五（一）上の利益積立金額の増加合計（▲450）は，上記(2)税務仕訳(ii)における利益積立金額の増加額の合計額（＝税務仕訳上の資産調整勘定の償却費（▲480），退職金支給額（▲50）及び退職給与負債調整勘定取崩益（80）の合計額）と一致する。

（注6）別表五（一）上の資本金等の額の増加合計（3,600）は税務仕訳上の資本金等の額増加額（3,600）（上記(2)(i)参照）と一致する。

（注7）利益積立金額と資本金等の額の入り繰りなので，両者は（符号は逆で）一致する。

設例 **7**　非適格分社型分割─分割法人
　　　　　 無対価，グループ法人税制

処理上のポイント

✓　一定の資産評定が行われていない対価省略型の無対価非適格分社型
　分割（資産超過）が行われた場合，譲渡対価＝0として譲渡損益の
　計算を行う。

✓　完全支配関係者間で非適格分社型分割が行われた場合，グループ法
　人税制の適用により，譲渡損益調整資産に係る譲渡損益については繰
　延処理を行う。

　完全支配関係者間で無対価非適格分社型分割が行われた場合の，分割法人側
の税務処理のポイントは次のとおり。

ポイント①：譲渡損益の認識とグループ法人税制による譲渡損益繰延べ

　完全支配関係者間の分社型分割が非適格分割に該当する場合，移転資産・負
債につき分割時の時価にて譲渡したものとして，分割の日を含む事業年度にお
いて譲渡損益を認識した上で，グループ法人税制の適用により，譲渡損益調整
資産に該当する資産については当該譲渡損益を繰り延べる処理を行う（法法62
①，61の13①）。この際，一定の資産評定[13]が行われていない対価省略型[14]の
無対価非適格分社型分割（資産超過）にあっては，後述のポイント②に示す通
り，分割法人における分割承継法人株式の帳簿価額の増加額は零であることか

13　非適格分割により移転する資産負債の価額の評定（公正な価額によるものに限
　る）で，当該非適格分割の後に当該資産及び負債の譲渡を受ける者，当該資産及ぶ
　負債を有する法人の株式若しくは出資の譲渡を受ける者その他の利害関係を有する
　第三者又は公正な第三者が関与して行われるもの（法規27の16②）。

14　対価の交付を省略したと考えられる組織再編成の類型を指す。分社型分割に
　あっては，分割法人が分割承継法人の株式の全部を保有している場合。このほか，
　具体的な類型についてはコラム⑧（163頁）を参照。

ら，譲渡対価＝零として譲渡損益を計算するものと考える。

（注）譲渡損益調整資産とは固定資産，土地（固定資産に該当するものを除く），有価証券，金銭債権，繰延資産のうち譲渡直前の簿価が1,000万円以上であるものをいう（法法61の13①，法令122の14①）。グループ法人税制と非適格組織再編の関係については第1章コラム⑥（126頁）を参照。

ポイント②：子会社株式

　無対価非適格分社型分割が行われた場合において，分割法人が分割承継法人の発行済株式等の全部を保有する関係にあるときには，当該分割に係る移転資産の価額[注1]から移転負債の価額[注2]を控除した金額(A)を以って，分割法人が有する分割承継法人株式の帳簿価額に加算する（法令119の3⑬）。

　後述の設例8ポイント②に示す通り，一定の資産評定[15]が行われていない無対価非適格分割において，分割による移転資産の取得価額（資産調整勘定を含まない）の合計額が，移転負債の合計額（差額負債調整勘定を含まない）以上である場合には，両者の差額を以って差額負債調整勘定に計上する。このため，分割移転資産の価額（資産調整勘定を含む）から移転負債の価額（負債調整勘定を含む）を控除した金額（上記(A)の金額）は，零円となり，結果，子会社株式の帳簿価額に加算する金額は零となる。

　なお，移転資産の取得価額（資産調整勘定を含まない）の合計額が，移転負債の合計額（差額負債調整勘定を含まない）未満の場合には，資産調整勘定・負債調整勘定ともに計上されない。この結果，移転資産の価額（資産調整勘定を含む）＜移転負債の価額（負債調整勘定を含む）となるところ，分割法人株式の帳簿価額の増加額は，移転資産の価額（資産調整勘定を含む）から移転負債の価額（負債調整勘定を含む）を控除した金額として規定されていることから，この場合も分割承継法人株式の帳簿価額の増加額は零円となる。

（注1）移転を受ける資産等に係る資産調整勘定の金額を含む。
（注2）移転を受ける資産等に係る負債調整勘定の金額を含む。

15　前掲注13に同じ。

　以下，完全支配関係者間での無対価非適格分社型分割に係る分割法人の税務処理について事例に即して解説を行う。

■ 非適格分社型分割(無対価・グループ法人税制適用)－分割法人

(1)　前　提

前　提 ＞ 税務仕訳 ＞ 調整仕訳 ＞ 申告調整 ＞

① 　A社はB社の株式を100%保有している。

② 　X1年4月1日，A社を分割法人，B社を分割承継法人とする分社型分割によりA社のa事業をB社に移転した。分割によりa事業に係る主要な資産負債のおおむね全部がB社に移転している分割対価の交付はない。

③ 　税務上はA社によるB社の分割後の支配継続が見込まれないため，非適格分社型分割に該当する。

④ 　A社，B社ともに3月決算法人である。

⑤ 　A社におけるa事業に係る資産・負債の会計・税務上の帳簿価額は以下のとおりであり，税務と会計の帳簿価額は一致している。

分割B/S（会計）

諸資産	2,000(注1)	諸負債	500(注1)
土地	1,000(注2)		

分割B/S（税務）

諸資産	2,000	諸負債	500
土地	1,000		

（注1）　上記諸資産の時価は2,000，諸負債の時価は500である（簿価＝時価）。
（注2）　上記土地の時価は2,500である。当該土地は譲渡損益調整資産に該当する。

⑥ 　分割法人A社の会計上の分割に係る仕訳は以下のとおり。

分割に係る仕訳（X1年4月1日）

| 諸　　負　　債 | 500 | 諸　　資　　産 | 2,000 |
| その他資本剰余金 | 2,500[注] | 土　　　　地 | 1,000 |

（注）親会社から100％子会社へ無対価分割により事業を移転する場合の会計処理（親会社）

　　　親会社の個別財務諸表上は，移転事業に係る株主資本相当額に基づき株主資本を変動させる（結合分離適用指針203－2(2)①）。減少させる株主資本の内訳は取締役会等の意思決定機関において定められた結果に従う。本設例では，その他資本剰余金2,500とする。

(2)　税務上の仕訳—分割法人

前　提　〉税務仕訳〉調整仕訳〉申告調整〉

①　分割譲渡損益の認識とグループ法人税制による繰延べ

　非適格分割を行った場合には，税務上，分割による移転資産・負債を分割承継法人に対して分割時の時価にて譲渡したものとして取り扱う（法法62①）。ただし，ポイント①に示す通り一定の資産評定が行なわれていない対価省略型の無対価非適格分社型分割にあっては譲渡収入＝零として取り扱う。よって，本事例における譲渡収入は零となる。譲渡損益は分割法人の分割日の属する事業年度において認識することとなるが，完全支配関係者間の非適格分割の場合，譲渡損益調整資産に係る譲渡損益相当額は分割法人において益金又は損金の額に算入する（＝譲渡損益の繰延べ）。

　本設例における繰延べ前の譲渡損益の額は次のように計算される。

　譲渡損益の計算・・・(A)

(i)	譲渡収入	上記参照	0
(ii)	譲渡原価	分割法人A社の分割移転簿価純資産（税務）	2,500
(iii)	譲渡損	(i)−(ii)	▲2,500

　上記譲渡損益の内訳及び譲渡損益の繰延金額は次のとおりである。

　譲渡損益及び繰延譲渡損益の計算・・・(B)

項目	時価	簿価（税務）	譲渡損益	繰延対象
土地	2,500	1,000	1,500	1,500
差額負債調整勘定見合い[注]	▲4,000	0	▲4,000	0
合計	▲1,500	1,000	▲2,500	1,500

[注] 分割承継法人側で資産調整勘定が計上される場合には，分割法人側ではこれに見合う譲渡益を，負債調整勘定が計上される計上される場合にはこれに見合う譲渡損を認識することとなる。

　本事例（100％親子間の無対価非適格分社型分割（資産評定なし・資産超過））において，分割承継法人側で認識する負債調整勘定の金額については設例8を参照（191頁）。

②　税務上の仕訳

この結果，分割法人では以下のような税務仕訳が計上される。

(i)　分社型分割による資産の移転

諸　　負　　債	500[注1]	諸　　資　　産	2,000
譲　　渡　　損 （利益積立金額）	2,500[注2]	土　　　　　地	1,000

(ii)　譲渡損益調整資産に係る譲渡損益の繰延べ

譲　渡　損　益 （利益積立金額）	1,500[注3]	譲渡損益調整勘定	1,500

(注1) B社株式：分割による分割承継法人株式の増加額はゼロとなるため，仕訳は表示されない（ポイント②参照）。
(注2) 譲渡損益：譲渡損益の計算については上述①(A)参照（ポイント①参照）。
(注3) 繰延譲渡損益：対象資産と金額については上述①(A)参照（ポイント①参照）。

(3)　税務調整仕訳

前　提〉税務仕訳〉調整仕訳〉申告調整

Step 1：会計上と税務上の仕訳比較

　会計上の仕訳（前提⑦）と税務上の仕訳（上記(2)②）に差異があるため，これらを比較し，税務調整仕訳を作成する。具体的には税務仕訳から会計仕訳を差し引いたものが税務調整仕訳となる。

（i）　分社型分割による資産の移転

> | 譲　　渡　　損
（利 益 積 立 金 額） | 2,500^(注1) | / | 資 本 金 等 の 額 | 2,500^(注2) |
> | --- | --- | --- | --- | --- |

（注1）譲渡損（2,500）＝税務上の損失の額（2,500）－会計上の収益の額（0）
（注2）資本金等の額（2,500）＝税務上の増減額（0）－会計上の増減額（▲2,500）

（ii）　譲渡損益調整資産に係る譲渡損益の繰延べ

> | 譲　　渡　　損　　益
（利 益 積 立 金 額） | 1,500 | / | 譲 渡 損 益 調 整 勘 定 | 1,500 |
> | --- | --- | --- | --- | --- |

Step 2 ：仕訳分解

　別表五（一）記入にあたり，Step 1 の税務調整仕訳につき，資産・負債項目の相手勘定が利益積立金額となるようにいったん仕訳を分解する。分解に際しては，借方貸方に同額の利益積立金額を計上する（斜体部分が追加計上した利益積立金額。差引合計額はゼロとなる。(ii)(iii)については仕訳分解の必要はないが，再掲しておく）。

（i）　分社型分割による資産の移転

> | *利 益 積 立 金 額* | *2,500* | / | 資 本 金 等 の 額 | 2,500 | (A) |
> | --- | --- | --- | --- | --- | --- |
> | 譲　　渡　　損
（利 益 積 立 金 額） | 2,500 | / | *利 益 積 立 金 額* | *2,500* | (B) |

（ii）　譲渡損益調整資産に係る譲渡損益の繰延べ

> | 譲　　渡　　損　　益
（利 益 積 立 金 額） | 1,500 | / | 譲 渡 損 益 調 整 勘 定 | 1,500 | (C) |
> | --- | --- | --- | --- | --- | --- |

＜申告書記入に際しての留意点＞

• （A）の部分は，別表五（一）「利益積立金額の計算に関する明細書」に利益積立金額の減少として記入（項目は「資本金等の額」）すると同時に，「資本金等の額の計算に関する明細書」に資本金等の額の増加として記入（項目は

「利益積立金額」)。

- (B) について，貸方は所得の加算及び利益積立金額の増加を示しているため，別表四で所得の加算を行うとともに，別表五（一）にて利益積立金額の増加を記入する（加算留保処理）。一方，借方は利益積立金額の減少を示しているため，別表五（一）にて利益積立金額の減少を記入。結果として，別表五（一）残高の増減なし。同様の事例の詳細説明は第1章コラム④，87頁を参照のこと。

- (C) の部分は，別表四にて所得の減算調整を行うとともに，別表五（一）において利益積立金額の減少を記入。

(4) 申告調整

前　提　〉税務仕訳〉調整仕訳〉申告調整〉

　この結果，A社のX2年3月期の別表四及び別表五（一）は以下のようになる。

　なお，説明のため，会計処理に基づく処理は斜体にて，税務調整に基づく処理は通常の書体で示している。

別表四：所得の金額の計算に関する明細書（分割法人）

区分		総額	処分	
			留保	社外流出
当期利益又は当期欠損の額		0		
減算	譲渡損失計上（非適格分割）	2,500	2,500	
	繰延譲渡損益（土地）	1,500	1,500	
所得金額又は欠損金額		(注) 4,000		

(注) 譲渡損益額のうち繰延べがされない部分の金額（負債調整勘定対応部分1,200）と一致。

別表五（一）：利益積立金額及び資本金等の額の計算に関する明細書

Ⅰ：利益積立金額の計算に関する明細書（分割法人）

区分	期首現在利益積立金額	当期の増減		差引翌期首現在利益積立金額
		減	増	
譲渡損失計上(非適格分割)		(注2) 2,500	(注1) ※ 2,500	0
譲渡損益調整勘定		(注3) 1,500		▲ 1,500
資本金等の額			(注1,4) ※▲ 2,500	▲ 2,500
差引合計額		4,000	0	××××

差引利益積立金額の増加額　▲4,000 (注5)

Ⅱ：資本金等の額の計算に関する明細書

区分	期首現在資本金等の額	当期の増減		差引翌期首現在資本金等の額
		減	増	
その他資本剰余金	×××	*2,500*		×××
利益積立金額			(注4) 2,500	2,500
差引合計額		*2,500*	2,500	×××

差引資本金等の額の増加額　0 (注6)

（注1）別表四を経由しない調整については「※」を付して記入する。

（注2）別表四　減算留保「譲渡損失計上（非適格分割）」2,500と対応。

（注3）別表四　減算留保「繰延譲渡損益（土地)」（1,500）と対応。

（注4）利益積立金額と資本金等の額の入り繰りなので，両者は（符号は逆で）一致する。

（注5）別表五（一）上の利益積立金額の増減合計（▲4,000）は税務仕訳上の利益積立金増減額（▲4,000）と一致する。

（注6）別表五（一）上の資本金等の額の増加合計（0）は税務仕訳上の資本金等の額増加額（0）（上記(2)②(i)～(ii)参照）と一致する。

設例 **8** 非適格分社型分割─分割承継法人 無対価，グループ法人税制

処理上のポイント

> ✓ 100％親子間で，子法人を分割承継法人とする無対価非適格分社型分割が行われた場合で，分割事業の実態BS（資産調整勘定・差額負債調整勘定を考慮外）が資産超過である場合は，分割承継法人においては，受入純資産の額を以って差額負債調整勘定を認識する（資本金等の額の増加無し）。

　完全支配関係者間で無対価非適格分社型分割が行われた場合の，分割承継法人側の税務処理のポイントは次のとおり。

ポイント①：資産・負債の時価取得

　非適格分割が行われた場合，分割承継法人は，分割期日において，分割移転資産・負債を分割時の時価にて取得したものとして取り扱う（法法62）。

ポイント②：資産調整勘定・差額負債調整勘定

　100％親子法人間で，子法人を分割承継法人とする無対価非適格分割（事業の移転を伴うもの[16]。一定の資産評定[17]は行われていない）が行われた場合，分割法人側で計上する資産調整勘定・差額負債調整勘定の金額は以下のとおりとなる（法令123の10⑮）。

16　当該非適格分割の直前において行う事業及び当該事業に係る主要な資産又は負債のおおむね全部が当該非適格分割により当該非適格分割に係る分割承継法人に移転をするもの（法令123の10）。

17　前掲注13に同じ。

資産調整勘定・差額負債調整勘定の額

（A）分割による資産の取得価額の合計額
（B）分割による移転負債の額（退職給与負債調整勘定，短期重要債務負債調整勘定の金額を含む）

区分	資産調整勘定・差額負債調整勘定の額
（A）≧（B） （負債超過ではない場合）	差額負債調整勘定の金額：（A）－（B）(注1)
（A）＜（B） （負債超過の場合）	資産調整勘定・差額負債調整勘定の計上なし(注2)

（注1）対価がゼロ（対価省略型であるため寄附金とされる金額なし）であるため，時価純資産超過額がすなわち差額負債調整勘定の金額となる（法法62の8）
（注2）移転資産の取得価額の合計額が移転負債の額（退職給与債務引き受け額および短期重要債務見込み額に係る負債調整勘定の金額を含む）に満たない場合は，資産調整勘定の金額及び差額負債調整勘定の金額はないものとする（法令123の10⑮二）

ポイント③：資本金等の額の増加額

　100％親子法人間[18]で無対価非適格分割が行われた場合，分割承継法人側で認識する増加資本金等の額は，分割移転資産の価額（資産調整勘定の金額を含む。）から移転負債の価額（負債調整勘定の金額を含む。）を控除した金額[19]とされる（法令8①七）。

　上述のとおり，一定の資産評定が行われていない場合で，分割による移転資産の取得価額（資産調整勘定を含まない）の合計額が，移転負債の合計額（差額負債調整勘定を含まない）以上である場合には，両者の差額を以って差額負債調整勘定に計上することから，結果として増加資本金等の額はゼロとなる（次図）[20]。

18　分割法人が分割承継法人の発行済株式（自己株式を除く）の全部を保有する関係があるもの。
19　「控除」とあるので，移転資産の価額＜移転負債の価額の場合，増加資本金等の額はゼロとなる。
20　換言すれば，100％親子間の無対価非適格分割（子法人を分割承継法人とする）で，増加資本金等の額が計上されるのは，一定の資産評定が行われ，かつ分割移転資産等が資産超過であるケースに限定される。

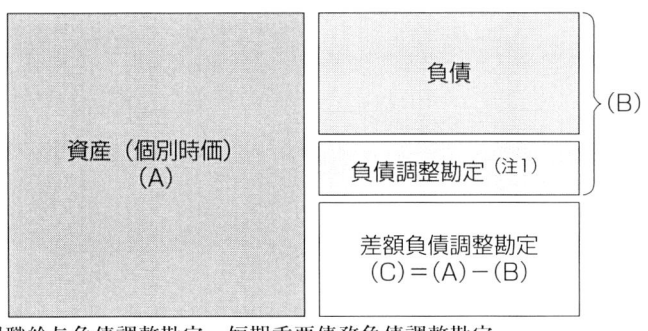

（注1）退職給与負債調整勘定，短期重要債務負債調整勘定
（注2）増加資本金等の額＝（A）−（（B）＋（C））＝0

(1) 前　提

前　提 ＞ 税務仕訳 ＞ 調整仕訳 ＞ 申告調整 ＞

設例7と同じ。以下追加。

① 分割承継法人B社の会計上の分割に係る仕訳は以下のとおり。

分割に係る仕訳（X1年4月1日）

諸　　資　　産	2,000	諸　　負　　債	500
土　　　　地	1,000	その他資本剰余金	2,500(注)

（注）親会社から100%子会社へ無対価分割により事業を移転する場合の会計処理（子
　　会社）
　　　子会社の個別財務諸表上は，子会社が受け入れる資産及び負債は親会社におい
　　て分割期日の前日に付された適正な帳簿価額により計上するとともに，親会社で
　　減少させた株主資本の額を会社法の規定に基づき計上する（結合分離適用指針
　　203−2⑵①，234⑴⑵）。

(2)　税務上の仕訳―分割承継法人　〉前　提〉**税務仕訳**〉調整仕訳〉申告調整〉

　上記,「処理上のポイント」をふまえた,B社の分割受入仕訳（税務）は次のようになる。

　(ⅰ)　分社型分割による資産の受入れ

諸　　資　　産	2,000[注1]	諸　　負　　債	500[注1]
土　　　　　地	2,500[注1]	差額負債調整勘定	4,000[注2]

（注1）移転資産・負債を時価にて受入れ（ポイント①,設例7前提⑥参照）。
（注2）差額負債調整勘定（4,000）＝移転資産の取得価額（4,500）－移転負債の価額
　　　　（500）（ポイント②参照。法令123の10⑮）。

　(ⅱ)　負債調整勘定の取り崩し（期末）

差額負債調整勘定	800[注]	差額負債調整勘定取り崩し（利益積立金額）	800

（注）差額負債調整勘定取り崩し：負債調整勘定（4,000）×12[*]／60＝（800）
＊12＝分割の日～期末までの月数

(3)　税務と会計の調整仕訳　〉前　提〉税務仕訳〉**調整仕訳**〉申告調整〉

Step 1：会計上と税務上の仕訳比較

　会計上の仕訳（上記(1)①）と税務上の仕訳（上記(2)）に差異があるため,これらを比較し,税務調整仕訳を作成する。具体的には税務仕訳から会計仕訳を差し引いたものが税務調整仕訳となる。

　(ⅰ)　分社型分割による資産の受入れ

土　　　　　地	1,500[注1]	差額負債調整勘定	4,000[注2]
資 本 金 等 の 額	2,500[注3]		

（注1）土地（1,500）＝税務上の増減額（2,500）－会計上の増減額（1,000）
（注2）差額負債調整勘定（4,000）＝税務上の増減額（4,000）－会計上の増減額（0）
（注3）資本金等の額（▲2,500）＝税務上の増減額（0）－会計上の増減額（2,500）

(ii)　差額負債調整勘定の取り崩し（期末）

差額負債調整勘定	800	差額負債調整勘定取り崩し（利益積立金額）	800

Step 2 ：仕訳分解

　別表五（一）記入にあたり，Step 1 の税務調整仕訳につき，資産・負債項目の相手勘定が利益積立金額となるようにいったん仕訳を分解する。分解に際しては，借方貸方に同額の利益積立金額を計上する（斜体部分が追加計上した利益積立金額。差引合計額はゼロとなる）。

(i)　分社型分割による資産の受入れ

土　　地	1,500	*利 益 積 立 金 額*	*1,500*	(A)
資 本 金 等 の 額	2,500	*利 益 積 立 金 額*	*2,500*	(B)
利 益 積 立 金 額	*4,000*	差 額 負 債 調 整 勘 定	4,000	(C)

(ii)　負債調整勘定の取り崩し（期末）

差額負債調整勘定	800	差額負債調整勘定取り崩し（利 益 積 立 金 額）	800	(D)

<上記仕訳の申告書記入に際しての留意点>

- (A) の部分は，別表五（一）「利益積立金額の計算に関する明細書」に利益積立金額の増加として記入（別表四は経由しない）。
- (B) の部分は，別表五（一）「利益積立金額の計算に関する明細書」に利益積立金額の増加として記入（項目は「資本金等の額」）すると同時に，「資本金等の額の計算に関する明細書」に資本金等の額の減少として記入（項目は「利益積立金額」）。
- (C) の部分は，別表五（一）「利益積立金額の計算に関する明細書」に利益積立金額の減少として記入（別表四は経由しない）。
- (D) の部分は，別表四にて所得の加算調整を行うとともに，別表五（一）

において利益積立金額の増加を記入。

(4)　申告調整

| 前　提 〉税務仕訳 〉調整仕訳 〉**申告調整** 〉|

この結果，B社のX2年3月期の別表四及び別表五（一）は以下のようになる。

なお，説明のため，会計処理に基づく処理は斜体にて，税務調整に基づく処理は通常の書体にて示している。

別表四：所得の金額の計算に関する明細書（分割承継法人）

区分		総額	処分	
			留保	社外流出
当期利益又は当期欠損の額		0	0	—
加算	差額負債調整勘定当期益金算入額	800	800	
所得金額又は欠損金額		(注) 800		

（注）差額負債調整勘定当期益金算入額800と一致

別表五（一）：利益積立金額及び資本金等の額の計算に関する明細書
Ⅰ：利益積立金額の計算に関する明細書（分割承継法人）

区分	期首現在利益積立金額	当期の増減		差引翌期首現在利益積立金額
		減	増	
土地			(注1) ※ 1,500	1,500
差額負債調整勘定		(注2) ▲800	(注1)※ ▲4,000	▲3,200
資本金等の額			(注1,3) ※ 2,500	2,500
差引合計額		▲800	0	××××

差引利益積立金額の増加額 800 (注4)

Ⅱ：資本金等の額の計算に関する明細書

区分	期首現在資本金等の額	当期の増減		差引翌期首現在資本金等の額
		減	増	
その他資本剰余金	×××		2,500	×××
利益積立金額			(注3) ▲ 2,500	▲ 2,500
差引合計額			(注5) 0	×××

（注1）別表四を経由しない調整については「※」を付して記入する。
（注2）別表四　加算留保「負債調整勘定当期益金算入額」（800）と対応。

（注3）利益積立金額と資本金等の額の入り繰りなので，両者は（符号は逆で）一致する。

（注4）別表五（一）上の利益積立金額の増加合計（800）は税務仕訳上の利益積立金額の増加額（800）（上記(2)(ii)参照）と一致する。

（注5）別表五（一）上の資本金等の額の増加合計（0）は税務仕訳上の資本金等の額増加額（0）（上記(2)(i)参照）と一致する。

第3章

分割型分割

はじめに

　第3章では，分割型分割が行われた場合の申告調整につき，設例に基づいて解説を行う。各設例における，適格・非適格の区分，説明対象としている法人，トピックは次のとおり。

＜第3章にて取り扱う設例＞

設例番号	再編の種類	対象法人	トピック
設例1	適格分割型分割	分割法人	期首分割
設例2	適格分割型分割	分割承継法人	期首分割
設例3	適格分割型分割	分割法人株主	期中分割
設例4	適格分割型分割	分割法人，分割承継法人	期中分割，簿価純資産価額の調整
設例5	適格分割型分割	分割法人	無対価親子間
設例6	適格分割型分割	分割承継法人	無対価親子間
設例7	適格分割型分割	分割法人	無対価兄弟間
設例8	適格分割型分割	分割承継法人	無対価兄弟間
設例9	適格分割型分割	分割法人株主	無対価兄弟間
設例10	非適格分割型分割	分割法人	譲渡損益計上
設例11	非適格分割型分割	分割承継法人	資産調整勘定・負債調整勘定
設例12	非適格分割型分割	分割法人株主	金銭交付なし，みなし配当
設例13	非適格分割型分割	分割法人株主	金銭交付あり，みなし配当，株式譲渡損益
設例14	非適格分割型分割	分割法人	グループ法人税制適用

設例 1 ｜ 適格分割型分割―分割法人　期首分割

処理上のポイント

> ✓ 適格分割型分割が行われた場合，税務上，分割法人において譲渡損益は認識されない。一方，会計上は譲渡損益が計上され，申告調整が必要となる場合がある。
>
> ✓ 分割による資産・負債の移転に伴い，分割移転純資産価額相当分，資本金等の額・利益積立金額を比例按分的に減少する。これらの減少金額は，会計処理のそれと必ずしも一致しない。

ポイント①：簿価引継ぎ

適格分割型分割が行われた場合，分割法人は分割承継法人に移転資産・負債を帳簿価額にて引き継いだものとして取り扱われるため（法法62の2②），税務上譲渡損益の計上は行われない。したがって，会計上譲渡損益の計上が行われた場合には，申告調整が必要になる。

ポイント②：利益積立金額・資本金等の額の減少

適格分割型分割が行われた場合，分割法人においては，分割移転資産等の純資産価額相当額の資本金等の額・利益積立金額が減少することとなる。減少する資本金等の額及び利益積立金額は分割移転割合（移転純資産の帳簿価額/純資産の帳簿価額）に基づき計算する。

一方，会社法上，分割型分割の定義はなく，分社型分割＋分割承継法人株式の即時配当と整理されている。分割承継法人株式の即時配当は，その他資本剰余金又はその他利益剰余金を減額させることとされているため，税務上の資本金等の額と利益積立金額の減少額とは必ずしも一致はしない。

◆**図表 2-6　分割型分割による利益積立金額資本金等の額の減少概念図**◆

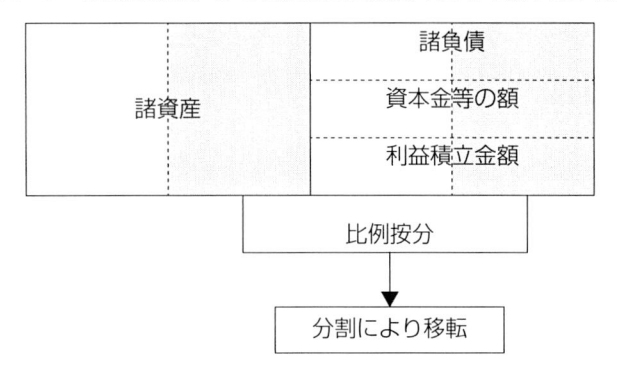

【資本金等の額の減算算式（法令8①十五）】

減少資本金等の額＝

$$\text{資本金等の額}^{*1} \times \frac{\text{移転純資産の帳簿価額}^{*2}}{\text{純資産の帳簿価額}^{*3}} \quad {*4}$$

＊1　分割法人の分割型分割の直前の資本金等の額（ゼロ以下の場合には，上記分数算式はゼロ）。

＊2　分割型分割の直前の移転資産の帳簿価額から移転負債の帳簿価額を減算した金額。

＊3　分割型分割の日の属する事業年度の前事業年度（分割型分割の日以前6月以内に仮決算による中間申告書を提出している場合には，当該申告に係る期間）終了の時の資産の帳簿価額から負債の帳簿価額を減算した金額。なお，当該事業年度終了の時から分割型分割の日までの間に支払配当や組織再編等が行われている場合には当該金額は加味する。

＊4　資本金等の額及び分子の金額がゼロを超え，かつ，分母の金額がゼロ以下である場合には，分数を1とする。また，分数に小数点以下3位未満の端数がある場合にはこれを切り上げる。

【利益積立金額の減算算式（法令9①十）】

減少利益積立金額＝移転純資産の帳簿価額^{*5}－減少資本金等の額

＊5　分割型分割の直前の移転資産の帳簿価額から移転負債の帳簿価額を減算した金額。

> ────────
> ― Caution! ─────────────────────────────────
> **みなし事業年度について**
> 　従前は，分割型分割が行われた場合，期首から分割の日の前日までを一事業
> 年度とみなす規定があったが，これは平成22年度税制改正により廃止された。
> したがって，現状においては分割型分割に際して事業年度を区切る必要はなく，
> みなし事業年度に係る法人税等の申告も必要ない。
> ──

　以下，適格分割型分割が行われた場合の分割法人の取扱いにつき事例に即し
て解説する。

■ 適格分割型分割（期首分割）－分割法人

(1) 前　提　　　前　提 〉税務仕訳 〉調整仕訳 〉申告調整 〉

① 　A社（分割法人）はB社（分割承継法人）にa事業を分割型分割により
　　移転した。

② 　A社は分割の対価としてB社株式（時価7,000）を受け取り，株主に即時
　　配当した。

③ 　B社の増加資本金及び増加資本準備金はゼロ。

④ 　A社とB社に資本関係はない。

⑤ 　A社，B社ともに3月決算法人である。分割期日はX1年4月1日。

⑥ 　税務上は適格分割型分割に該当する。

⑦ 　X1年3月31日におけるA社の貸借対照表（会計・税務）は以下のとおり。

A社貸借対照表（会計）

諸資産	20,000	諸負債	7,700
		賞与引当金	600
		退職給付引当金	400
		未払法人税等[注1]	500
		資本金	3,000
		その他資本剰余金	4,000
		利益剰余金額	3,800

資産合計	20,000
負債合計	－）9,200
純資産	10,800

A社貸借対照表（税務）

諸資産	22,000	諸負債	7,700
		賞与引当金	0
		退職給付引当金	0
		未払法人税等[注2]	300
		資本金等の額	7,000
		利益積立金額	7,000

資産合計	22,000
負債合計	－）8,000
純資産	14,000

（注1）会計上の未払法人税等500（内訳：法人税200，住民税100，事業税200）。

（注2）税務上の未払法人税等300の内訳は法人税200，住民税100。税務と会計の未払法人税額の差異は未払事業税200による。

⑧　分割移転事業に係る資産等の帳簿価額（会計・税務）は以下のとおり。

会計

諸　資　産	10,000	諸　負　債	3,000
		賞　与　引　当　金	300
		退　職　給　付　引　当　金	200

税務

諸　資　産	10,000	諸　負　債	3,000

　　上記の分割対象資産・負債の個別時価は帳簿価額と一致している。

　⑨　会計上は本分割はB社を取得企業とする「取得」に該当する。A社（分
　　　離元企業）の分割に係る会計上の仕訳は以下のとおり。

A社（分割法人）仕訳

諸　　負　　債	3,000	諸　　資　　産	10,000
賞 与 引 当 金	300	事 業 移 転 利 益	500[注1]
退 職 給 付 引 当 金	200		
B　社　株　式	7,000[注1]		
その他資本剰余金	3,800[注2]	B　社　株　式	7,000[注2]
繰 越 利 益 剰 余 金	3,200[注2]		

（注1）事業分離が行われた場合，分離元企業において移転損益が認識されるか否か
　　　は，移転した事業に関する投資が継続されているとみられるか否かによる。
　　　　分離先企業の株式のみを受取対価とする事業分離により分離先企業が子会社・
　　　関連会社以外となる場合（共同支配企業の形成の場合を除く）は，原則として
　　　投資が清算されたと考えられ，分離元企業において移転損益が認識される（事
　　　業分離会計基準23）。
　　　　また，分離先企業の株式の取得原価（分割承継法人株式取得原価）は，移転
　　　した事業に係る時価又は分離先企業の株式の時価のうち，より高い信頼性を
　　　もって測定可能な時価に基づいて算定される。
（注2）税務上の分割型分割は，会社法上は分社型分割による資産等の移転及びB社
　　　株式取得＋B社株式の現物配当として位置付けられる。この現物配当の会計処
　　　理については，配当の効力発生日の適正な帳簿価額をもってその他資本剰余金
　　　又はその他利益剰余金（繰越利益剰余金）（取締役会等で決定）を減額するこ
　　　ととされている（自己株式及び準備金の額の減少等に関する会計基準の適用指
　　　針10）。本設例では，その他資本剰余金（3,800），繰越利益剰余金（3,200）を原
　　　資とすることとした。

(2) 税務上の仕訳—分割法人

前 提 〉**税務仕訳** 〉調整仕訳 〉申告調整 〉

・分割法人の税務上の仕訳

処理上のポイントをふまえた分割法人の処理は以下のようになる。

諸 負 債	3,000(注1)	諸 資 産	10,000(注1)
資 本 金 等 の 額	3,500(注2)		
利 益 積 立 金 額	3,500(注3)		

（注1）適格分割型分割であるため，分割法人は分割承継法人に資産・負債を帳簿価額にて引き継いだものとして取り扱われる（法法62の2②）。よって，譲渡損益は発生しない（ポイント①参照）。

（注2）減少資本金等の額（3,500）

$$= 分割直前資本金等の額（7,000）× \frac{分割移転純資産帳簿価額（7,000）^{*1}}{分割法人の純資産帳簿価額（14,000）^{*2}} ^{*3}$$

（＊1）分割移転純資産帳簿価額（7,000）＝諸資産（10,000）－諸負債（3,000）

（＊2）前提⑦より

（＊3）7,000÷14,000＝0.5（小数3位未満切上）
　　（ポイント②参照）

（注3）減少利益積立金額（3,500）

　　　＝分割移転純資産帳簿価額（7,000）－減少資本金等の額（3,500）
　　　（ポイント②参照）

(3) 税務と会計の調整仕訳—分割法人

前 提 〉税務仕訳 〉**調整仕訳** 〉申告調整 〉

Step 1 ：会計上と税務上の仕訳比較

会計上の分割移転仕訳（前提⑨）と税務上の分割移転仕訳（上記(2)）に差異があるため，以下のような調整が必要となる。この調整仕訳は会計上の仕訳と税務上の仕訳を比較することにより作成される。

税務調整仕訳

事 業 移 転 利 益	500(注3)	賞 与 引 当 金	300(注1)
利 益 積 立 金 額	300(注5)	退 職 給 付 引 当 金	200(注2)
		資 本 金 等 の 額	300(注4)

（注1）賞与引当金（300）＝税務上の増減額（0）−会計上の増減額（▲300）
（注2）退職給付引当金（200）＝税務上の増減額（0）−会計上の増減額（▲200）
（注3）事業移転利益（▲500）＝税務上の収益の額 （0）−会計上の収益の額（500）
（注4）資本金等の額（300）＝税務上の増減額（▲3,500）−会計上の増減額（▲3,800）
（注5）利益積立金額（▲300）＝税務上の増減額（▲3,500）−会計上の増減額（▲3,200）

Step2：仕訳分解

　別表五（一）記入にあたっては，資産・負債項目に係る調整は別表五（一）「利益積立金額の計算に関する明細書」に記載する必要がある。そこで，上記の調整仕訳を以下のように分解する（斜体部分が追加計上した利益積立金額。差引合計はゼロとなる）。

事 業 移 転 利 益	500	*利 益 積 立 金 額*	*500*	(A)
利 益 積 立 金 額	*300*	賞 与 引 当 金	300	(B)
利 益 積 立 金 額	*200*	退 職 給 付 引 当 金	200	(B)
利 益 積 立 金 額	300	資 本 金 等 の 額	300	(C)

＜上記仕訳の申告書記入に際しての留意点＞

- （A）の部分は，別表五（一）「利益積立金額の計算に関する明細書」に利益積立金額の増加として記入（別表四は経由しない）。

- （B）の部分は，別表五（一）「利益積立金額の計算に関する明細書」に利益積立金額の減少として記入（別表四は経由しない）。

- （C）の部分は別表五（一）「利益積立金額の計算に関する明細書」に利益積立金額の減少として記入（項目は「資本金等の額」）すると同時に，「資本金等の額の計算に関する明細書」に資本金等の額の増加として記入（項目は「利益積立金額」）。

(4)　申告調整―分割法人

前　提〉税務仕訳〉調整仕訳〉**申告調整**〉

　この結果，A社のX2年3月期の別表四及び別表五（一）の処理は以下のようになる。なお別表五（一）上，会計処理に係る部分（当期利益及び分割による利益剰余金・資本剰余金の減少）は，税務調整項目と区別するため斜体にて示している。

別表四：所得の金額の計算に関する明細書（分割法人）

区分			総額	処分	
				留保	社外流出
当期利益又は当期欠損の額		1	500	500	
減算	事業移転利益否認		500	500	

別表五（一）：利益積立金額及び資本金等の額の計算に関する明細書（分割法人）

Ⅰ：利益積立金額の計算に関する明細書

区分	期首現在利益積立金額	当期の増減				差引翌期首現在利益積立金額
		減		増		
賞与引当金	600	(注1)　※ 300				300
退職給付引当金	400	(注1)　※ 200				200
事業移転利益		(注2)　500		(注1)　　※　500		0
資本金等の額				(注1, 5)　※▲ 300		▲ 300
繰越損益金	3,800	(注1, 6)※*3,200*		(注6)　　*500*		1,100

差引計　▲3,500[(注3)]

Ⅱ：資本金等の額の計算に関する明細書

区分	期首現在資本金等の額	当期の増減		差引翌期首現在資本金等の額
		減	増	
資本金又は出資金	3,000			3,000
その他資本剰余金	4,000	*3,800*		200
利益積立金額			(注5)　300	300
差引合計額	7,000	3,800	300	3,500

差引計　▲3,500[(注4)]

（注1）別表四を経由しない調整については「※」を付して記入する。
（注2）別表四「事業移転利益否認（500）」に対応。

（注3）別表五（一）上の利益積立金額の差引計（3,500）は税務仕訳上の利益積立金額減少額（3,500）と一致する。

（注4）別表五（一）上の資本金等の額の差引計（3,500）は税務仕訳上の資本金等の額減少額（3,500）と一致する。

（注5）利益積立金額と資本金等の額の入り繰りなので，両者は（符号は逆で）一致する。

（注6）会計上の繰越利益剰余金の増減のうち分割に係る数値（増加：事業移転利益500，減少：利益剰余金3,200）のみを記載している。

設例 **2**　適格分割型分割—分割承継法人　期首分割

処理上のポイント

✓　適格分割型分割が行われた場合，税務上，分割承継法人は，分割移転資産負債を分割承継法人の帳簿価額にて受け入れる。

✓　これに伴い，分割承継法人においては，分割法人側で減少した資本金等の額・利益積立金額相当額の資本金等の額と利益積立金額を増加させる。

ポイント①：帳簿価額引継と別表調整

適格分割型分割が行われた場合，分割承継法人においては，分割により移転を受けた資産・負債については分割法人における帳簿価額（税務上）により引継ぎを受けることになる（法法62の2④，法令123の3③）。したがって，移転を受けた資産・負債につき税務上否認額等がある場合や会計上時価で取得をした場合など，受入価額につき会計と税務で異なる場合には，分割承継法人の別表五（一）で調整を行うことになる。また，分割法人側で減少した資本金等の額及び利益積立金額は分割承継法人が引き継ぐことになる。

なお，合併の場合と異なり分割により分割法人の法人税等の租税債務を引き継ぐことはない。ただし，事業を承継した法人は，分割により承継した財産の価額を限度として，分割法人の法人税等につき連帯納付責任がある。

ポイント②：増加資本金等の額・利益積立金額

　適格分割型分割が行われた場合，分割承継法人において増加する資本金等の額及び利益積立金額は以下の算式により計算することとされている。これは，分割法人において減少する資本金等の額・利益積立金額とミラーな関係となっている。

【資本金等の額の増加算式（法令8①六）】

> 増加資本金等の額＝分割法人における減少資本金等の額相当額
> $$= 資本金等の額^{*1} \times \frac{移転純資産の帳簿価額^{*2}}{純資産の帳簿価額^{*3}} {}^{*4}$$

＊1　分割法人の分割型分割の直前の資本金等の額（ゼロ以下の場合には，上記分数算式はゼロ）。

＊2　分割法人の分割型分割の直前の移転資産の帳簿価額から移転負債の帳簿価額を減算した金額。

＊3　分割法人の分割型分割の日の属する事業年度の前事業年度（分割型分割の日以前6月以内に仮決算による中間申告書を提出している場合には，当該申告に係る期間）終了の時の資産の帳簿価額から負債の帳簿価額を減算した金額。なお，当該事業年度終了の時から分割型分割の日までの間に支払配当や組織再編等が行われている場合には当該金額は加味する。

＊4　資本金等の額及び分子の金額がゼロを超え，かつ，分母の金額がゼロ以下である場合には，分数を1とする。また，分数に小数点以下3位未満の端数がある場合にはこれを切り上げる。

【利益積立金額の増加算式（法令9①三）】

> 増加利益積立金額＝
> 　　移転純資産の帳簿価額^{*5}－増加資本金等の額

＊5　分割法人の分割型分割の直前の移転資産の帳簿価額から移転負債の帳簿価額を減算した金額。

　以下，適格分割型分割が行われた場合の分割承継法人の取扱いにつき事例に即して解説する。

■ 適格分割型分割（期首分割）－分割承継法人

(1) 前 提

設例1前提①〜⑧と同じ。以下追加。

① B社（分割承継法人）の分割に係る会計上の仕訳は以下のとおり。

B社（分割承継法人）仕訳

諸　　資　　産	10,000(注1)	諸　　負　　債	3,000(注1)
		賞 与 引 当 金	300(注1)
		退 職 給 付 引 当 金	200(注1)
の　　れ　　ん	500	その他資本剰余金	7,000(注2)

(注1)「取得」に該当するため，資産・負債につき時価にて受入れ。取得原価（交付株式時価7,000）と識別可能な資産・負債に付された時価（10,000－3,000－300－200＝6,500）との差額をもって，のれん（500）を認識。

(注2) その他資本剰余金（7,000）＝交付B社株式時価（7,000）－増加資本金及び増加資本準備金（0）。増加資本金及び増加資本準備金については設例1(1)前提③参照。

(2) 税務上の仕訳—分割承継法人

• 分割承継法人の税務上の仕訳

処理上のポイントをふまえた分割承継法人の税務仕訳は以下のようになる。

諸　　資　　産	10,000(注1)	諸　　負　　債	3,000(注1)
		資 本 金 等 の 額	3,500(注2)
		利 益 積 立 金 額	3,500(注3)

(注1) 資産・負債の帳簿価額受入れ

適格分割型分割であるため，分割承継法人は分割法人から資産・負債を帳簿価額にて引き継いだものとして取り扱われる（法法62の2④，法令123の3③）（ポイント①参照）。

（注2）増加資本金等の額（3,500）

$$= 分割直前資本金等の額（7,000）× \frac{分割移転純資産帳簿価額（7,000）*^1}{分割法人の純資産帳簿価額（14,000）*^2} *^3$$

（＊1）分割移転純資産帳簿価額（7,000）＝諸資産（10,000）－諸負債（3,000）
（＊2）設例1前提⑦より
（＊3）7,000÷14,000＝0.5（小数点3位未満切上）
（ポイント②参照）

（注3）増加利益積立金額（3,500）
　＝分割移転純資産帳簿価額（7,000）－減少資本金等の額（3,500）
　（ポイント②参照）

(3)　税務と会計の調整仕訳―分割承継法人

| 前　提 | 税務仕訳 | 調整仕訳 | 申告調整 |

Step 1：会計上と税務上の仕訳比較

　会計上の分割移転仕訳（前提①）と税務上の分割移転仕訳（上記(2)）に差異があるため，以下のような調整が必要となる。この調整仕訳は会計上の仕訳と税務上の仕訳を比較することにより作成される。

税務調整仕訳

賞　与　引　当　金	300[注1]	の　　れ　　ん	500[注3]
退 職 給 付 引 当 金	200[注2]	利　益　積　立　金　額	3,500[注5]
資　本　金　等　の　額	3,500[注4]		

（注1）賞与引当金（▲300）＝税務上の増減額（0）－会計上の増減額（300）
（注2）退職給付引当金（▲200）＝税務上の増減額（0）－会計上の増減額（200）
（注3）のれん（▲500）＝税務上の増減額（0）－会計上の増減額（500）
（注4）資本金等の額（▲3,500）＝税務上の増減額（3,500）－会計上の増減額（7,000）
（注5）利益積立金額（3,500）＝税務上の増減額（3,500）－会計上の増減額（0）

Step 2：仕訳分解

　別表五（一）記入にあたっては，資産・負債項目に係る調整は別表五（一）「利益積立金額の計算に関する明細書」に記載する必要がある。そこで，上記の調整仕訳を以下のように分解する（斜体部分が追加計上した利益積立金額。差引

合計はゼロとなる）。

賞 与 引 当 金	300	*利 益 積 立 金 額*	*300*	(A)
退 職 給 付 引 当 金	200	*利 益 積 立 金 額*	*200*	(A)
利 益 積 立 金 額	*500*	の　　れ　　ん	500	(B)
資 本 金 等 の 額	3,500	利 益 積 立 金 額	3,500	(C)

＜上記仕訳の申告書記入に際しての留意点＞

- （A）の部分は，別表五（一）「利益積立金額の計算に関する明細書」に利益積立金額の増加として記入（別表四は経由しない）。

- （B）の部分は，別表五（一）「利益積立金額の計算に関する明細書」に利益積立金額の減少として記入（別表四は経由しない）。

- （C）の部分は別表五（一）「利益積立金額の計算に関する明細書」に利益積立金額の増加として記入（項目は「資本金等の額」）すると同時に，「資本金等の額の計算に関する明細書」に資本金等の額の減少として記入（項目は「利益積立金額」）。

⑷　申告調整─分割承継法人

前　提　＞税務仕訳＞調整仕訳＞**申告調整**＞

　この結果，B社のX2年3月期の別表五（一）の処理は以下のようになる。なお別表五（一）上，会計処理に係る部分（分割によるその他資本剰余金の増加（7,000））は，税務調整項目と区別するため斜体にて示している。

別表五（一）：利益積立金額及び資本金等の額の計算に関する明細書（分割承継法人）

Ⅰ：利益積立金額の計算に関する明細書

区分	期首現在利益積立金額	当期の増減		差引翌期首現在利益積立金額
		減	増	
賞与引当金	×××		(注1) ※ 300	×××
退職給付引当金	×××		(注1) ※ 200	×××
のれん			(注1) ※▲ 500	▲ 500
資本金等の額			(注1,4) ※ 3,500	3,500

差引計 3,500(注2)

Ⅱ：資本金等の額の計算に関する明細書

区分	期首現在資本金等の額	当期の増減		差引翌期首現在資本金等の額
		減	増	
その他資本剰余金	×××		7,000	×××
利益積立金額			(注4) ▲ 3,500	▲ 3,500
差引合計額			(注3) 3,500	

（注1）別表四を経由しない調整については「※」を付して記入する。

（注2）別表五（一）上の利益積立金額の差引計（3,500）は税務仕訳上の利益積立金額増加額（3,500）と一致する。

（注3）別表五（一）上の資本金等の額の差引計（3,500＝7,000－3,500）は税務仕訳上の資本金等の額増加額（3,500）と一致する。

（注4）利益積立金額と資本金等の額の入り繰りなので，両者は（符号は逆で）一致する。

設例 3   適格分割型分割―分割法人株主　期中分割

処理上のポイント

✓　適格分割型分割が行われた場合，分割法人株主において，損益は認識されないが，分割法人株式から分割承継法人株式への帳簿価額の付替え計算が必要となる。

ポイント①：帳簿価額付替え

　適格分割型分割が行われた場合，分割法人の株主は分割承継法人株式の交付を受ける。税務上は，これを分割移転資産に対応する分割法人株式を簿価にて譲渡，対価として分割承継法人株式を受けたものとして取り扱う。結果，譲渡損益は発生しないが，分割法人株式と分割承継法人株式の帳簿価額の付替えを行う必要がある（法法61の2④，法令119の8）。

　分割法人株式帳簿価額から分割承継法人株式の帳簿価額に付け替える金額は以下の算式により計算する（法令119①六，法令119の3⑪）。

$$\text{付替え金額} = \text{分割直前における分割法人株式の帳簿価額} \times \frac{\text{移転純資産の帳簿価額}^{*1}}{\text{純資産の帳簿価額}^{*2}} \, {}^{*3}$$

＊1　分割法人の分割型分割の直前の移転資産の帳簿価額から移転負債の帳簿価額を減算した金額。
＊2　分割法人の分割型分割の日の属する事業年度の前事業年度（分割型分割の日以前6月以内に仮決算による中間申告書を提出している場合には，当該申告に係る期間）終了の時の資産の帳簿価額から負債の帳簿価額を減算した金額。なお，当該事業年度終了の時から分割型分割の日までの間に支払配当や組織再編等が行われている場合には当該金額は加味する。
＊3　分数に小数点以下3位未満の端数がある場合にはこれを切り上げる。

　なお，適格分割型分割の場合，非適格分割型分割と異なり，みなし配当は認識されない（法法24①）。

以下，適格分割型分割が行われた場合の分割法人の株主の取扱いにつき事例に即して解説する。

■ 適格分割型分割（期中分割）－分割法人株主

(1) 前　提

前　提〉税務仕訳〉調整仕訳〉申告調整〉

設例1と同じ。以下追加。

① 　C社はA社株式を10株保有していた。帳簿価額（会計・税務）は100。

② 　A社の分割型分割に伴い，C社はB社株式5株（時価700）の交付を受けた。

③ 　A社の分割前における株主資本の時価は20,000。

④ 　分割移転事業に係る株主資本相当額の時価は7,000。

⑤ 　分割の前後を通してA社株式B社株式ともにC社の子会社株式・関連会社株式に該当しない。

⑥ 　C社は会計上，時価の比率により帳簿価額の付替えを行うこととし，以下の仕訳を行った。

B 社 株 式	35	A 社 株 式	35[*1]

（＊1）減少A社株式（＝増加B社株式）

$$= \text{A社株式帳簿価額（100）} \times \frac{\text{株主資本相当額の時価（7,000）}}{\text{株主資本の時価（20,000）}}$$

（注）分割型分割により分割法人株主が分割承継法人株式のみを受け取った場合で，分割前後を通して分割法人・分割承継法人株式ともに子会社株式・関連会社株式に該当しない場合（その他有価証券）は，会計上は投資が継続されているものとして，損益の認識は行わず，帳簿価額の付替え計算のみを行う（結合分離適用指針294,280，事業分離会計基準49，50）。帳簿価額の付替えにあたっては，分割直前の分割法人株式帳簿価額を，合理的な方法[1]により按分する方法によって算定

1 　合理的に按分するにあたっての比率には次のようなものが考えられ，実態に応じて適切に用いることとされている（結合分離適用指針295）。

① 　分割移転事業に係る株主資本の時価と分割直前の分割法人の株主資本の時価の比率

② 　分割による分割法人の時価総額の増減額と分割直前の分割法人の時価総額の比率

③ 　分割移転事業に係る株主資本相当額の適正な帳簿価額と分割直前の分割法人の株主資本相当額の適正な帳簿価額の比率

することとなる。

(2) 税務上の仕訳―分割法人の株主

〈前　提〉〈**税務仕訳**〉〈調整仕訳〉〈申告調整〉

・分割法人株主の税務上の仕訳

処理上のポイントをふまえた分割法人株主の処理は以下のようになる。

| B　社　株　式 | 50[(注)] | A　社　株　式 | 50[(注)] |

(注) 分割法人株式の減少 (50) と分割法人株式の増加 (50)

$$= \text{分割法人(A社)株式帳簿価額(100)} \times \frac{\text{分割移転純資産帳簿価額(7,000)}^{*1}}{\text{分割法人の純資産帳簿価額(14,000)}^{*2}} \quad *3$$

（＊1） 分割移転純資産帳簿価額 (7,000) ＝諸資産 (10,000) －諸負債 (3,000)

（＊2） 設例1前提⑦より

（＊3） 7,000÷14,000＝0.5 （小数点3位未満切上）

（ポイント①「付替え金額の計算式」参照）

(3) 税務と会計の調整仕訳―分割承継法人

〈前　提〉〈税務仕訳〉〈**調整仕訳**〉〈申告調整〉

Step 1：会計上と税務上の仕訳比較

会計上の分割移転仕訳（前提⑥）と税務上の分割移転仕訳（上記(2)）に差異があるため，以下のような調整が必要となる。この調整仕訳は会計上の仕訳と税務上の仕訳を比較することにより作成される。

税務調整仕訳

| B　社　株　式 | 15[(注1)] | A　社　株　式 | 15[(注2)] |

(注1) B社株式 (15) ＝税務上の増減額 (50) －会計上の増減額 (35)

(注2) A社株式 (▲15) ＝税務上の増減額 (▲50) －会計上の増減額 (▲35)

Step 2：仕訳分解

別表五（一）記入にあたっては，資産・負債項目に係る調整は別表五（一）「利益積立金額の計算に関する明細書」に記載する必要がある。そこで，上記の調

整仕訳を以下のように分解する（斜体部分が追加計上した利益積立金額。差引合計はゼロとなる）。

B 社 株 式	15	利 益 積 立 金 額	15	(A)
利 益 積 立 金 額	15	A 社 株 式	15	(B)

＜上記仕訳の申告書記入に際しての留意点＞

- （A）の部分は，別表五（一）「利益積立金額の計算に関する明細書」に利益積立金額の増加として記入（別表四は経由しない）。
- （B）の部分は，別表五（一）「利益積立金額の計算に関する明細書」に利益積立金額の減少として記入（別表四は経由しない）。

(4) 申告調整—分割法人株主

　前 提 ＞ 税務仕訳 ＞ 調整仕訳 ＞ **申告調整** ＞

① 別表五（一）の受入処理

　この結果，C社の別表五（一）の処理は以下のようになる。なお，下記は別表四を経由しない方法によっているが，別表四に両建てで記入，別表五（一）に転記する方法も考えられる。

別表五（一）：利益積立金額及び資本金等の額の計算に関する明細書（分割法人株主）

Ⅰ：利益積立金額の計算に関する明細書

区分	期首現在利益積立金額	当期の増減		差引翌期首現在利益積立金額
		減	増	
A社（分割法人）株式			(注)　※　▲ 15	▲ 15
B社（分割承継法人）株式			(注)　※　　 15	10

(注) 別表四を経由しない調整については「※」を付して記入する。

設例 4 適格分割型分割—分割法人，分割承継法人
期中分割，簿価純資産価額の調整

処理上のポイント

✓ 適格分割型分割が行われた場合，税務上，分割法人の資本金等の額
と利益積立金額の一部は分割承継法人に引き継がれる。

✓ 分割の日が分割法人の期中である場合には，分割移転割合の計算上，
一定の調整が必要となる場合があるため留意する必要がある。

ポイント：期首～分割直前の配当等の調整

適格分割型分割が行われた場合，分割法人においては，分割移転資産等の純
資産価額相当額の資本金等の額・利益積立金額が減少することとなる。分割法
人において減少する資本金等の額の計算をする際，その算式（下記参照）上，
分割法人の前事業年度末の純資産の帳簿価額を用いるが，分割の日が分割法人
の期中である場合で，前事業年度末から分割直前までの間に資本金等の額又は
利益積立金額が増減した場合(注)には，これを加算・減算した金額をもって下
記計算式上の純資産の帳簿価額とする（法令8①十五）。

したがって，期首から分割の直前までに配当の支払いにより利益積立金額が
減少した場合には，この金額を前期末事業年度の純資産の帳簿価額から減算し
た金額をもって，下記計算式の分母とする。組織再編成により資本金等の額・
利益積立金額が増減した場合も同様の調整を行う。

(注) 利益積立金額の増減のうち法令9条1項1号（所得の金額）及び6号（帳簿価
額修正）によるものは除く。

【資本金等の額の減算算式（法令8①十五）】

$$\text{減少資本金等の額} = \text{資本金等の額}^{*1} \times \frac{\text{移転純資産の帳簿価額}^{*2}}{\text{純資産の帳簿価額}^{*3}} \, {}^{*4}$$

＊1　分割法人の分割型分割の直前の資本金等の額（ゼロ以下の場合には，上記分
　　数式はゼロ）。
＊2　分割型分割の直前の移転資産の帳簿価額から移転負債の帳簿価額を減算した
　　金額。
＊3　分割型分割の日の属する事業年度の前事業年度（分割型分割の日以前6月以
　　内に仮決算による中間申告書を提出している場合には，当該申告に係る期間）
　　終了の時の資産の帳簿価額から負債の帳簿価額を減算した金額。なお，当該事
　　業年度終了の時から分割型分割の日までの間に支払配当や組織再編等が行われ
　　ている場合には当該金額は加味する。
＊4　資本金等の額及び分子の金額がゼロを超え，かつ，分母の金額がゼロ以下で
　　ある場合には，分数を1とする。また，分数に小数点以下3位未満の端数があ
　　る場合にはこれを切り上げる。

【利益積立金額の減算算式（法令9①十）】

> 減少利益積立金額＝移転純資産の帳簿価額*5－減少資本金等の額

＊5　分割型分割の直前の移転資産の帳簿価額から移転負債の帳簿価額を減算した
　　金額。

　分割承継法人における増加資本金等の額・利益積立金額の計算においても，
この取扱いは同様である。つまり，前事業年度末から分割直前までの間に資本
金等の額又は利益積立金額が増減した場合[注]には，これを加算・減算した金
額をもって分割移転割合計算式上の純資産の帳簿価額とする（法令8①六）（分
割承継法人における増加資本金等の額・増加利益積立金額は，上記算式の「減
少」を「増加」に読み替えたものとなる）。

[注]　利益積立金額の増減のうち法令9条1項1号（所得の金額）及び6号（帳簿価
　　額修正）によるものは除く。

> [参考] 期中損金経理額と分割移転割合
>
> 　本設例では取り扱わないが，分割移転割合の計算基礎となる，分割移転資産・
> 負債の純資産の帳簿価額の計算に際し，期首から分割の日の前日までの減価償却
> 費につき期中損金経理額の届出書を提出した場合には，当該減価償却後の帳簿価
> 額が分割移転資産の帳簿価額となる。
>
> 　また，期中に貸倒引当金を計上・届出を行い，貸倒引当金を分割法人から分割
> 承継法人に引き継ぐこととした場合も，当該貸倒引当金は分割移転資産・負債の
> 帳簿価額の計算において資産のマイナスとして加味される（期中損金経理額の届

出書を提出せず，貸倒引当金を分割承継法人に引き継がない場合，分割移転割合の計算における分割移転資産の帳簿価額の計算上，貸倒引当金は考慮されない）。

　期中損金経理額の届出についてはコラム⑦，152頁を参照。

　減価償却費の期中損金経理の事例としては，第4章設例1，貸倒引当金の期中損金経理の事例としては，第2章設例1を参照のこと。

　以下，分割法人の期中に適格分割型分割が行われた場合で，期首から分割直前までに配当の支払いが行われていた場合の，分割法人及び分割承継法人の取扱いにつき，事例に即して解説する。

■ 適格分割型分割（期中分割）－分割法人，分割承継法人

(1) 前 提

前 提 〉税務仕訳〉調整仕訳〉申告調整〉

　設例1と同じ。以下追加・変更。また，会計上の仕訳について，仕訳部分のみ再掲。

① 分割期日はX1年10月1日（分割法人A社，分割承継法人B社ともに3月決算法人）。

② A社は，X1年6月30日に利益剰余金を配当原資とする支払配当（総額500）を行っている。

③ 分割に係る会計上の仕訳は以下のとおり（仕訳部分のみ再掲。詳細は設例1，2を参照）。

【A社（分割法人）仕訳】分社型分割＋分割承継法人株式の即時配当

諸　　負　　債	3,000	諸　　資　　産	10,000
賞 与 引 当 金	300	事 業 移 転 利 益	500
退 職 給 付 引 当 金	200		
B　社　株　式	7,000		
その他資本剰余金	3,800	B　　社　　株　　式	7,000
繰 越 利 益 剰 余 金	3,200		

【B社（分割承継法人）仕訳】

諸　資　産	10,000	諸　負　債	3,000
		賞 与 引 当 金	300
		退 職 給 付 引 当 金	200
の　　れ　　ん	500	その他資本剰余金	7,000

(2) 税務上の仕訳

前 提 ＞ **税務仕訳** ＞ 調整仕訳 ＞ 申告調整 ＞

① 税務上の仕訳—分割法人

上記ポイントをふまえた分割法人の処理は以下のようになる。

諸　負　債	3,000[注1]	諸　資　産	10,000[注1]
資 本 金 等 の 額	3,633[注2]		
利 益 積 立 金 額	3,367[注3]		

（注１）適格分割型分割であるため，分割法人は分割承継法人に資産・負債を帳簿価額にて引き継いだものとして取り扱われる（法法62の２②）。よって，譲渡損益は発生しない（設例１ポイント①参照）。

（注２）減少資本金等の額（3,633）

$$= 分割直前資本金等の額（7,000）× \frac{分割移転純資産帳簿価額（7,000）^{*1}}{分割法人の純資産帳簿価額（13,500）^{*2}} ^{*3}$$

（＊１）分割移転純資産帳簿価額（7,000）＝諸資産（10,000）－諸負債（3,000）

（＊２）純資産帳簿価額（13,500）＝前事業年度末の純資産帳簿価額（14,000）－支払配当（500）←期首から分割直前までの配当による利益積立金額減少額を減算（ポイント参照）

（＊３）7,000÷13,500＝0.519（小数点３位未満切上）（ポイント計算式参照）

（注３）減少利益積立金額（3,367）＝分割移転純資産帳簿価額（7,000）－減少資本金等の額（3,633）（ポイント計算式参照）

② 税務上の仕訳—分割承継法人

処理上のポイントをふまえた分割承継法人の処理は以下のようになる。

諸　　資　　産	10,000(注1)	諸　　負　　債	3,000(注1)
		資 本 金 等 の 額	3,633(注2)
		利 益 積 立 金 額	3,367(注3)

（注1）適格分割型分割であるため，分割承継法人は分割法人から資産・負債を帳簿価額にて引き継いだものとして取り扱う（法法62の2④，法令123の3③）。

（注2）増加資本金等の額（3,633）

$$=分割法人の分割直前資本金等の額（7,000）\times \frac{分割移転純資産帳簿価額（7,000）^{*1}}{分割法人の純資産帳簿価額（13,500）^{*2}} {}^{*3}$$

（＊1）分割移転純資産帳簿価額（7,000）＝諸資産（10,000）－諸負債（3,000）

（＊2）純資産帳簿価額（13,500）＝前事業年度末の純資産帳簿価額（14,000）－支払配当（500）←分割法人期首から分割直前までの配当による利益積立金額減少額を減算（ポイント）

（＊3）7,000÷13,500＝0.519（小数点3位未満切上）（ポイント計算式参照）

（注3）増加利益積立金額（3,367）＝分割移転純資産帳簿価額（7,000）－減少資本金等の額（3,633）（ポイント計算式参照）

(3)　税務と会計の調整仕訳

〉前　提〉税務仕訳〉 調整仕訳 〉申告調整〉

①　分割法人

Step1：会計上と税務上の仕訳比較

　会計上の分割移転仕訳（前提③）と税務上の分割移転仕訳（上記(2)①）に差異があるため，以下のような調整が必要となる。この調整仕訳は会計上の仕訳と税務上の仕訳を比較することにより作成される。

税務調整仕訳

事 業 移 転 利 益	500(注3)	賞 与 引 当 金	300(注1)
利 益 積 立 金 額	167(注5)	退 職 給 付 引 当 金	200(注2)
		資 本 金 等 の 額	167(注4)

（注1）賞与引当金（300）＝税務上の増減額（0）－会計上の増減額（▲300）

（注2）退職給付引当金（200）＝税務上の増減額（0）－会計上の増減額（▲200）

（注3）事業移転利益（▲500）＝税務上の収益の額（0）－会計上の収益の額（500）

（注4）資本金等の額（167）＝税務上の増減額（▲3,633）－会計上の増減額（▲3,800）

（注5）利益積立金額（▲167）＝税務上の増減額（▲3,367）－会計上の増減額（▲3,200）

Step 2 ：仕訳分解

　別表五（一）記入にあたっては，資産・負債項目に係る調整は別表五（一）「利益積立金額の計算に関する明細書」に記載する必要がある。そこで，上記の調整仕訳を以下のように分解する（斜体部分が追加計上した利益積立金額。差引合計はゼロとなる）。

事 業 移 転 利 益	500	*利 益 積 立 金 額*	*500*	(A)
利 益 積 立 金 額	*300*	賞 　 与 　 引 　 当 　 金	300	(B)
利 益 積 立 金 額	*200*	退 職 給 付 引 当 金	200	(B)
利 益 積 立 金 額	167	資 本 金 等 の 額	167	(C)

＜上記仕訳の申告書記入に際しての留意点＞

- （A）の部分は，別表五（一）「利益積立金額の計算に関する明細書」に利益積立金額の増加として記入（別表四は経由しない）。
- （B）の部分は，別表五（一）「利益積立金額の計算に関する明細書」に利益積立金額の減少として記入（別表四は経由しない）。
- （C）の部分は別表五（一）「利益積立金額の計算に関する明細書」に利益積立金額の減少として記入（項目は「資本金等の額」）すると同時に，「資本金等の額の計算に関する明細書」に資本金等の額の増加として記入（項目は「利益積立金額」）。

②　分割承継法人

Step 1 ：会計上と税務上の仕訳比較

　会計上の分割移転仕訳（前提③）と税務上の分割移転仕訳（上記(2)②）に差異があるため，以下のような調整が必要となる。この調整仕訳は会計上の仕訳と税務上の仕訳を比較することにより作成される。

税務調整仕訳

賞 与 引 当 金	300(注1)	の れ ん	500(注3)
退 職 給 付 引 当 金	200(注2)	利 益 積 立 金 額	3,367(注5)
資 本 金 等 の 額	3,367(注4)		

（注1）賞与引当金（▲300）＝税務上の増減額（0）－会計上の増減額（300）
（注2）退職給付引当金（▲200）＝税務上の増減額（0）－会計上の増減額（200）
（注3）のれん（▲500）＝税務上の増減額 （0）－会計上の増減額（500）
（注4）資本金等の額（▲3,367）＝税務上の増減額（3,633）－会計上の増減額（7,000）
（注5）利益積立金額（3,367）＝税務上の増減額（3,367）－会計上の増減額（0）

Step 2 ：仕訳分解

　別表五（一）記入にあたっては，資産・負債項目に係る調整は別表五（一）「利益積立金額の計算に関する明細書」に記載する必要がある。そこで，上記の調整仕訳を以下のように分解する（斜体部分が追加計上した利益積立金額。差引合計はゼロとなる）。

賞 与 引 当 金	300	*利 益 積 立 金 額*	*300*	(A)
退 職 給 付 引 当 金	200	*利 益 積 立 金 額*	*200*	(A)
利 益 積 立 金 額	*500*	の れ ん	500	(B)
資 本 金 等 の 額	3,367	利 益 積 立 金 額	3,367	(C)

＜上記仕訳の申告書記入に際しての留意点＞

- （A）の部分は，別表五（一）「利益積立金額の計算に関する明細書」に利益積立金額の増加として記入（別表四は経由しない）。
- （B）の部分は，別表五（一）「利益積立金額の計算に関する明細書」に利益積立金額の減少として記入（別表四は経由しない）。
- （C）の部分は別表五（一）「利益積立金額の計算に関する明細書」に利益積立金額の減少として記入（項目は「資本金等の額」）すると同時に，「資本金等の額の計算に関する明細書」に資本金等の額の増加として記入（項目は「利益積立金額」）。

(4)　申告調整

前　提　＞税務仕訳＞調整仕訳＞**申告調整**

①　分割法人

A社のX2年3月期の別表四及び別表五（一）の処理は以下のようになる。なお，別表五（一）上，会計処理に係る部分（当期利益及び分割による利益剰余金・資本剰余金の減少）は，税務調整項目と区別するため斜体にて示している。

別表四：所得の金額の計算に関する明細書（分割法人）

区分		総額	処分	
			留保	社外流出
	当期利益又は当期欠損の額	500	500	
減算	事業移転利益否認	500	500	

別表五（一）：利益積立金額及び資本金等の額の計算に関する明細書（分割法人）

Ⅰ：利益積立金額の計算に関する明細書

区分	期首現在利益積立金額	当期の増減		差引翌期首現在利益積立金額
		減	増	
賞与引当金	600	(注1) ※ 300		300
退職給付引当金	400	(注1) ※ 200		200
事業移転利益		(注2) 500	(注1) ※ 500	0
資本金等の額			(注1,5) ※▲ 167	▲ 167
繰越損益金	3,800	(注1,6) ※*3,200*	(注6) *500*	1,100

差引計 ▲ 3,367(注3)

Ⅱ：資本金等の額の計算に関する明細書

区分	期首現在資本金等の額	当期の増減		差引翌期首現在資本金等の額
		減	増	
資本金又は出資金	3,000			3,000
その他資本剰余金	4,000	(注6) *3,800*		200
利益積立金額			(注5) 167	167
差引合計額	7,000	3,800	167	3,367

差引計 ▲3,633(注4)

（注1）別表四を経由しない調整については「※」を付して記入する。
（注2）別表四「事業移転利益否認（500）」に対応。
（注3）別表五（一）上の利益積立金額の差引計（3,367）は税務仕訳上の利益積立金額減少額（3,367）と一致する。

（注4）別表五（一）上の資本金等の額の差引計（3,633）は税務仕訳上の資本金等の額減少額（3,633）と一致する。

（注5）利益積立金額と資本金等の額の入り繰りなので，両者は（符号は逆で）一致する。

（注6）会計上の繰越利益剰余金の増減のうち分割に係る数値（増加：事業移転利益500，減少：利益剰余金3,200）のみを記載している。

②　分割承継法人

B社のX2年3月期の別表五（一）の処理は以下のようになる。なお別表五（一）上，会計処理に係る部分（当期利益及び分割による利益剰余金・資本剰余金の減少）は，税務調整項目と区別するため斜体にて示している。

別表五（一）：利益積立金額及び資本金等の額の計算に関する明細書（分割承継法人）

Ⅰ：利益積立金額の計算に関する明細書

区分	期首現在利益積立金額	当期の増減 減	当期の増減 増	差引翌期首現在利益積立金額
賞与引当金	××××		(注1)　※　300	××××
退職給付引当金	××××		(注1)　※　200	××××
のれん			(注1)　※▲ 500	▲ 500
資本金等の額			(注1)　※　3,367	3,367

差引計 3,367 (注2)

Ⅱ：資本金等の額の計算に関する明細書

区分	期首現在資本金等の額	当期の増減 減	当期の増減 増	差引翌期首現在資本金等の額
その他資本剰余金	×××		*7,000*	×××
利益積立金額			(注4)　▲ 3,367	▲ 3,367
差引合計額			(注3)　3,633	

（注1）別表四を経由しない調整については「※」を付して記入する。

（注2）別表五（一）上の利益積立金額の差引計（3,367）は税務仕訳上の利益積立金額増加額（3,367）と一致する。

（注3）別表五（一）上の資本金等の額の差引計（3,633＝7,000－3,367）は税務仕訳上の資本金等の額増加額（3,633）と一致する。

（注4）利益積立金額と資本金等の額の入り繰りなので，両者は（符号は逆で）一致する。

設例 5　　適格分割型分割―分割法人　無対価親子間

処理上のポイント

> ✓　無対価適格分割型分割（子→親）が行われた場合，分割対価の分割法人株主への交付は行われないものの，分割法人においては，対価のある分割型分割の場合と同様，資本金等の額・利益積立金額の減少を認識する。

　100％親子法人間で子法人を分割法人，親法人を分割承継法人とする無対価分割が行われた場合，税務上はこれを分割型分割として取り扱う（法法二十二の九）。100％親子間無対価分割型分割（子：分割法人，親：分割承継法人）は，他の適格要件（完全支配関係継続要件）を満たすことを前提に適格分割型分割に該当する。税務処理上は，下図(ii)に示すように子法人を分割法人，親法人を分割承継法人（かつ分割法人株主）とした分割型分割の②分割対価交付と③分割対価即時配当の取引が省略された取引として整理される。

　＊適格組織再編成に該当し得る無対価組織再編の種類については第2章コラム⑧，162頁参照。

◆図表2-7　無対価分割型分割（子→親）概念図◆

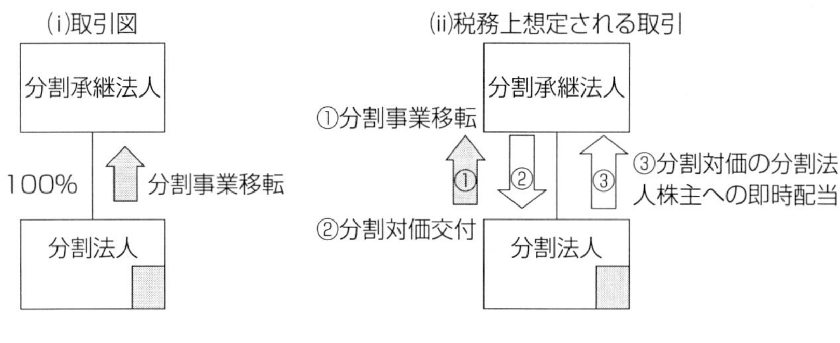

(i)取引図　　　　　　　　　　　(ii)税務上想定される取引

無対価適格分割型分割（100％親子間。子法人を分割法人，親法人を分割承継法人）が行われた場合の分割法人の税務処理のポイントは次のとおり。

ポイント①：簿価引継ぎ

他の適格分割型分割の場合と同様，分割法人は移転資産・負債を分割直前の帳簿価額により引継ぎが行われたものとして取り扱う（法法62の2②）。つまり，分割法人において分割による譲渡損益は認識しない。

ポイント②：資本金等の額・利益積立金額の減少

無対価組織再編であっても税務上適格分割型分割に該当する場合には，分割法人においては，対価のある適格分割型分割の場合と同様，分割移転資産等の純資産価額に見合う資本金等の額・利益積立金額の減少を認識する。減少する資本金等の額及び利益積立金額は分割移転割合（移転純資産の帳簿価額/純資産の帳簿価額）に基づき計算する。

具体的な，減少金額の計算式は通常の対価のある分割型分割と変わるところはない。

【資本金等の額の減算算式（法令8①十五）】（再掲）

$$\text{減少資本金等の額} = \text{資本金等の額}^{*1} \times \frac{\text{移転純資産の帳簿価額}^{*2}}{\text{純資産の帳簿価額}^{*3}} {}^{*4}$$

- ＊1　分割法人の分割型分割の直前の資本金等の額（ゼロ以下の場合には，上記分数算式はゼロ）。
- ＊2　分割型分割の直前の移転資産の帳簿価額から移転負債の帳簿価額を減算した金額。
- ＊3　分割型分割の日の属する事業年度の前事業年度（分割型分割の日以前6月以内に仮決算による中間申告書を提出している場合には，当該申告に係る期間）終了の時の資産の帳簿価額から負債の帳簿価額を減算した金額。なお，当該事業年度終了の時から分割型分割の日までの間に支払配当や組織再編等が行われている場合には当該金額は加味する。
- ＊4　資本金等の額及び分子の金額がゼロを超え，かつ，分母の金額がゼロ以下である場合には，分数を1とする。また，分数に小数点以下3位未満の端数がある場合にはこれを切り上げる。

【利益積立金額の減算算式（法令9①十）】（再掲）

> 減少利益積立金額＝移転純資産の帳簿価額*5－減少資本金等の額

＊5　分割型分割の直前の移転資産の帳簿価額から移転負債の帳簿価額を減算した金額。

　以下，100％親子間で子法人を分割法人，親法人を分割承継法人とする無対価適格分割型分割が行われた場合の，分割法人の取扱いにつき事例に即して解説する。

■ 適格分割型分割（無対価親子間）－分割法人

(1)　前　提

> 前　提 〉 税務仕訳 〉 調整仕訳 〉 申告調整 〉

①　A社はB社株式を100％保有している。A社保有B社株式の帳簿価額は会計2,900，税務3,000。

②　B社（分割法人）はA社（分割承継法人）に分割によりX社株式を移転した。分割対価の交付なし。

③　A社，B社ともに3月決算法人である。分割期日はX1年4月1日。

④　税務上は適格分割型分割に該当する。

⑤　X1年3月31日におけるB社（分割法人）の貸借対照表（会計・税務）は以下のとおり。

B社貸借対照表（会計）

諸資産	5,000	資本金	2,000
X社株式	4,600	繰越利益剰余金	7,600

B社貸借対照表（税務）

諸資産	5,000	資本金等の額	2,000
X社株式	5,000	利益積立金額	8,000

⑥　分割移転資産であるX社株式の時価は7,000。

⑦　100％親子会社間での分割であり，会計上は共通支配下の取引として処理される。分割に伴うB社（分割法人）の会計処理は以下のとおり。

B社（分割法人）仕訳[注1]

繰越利益剰余金	4,600[注2]	X 社 株 式	4,600

（注1）100％子会社が親会社に事業の一部を会社分割により移転，かつ親会社から対価を受け取らない場合の会計処理は，子会社が親会社に分割型分割により事業を移転する場合の会計処理に準ずる（結合分離適用指針203-2⑵③）。

（注2）減少する株主資本の額は，取締役会等会社の意思決定機関において定められた額による。本設例では繰越利益剰余金4,600とする。

⑵　税務上の仕訳―分割法人

前 提　税務仕訳　調整仕訳　申告調整

・分割法人の税務上の仕訳

処理上のポイントをふまえた分割法人の処理は以下のようになる。

資 本 金 等 の 額	1,000[注2]	X 社 株 式 （分割移転資産）	5,000[注1]
利 益 積 立 金 額	4,000[注3]		

（注1）適格分割型分割であるため，分割法人は分割承継法人に資産・負債を帳簿価額にて引き継いだものとして取り扱われる（法法62の2②）。よって，譲渡損益は発生しない（ポイント①参照）。

（注2）減少資本金等の額（1,000）

$$= 分割直前資本金等の額（2,000）\times \frac{分割移転純資産帳簿価額（5,000）\ ^{*1}}{分割法人の純資産帳簿価額（10,000）\ ^{*2}} \ ^{*3}$$

（＊1）分割移転純資産帳簿価額（X社株式（5,000））

（＊2）前提⑤より

（＊3）5,000÷10,000＝0.5（小数点3位未満切上）

（ポイント②参照）

（注3）減少利益積立金額（4,000）

＝分割移転純資産帳簿価額（5,000）－減少資本金等の額（1,000）（ポイント②参照）

(3)　税務と会計の調整仕訳—分割法人　前　提　税務仕訳　調整仕訳　申告調整

Step 1：会計上と税務上の仕訳比較

会計上の分割移転仕訳（前提⑦）と税務上の分割移転仕訳（上記(2)）に差異があるため，以下のような調整が必要となる。この調整仕訳は会計上の仕訳と税務上の仕訳を比較することにより作成される。

税務調整仕訳

資 本 金 等 の 額	1,000[注2]	X 社 株 式	400[注1]
		利 益 積 立 金 額	600[注3]

（注1）X社株式（▲400）＝税務上の増減額（▲5,000）－会計上の増減額（▲4,600）
（注2）資本金等の額（▲1,000）＝税務上の増減額（▲1,000）－会計上の増減額（ 0 ）
（注3）利益積立金額（600）＝税務上の増減額（▲4,000）－会計上の増減額（▲4,600）

Step 2：仕訳分解

別表五（一）記入にあたっては，資産・負債項目に係る調整は別表五（一）「利益積立金額の計算に関する明細書」に記載する必要がある。そこで，上記の調整仕訳を以下のように分解する（斜体部分が追加計上した利益積立金額。差引合計はゼロとなる）。

利 益 積 立 金 額	*400*	X 社 株 式	400	(A)
資 本 金 等 の 額	400	*利 益 積 立 金 額*	*400*	(B)
資 本 金 等 の 額	600	利 益 積 立 金 額	600	(B)

＜上記仕訳の申告書記入に際しての留意点＞
- （A）の部分は，別表五（一）「利益積立金額の計算に関する明細書」に利益積立金額の減少として記入（別表四は経由しない）。
- （B）の部分は別表五（一）「利益積立金額の計算に関する明細書」に利益積立金額の減少として記入（項目は「資本金等の額」）すると同時に，「資本金等の額の計算に関する明細書」に資本金等の額の増加として記入（項目は「利

益積立金額」)。

(4) 申告調整―分割法人

前 提 ＞税務仕訳＞調整仕訳＞**申告調整**＞

この結果，B社のX2年3月期の別表五（一）の処理は以下のようになる。なお別表五（一）上，会計処理に係る部分（当期利益及び分割による利益剰余金・資本剰余金の減少）は，税務調整項目と区別するため斜体にて示している。

別表五（一）：利益積立金額及び資本金等の額の計算に関する明細書（分割法人）

Ⅰ：利益積立金額の計算に関する明細書

区分	期首現在利益積立金額	当期の増減		差引翌期首現在利益積立金額
		減	増	
X社株式	400	(注1) ※ 400		0
資本金等の額	0		(注1,4) ※ 1,000	1,000
繰越損益金	7,600	(注1) ※*4,600*		3,000

差引計 ▲ 4,000(注2)

Ⅱ：資本金等の額の計算に関する明細書

区分	期首現在資本金等の額	当期の増減		差引翌期首現在資本金等の額
		減	増	
資本金又は出資金	2,000			2,000
利益積立金額			(注3) ▲ 1,000	▲ 1,000
差引合計額	2,000	0	(注4) ▲ 1,000	1,000

（注1）別表四を経由しない調整については「※」を付して記入する。
（注2）別表五（一）上の利益積立金額の差引計（4,000）は税務仕訳上の利益積立金額減少額（4,000）と一致する。
（注3）別表五（一）上の資本金等の額の差引計（1,000）は税務仕訳上の資本金等の額減少額（1,000）と一致する。
（注4）利益積立金額と資本金等の額の入り繰りなので，両者は（符号は逆で）一致する。

設例 6　適格分割型分割—分割承継法人　無対価親子間

ポイント①：分割承継法人かつ分割法人株主としての仕訳

100％親子間無対価適格分割型分割が行われた場合（下図(ii)），親法人は分割承継法人であり，かつ，分割法人株主（100％株主）であることから，親法人における税務処理は，これら2つの立場に基づく処理が混合したものとなる（下記仕訳イメージ参照）。この際，通常の適格分割型分割であれば分割法人株主において分割承継法人株式の増加とされる部分は資本金等の額の減少額とされる。

◆図表2-8　無対価分割型分割（子→親）の概念図◆

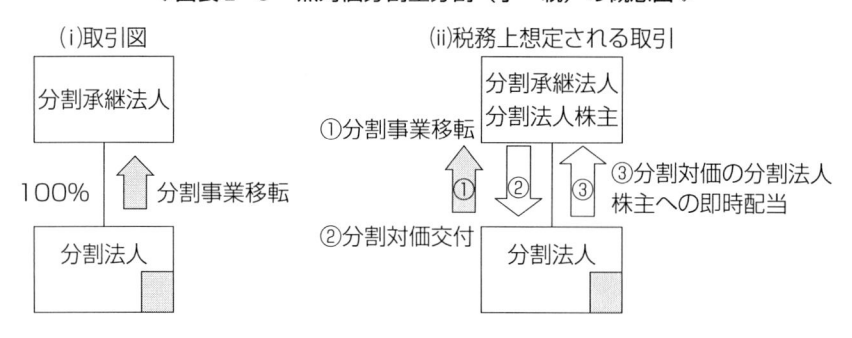

無対価適格分割型分割（子→親）の親法人仕訳イメージ

Dr.		Cr.		
諸資産(注1)	100	資本金等の額(注2)	70	⎫分割承継法人としての処理
		利益積立金額(注2)	30	⎭
資本金等の額(注3)	50	分割法人株式(注4)	50	⎬分割法人の株主としての処理

（注1）分割法人における帳簿価額にて受入れ
（注2）分割法人における減少資本金等の額・利益積立金額相当額の資本金等の額・
　　　利益積立金額の増加
（注3）分割法人株式帳簿価額相当額を資本金等の額から減少
（注4）分割法人株式帳簿価額×分割移転割合をもって分割法人株式の減少を認識
【留意点】注2の資本金等の額の増加と注3の減少は規定上は同一条文内に規定され
　　　　ており，分割承継法人としての処理・株主としての処理が別々の規定に置
　　　　かれているわけではない。

ポイント②：資本金等の額，利益積立金額の増加額

　無対価適格分割型分割（子：分割法人，親：分割承継法人）における資本金
等の額・利益積立金額の増加額は以下のとおりとなる。

　(i)　資本金等の額の増加額

　分割法人における減少資本金等の額相当額から，分割法人株式の帳簿価額の
減少額相当額を減算した金額が分割承継法人における資本金等の額増加額とな
る。

【資本金等の額の増加算式（法令8①六）】

> 増加資本金等の額＝
> 　分割法人における減少資本金等の額相当額－分割法人株式の帳簿価額減少額
> 　＝資本金等の額*1×$\dfrac{\text{移転純資産の帳簿価額}^{*2}}{\text{純資産の帳簿価額}^{*3}}$*4－分割法人株式の帳簿価額減少額*5

＊1　分割法人の分割型分割の直前の資本金等の額（ゼロ以下の場合には，上記分
　　　数算式はゼロ）。
＊2　分割法人の分割型分割の直前の移転資産の帳簿価額から移転負債の帳簿価額
　　　を減算した金額。
＊3　分割法人の分割型分割の日の属する事業年度の前事業年度（分割型分割の日
　　　以前6月以内に仮決算による中間申告書を提出している場合には，当該申告に
　　　係る期間）終了の時の資産の帳簿価額から負債の帳簿価額を減算した金額。なお，

当該事業年度終了の時から分割型分割の日までの間に支払配当や組織再編等が行われている場合には当該金額は加味する。
＊4　資本金等の額及び分子の金額がゼロを超え，かつ，分母の金額がゼロ以下である場合には，分数を1とする。また，分数に小数点以下3位未満の端数がある場合にはこれを切り上げる。
＊5　ポイント③参照

(ii)　利益積立金額の増加額

　移転純資産の帳簿価額から増加資本金等の額及び分割法人株式の帳簿価額減少額の合計額を減算した金額となる。

【利益積立金額の増加算式（法令9①三）】

> 増加利益積立金額＝
> 　　移転純資産の帳簿価額＊1
> 　　－（増加資本金等の額＋分割法人株式の帳簿価額減少額＊2）

＊1　分割法人の分割型分割の直前の移転資産の帳簿価額から移転負債の帳簿価額を減算した金額
＊2　ポイント③参照

ポイント③：分割法人株式の減少額

　分割承継法人における分割法人株式の帳簿価額の減少額の算式は次のとおり。

【分割法人株式帳簿価額の減算算式（法令119①六）】

> 分割法人株式の帳簿価額の減少額＝
> $$\text{分割直前における分割法人株式の帳簿価額} \times \frac{\text{移転純資産の帳簿価額}^{*1}}{\text{純資産の帳簿価額}^{*2}} \, ^{*3}$$

＊1　分割法人の分割型分割の直前の移転資産の帳簿価額から移転負債の帳簿価額を減算した金額。
＊2　分割法人の分割型分割の日の属する事業年度の前事業年度（分割型分割の日以前6月以内に仮決算による中間申告書を提出している場合には，当該申告に係る期間）終了の時の資産の帳簿価額から負債の帳簿価額を減算した金額。なお，当該事業年度終了の時から分割型分割の日までの間に支払配当や組織再編等が行われている場合には当該金額は加味する。
＊3　分数に小数点以下3位未満の端数がある場合にはこれを切り上げる。

　以下，100％親子間での子法人を分割法人，親法人を分割承継法人とする無対価適格分割型分割が行われた場合の，分割承継法人の取扱いにつき事例に即して解説する。

■ 適格分割型分割（無対価親子間)－分割承継法人

(1)　前　提

〉前　提〉税務仕訳〉調整仕訳〉申告調整〉

設例5と同じ。以下追加。

- 分割に伴うA社（分割承継法人かつ分割法人株主）の会計処理は以下のとおり。

A社（分割承継法人・分割法人株主）仕訳

X　社　株　式	4,600[注1]	B　社　株　式	1,389[注2]
		分割に係る抱合せ株式消滅差益	3,211[注3]

（注1）A社がB社から受け入れた分割移転資産（X社株式）は分割期日前日に付された適正な帳簿価額を付す（結合分離適用指針218(1)）。

（注2）A社が保有するB社株式の帳簿価額（2,900）のうち，分割により受け入れた資産（X社株式）と引き換えられたとみなされる金額は，B社株式の帳簿価額を合理的に按分する方法によって算定される。この合理的に按分する方法には212頁脚注1で示すような方法があるが，本設例では，関連する帳簿価額の比率で按分する方法を採用したものとして，計算している。
　B社株式簿価減少額（1,389）

$$＝B社株式簿価(2,900) \times \frac{X社株式保有事業に係る株主資本相当額の適正な帳簿価額(4,600)}{B社の分割直前の株主資本の適正な帳簿価額(9,600)}$$

（注3）受入資産（X社株式）の帳簿価額（4,600）と分割に係る抱合せ株式の帳簿価額のうち受入資産と引き換えられたとみなされる額（1,389）との差額（3,211）は抱合せ株式消滅差損益として処理される（結合分離適用指針218(2)，206(2)①ア）。
　分割に係る抱合せ株式消滅差益（3,211）＝X社株式簿価（4,600）－B社株式簿価減少額（1,389）

(2)　税務上の仕訳―分割承継法人　〔前 提〉税務仕訳〉調整仕訳〉申告調整〉

• 分割承継法人の税務上の仕訳

上記をふまえた分割承継法人の処理は以下のようになる。

X 社 株 式 （分割移転資産）	5,000[注1]	B 社 株 式	1,500[注2]
資 本 金 等 の 額	500[注3]	利 益 積 立 金 額	4,000[注4]

（注1）適格分割型分割であるため，分割承継法人は分割法人から資産・負債を帳簿価額にて引き継いだものとして取り扱う（法法62の2④，法令123の3③）（設例1ポイント①参照。）

（注2）分割法人株式の帳簿価額減少額（1,500）

$$=\text{B社株式帳簿価額（3,000）} \times \frac{\text{分割移転純資産帳簿価額（5,000）}^{*1}}{\text{分割法人の純資産帳簿価額（10,000）}^{*2}}{}^{*3}$$

（＊1）分割移転純資産帳簿価額（X社株式（5,000））

（＊2）前提⑤より

（＊3）5,000÷10,000＝0.5（小数点3位未満切上）

（ポイント③参照）

（注3）増加資本金等の額（▲500）

$$=\text{分割直前資本金等の額（2,000）} \times \frac{\text{分割移転純資産帳簿価額（5,000）}^{*1}}{\text{分割法人の純資産帳簿価額（10,000）}^{*2}}{}^{*3}$$

$$-\text{分割法人帳簿価額減少額（1,500）}^{*4}$$

（＊1）分割移転純資産帳簿価額（X社株式5,000）

（＊2）前提⑤より

（＊3）5,000÷10,000＝0.5（小数点3位未満切上）

（＊4）上記注2より

（ポイント②参照）

（注4）増加利益積立金額（4,000）＝分割移転純資産帳簿価額（5,000）－（増加資本金等の額（▲500）＋分割法人株式の帳簿価額減少額（1,500））（ポイント②参照）

(3)　税務と会計の調整仕訳―分割承継法人

〔前 提〉税務仕訳〉調整仕訳〉申告調整〉

Step 1 ：会計上と税務上の仕訳比較

会計上の分割移転仕訳（前提追加部分と税務上の分割移転仕訳（上記(2)）に差異があるため，以下のような調整が必要となる。この調整仕訳は会計上の仕

訳と税務上の仕訳を比較することにより作成される。

税務調整仕訳

X　社　株　式	400^(注1)	B　社　株　式	111^(注2)
分　割　に　係　る 抱合せ株式消滅差益	3,211^(注3)	利　益　積　立　金　額	4,000^(注5)
資　本　金　等　の　額	500^(注4)		

（注１）X社株式（400）＝税務上の増減額　（5,000）－会計上の増減額（4,600）
（注２）B社株式（▲111）＝税務上の増減額（▲1,500）－会計上の増減額（1,389）
（注３）分割に係る抱合せ株式消滅差益（▲3,211）＝税務上の収益の額（０）－会計
　　　　上の収益の額（3,211）
（注４）資本金等の額（▲500）＝税務上の増減額（▲500）－会計上の増減額（０）
（注５）利益積立金額（4,000）＝税務上の増減額（4,000）－会計上の増減額（０）

Step 2 ：仕訳分解

　別表五（一）記入にあたっては，資産・負債項目に係る調整は別表五（一）「利
益積立金額の計算に関する明細書」に記載する必要がある。そこで，上記の調
整仕訳を以下のように分解する。

X　社　株　式	400	利　益　積　立　金　額	*400*	(A)
利　益　積　立　金　額	111	B　社　株　式	*111*	(B)
分割に係る抱合せ 株　式　消　滅　差　益	3,211	利　益　積　立　金　額	3,211	(C)
資　本　金　等　の　額	500	利　益　積　立　金　額	500	(D)

＜上記仕訳の申告書記入に際しての留意点＞

- （A）の部分は，別表五（一）「利益積立金額の計算に関する明細書」に利益
  積立金額の増加として記入（別表四は経由しない）。

- （B）の部分は，別表五（一）「利益積立金額の計算に関する明細書」に利益
  積立金額の減少として記入（別表四は経由しない）。

- （C）について，借方は所得の減算及び利益積立金額の減少を示しているため，

別表四で所得の減算を行うとともに，別表五（一）にて利益積立金額の減少を記入する（減算留保処理）。一方，貸方は利益積立金額の増加を示しているため，別表五（一）にて利益積立金額の増加を記入。結果として，別表五（一）残高の増減なし。同様の事例の詳細説明は第１章コラム④，87頁を参照のこと。

- (D) の部分は別表五（一）「利益積立金額の計算に関する明細書」に利益積立金額の減少として記入（項目は「資本金等の額」）すると同時に，「資本金等の額の計算に関する明細書」に資本金等の額の増加として記入（項目は「利益積立金額」）。

(4)　申告調整―分割承継法人

| 前　提 ＼ 税務仕訳 ＼ 調整仕訳 ＼ **申告調整** ＼ |

・別表五（一）の受入処理

この結果，A社のX2年３月期の別表四及び別表五（一）の処理は以下のようになる。なお別表五（一）上，会計処理に係る部分（当期利益及び分割による利益剰余金・資本剰余金の減少）は，税務調整項目と区別するため斜体にて示している。

別表四：所得の金額の計算に関する明細書（分割承継法人）

	区分	総額	処分	
			留保	社外流出
	当期利益又は当期欠損の額	(注) 3,211	3,211	
減算	抱合せ株式消滅差益	3,211	3,211	

（注）会計上の当期利益は抱合せ株式消滅差益のみとして記載。

別表五（一）：利益積立金額及び資本金等の額の計算に関する明細書（分割承継法人）

Ⅰ：利益積立金額の計算に関する明細書

区分	期首現在利益積立金額	当期の増減 減	当期の増減 増	差引翌期首現在利益積立金額
X社株式			(注1) ※ 400	400
B社株式	100	(注1) ※ 111		▲11
事業移転利益		(注2) 3,211	(注1) ※ 3,211	0
資本金等の額			(注1,5) ※ 500	500
繰越損益金			3,211	3,211

差引計 4,000 (注3)

Ⅱ：資本金等の額の計算に関する明細書

区分	期首現在資本金等の額	当期の増減 減	当期の増減 増	差引翌期首現在資本金等の額
利益積立金額			(注5) ▲ 500	▲ 500
差引合計額	×××		(注4) ▲ 500	×××

（注1）別表四を経由しない調整については「※」を付して記入する。

（注2）別表四「抱合せ株式消滅差損（3,211）」に対応。

（注3）別表五（一）上の利益積立金額の差引計（4,000）は税務仕訳上の利益積立金増加額（4,000）と一致する。

（注4）別表五（一）上の資本金等の額の差引計（▲500）は税務仕訳上の資本金等の額増加額（▲500）と一致する。

（注5）利益積立金額と資本金等の額の入り繰りなので，両者は（符号は逆で）一致する。

設例 7 適格分割型分割—分割法人 無対価兄弟間

処理上のポイント

> ✓ 無対価適格分割型分割（兄弟間）であっても，税務上処理は対価の
> ある適格分割型分割の処理と基本的に同じである。

　無対価分割で，分割法人が分割承継法人の株式を保有していない場合，税務上はこれを分割型分割として取り扱う（法法２十二の九）。このうち，100％兄弟間の無対価分割はその他の要件（支配関係継続要件）を満たすことを前提に，適格分割型分割に該当する。100％兄弟間の適格無対価分割型分割は，税務上，100％兄弟間の分割型分割の②分割対価交付と③分割対価即時配当の取引が省略された取引として整理される（下図(ⅱ)）。

　＊適格組織再編成に該当し得る無対価組織再編の種類についてはコラム⑧，162頁を参照のこと。

◆図表2−9　100％兄弟間無対価分割型分割◆

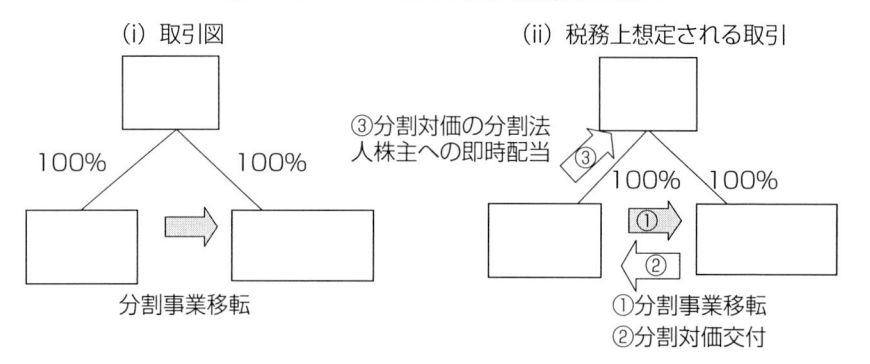

（ⅰ）取引図　　　　　　　　　　　（ⅱ）税務上想定される取引

ポイント①：簿価引継ぎ

　他の適格分割型分割の場合と同様，分割法人は分割承継法人に移転資産・負債を分割直前の帳簿価額にて引き継いだものとして取り扱う（法法62の２②）。つまり，分割法人において分割による譲渡損益は認識しない。

ポイント②：資本金等の額・利益積立金額の減少

　対価を交付しない分割（無対価分割）であっても税務上適格分割型分割に該当する場合には，分割法人においては，分割移転資産等の純資産価額相当額の資本金等の額・利益積立金額の減少を認識する。減少する資本金等の額及び利益積立金額の計算式は，対価のある適格分割型分割の場合と同様である（設例1ポイント②参照）。

　以下，兄弟間における無対価適格分割型分割が行われた場合の，分割法人の取扱いにつき事例に即して解説する。

■ 適格分割型分割（無対価兄弟間）－分割法人

(1)　前　提

`前　提`〉`税務仕訳`〉`調整仕訳`〉`申告調整`〉

①　A社及びB社は，C社の100％子会社である。

②　A社（分割法人）はB社（分割承継法人）に分割型分割によりX社株式を移転した。分割対価の交付はなし。

③　B社の増加資本金，増加資本準備金はゼロ。

④　A社，B社ともに3月決算法人である。分割期日はX1年4月1日。

⑤　税務上は，適格分割型分割に該当する。

⑥　X1年3月31日におけるA社の貸借対照表（会計・税務）は以下のとおり。

A社貸借対照表（会計）

諸資産	5,000	資本金	2,000
X社株式	4,600	繰越利益剰余金	7,600

A社貸借対照表（税務）

諸資産	5,000	資本金等の額	2,000
X社株式	5,000	利益積立金額	8,000

⑦　分割対象資産であるX社株式の時価は7,000。

⑧　100％兄弟会社間での分割であり，会計上は共通支配下の取引として処理される。分割に伴うA社（分割法人）の会計処理は以下のとおり。

A社（分割法人）仕訳[注1]

繰 越 利 益 剰 余 金	4,600[注2]	X 社 株 式	4,600

（注1）完全親子会社関係にある子会社間の分割において，分割承継法人が対価を交付しない場合の分割法人における会計処理は，分割型分割における分割法人の会計処理に準ずる（結合分離適用指針203-2(2)②，446）。

（注2）移転事業に係る株主資本の額を増加・減少させる。変動させる株主資本の内訳は，取締役会等会社の意思決定機関において定められた額とする。本設例においては繰越利益剰余金4,600とする。

(2)　税務上の仕訳―分割法人

　前　提　＞税務仕訳＞調整仕訳＞申告調整＞

・分割法人の税務上の仕訳

上記税務上のポイントをふまえた分割法人の処理は以下のようになる。

資 本 金 等 の 額	1,000[注2]	X 社 株 式	5,000[注1]
利 益 積 立 金 額	4,000[注3]		

（注1）適格分割型分割であるため，分割法人は分割承継法人に資産・負債を帳簿価額にて引き継いだものとして取り扱われる（法法62の2②）。よって，譲渡損益は発生しない（ポイント①参照）。

（注2）減少資本金等の額（1,000）

$$= 分割直前資本金等の額（2,000）× \frac{分割移転純資産帳簿価額（5,000）^{*1}}{分割法人の純資産帳簿価額（10,000）^{*2}} ^{*3}$$

（＊1）分割移転純資産帳簿価額（X社株式（5,000））

（＊2）前提⑥より

（＊3）5,000÷10,000＝0.5（小数点3位未満切上）

　　（ポイント②参照）

（注3）減少利益積立金額（4,000）

　　　＝分割移転純資産帳簿価額（5,000）－減少資本金等の額（1,000）

(3)　税務と会計の調整仕訳—分割法人　前 提　税務仕訳　調整仕訳　申告調整

Step 1 ：会計上と税務上の仕訳比較

　会計上の分割移転仕訳（前提⑧）と税務上の分割移転仕訳（上記(2)）に差異があるため，以下のような調整が必要となる。この調整仕訳は会計上の仕訳と税務上の仕訳を比較することにより作成される。

税務調整仕訳

資 本 金 等 の 額	1,000	X 　 社 　 株 　 式	400
		利 益 積 立 金 額	600

Step 2 ：仕訳分解

　別表五（一）記入にあたっては，資産・負債項目に係る調整は別表五（一）「利益積立金額の計算に関する明細書」に記載する必要がある。そこで，上記の調整仕訳を以下のように分解する（斜体部分が追加計上した利益積立金額。差引合計はゼロとなる）。

利 益 積 立 金 額	*400*	X 　 社 　 株 　 式	400	(A)
資 本 金 等 の 額	400	*利 益 積 立 金 額*	*400*	(B)
資 本 金 等 の 額	600	利 益 積 立 金 額	600	(C)

(4)　申告調整—分割法人　前 提　税務仕訳　調整仕訳　申告調整

　この結果，A社のX2年3月期の別表五（一）の処理は以下のようになる。なお別表五（一）上，会計処理に係る部分（当期利益及び分割による利益剰余金・資本剰余金の減少）は，税務調整項目と区別するため斜体にて示している。

別表五（一）：利益積立金額及び資本金等の額の計算に関する明細書（分割法人）

Ⅰ：利益積立金額の計算に関する明細書

区分	期首現在利益積立金額	当期の増減		差引翌期首現在利益積立金額
		減	増	
X社株式	400	(注1) ※ 400		0
資本金等の額			(注1,4) ※ 1,000	1,000
繰越損益金	× × ×	(注1) ※4,600		× × ×

差引計 ▲4,000(注2)

Ⅱ：資本金等の額の計算に関する明細書

区分	期首現在資本金等の額	当期の増減		差引翌期首現在資本金等の額
		減	増	
資本金又は出資金	2,000			2,000
利益積立金額			(注4) ▲ 1,000	▲ 1,000
差引合計額	2,000	0	(注3) ▲ 1,000	1,000

（注1）別表四を経由しない調整については「※」を付して記入する。

（注2）別表五（一）上の利益積立金額の差引計（4,000）は税務仕訳上の利益積立金減少額（4,000）と一致する。

（注3）別表五（一）上の資本金等の額の差引計（1,000）は税務仕訳上の資本金等の額減少額（1,000）と一致する。

（注4）利益積立金額と資本金等の額の入り繰りなので，両者は（符号は逆で）一致する。

設例 8 　適格分割型分割—分割承継法人　無対価兄弟間

処理上のポイント

> ✓　無対価適格分割型分割であっても，分割承継法人側の税務処理は，対価のある適格分割型分割の処理と基本的に同じである。

　無対価適格分割型分割であっても，分割承継法人側の税務処理は，通常の（対価のある）適格分割型分割の税務処理と変わるところはなく，資産負債を分割法人の帳簿価額にて受け入れるとともに，受入資産の簿価純資産価額に相当する資本金等の額・利益積立金額の増加を認識する。

ポイント①：帳簿価額引継

　適格分割型分割の分割承継法人においては，分割による移転を受けた資産・負債については分割法人における帳簿価額（税務上）により引き継ぎを受ける（法法62の2④，法令123の3③）。その他の論点については設例2ポイント①を参照のこと。

ポイント②：増加資本金等の額・利益積立金額

　適格分割型分割が行われた場合，分割承継法人においては，分割法人において減少する資本金等の額・利益積立金額に見合った資本金等の額・利益積立金額の増加を認識する。具体的な計算式については設例2ポイント②を参照のこと。

　以下，無対価適格分割型分割（兄弟間）が行われた場合の，分割承継法人の取扱いにつき事例に即して解説する。

■ 適格分割型分割（無対価兄弟間）－分割承継法人

(1) 前 提

〈 前　提 〉税務仕訳 〉調整仕訳 〉申告調整 〉

設例7と同じ。以下追加。

- 分割に伴うB社（分割承継法人）の会計処理は以下のとおり。

B社（分割承継法人・分割法人株主）仕訳

X 社 株 式	4,600(注1)	繰 越 利 益 剰 余 金	4,600(注2)

（注1）B社がA社から受け入れたX社株式は分割期日前日に付された適正な帳簿価額である4,600により計上する（結合分離適用指針218(1)）。

（注2）B社は，A社で減少した株主資本（設例7前提⑧参照）を引き継ぐこととする（結合分離適用指針203-2(2)②，256）。

(2) 税務上の仕訳―分割承継法人

〈 前　提 〉税務仕訳 〉調整仕訳 〉申告調整 〉

- 分割承継法人の税務上の仕訳

処理上のポイントをふまえた分割承継法人の処理は以下のようになる。

X 社 株 式	5,000(注1)	資 本 金 等 の 額	1,000(注2)
		利 益 積 立 金 額	4,000(注3)

（注1）適格分割型分割であるため，分割承継法人は分割法人から資産・負債を帳簿価額にて引き継いだものとして取り扱われる（法法62の2④，法令123の3③）。（ポイント①参照）

（注2）増加資本金等の額（1,000）

$$= 分割直前資本金等の額（2,000）× \frac{分割移転純資産帳簿価額（5,000）^{*1}}{分割法人の純資産帳簿価額（10,000）^{*2}} *3$$

（＊1）分割移転資産帳簿価額（X社株式（5,000））

（＊2）　7前提⑥より

（＊3）5000÷10,000＝0.5（小数点3位未満切上）

（ポイント②参照）

（注3）増加利益積立金額（4,000）＝分割移転純資産帳簿価額（5,000）－増加資本金等の額（1,000）（ポイント②参照）

⑶ 税務と会計の調整仕訳—分割承継法人

Step 1 ：会計上と税務上の仕訳比較

会計上の分割移転仕訳（前提⑴）と税務上の分割移転仕訳（上記⑵）に差異があるため，以下のような調整が必要となる。この調整仕訳は会計上の仕訳と税務上の仕訳を比較することにより作成される。

税務調整仕訳

X 社 株 式	400	資 本 金 等 の 額	1,000
利 益 積 立 金 額	600		

Step 2 ：仕訳分解

別表五（一）記入にあたっては，資産・負債項目に係る調整は別表五（一）「利益積立金額の計算に関する明細書」に記載する必要がある。そこで，上記の調整仕訳を以下のように分解する（斜体部分が追加計上した利益積立金額。差引合計はゼロとなる）。

X 社 株 式	400	*利 益 積 立 金 額*	*400*
利 益 積 立 金 額	*400*	資 本 金 等 の 額	400
利 益 積 立 金 額	600	資 本 金 等 の 額	600

⑷ 申告調整—分割承継法人

この結果，B社のX2年3月期の別表五（一）の処理は以下のようになる。なお別表五（一）上，会計処理に係る部分（当期利益及び分割による利益剰余金・資本剰余金の減少）は，税務調整項目と区別するため斜体にて示している。

別表五（一）：利益積立金額及び資本金等の額の計算に関する明細書（分割承継法人）

Ⅰ：利益積立金額の計算に関する明細書

区分	期首現在 利益積立金額	当期の増減		差引翌期首現在 利益積立金額
		減	増	
X社株式	0		(注1) ※ 400	400
資本金等の額			(注1,4) ※▲1,000	▲ 1,000
繰越損益金	×××		(注1) ※ 4,600	××××

差引計 4,000 (注2)

Ⅱ：資本金等の額の計算に関する明細書

区分	期首現在 資本金等の額	当期の増減		差引翌期首現在 資本金等の額
		減	増	
利益積立金額			(注4) 1,000	1,000
差引合計額			(注3) 1,000	

（注１）別表四を経由しない調整については「※」を付して記入する。

（注２）別表五（一）上の利益積立金額の差引計（4,000）は税務仕訳上の利益積立金額増加額（4,000）と一致する。

（注３）別表五（一）上の資本金等の額の差引計（1,000）は税務仕訳上の資本金等の額増加額（1,000）と一致する。

（注４）利益積立金額と資本金等の額の入り繰りなので，両者は（符号は逆で）一致する。

設例 **9**　　適格分割型分割—分割法人株主　無対価兄弟間

処理上のポイント

✓　　無対価適格分割型分割の場合，分割法人株主は分割対価資産の交付
を受けないが，兄弟間の場合には，税務上は分割法人株式の帳簿価額
を減額し，分割承継法人株式に加算（帳簿価額の付替え）する必要が
ある。

　無対価分割型分割の場合，分割法人の株主に対して，分割対価資産の交付は
行われないが，当該無対価分割型分割が適格分割型分割に該当する場合には，
分割法人の株主においては，その有する分割法人株式の帳簿価額を減少させ，
分割承継法人株式の帳簿価額に付け替える処理が必要となる（法法61の2④，
法令119の8）。

ポイント：株式の帳簿価額の付替え額

　付替えを行う株式の帳簿価額，つまり分割法人株式の帳簿価額の減少額（＝
分割承継法人株式の帳簿価額の増加額）は以下の算式により計算する（法令
119①六，119の3⑫）。

> 株式の帳簿価額の付替え額＝
> 　　　分割直前における分割法人株式の帳簿価額 $\dfrac{\text{移転純資産の帳簿価額}^{*1}}{\text{純資産の帳簿価額}^{*2}}{}^{*3}$

＊1　分割法人の分割型分割の直前の移転資産の帳簿価額から移転負債の帳簿価額
を減算した金額。
＊2　分割法人の分割型分割の日の属する事業年度の前事業年度（分割型分割の日
以前6月以内に仮決算による中間申告書を提出している場合には，当該申告に
係る期間）終了の時の資産の帳簿価額から負債の帳簿価額を減算した金額。なお，
当該事業年度終了の時から分割型分割の日までの間に支払配当や組織再編等が
行われている場合には当該金額は加味する。
＊3　分数に小数点以下3位未満の端数がある場合にはこれを切り上げる。

　以下，無対価適格分割型分割（兄弟間）が行われた場合の，分割法人株主の取扱いにつき事例に即して解説する。

■ 適格分割型分割（無対価兄弟間）－分割法人株主

(1) 前 提

| 前 提 | 税務仕訳 | 調整仕訳 | 申告調整 |

　設例7と同じ。以下追加。

① 　C社はA社（分割法人）株式を100株保有しており帳簿価額（会計・税務）は1,000。

② 　A社の分割前における株主資本の時価は10,000。

③ 　分割移転事業に係る株主資本相当額の時価は7,000。

④ 　会計上，関連する時価の比率で帳簿価額の付替えを行うこととし，以下の仕訳を行った。

| B 社 株 式 | 700 | A 社 株 式 | 700[注] |

（注）減少A社株式（＝増加B社株式）

$$= \text{A社株式帳簿価額（1,000）} \times \frac{\text{分割移転事業株主資本時価（7,000）}}{\text{分割直前のA社株主資本時価（10,000）}}$$

（＊）分割型分割により吸収分割会社である子会社（A社）の株式の価値の一部が吸収分割承継会社である子会社（B社）の株式に移転する。親会社は，分割直前の吸収分割会社である子会社の株式の適正な帳簿価額のうち，合理的に按分する方法によって算定した引き換えられたものとみなされる部分の価額について，吸収分割会社である子会社株式から吸収分割承継会社である子会社株式に帳簿価額を付け替える必要がある（結合分離適用指針295）。合理的に按分する方法としては，①関連する時価の比率で按分する方法，②時価総額の比率で按分する方法，③関連する帳簿価額の比率で按分する方法が示されている（結合分離適用指針295後段）。本設例では①の方法で算定している。

(2) 税務上の仕訳―分割法人の株主

| 前 提 | 税務仕訳 | 調整仕訳 | 申告調整 |

• 分割法人の株主に係る税務上の仕訳

　上記税務上のポイントをふまえた分割法人株主の処理は以下のようになる。

$$\underset{\text{(分割承継法人株式)}}{\text{B 社 株 式}} \quad 500^{(注)} \Big/ \underset{\text{(分割法人株式)}}{\text{A 社 株 式}} \quad 500^{(注)}$$

(注) 分割法人株式帳簿価額減少（500），分割承継法人株式帳簿価額増加（500）

$$= \text{分割法人(A社)株式帳簿価額(1,000)} \times \frac{\text{分割移転純資産帳簿価額(5,000)}^{*1}}{\text{分割法人の純資産帳簿価額(10,000)}^{*2}}{}^{*3}$$

（＊1）X社株式の税務上簿価5,000
（＊2）設例7前提⑥より
（＊3）5,000÷10,000＝0.5（小数点3位未満切上げ）
　（ポイント参照）

(3)　税務と会計の調整仕訳—分割法人株主

前　提 ＞ 税務仕訳 ＞ 調整仕訳 ＞ 申告調整

Step 1 ：会計上と税務上の仕訳比較

　会計上の分割移転仕訳（前提④）と税務上の分割移転仕訳（上記(2)）に差異があるため，以下のような調整が必要となる。この調整仕訳は会計上の仕訳と税務上の仕訳を比較することにより作成される。

税務調整仕訳

$$\text{A 社 株 式} \quad 200 \Big/ \text{B 社 株 式} \quad 200$$

Step 2 ：仕訳分解

　別表五（一）記入にあたっては，資産・負債項目に係る調整は別表五（一）「利益積立金額の計算に関する明細書」に記載する必要がある。そこで，上記の調整仕訳を以下のように分解する（斜体部分が追加計上した利益積立金額。差引合計はゼロとなる）。

$$\begin{array}{llll}
\text{A 社 株 式} & 200 & \textit{利 益 積 立 金 額} & \textit{200} \\
\textit{利 益 積 立 金 額} & \textit{200} & \text{B 社 株 式} & 200
\end{array}$$

(4)　申告調整—分割法人株主

〉前　提〉税務仕訳〉調整仕訳〉**申告調整**〉

　この結果，C社の別表五（一）の処理は以下のようになる。なお，下記は別表四を経由しない方法によっているが，別表四に両建てで記入する方法も考えられる。

別表五（一）：利益積立金額及び資本金等の額の計算に関する明細書（分割法
　　　　　　　人株主）

Ⅰ：利益積立金額の計算に関する明細書

区分	期首現在利益積立金額	当期の増減		差引翌期首現在利益積立金額
		減	増	
A社（分割法人）株式			(注1)　※　　200	200
B社（分割承継法人）株式			(注1)　※▲ 200	▲ 200

差引計 0 (注2)

（注1）別表四を経由しない調整については「※」を付して記入する。
（注2）別表五（一）上の利益積立金額の差引計（０）は税務仕訳上の利益積立金額
　　　　増加額（０）と一致する。

設例 10　非適格分割型分割—分割法人　譲渡損益計上

処理上のポイント

✓　非適格分割型分割の場合，分割法人は資産負債を分割承継法人に時価で譲渡したものとして取り扱われるため譲渡損益が発生する。

✓　分割法人においては資本金等の額及び利益積立金額を減少させるが，利益積立金額は分割承継法人に引き継がれず，分割法人の株主に配当されるという考え方であることから，みなし配当が生じることになる。

　非適格分割型分割は税務上(i)資産等の時価譲渡・対価の取得及び(ii)受取対価を株主への即時配当として構成される。分割法人においては，(i)において移転資産負債の時価譲渡損益を認識するとともに，(ii)においては資本金等の額・利益積立金額の減少を認識する。

◆図表2-10　非適格分割型分割◆

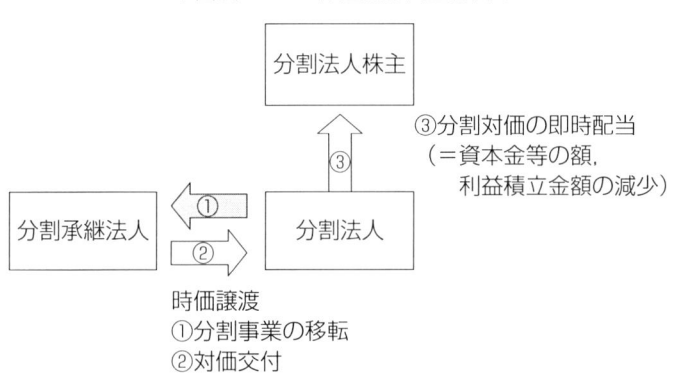

ポイント①：時価譲渡

　非適格分割型分割を行った場合，分割法人から分割承継法人へ分割移転資産（負債）を時価にて譲渡したものとして取り扱う（法法62①）。当該譲渡に係る譲渡損益は分割の日を含む事業年度の所得の金額の計算上損金又は益金の額に

算入する（非適格合併であれば，移転資産の譲渡損益は合併の日の前日の属する事業年度に計上するところ，分割型分割の場合は分割の日の属する事業年度において計上するという点に留意）。また，適格合併の場合と異なり，未払法人税等が分割承継法人側に移転することはないため，非適格合併に係る譲渡損益計算の際に行われるような未払法人税等相当額のグロスアップ計算は必要ない。

ポイント②：資本金等の額，利益積立金額の減少額

　非適格分割型分割が行われた場合，分割法人においては，移転純資産に対応する資本金等の額（簿価比按分）の減少を認識するとともに，分割法人株主に交付した金銭及び金銭以外の資産時価（＝分割交付資産時価）との差額をもって利益積立金額の減少として認識する。

◆図表2-11　非適格分割型分割における減少資本金等の額・利益積立金額概念図◆

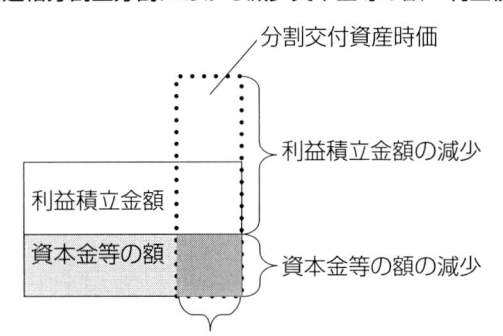

　分割法人における減少資本金等の額・減少利益積立金額の具体的な計算式は以下のとおり。

【資本金等の額の減算算式（法令8①十五）】

$$減少資本金等の額 = 資本金等の額^{*1} \times \frac{移転純資産の帳簿価額^{*2}}{純資産の帳簿価額^{*3}} \, ^{*4}$$

＊1　分割法人の分割型分割の直前の資本金等の額（ゼロ以下の場合には，上記分数算式はゼロ）。
＊2　分割型分割の直前の移転資産の帳簿価額から移転負債の帳簿価額を減算した金額。

＊3　分割型分割の日の属する事業年度の前事業年度（分割型分割の日以前6月以内に仮決算による中間申告書を提出している場合には，当該申告に係る期間）終了の時の資産の帳簿価額から負債の帳簿価額を減算した金額。なお，当該事業年度終了の時から分割型分割の日までの間に支払配当や組織再編等が行われている場合には当該金額は加味する。

＊4　資本金等の額及び分子の金額がゼロを超え，かつ，分母の金額がゼロ以下である場合には，分数を1とする。また，分数に小数点以下3位未満の端数がある場合にはこれを切り上げる。

【利益積立金額の減算算式（法令9①九）】

> 減少利益積立金額＝分割法人の株主に交付した金銭・金銭以外の資産の時価
> －減少資本金等の額

　以下，税務上非適格分割型分割が行われた場合の，分割法人の取扱いにつき事例に即して解説する。

■ 非適格分割型分割－分割法人

⑴　前　提

前　提〉税務仕訳〉調整仕訳〉申告調整〉

　①　A社（分割法人）はB社（分割承継法人）にa事業を分割，対価としてB社株式（時価4,000）を受け取り，株主に即日配当した。当該配当に係る会社法上の配当原資は繰越利益剰余金である。

　②　分割期日はX1年4月1日。A社は3月決算法人，B社は9月決算法人である。

　③　A社B社には資本関係はない。

　④　当該分割は，税務上，非適格分割型分割に該当する。

　⑤　分割移転事業に係る資産等の帳簿価額（会計・税務）は以下のとおり。

（会計）	
諸資産	2,500
売掛金	500
貸倒引当金	▲ 30
土地	600
退職給付引当金	▲ 200
賞与引当金	▲ 150
計	3,220

（税務）	
諸資産	2,500
売掛金	500
土地	700
計	3,700

- 土地の時価は800。
- 売掛金の回収見込み額（＝時価）は470。
- 上記以外の分割移転資産・負債について時価と会計上の簿価との乖離はない。
- B社はA社から引継ぎを受ける従業者に支給する退職給与の額について，分割法人における在職期間を通算して支給することとし，退職給与債務200の引き受けを行った。

⑥　A社の分割前事業年度終了時（X1年3月31日期）における税務上の貸借対照表は以下のとおり。

A社貸借対照表（税務）

諸資産	100,000	諸負債	50,000
		資本金等の額	10,000
		利益積立金額	40,000

⑦　会計上，本件分割はB社を取得企業とする「取得」に該当。分割に伴うA社（分割法人・分離元法人）の会計処理は以下のとおり。

A社（分割法人）仕訳(注1)

賞 与 引 当 金	150	諸　　資　　産	2,500
退 職 給 付 引 当 金	200	売　　掛　　金	500
		貸 倒 引 当 金	▲ 30
		土　　　　地	600
B 社 株 式	4,000	移 転 損 益	780(注2)
繰 越 利 益 剰 余 金	4,000	B 社 株 式	4,000

（注1）分離元企業において，事業分離により移転した事業に係る資産及び負債の帳
　　　簿価額は事業分離日の前日（X1年3月31日）において一般に公正妥当と認めら
　　　れる企業会計の基準に準拠した適正な帳簿価額のうち，移転する事業に係る金
　　　額を合理的に区分して算定する（事業分離会計基準10）。
（注2）分離先企業の株式のみを受取対価とする事業分離により分離先企業が子会社
　　　や関連会社以外となる場合（共同支配企業の掲載の場合を除く），分離元企業
　　　の個別財務諸表上，原則として，移転損益が認識される。また，分離先企業の
　　　株式の取得原価は，移転した事業に係る時価又は当該分離先企業の株式の時価
　　　のうち，より高い信頼性をもって測定可能な時価に基づいて算定される（事業
　　　分離会計基準23）。

(2) 税務上の仕訳―分割法人　　　前提 〉税務仕訳〉調整仕訳〉申告調整〉

・分割法人の税務上の仕訳

上記をふまえた分割法人の処理は以下のようになる。

B 社 株 式	4,000	諸　　資　　産	2,500
		売　　掛　　金	500
		土　　　　地	700
		分 割 差 益	300(注1)
資 本 金 等 の 額	740(注3)	B 社 株 式	4,000(注2)
利 益 積 立 金 額	3,260(注4)		

（注1）非適格分割型分割に該当するため，分割法人は分割承継法人に資産・負債を
　　　時価にて譲渡したものとして取り扱う。このため譲渡対価（4,000）と譲渡原価（＝

移転純資産簿価（3,700）＝諸資産（2,500）＋売掛金（500）＋土地（700））との差額である300の譲渡益を認識する（ポイント①参照）。

（注2）分割対価の受入れと株主への交付：A社がB社から交付をけた分割対価4,000は，直ちにA社株主に交付される（前提①）。

（注3）減少資本金等の額（740）

$$= 分割法人の資本金等の額（10,000）\times \frac{分割移転純資産帳簿価額（3,700）*1}{分割法人の純資産帳簿価額（50,000）*2}*3$$

（＊1）前提⑤より：分割移転資産・負債の純資産帳簿価額（3,700）

（＊2）前提⑥より：分割法人の前事業年度末の純資産帳簿価額（50,000）

（＊3）3,700÷50,000＝0.074（小数点3位未満切上）
　　（ポイント②参照）

（注4）減少利益積立金額（3,260）＝分割交付資産時価（4,000）－減少資本金等の額（740）（ポイント②参照）

(3)　税務と会計の調整仕訳―分割法人　〉前 提〉税務仕訳〉調整仕訳〉申告調整〉

Step 1：会計上と税務上の仕訳比較

会計上の分割移転仕訳（前提⑦）と税務上の分割移転仕訳（上記(2)）に差異があるため，以下のような調整が必要となる。この調整仕訳は会計上の仕訳と税務上の仕訳を比較することにより作成される。

税務調整仕訳

分　割　差　益 （利益積立金額）	480[注5]	土　　　　　　地	100[注1]
資 本 金 等 の 額	740[注6]	貸 倒 引 当 金	30[注2]
		賞 与 引 当 金	150[注3]
		退 職 給 付 引 当 金	200[注4]
		利 益 積 立 金 額	740[注7]

（注1）土地（▲100）＝税務上の増減額（▲700）－会計上の増減額（▲600）

（注2）貸倒引当金（30）＝税務上の増減額（0）－会計上の増減額（▲30）

（注3）賞与引当金（150）＝税務上の増減額（0）－会計上の増減額（▲150）

（注4）退職給付引当金（200）＝税務上の増減額（0）－会計上の増減額（▲200）

（注5）分割差益（▲480）＝税務上の収益の額（300）－会計上の収益の額（780）

（注6）資本金等の額（▲740）＝税務上の増減額（▲740）－会計上の増減額（0）

（注7）利益積立金額（740）＝税務上の増減額（▲3,260）－会計上の増減額（▲4,000）

Step 2：仕訳分解

　別表五（一）記入にあたっては，資産・負債項目に係る調整は別表五（一）「利益積立金額の計算に関する明細書」に記載する必要がある。そこで，上記調整仕訳を以下のように分解する（斜体部分が追加計上した利益積立金額。差引合計はゼロとなる）。

利 益 積 立 金 額	*100*	土　　　　　　　地	100 (A)
利 益 積 立 金 額	*30*	貸 倒 引 当 金	30 (A)
利 益 積 立 金 額	*150*	賞 与 引 当 金	150 (A)
利 益 積 立 金 額	*200*	退 職 給 付 引 当 金	200 (A)
利 益 積 立 金 額	*740*	利 益 積 立 金 額	740 (B)
分 　 割 　 差 　 益 （利 益 積 立 金 額）	480	*利 益 積 立 金 額*	*480* (C)
資 本 金 等 の 額	740	*利 益 積 立 金 額*	*740* (D)

＜上記仕訳へ申告書記入に際しての留意点＞

- （A）の部分：別表五（一）「利益積立金額の計算に関する明細書」に利益積立金額の減少として記入（別表四は経由しない）。

- （B）の部分：貸借同じ科目（利益積立金額）で，同じ金額が計上されているため，申告書への調整記入は不要。

- （C）の部分：借方「分割差益（利益積立金額）480」は所得の減算及び利益積立金額の減少を示しているため，別表四にて所得の減少を行うとともに，別表五（一）の利益積立金額の減少を記入する（減算留保処理）。

　　一方，貸方「利益積立金額480」については利益積立金額の増加として，別表五（一）に（直接）記入する。別表五（一）上は，減少（480），増加（480）となり，残高の増減なし。同様の事例の詳細説明は第1章コラム④，87頁を参照のこと。

- （D）の部分：別表五（一）「利益積立金額の計算に関する明細書」に利益積立金額の増加（項目＝「資本金等の額」）として記入。同時に，「資本金等の額の計算に関する明細書」に資本金等の額の減少（項目は「利益積立金額」

として記入。

⑷　申告調整―分割法人

| 前　提 〉 税務仕訳 〉 調整仕訳 〉**申告調整** 〉 |

　この結果，A社のX2年3月期の別表四及び別表五（一）の処理は以下のようになる。なお別表五（一）上，会計処理に係る部分（当期利益及び分割による利益剰余金・資本剰余金の減少）は，税務調整項目と区別するため斜体にて示している。

別表四：所得の金額の計算に関する明細書（分割法人）

区分		総額	処分	
			留保	社外流出
	当期利益又は当期欠損の額	(注1)　*780*	*780*	
減算	分割差益否認	480	480	
	差引計	(注2)　300		

（注1）会計上の当期利益を分割差益（780）のみとして記載。
（注2）分割に関連して当期課税所得に算入される金額（差引計300）は，税務仕訳上の分割移転利益（300）と一致。

別表五（一）：利益積立金額及び資本金等の額の計算に関する明細書（分割法人）

Ⅰ：利益積立金額の計算に関する明細書

区分	期首現在利益積立金額	当期の増減		差引翌期首現在利益積立金額
		減	増	
土地	100	(注1)　※　100		0
貸倒引当金	30	(注1)　※　30		0
賞与引当金	150	(注1)　※　150		0
退職給付引当金	200	(注1)　※　200		0
分割差益		(注2)　480	(注1)　※　480	0
資本金等の額			(注1,5)※　740	740
繰越損益金	×××	(注1,6)※*4,000*	(注6)　780	×××

差引計 ▲ 3,260(注3)

Ⅱ：資本金等の額の計算に関する明細書

区分	期首現在 資本金等の額	当期の増減		差引翌期首現在 資本金等の額 ①－②＋③
		減	増	
利益積立金額	×××		(注5) ▲ 740	×××
差引合計額	10,000	0	(注6) ▲ 740	9,260

（注1）別表四を経由しない調整については「※」を付して記入する。
（注2）別表四「分割差益否認（480）」に対応。
（注3）別表五（一）上の利益積立金額の減少計（3,260）は税務仕訳上の利益積立金額減少額（3,260）と一致する。
（注4）別表五（一）上の資本金等の額の差引計（740）は税務仕訳上の資本金等の額減少額（740）と一致する。
（注5）利益積立金額と資本金等の額の入り繰りなので，両者は（符号は逆で）一致する。
（注6）会計上の繰越利益剰余金の増減のうち分割に係る数値のみを記載。増加（780）は当期利益に計上された分割差益。

設例 11　非適格分割型分割―分割承継法人 資産調整勘定・負債調整勘定

処理上のポイント

✓ 非適格分割型分割における分割承継法人は，時価にて分割移転資産を受け入れる。分割移転純資産受入価額から交付金銭を差し引いた額は資本金等の額の増加額となり，利益積立金額は増加しない。

✓ また，分割交付対価が個別資産・負債の時価を超える部分は資産調整勘定として処理される。

　非適格分割型分割が行われた場合，分割承継法人においては分割移転資産・負債を時価にて受け入れるとともに，受入純資産の時価から交付金銭等を差し引いた額の資本金等の増加額を認識する。

ポイント①：時価受入れ

　非適格分割型分割に該当する場合，分割承継法人は分割型分割による移転資産・負債を時価にて受け入れる（法法62）。この際，「時価」とは税務上の時価であるから，会計上負債として認識されるものであっても，税務上負債として取り扱われないもの（未確定債務，賞与引当金など）は負債計上されない。また，会計上の「のれん」は税務上は認識しない（別途，後述の資産調整勘定を認識する）。

ポイント②：資産調整勘定・負債調整勘定

(i)　資産調整勘定・負債調整勘定

　分割承継法人が非適格分割型分割により交付した金銭及び金銭以外の資産の価額の合計額が移転を受けた資産・負債[2]の時価純資産価額を超えるときはその超える金額を「資産調整勘定」として認識，時価純資産価額が交付金銭等の額を超えるときはその超える金額を「（差額）負債調整勘定」として認識する[3]（法法62の8①）。

(ii)　退職給与負債調整勘定

　引継ぎを受けた従業者につき退職給付債務の引受けをしている場合，会計上の退職給付引当金相当額の退職給与負債調整勘定を認識する（法法62の8②一）。

(iii)　短期重要負債調整勘定

　2　負債には後述する退職給与負債調整勘定，短期重要債務負債調整勘定を含む（法法62の8①）。
　3　「資産等超過差額」とされる部分を除く（法令123の10④）。資産等超過差額と，以下に掲げる区分に応じて，それぞれに記載した金額をいう（法規27の16）。
　　①　非適格合併等により交付された資産の時価（交付時価）が，その合併等を約したときの価額（約定時価）の2倍を超えている場合⇒交付時価から移転事業価値として合理的に見積もられる金額又は約定時価を控除した金額。
　　②　非適格合併等により交付した資産の時価が移転を受けた資産・負債の時価純資産価額を超える金額のうち，被合併法人等の欠損金額（当該移転を受ける事業による収益の額によって補てんされると見込まれるものを除く）に相当する部分から成ると認められる部分があるとき⇒当該欠損金額に相当する部分から成ると認められる金額。
　4　「移転資産」には，(i)の資産調整勘定を含まない。

　分割法人から移転を受けた事業に係る将来の債務で，その履行が分割の日から3年以内に見込まれ，かつ，その金額が移転資産の取得価額の合計額[4]の20％に相当する額を超えるものがある場合は短期重要負債調整勘定として計上する（法法62の8②二，法令123の10⑧）。

＊資産調整勘定・負債調整勘定の計上・取崩し詳細については第Ⅰ編第1章7を参照のこと。

ポイント③：資本金等の額・利益積立金額の増加額

　非適格分割型分割により分割承継法人が移転を受けた資産・負債の純資産価額（＝分割交付資産時価）の合計額をもって，分割法人の資本金等の額の増加額とする（法令8①六）。利益積立金額の引継ぎは行われない。

　以下，非適格分割型分割が行われた場合の分割承継法人の取扱いにつき，事例に即して解説する。

■ 非適格分割型分割－分割承継法人

(1) 前　提

前　提 ＞税務仕訳 ＞調整仕訳 ＞申告調整 ＞

　設例10と同じ。以下追加。

・分割に伴うB社の会計処理は以下のとおり。

B社（分割承継法人）の仕訳[注1]

諸　資　産	2,500	賞 与 引 当 金	150
売　掛　金	470	退 職 給 付 引 当 金	200
土　　　地	800	その他資本剰余金	4,000[注3]
の　れ　ん	580[注2]		

（注1）パーチェス法が適用されるため，A社から取得した資産，引き受けた負債のうち，企業結合日において識別可能なものについて，その企業結合日（分割期日）における時価を基礎として配分し，取得原価と取得原価配分額との差額はのれんとして計上する（結合分離適用指針51）。取得原価は取得の対価（支払

対価）となる財の企業結合日における時価（本設例の場合B社株式の時価4,000）
で算定する（結合分離適用指針36）。

（注2）のれん580＝取得原価4,000（取得対価4,000）－識別可能資産負債の時価計3,420
　　　　（諸資産2,500＋売掛金470＋土地800－賞与引当金150－退職給付引当金200）

（注3）取得対価（4,000）をもって払込資本（資本金又は資本剰余金）を増加させる。
　　　　増加すべき払込資本の内訳項目は会社法の規定に基づき決定する。本設例では
　　　　全額をその他資本剰余金（4,000）を増加するものとする。

(2)　税務上の仕訳―分割承継法人　

　非適格分割型分割では分割承継法人は分割移転資産・負債を時価にて受け入
れることとなる（法法62）。この際，会計上負債認識されるものであっても，
税務上負債として取り扱われないもの（未確定債務，賞与引当金など）は負債
計上されない。本設例では賞与引当金・退職給付引当金がこれに該当するが，
退職給付引当金相当額についてはポイント②(ii)記載のとおり退職給与負債調整
勘定として，別途計上されることとなる。また，売掛金500については回収可
能見込額（時価）である470にて計上されることとなる。

・分割承継法人の税務上の仕訳

　上記および処理上のポイントをふまえた分割承継法人の処理は以下のように
なる。

諸　　資　　産	2,500(注1)	退職給与負債調整勘定　　200(注2)
売　　掛　　金	470(注1)	資　本　金　等　の　額　　4,000(注3)
土　　　　地	800(注1)	
資　産　調　整　勘　定	430(注4)	

（注1）資産・負債の時価受入れ：非適格分割型分割に該当するため，時価にて受入
　　　　れ（ポイント①参照）。

（注2）退職給与負債調整勘定：会計上の「退職給付引当金」相当額（200）の退職
　　　　給与負債調整勘定を計上（ポイント②参照）。

（注3）増加資本金等の額（4,000）＝分割交付対価の時価相当額（4,000）（ポイント
　　　　③参照）

（注4）資産調整勘定（430）＝分割交付対価の時価（4,000）－移転受入純資産時価

合計額（3,770）＊－退職給与負債調整勘定（200）（ポイント②参照）
（＊）移転受入純資産時価合計額（3,770）＝諸資産（2,500）＋売掛金（470）＋
　　土地（800））

(3)　税務と会計の調整仕訳—分割承継法人

前　提　＞税務仕訳＞調整仕訳＞申告調整＞

Step 1：会計上と税務上の仕訳比較

　会計上の分割移転仕訳（前提(1)）と税務上の分割移転仕訳（上記(2)）に差異
があるため，以下のような調整が必要となる。この調整仕訳は会計上の仕訳と
税務上の仕訳を比較することにより作成される。

税務調整仕訳

資 産 調 整 勘 定	430[注1]	の　　れ　　ん	580[注1]
賞 与 引 当 金	150[注2]		
退 職 給 付 引 当 金	200[注1]	退職給与負債調整勘定	200[注1]

（注1）のれん（会計）と資産調整勘定（税務），退職給付引当金（会計）と退職給
　　　　与負債調整勘定（税務）はそれぞれ類似した概念ではあるが，規定上はあくま
　　　　で別概念であり，計上・取崩しともに一致するとは限らないため両建て処理し
　　　　ている。
（注2）賞与引当金（▲150）＝税務上の増減額（0）－会計上の増減額（150）

Step 2：仕訳分解

　別表五（一）記入にあたっては，資産・負債項目に係る調整は別表五（一）「利
益積立金額の計算に関する明細書」に記載する必要がある。そこで，上記調整
仕訳を以下のように分解する（斜体部分が追加計上した利益積立金額。差引合
計はゼロとなる）。

利 益 積 立 金 額	580	の　　れ　　ん	580	(A)
資 産 調 整 勘 定	430	利 益 積 立 金 額	430	(B)
賞 与 引 当 金	150	利 益 積 立 金 額	150	(B)
利 益 積 立 金 額	200	退職給与負債調整勘定	200	(A)
退 職 給 付 引 当 金	200	利 益 積 立 金 額	200	(B)

＜上記仕訳の申告書記入に際しての留意点＞

- （A）の部分は，別表五（一）「利益積立金額の計算に関する明細書」に利益積立金額の減少として記入（別表四は経由しない）。
- （B）の部分は，別表五（一）「利益積立金額の計算に関する明細書」に利益積立金額の増加として記入（別表四は経由しない）。

(4)　申告調整—分割承継法人　

　この結果，B社の分割受入れに係る別表五（一）の処理は以下のようになる。なお，別表上，会計処理に係る部分（その他資本剰余金増加）は，税務調整項目と区別するため斜体にて示している。

　また，分割受入れに係る申告調整処理のみを記載しているため，X2年3月期申告書上処理されると想定される資産調整勘定・退職給与負債調整勘定の取崩しについては記載しない。

別表五（一）：利益積立金額及び資本金等の額の計算に関する明細書（分割承
　　　　　　　継法人）

Ⅰ：利益積立金額の計算に関する明細書

区分	期首現在利益積立金額	当期の増減 減	当期の増減 増	差引翌期首現在利益積立金額
のれん			(注1)※ ▲ 580	▲ 580
資産調整勘定			(注1)※ 430	430
賞与引当金			(注1)※ 150	150
退職給付引当金			(注1)※ 200	200
退職給与負債調整勘定			(注1)※ ▲ 200	▲ 200
繰越損益金	×××		0	××××

差引計 0 (注2)

Ⅱ：資本金等の額の計算に関する明細書

区分	期首現在資本金等の額	当期の増減 減	当期の増減 増	差引翌期首現在資本金等の額
その他資本剰余金	×××		(注3) 4,000	×××

（注1）別表四を経由しない調整については「※」を付して記入する。
（注2）非適格分割型分割であるため，分割承継法人において利益積立金額は増加しない。
（注3）資本金等の額の差引計（4,000）は税務仕訳上の資本金等の額増加額（4,000）と一致。

設例 12　非適格分割型分割—分割法人株主
金銭交付なし，みなし配当

処理上のポイント

　✓　金銭交付のない非適格分離型分割における分割法人の株主はみなし
　　　配当を認識するとともに，分割法人株式と分割承継法人株式の帳簿価
　　　額の付替えを行う。

　金銭交付のない非適格分割型分割が行われた場合，分割法人の株主において

はみなし配当を認識するとともに，分割法人株式のうち分割移転資産・負債に対応する部分につき帳簿価額にて譲渡したものとして取り扱われるため（法法61の2④）譲渡損益は発生しない。譲渡したものとみなされた分割株式帳簿価額に，みなし配当金額を加算した金額をもって分割承継法人株式の取得価額とする（法法24①二，119①六)[5,6]。

仕訳イメージ

分割承継法人株式　　　×××	分割法人株式　　　×××
	みなし配当　　　　×××

＊源泉所得税に関する処理は捨象している。

ポイント①：みなし配当

非適格分割型分割が行われた場合，分割法人株主が交付を受ける資産の価額のうち，分割法人の資本金等の額に対応する部分を超える金額については，配当とみなされる。具体的な計算式は以下のとおり。

【みなし配当の算式（法令23①二)】

$$
みなし配当金額 = \\
（交付資産時価 - 資本金等の額^{*1}） \times \frac{分割移転純資産の帳簿価額^{*2}}{分割法人の純資産の帳簿価額^{*3}}{}^{*4} \\
\times \frac{分割型分割直前に有していた株式数}{発行済株式数（自己株式を除く）}
$$

＊1　分割法人の分割型分割の直前の資本金等の額（ゼロ以下の場合には，上記分数算式はゼロ）。

＊2　分割型分割の直前の移転資産の帳簿価額から移転負債の帳簿価額を減算した

5　分割承継法人株式の交付を受けるために要した費用がある場合はその費用の額も加算する（法令119①六）。

6　みなし配当に対しては源泉所得税が課される。分割に伴い現金の交付が行われない場合，株主から源泉所得税相当額を徴収して納付することもあるが，簡略化の観点から，源泉税部分の処理については説明を割愛している。

金額。
＊3　分割型分割の日の属する事業年度の前事業年度（分割型分割の日以前6月以内に仮決算による中間申告書を提出している場合には，当該申告に係る期間）終了の時の資産の帳簿価額から負債の帳簿価額を減算した金額。なお，当該事業年度終了の時から分割型分割の日までの間に支払配当や組織再編等が行われている場合には当該金額は加味する。
＊4　資本金等の額及び分子の金額がゼロを超え，かつ，分母の金額がゼロ以下である場合には，分数を1とする。また，分数に小数点以下3位未満の端数がある場合にはこれを切り上げる。

なお，このみなし配当金額は，通常の利益配当と同様，受取配当等の益金不算入額の計算に含まれる。

ポイント②：分割法人株式の帳簿価額の減少額

非適格分割型分割（金銭交付なし）が行われた場合の，分割法人株式の帳簿価額の減少額は以下の算式により計算する（法法61の2④，法令119の8）。

$$分割法人株式の帳簿価額の減少額 = 分割直前における分割法人株式の帳簿価額 \times \frac{移転純資産の帳簿価額^{*1}}{純資産の帳簿価額^{*2}} *3$$

＊1　分割法人の分割型分割の直前の移転資産の帳簿価額から移転負債の帳簿価額を減算した金額。
＊2　分割法人の分割型分割の日の属する事業年度の前事業年度（分割型分割の日以前6月以内に仮決算による中間申告書を提出している場合には，当該申告に係る期間）終了の時の資産の帳簿価額から負債の帳簿価額を減算した金額。なお，当該事業年度終了の時から分割型分割の日までの間に支払配当や組織再編等が行われている場合には当該金額は加味する。
＊3　分数に小数点以下3位未満の端数がある場合にはこれを切り上げる。

ポイント③：分割承継法人株式の取得価額

分割法人株主が交付を受ける分割承継法人株式の取得価額は次の算式により計算する（法令119①六）。

> 分割承継法人株式の取得価額＝
> 　　分割法人株式の帳簿価額の減少額＋みなし配当金額

　以下，金銭交付のない非適格分割型分割が行われた場合の分割法人株主の取扱いにつき，事例に即して解説する。

■ 非適格分割型分割（金銭不交付）－分割法人株主

(1)　前　提

> 前　提 ＞ 税務仕訳 ＞ 調整仕訳 ＞ 申告調整 ＞

　設例10の前提に下記を追加する。

① 　X社はA社（分割法人）株式を発行済株式数（自己株式はない）100株のうち10株保有していた。

② 　分割型分割に伴い，X社はB社（分割承継法人）株式20株（時価400）の交付を受けた。

③ 　A社の分割前における株主資本の時価は80,000。

④ 　分割移転事業に係る株主資本相当額の時価は4,000。

⑤ 　X社におけるA社株式の帳簿価額（税務・会計）は2,500。

⑥ 　分割の前後を通してA社・B社はX社の子会社・関連会社に該当しない。

⑦ 　X社の会計上の仕訳は以下のとおり。

> B　社　株　式　　　　125 ／ A　社　株　式　　　125[(注1)]

（注1）減少A社株式/増加B社株式（125）

$$= \text{A社株式帳簿価額（2,500）} \times \frac{\text{分割移転事業株主資本時価（4,000）}}{\text{分割直前のA社株主資本時価（80,000）}}$$

　　　　分割型分割により分割法人株主が分割承継法人株式のみを受け取った場合で，分割前後を通して分割法人・分割承継法人株式ともに子会社株式・関連会社株式に該当しない場合（その他有価証券）は，会計上は投資が継続されているものとして，損益の認識は行わず，帳簿価額の付替え計算のみを行う（結合分離適用指針294,280，事業分離会計基準49，50）。帳簿価額の付替えにあたっては，分割直前の分割法人株式帳簿価額を，合理的な方法[7]により按分する方法によって算定することとなる。

⑵　税務上の仕訳—分割法人の株主　前　提　税務仕訳　調整仕訳　申告調整

・分割法人株主の税務上の仕訳

処理上のポイントをふまえた分割法人株主の処理は以下のようになる。

（ⅰ）　分割に係る処理

B　社　株　式 （分割承継法人株式）	511[注3]	A　社　株　式 （分割法人株式）	185[注2]
		受　取　配　当　金	326[注1]

（注1）受取配当金（みなし配当）（326）
　　　＝分割交付資産時価（400）－分割法人の分割直前の資本金等の額（10,000）×分割移転純資産の帳簿価額（3,700）／分割法人の分割前事業年度末の純資産帳簿価額（50,000）×保有株式数（10）／発行済株式数（100）（ポイント①参照）
（注2）　A社株式（分割法人株式）帳簿価額減少額（185）
　　　＝分割法人株式帳簿価額（2,500）×分割移転純資産の帳簿価額（3,700）／分割法人の分割前事業年度末の純資産帳簿価額（50,000）（ポイント②参照）
（注3）B社株式（分割承継法人株式）取得価額（511）
　　　＝分割法人株式の帳簿価額の減少額（185）＋みなし配当の額（326）
　　　（ポイント③参照）

（ⅱ）　受取配当等の益金不算入額

　上記みなし配当に関しては，別途受取配当等の益金不算入額の計算が必要となる。本設例では単純化のため，みなし配当金額の50％が益金不算入となるものとする。

受取配当等の益金不算入額	163（減算・流出）

　7　合理的に按分するにあたっての比率には次のようなものが考えられ，実態に応じて適切に用いることとされている（結合分離適用指針295）。
　①　分割移転事業に係る株主資本の時価と分割直前の分割法人の株主資本の時価の比率
　②　分割による分割法人の時価総額の増減額と分割直前の分割法人の時価総額の比率
　③　分割移転事業に係る株主資本の帳簿価額と分割直前の分割法人の株主資本の帳簿価額の比率

(3)　税務と会計の調整仕訳―分割承継法人

> | 前　提 | 税務仕訳 | 調整仕訳 | 申告調整 |

Step 1 ：会計上と税務上の仕訳比較

　会計上の仕訳（前提⑦）と税務上の仕訳（上記(2)）に差異があるため，以下のような調整が必要となる。この調整仕訳は会計上の仕訳と税務上の仕訳を比較することにより作成される。

税務調整仕訳

（ⅰ）　分割受入れ

B　　社　　株　　式	386[注2]	A　　社　　株　　式	60[注1]
		受　取　配　当　金	
		（利益積立金額）	326[注3]

（ⅱ）　受取配当等の益金不算入額

受取配当等の益金不算入額	163（減算・流出）

（注1）A社株式（▲60）＝税務上の増減額　（▲185）－会計上の増減額（▲125）
（注2）B社株式（386）＝税務上の増減額（511）－会計上の増減額（125）
（注3）受取配当（326）＝税務上の収益の額　（326）－会計上の収益の額（ 0 ）
＊本設例は特段仕訳を分解せずとも別表記入が可能であるため，仕訳の分解手続きは行わない。

(4)　申告調整―分割法人株主

> | 前　提 | 税務仕訳 | 調整仕訳 | 申告調整 |

　この結果，X社の分割に係る別表四・五（一）の処理は以下のようになる。なお，単純化のためX社の分割以外の所得は会計・税務ともゼロとしている。

別表四：所得の金額の計算に関する明細書（分割法人株主）

区分		総額	処分	
			留保	社外流出
加算	受取配当金	326	326	
減算	受取配当等益金不算入額	163		163

別表五（一）：利益積立金額及び資本金等の額の計算に関する明細書（分割法人株主）

Ⅰ：利益積立金額の計算に関する明細書

区分	期首現在利益積立金額	当期の増減		差引翌期首現在利益積立金額
		減	増	
B社株式			(注1) 386	386
A社株式		(注1) 60		▲ 60

差引計 326 (注2)

（注1）別表四の受取配当金（326）と対応（利益積立金額増加326＝B社株式（386）－A社株式（60））。

（注2）別表五（一）上の利益積立金額の差引計（326）は税務仕訳上の利益積立金額増加額（326）と一致する。

設例 13　非適格分割型分割―分割法人株主
金銭交付あり，みなし配当，株式譲渡損益

処理上のポイント

✓　金銭交付非適格分割型分割が行われた場合，分割法人の株主は分割移転資産に対応する分割法人の株式譲渡とみなし配当を認識する必要がある。

　分割交付資産に金銭等[8]が含まれる非適格分割型分割が行われた場合，分割法人の株主においては，みなし配当を認識するとともに，分割承継法人株式を（分割交付資産時価－みなし配当金額）にて譲渡したものとして譲渡損益を認識する（法61の2④）[9,10]。

仕訳イメージ

分割交付資産(時価)	×××	分割法人株式	×××
		みなし配当	×××
		株式譲渡損益	×××

＊源泉所得税に関する処理は捨象している。

ポイント①：みなし配当

　非適格分割型分割が行われた場合，分割法人株主が交付を受ける資産の価額のうち，分割法人の資本金等の額に対応する部分を超える金額については，配当とみなされる。具体的な計算式は以下のとおり。

8　分割承継法人株式，分割承継親法人株式いずれか一方の株式以外の資産。
9　合併法人株式の交付を受けるために要した費用がある場合はその費用の額も加算する（法令119①五）。
10　みなし配当に対して源泉所得税が課される。簡略化の観点から，源泉税部分の処理については説明を割愛している。

【みなし配当の算式（法令23①二）】

> みなし配当金額＝
>
> $$交付資産時価－資本金等の額^{*1}\times\dfrac{分割移転純資産の帳簿価額^{*2}}{分割法人の純資産の帳簿価額^{*3}}{}^{*4}$$
>
> $$\times\dfrac{分割型分割直前に有していた株式数}{発行済株式数（自己株式を除く）}$$

＊1　分割法人の分割型分割の直前の資本金等の額（ゼロ以下の場合には，上記分数算式はゼロ）。

＊2　分割型分割の直前の移転資産の帳簿価額から移転負債の帳簿価額を減算した金額。

＊3　分割型分割の日の属する事業年度の前事業年度（分割型分割の日以前6月以内に仮決算による中間申告書を提出している場合には，当該申告に係る期間）終了の時の資産の帳簿価額から負債の帳簿価額を減算した金額。なお，当該事業年度終了の時から分割型分割の日までの間に支払配当や組織再編等が行われている場合には当該金額は加味する。

＊4　資本金等の額及び分子の金額がゼロを超え，かつ，分母の金額がゼロ以下である場合には，分数を1とする。また，分数に小数点以下3位未満の端数がある場合にはこれを切り上げる。

なお，このみなし配当金額は，通常の利益配当と同様，受取配当等の益金不算入額の計算に含まれる。

ポイント②：株式譲渡損益

分割型分割の対価として金銭等が交付された場合には，分割法人の株主は，分割法人株式のうち分割承継法人に移転した資産・負債に対応する部分を時価で譲渡したものとして取り扱う。その場合，交付資産時価から上記みなし配当の金額を差し引いたものをもって譲渡収入とする。よって，譲渡損益は以下の式で計算される（法法61の2④）。

> 分割法人株式譲渡損益＝
>
> $$\underbrace{（分割交付資産時価－みなし配当）}_{譲渡収入}－譲渡原価（下記ポイント③参照）$$

ポイント③：分割法人株式譲渡原価

　分割法人株式のうち，譲渡されたものとみなされる部分の金額（＝株式譲渡原価）は以下の算式により計算される（法法61の2④，法令119の8）。

$$
\text{分割法人株式譲渡原価} =
$$
$$
\text{分割直前における分割法人株式の帳簿価額} \times \frac{\text{移転純資産の帳簿価額}^{*1}}{\text{純資産の帳簿価額}^{*2}} \;\; *3
$$

＊1　分割法人の分割型分割の直前の移転資産の帳簿価額から移転負債の帳簿価額を減算した金額。
＊2　分割法人の分割型分割の日の属する事業年度の前事業年度（分割型分割の日以前6月以内に仮決算による中間申告書を提出している場合には，当該申告に係る期間）終了の時の資産の帳簿価額から負債の帳簿価額を減算した金額。なお，当該事業年度終了の時から分割型分割の日までの間に支払配当や組織再編等が行われている場合には当該金額は加味する。
＊3　分数に小数点以下3位未満の端数がある場合にはこれを切り上げる。

　以下，金銭交付の非適格分割型分割が行われた場合の，分割法人の株主の取扱いにつき事例に即して解説する。

■ 非適格分割型分割（金銭交付）－分割法人株主

(1)　前　提

〉前　提〉税務仕訳〉調整仕訳〉申告調整〉

設例12と同じ。ただし，分割対価及び，会計上の仕訳につき以下の変更。

①　A社（分割法人）の分割型分割に伴い，X社（分割法人株主）は現金400の交付を受けた[11]。

②　X社の会計上の仕訳は以下のとおり。

11　【現金対価分割型分割について】実務上，現金対価の分社型分割は散見されるが，現金対価の分割型分割＊はさほど行われていない。
　　　本設例では，金銭等の交付が行われた場合の処理を示す（かつ単純化のため），現金のみを対価とする設例としている。
　　＊分割型分割の定義（対価有の場合）
　　　分割の日に分割対価資産のすべてが分割法人の株主等に交付される場合の当該分割（法法2二の九イ）

現　　　　　金	400	／	受　取　配　当　金	400	(注)

（注）分割法人株式（の一部）を実質的に引き換えられたものとみなして減額し，差額として受取配当金を算定することが考えられるが，本設例では説明の便宜上，全額を受取配当金とする会計処理によっている。

(2)　税務上の仕訳—分割法人の株主　〉前　提〉**税務仕訳**〉調整仕訳〉申告調整〉

　処理上のポイントをふまえた分割法人株主の税務上の仕訳は以下のようになる。

（ i ）　分割に係る処理

現　　　　　金	400	／	A　社　株　式	185	(注2)
株　式　譲　渡　損	111(注3)	／	み　な　し　配　当	326	(注1)

（注1）みなし配当（326）
　　　　＝分割交付資産時価（400）－分割法人の分割直前の資本金等の額（10,000）×分割移転純資産の帳簿価額（3,700）／分割法人の分割前事業年度末の純資産帳簿価額（50,000）×保有株式数（10）／発行済株式数（100）（ポイント①参照）
（注2）A社（分割法人）株式譲渡原価（185）
　　　　＝分割法人株式帳簿価額（2,500）×分割移転純資産の帳簿価額（3,700）／分割法人の分割前事業年度末の純資産帳簿価額（50,000）（ポイント③参照）
（注3）株式譲渡損（111）
　　　　＝（分割交付資産時価（400）－みなし配当（326））－株式譲渡原価（185）（ポイント②参照）

（ ii ）　受取配当等の益金不算入額

　上記みなし配当に関しては，別途受取配当等の益金不算入額の計算が必要となる。本設例では単純化のため，みなし配当金額の50%が益金不算入となるものとする。

受取配当等の益金不算入額	163（減算・流出）

⑶　税務と会計の調整仕訳―分割承継法人

> 前　提 ＞税務仕訳＞**調整仕訳**＞申告調整 ＞

Step 1：会計上と税務上の仕訳比較

　会計上の仕訳（前提②）と税務上の仕訳（上記⑵）に差異があるため，以下のような調整が必要となる。この調整仕訳は会計上の仕訳と税務上の仕訳を比較することにより作成する。

税務調整仕訳

　(i)　分　割

| A 社 株 式 譲 渡 損 | 111 | A　社　株　式 | 185 |
| 受取配当金（会計） | 400[注] | み　な　し　配　当 | 326[注] |

（注）会計上の受取配当金の取消しと税務上のみなし配当の再計上につき，それぞれ計上している（純額にて表示することも可）。

　(ii)　受取配当等の益金不算入額

| 受取配当等の益金不算入額 | 163（減算・流出） |

＊本設例は特段仕訳を分解せずとも別表記入が可能であるため，仕訳の分解手続きは行わない。

⑷　申告調整―分割法人株主

> 前　提 ＞税務仕訳＞調整仕訳＞**申告調整** ＞

　この結果，X社の分割に係る別表四・五（一）の処理は以下のようになる。なお，単純化のためX社の分割以外の所得は会計・税務ともゼロとしている。また，会計処理に係る部分（当期会計上の利益）は，税務調整項目と区別するため斜体にて示している。

別表四：所得の金額の計算に関する明細書（分割法人株主）

区分		総額	処分	
			留保	社外流出
	当期利益又は当期欠損の額	(注1) 400	400	
加算	分割に伴うみなし配当	326	326	
減算	A社株式譲渡損	111	111	
	分割に伴う配当否認	400	400	
	受取配当等益金不算入額	163		163
	仮計	(注2) 52	215	▲163

（注1）会計上の当期利益を分割に係る受取配当金400のみとして記載。

（注2）分割に関連して当期課税所得に算入される金額（差引計52）は，税務仕訳上
(ⅰ)(ⅱ)の益金合計（みなし配当326＋A社株式譲渡損▲111＋受取配当益金不算入
▲163＝52）と一致。

別表五（一）：利益積立金額及び資本金等の額の計算に関する明細書（分割法人株主）

Ⅰ：利益積立金額の計算に関する明細書

区分	期首現在利益積立金額	当期の増減		差引翌期首現在利益積立金額
		減	増	
A社株式			(注1) ▲185	▲185
繰越損益金	×××		(注2) 400	×××

差引計 215 (注3)

（注1）別表四「分割に伴うみなし配当326」，「受取配当否認▲400」，「A株式譲渡損
▲111」に対応（差引合計▲185）する。

（注2）会計上の繰越利益剰余金の増減のうち分割に係る数値のみを記載。増加400
は当期利益に計上された受取配当金。

（注3）別表五（一）上の利益積立金額の差引計（215）は税務仕訳上の利益積立金
額増加額（みなし配当326－A社株式譲渡損111＝215）と一致する。

設例 14　非適格分割型分割─分割法人　グループ法人税制適用

処理上のポイント

> ✓　グループ法人税制が適用される場合，非適格分割型分割であっても
> 一定の資産の譲渡損益は繰延処理が行われる。

　完全支配関係者間の分割型分割が非適格分割に該当する場合，移転資産・負債につき時価にて譲渡したものとして譲渡損益を認識した上で，譲渡損益調整資産に該当する資産については当該譲渡損益を繰り延べる処理を行う（法法61の13①）。

　完全支配関係のない法人間の非適格分割型分割との相違は，譲渡損益調整資産について譲渡損益の繰延を行う点である（換言すればそれ以外の税務処理は同様である）。

ポイント①：譲渡損益の認識とグループ法人税制による譲渡損益繰延

　完全支配関係者間の分割型分割が非適格分割に該当する場合，移転資産・負債につき時価にて譲渡したものとして，分割の日を含む事業年度において譲渡損益を認識した上で，グループ法人税制の適用により，譲渡損益調整資産に該当する資産については当該譲渡損益を繰り延べる処理を行う（法法62①，61の13①）。

　譲渡損益調整資産は固定資産，土地（固定資産に該当するものを除く），有価証券，金銭債権，繰延資産のうち譲渡直前の簿価が1,000万円以上であるものをいうが，自己創設のれんについては帳簿価額がゼロであることから譲渡損益調整資産に該当せず，譲渡損益の繰延は行われない（法法61の13①，法令122の14①）。

　グループ法人税制と非適格組織再編の関係については第Ⅰ編第1章⑧を参照。

ポイント②：資本金等の額，利益積立金額の減少額

　完全支配関係者間で非適格分割型分割が行われた場合において，分割法人において減少する資本金等の額・利益積立金額は完全支配関係のない法人間における非適格分割型分割における減少額と同様である。

　以下，減少資本金等の額・利益積立金額につき設例10のポイント②の算式を再掲（詳細は設例10のポイント②を参照）

【資本金等の額の減算算式（法令8①十五）】

$$減少資本金等の額＝資本金等の額^{*1} \times \frac{移転純資産の帳簿価額^{*2}}{純資産の帳簿価額^{*3}}{}^{*4}$$

* 1　分割法人の分割型分割の直前の資本金等の額（ゼロ以下の場合には，上記分数算式はゼロ）。
* 2　分割型分割の直前の移転資産の帳簿価額から移転負債の帳簿価額を減算した金額。
* 3　分割型分割の日の属する事業年度の前事業年度（分割型分割の日以前6月以内に仮決算による中間申告書を提出している場合には，当該申告に係る期間）終了の時の資産の帳簿価額から負債の帳簿価額を減算した金額。なお，当該事業年度終了の時から分割型分割の日までの間に支払配当や組織再編等が行われている場合には当該金額は加味する。
* 4　資本金等の額及び分子の金額がゼロを超え，かつ，分母の金額がゼロ以下である場合には，分数を1とする。また，分数に小数点以下3位未満の端数がある場合にはこれを切り上げる。

【利益積立金額の減算算式（法令9①九）】

$$減少利益積立金額＝分割法人の株主に交付した金銭・金銭以外の資産の時価 －減少資本金等の額$$

　以下，完全支配関係者間の非適格分割型分割が行われた場合の，分割法人の取扱いにつき，事例に即して解説する。

■ 非適格分割型分割（100％グループ間）－分割法人

(1) 前 提

| 前 提 | 税務仕訳 | 調整仕訳 | 申告調整 |

① P社はA社及びB社の株式を100％保有している（A社，B社は100％兄弟会社）。

② X1年4月1日。A社を分割法人，B社を分割承継法人とした分割型分割により，A社のa事業をB社に移転した。

③ B社は分割対価としてB社株式をA社に交付，A社はこれを株主（P社）に即時配当した。

④ A社B社ともに3月決算法人である。分割期日はX1年4月1日。

⑤ P社はB社株式を全株，外部に譲渡する予定であることから，（完全）支配関係継続要件を満たさず，本件分割型分割は，非適格適格分割型分割に該当する。

⑥ X1年3月31日におけるA社（分割法人）の貸借対照表（会計・税務）は以下のとおり。

A社貸借対照表（会計）

| 諸資産 | 5,000 | 資本金 | 2,000 |
| a事業資産 | 4,600 | 繰越利益剰余金 | 7,600 |

A社貸借対照表（税務）

| 諸資産 | 5,000 | 資本金等の額 | 2,000 |
| a事業資産 | 4,600 | 利益積立金額 | 7,600 |

⑦ 分割移転事業であるa事業の時価は7,000。a事業に含まれる資産のうち，譲渡損益調整資産に該当するのは，土地X（会計・税務帳簿価額1,000，時価1,300）のみである。

⑧ 100％兄弟会社間での分割であり，会計上は共通支配下の取引として処

理される。分割に伴うA社（分割法人）の会計処理は以下のとおり。

A社（分割法人）仕訳

B 社 株 式	4,600(注1)	a 事 業 資 産	4,600(注1)
繰 越 利 益 剰 余 金	4,600(注2)	B 社 株 式	4,600(注2)

（注1）子会社が他の子会社に会社分割により事業を移転する場合の会計処理は親会社が子会社に会社分割により事業を移転する場合の親会社の処理に準じて処理する（結合分離適用指針254-2）。したがって，事業分離の対価として取得する他の子会社（B社）株式の取得原価は移転事業に係る株主資本相当額に基づいて算定する（結合分離適用指針226）。このため移転損益は発生しない。

（注2）税務上の分割型分割は，会社法上は分社型分割による資産等の移転・分割対価としてのB社株式交付，及びB社株式の現物配当として位置付けられる。この現物配当の会計処理については，配当の効力発生日の適正な帳簿価額をもってその他資本剰余金又はその他利益剰余金（繰越利益剰余金）（取締役会等で決定）を減額することとされている（結合分離適用指針221(2)，自己株式及び準備金の額の減少等に関する会計基準の適用指針10）。

　本設例においては，繰越利益剰余金のみが減少されることとする。

(2)　税務上の仕訳—分割法人　　前提　**税務仕訳**　調整仕訳　申告調整

処理上のポイントをふまえた分割法人の税務仕訳は以下のようになる。

（i）　分割型分割による資産の移転

資 本 金 等 の 額	960(注2)	a 事 業 資 産	4,600
利 益 積 立 金 額	6,040(注3)	分 割 移 転 損 益 （ 利 益 積 立 金 額 ）	2,400(注1)

（注1）分割移転損益（2,400）：非適格分割型分割に該当するため，分割法人は分割承継法人に資産・負債を時価にて譲渡したものとして取り扱う。このため移転純資産簿価（4,600）と分割交付資産時価（7,000）の差額である2,400の譲渡益が認識される（ポイント①参照）。

（注2）減少資本金等の額（960）

$$= 分割法人の資本金等の額（2,000）\times \frac{分割移転純資産帳簿価額（4,600）*}{分割法人の純資産帳簿価額（9,600）*}^{（小数点3位未満切上）}$$

（*）前提⑥より（ポイント②参照）

（注３）減少利益積立金額（6,040）＝交付株式時価（7,000）－減少資本金等の額（960）
　　　　（ポイント②参照）

（注４）譲渡損益調整資産（土地X）に係る譲渡損益の繰延べ（300）
　　　　土地Xは譲渡損益調整資産に該当するため，土地Xに係る譲渡益（時価（1,300）
　　　　－帳簿価額（1,000）＝300につき，繰延べ処理を行う（ポイント①参照）。

　(ii)　譲渡損益調整資産に係る譲渡損益の繰延べ

分 割 移 転 損 益 （ 利 益 積 立 金 額 ）	300	譲 渡 損 益 調 整 勘 定	300^(注4)

(3)　税務と会計の調整仕訳―分割法人　〈前　提〉〈税務仕訳〉〈調整仕訳〉〈申告調整〉

Step 1：会計上と税務上の仕訳比較

　会計上の分割移転仕訳（前提⑧）と税務上の分割移転仕訳（上記(2)）に差異
があるため，以下のような調整が必要となる。この調整仕訳は会計上の仕訳と
税務上の仕訳を比較することにより作成される。

税務調整仕訳

　(i)　分割

利 益 積 立 金 額	1,440^(注)	分 割 移 転 損 益	2,400
資 本 金 等 の 額	960	（ 利 益 積 立 金 額 ）	

（注）利益積立金額（▲1,440）＝税務上の利益積立金額増減（▲6,040）－会計上の利
　　益剰余金増減（▲4,600）

　(ii)　譲渡損益調整資産に係る譲渡損益の繰延べ

分 割 移 転 損 益 （ 利 益 積 立 金 額 ）	300	譲 渡 損 益 調 整 勘 定	300

Step 2：仕訳分解

　別表五（一）記入にあたっては，資産・負債項目に係る調整は別表五（一）「利
益積立金額の計算に関する明細書」に記載する必要がある。そこで，上記の調
整仕訳を以下のように分解する（斜体部分が追加計上した利益積立金額。差引

合計はゼロとなる）（(ii)については仕訳分解の必要はないが，再掲しておく）。

(i)　分割

利 益 積 立 金 額	1,440	分 割 移 転 損 益 （ 利 益 積 立 金 額 ）	2,400	(A)
利 益 積 立 金 額	*960*			(A)
資 本 金 等 の 額	960	*利 益 積 立 金 額*	*960*	(B)

(ii)　譲渡損益調整資産に係る譲渡損益の繰延べ

分 割 移 転 損 益 （ 利 益 積 立 金 額 ）	300	譲 渡 損 益 調 整 勘 定	300	(C)

＜上記仕訳の申告書記入に際しての留意点＞

- (A) について，貸方は所得の加算及び利益積立金額の増加を示しているため，別表四で所得の加算を行うとともに，別表五（一）にて利益積立金額の増加を記入する（加算留保処理）。一方，借方は利益積立金額の減少を示しているため，別表五（一）にて利益積立金額の減少を記入。結果として，別表五（一）残高の増減なし。同様の事例の詳細説明は第1章コラム④，87頁を参照のこと。

- (B) の分は別表五（一）「利益積立金額の計算に関する明細書」に利益積立金額の増加として記入（項目は「資本金等の額」）すると同時に，「資本金等の額の計算に関する明細書」に資本金等の額の減少として記入（項目は「利益積立金額」）。

- (C) の部分は，別表四にて所得の減算調整を行うとともに，別表五（一）において利益積立金額の減少を記入。

(4)　申告調整—分割法人　　前 提 〉税務仕訳〉調整仕訳〉**申告調整**〉

　この結果，A社のX2年3月期の別表四及び別表五（一）の処理は以下のようになる。なお別表五（一）上，会計処理に係る部分（当期利益及び分割によ

る利益剰余金・資本剰余金の減少）は，税務調整項目と区別するため斜体にて示している。

別表四：所得の金額の計算に関する明細書（分割法人）

区分		総額	処分	
			留保	社外流出
当期利益又は当期欠損の額		*0*	*0*	
加算	分割移転損益	2,400	2,400	
減算	譲渡損益調整勘定	300	300	
仮計		2,100	2,100	

別表五（一）：利益積立金額及び資本金等の額の計算に関する明細書（分割法人）

Ⅰ：利益積立金額の計算に関する明細書

区分	期首現在利益積立金額	当期の増減		差引翌期首現在利益積立金額 ①－②＋③
		減	増	
分割移転損益		(注1, 3) ※2,400	(注2) 2,400	0
譲渡損益調整勘定		(注4) 300		▲ 300
資本金等の額			(注5) ※ 960	
繰越損益金	××××	*4,600*	0	××××

差引計 ▲ 3,940 (注6)

Ⅱ：資本金等の額の計算に関する明細書

区分	期首現在資本金等の額	当期の増減		差引翌期首現在資本金等の額
		減	増	
利益積立金額			(注5) ▲ 960	▲ 960
差引合計額	10,000	0	(注7) ▲ 960	9,260

（注1）別表四を経由しない調整については「※」を付して記入する。
（注2）別表四「分割移転損益（2,400）」に対応。
（注3）税務調整仕訳（分解後）の利益積立金額減少額（1,440＋960＝2,400）
（注4）別表四「譲渡損益調整勘定（300）」に対応。
（注5）利益積立金額と資本金等の額の入り繰りなので，両者は（符号は逆で）一致する。

（注6）別表五（一）上の利益積立金額の差引計（▲3,940）は税務仕訳上の利益積立金額増減額（2,400 − 300 − 6,040 ＝ ▲3,940）と一致する。

（注7）別表五（一）上の資本金等の額の差引計（▲960）は税務仕訳上の資本金等の額増減額（▲960）と一致する。

Caution!

分割承継法人における取扱い

　完全支配関係者間の非適格分割型分割が行われた場合の分割承継法人の取扱いは，完全支配関係のない法人間の非適格分割型分割の取扱いと，特段相違点はない。移転資産・負債を時価で受け入れ，分割により移転する純資産受入価額から交付金銭等を差し引いた額が資本金等の額の増加額となる。

　その他，非適格分割型分割の分割承継法人における処理に関して留意すべき事項については設例11の「処理上のポイント」を参照のこと。

第**4**章

現物出資

はじめに

　第4章では，現物出資が行われた場合の申告調整につき，設例に基づいて解説を行う。各設例における，適格・非適格の区分，説明対象としている法人，トピックは次のとおり。

　　＜第4章にて取り扱う設例＞

設例番号	再編の種類	対象法人	トピック
設例1	適格現物出資	現物出資法人	圧縮記帳資産の移転，消費税課税取引
設例2	適格現物出資	被現物出資法人	圧縮記帳資産の移転，消費税課税取引
設例3	適格現物出資	現物出資法人	デット・エクイティ・スワップ（100％親子間）
設例4	適格現物出資	被現物出資法人	デット・エクイティ・スワップ（100％親子間）
設例5	非適格現物出資	現物出資法人	デット・エクイティ・スワップ（第三者間）
設例6	非適格現物出資	被現物出資法人	デット・エクイティ・スワップ（第三者間）

設例 1　適格現物出資─現物出資法人
圧縮記帳資産の移転，消費税課税取引

処理上のポイント

✓　適格現物出資に係る税務処理は基本的には適格分社型分割のそれと同様であるが，現物出資は消費税法上の資産の譲渡等に該当するため，消費税に係る処理が異なる。

✓　圧縮記帳の適用を受けた資産を適格現物出資により移転した場合，圧縮記帳後の帳簿価額にて譲渡したものとして取り扱う。

　税務上，適格現物出資が行われた場合の現物出資法人の税務処理上のポイントは次のとおりである。

ポイント①：簿価譲渡

　適格現物出資が行われた場合，現物出資法人は移転資産・負債を現物出資直前の帳簿価額により譲渡したものとして取り扱う（法法62の4①）。つまり現物出資による資産移転に伴う譲渡損益は認識されない。

ポイント②：被現物出資法人株式の取得価額

　現物出資により交付を受けた被現物出資法人株式の取得価額は，移転資産・負債の簿価純資産価額（移転資産の帳簿価額から移転負債の帳簿価額を減算した金額）にその株式等の交付を受けるために直接要した費用を加算した額とする（法令119①七）。

ポイント③：利益積立金額・資本金等の額

　現物出資法人にあっては利益積立金額及び資本金等の額の異動は生じない。

ポイント④：消費税の処理

　現物出資による資産の移転は，合併や分割のような包括承継と異なり，消費税法上の「資産の譲渡等」に該当し消費税の課税対象となる。この場合の消費税の課税標準は現物出資により取得する株式の取得時における価額を基礎として計算する（消法28①，消令45②三）。

　具体的な消費税の処理についてはコラム⑨294頁を参照のこと。

　また，本設例（圧縮記帳資産の現物出資）におけるポイントとしては以下が挙げられる。

ポイント⑤：圧縮記帳資産の簿価譲渡

　圧縮記帳資産を適格組織再編により移転・譲渡した場合，圧縮記帳後の簿価にて移転・譲渡がなされたものとして取り扱われる（法法62の2，62の3，62の4，42⑧，法令80の2②，法法45⑧，法令83の3②，法法47⑧，法令87の2②，措法64⑪，65の7⑬他）。

　また，現物出資法人において計上していた圧縮積立金を，圧縮記帳資産の移転に伴い取り崩した場合，税務上，この取崩益は益金に算入する必要はない（法基通10-1-2[1]）。

ポイント⑥：期中損金経理（減価償却費）

　減価償却費は各事業年度の終了の時に有する減価償却資産について，損金経理（確定した決算において費用又は損失として経理すること）をした金額のう

　1　法人税基本通達4-1-1では，圧縮積立金の取崩益は，税務上の取得価額の修正として，資産の評価益には該当しない（益金の額に算入する）旨を規定している。一方，適格現物出資による資産の移転の場合には，その適格現物出資直前の帳簿価額による譲渡をしたものとして所得計算を行うこととされていること，この場合の被現物出資法人の資産の取得価額はその帳簿価額に相当する金額とすることとされていることからみて，当該積立金の金額は現物出資法人において取り崩して益金の額に算入する必要はないものと考えられている（小原一博編著『法人税基本通達逐条解説（八訂版）』，税務研究会出版局）。

ち償却限度額に達する金額までが損金として認められる（法法31①，2二十五）。期中に現物出資が行われた場合，何も規定がなければ期首から現物出資の日の前日までの現物出資資産に係る減価償却費を，現物出資法人において損金算入できないこととなってしまう。

　そこで，適格現物出資が行われた場合において，損金経理額に相当する金額を会計上費用処理し，「適格分割等による期中損金経理額等の損金算入に関する届出書」を提出したときには，現物出資法人の現物出資事業年度の所得の計算上，この減価償却費を損金算入することを認められている[2]（法法31②③）。

　以下，適格現物出資に係る現物出資法人の税務処理について事例に即して解説を行う。

■ 適格現物出資（圧縮記帳，消費税）－現物出資法人

(1) 前 提

　　前 提 ＞ 税務仕訳 ＞ 調整仕訳 ＞ 申告調整 ＞

① 　A社（現物出資法人）はB社（被現物出資法人）に土地X及び建物Yを現物出資により移転した。
② 　A社は現物出資の対価としてB社株式（時価6,000）を受け取った。
③ 　A社は現物出資の前後を通してB社株式を100％保有している。
④ 　A社，B社ともに3月決算法人である。現物出資の日はX3年10月1日。
⑤ 　税務上は適格現物出資に該当。
⑥ 　建物YはA社がX1年4月1日に取得，X2年3月期において圧縮損を計上している。耐用年数は10年（事例の単純化のため10年とする）。現物出資の日における建物Yの時価は1,125である。
⑦ 　建物Yの減価償却と圧縮積立金取崩額及び帳簿価額の推移は以下のとおりである。

---

　2 「適格分割等による期中損金経理額等の損金算入に関する届出書」の提出期限は適格現物出資等の日から2ヶ月以内であり，この提出を怠った場合には現物出資法人において現物出資資産にかかる減価償却費を損金算入できないこととなるため注意が必要である。

（建物Ｙの減価償却と圧縮積立金の推移）

	会計				税務		別表五(一) 建物残高
	建物		圧縮積立金		建物		
	増減 （取得/ 減価償却）	残高	増減 （繰入/ 取崩）	残高	増減 （圧縮記帳/ 減価償却）	残高	
取得（Ｘ１年４月１日）	1,500	1,500	—	0	1,500	1,500	0
圧縮積立金・圧縮損計上	—	—	500	500	▲500	1,000	▲500
Ｘ２年３月31日	▲150	1,350	▲50	450	▲100	900	▲450
Ｘ３年３月31日	▲150	1,200	▲50	400	▲100	800	▲400
Ｘ３年９月30日（現物出資の日前日）	▲75	1,125	—	400	▲50	750	N/A

⑧　土地Ｘの帳簿価額（税務・会計）は3,000，時価は3,875である。

⑨　会計上は共通支配下の取引として処理されることとする。現物出資法人の仕訳は以下のとおり。なお，税効果に関する処理は捨象している。

(ⅰ)　建物Ｙの減価償却

```
減 価 償 却 費          75 ／ 建        物          75 (注1)
```

(ⅱ)　土地Ｘ，建物Ｙの現物出資

```
子 会 社 株 式       4,125 ／ 建        物       1,125
                          土        地       3,000
雑     損     失        108 ／ 仮 受 消 費 税        108 (注2)
```

(ⅲ)　圧縮積立金の取崩し

```
圧 縮 積 立 金         400 ／ 繰 越 利 益 剰 余 金         400 (注3)
```

（注1）現物出資期日の前日の適正な帳簿価額にて移転を行うため，期首～９月30日までの減価償却を行う。減価償却費（75）＝取得価額（1,500）÷耐用年数（10年）×月数按分（6/12）。

（注2）税抜経理方式を採用しているものとする。仮受消費税の金額の計算及び相手勘定（雑損失）については，(2)税務上の仕訳を参照。

（注3）圧縮積立金の対象資産が現物出資により移転したため，圧縮積立金を取り崩す。株主資本等変動計算書に記載される。

(2)　税務上の仕訳

前　提　税務仕訳　調整仕訳　申告調整

処理上のポイントをふまえた現物出資法人Ａ社の税務処理は以下のようになる。

(i)　期中損金経理額に係る減価償却費

減　価　償　却　費	50	建　　　　　　物	50[(注1)]

(ii)　現物出資による資産移転

子　会　社　株　式	3,750[(注3)]	建　　　　　　物	750[(注2,4)]
		土　　　　　　地	3,000[(注2)]
雑　　損　　失	108[(注6)]	仮　受　消　費　税	108[(注5)]

(注1)　減価償却限度額（50）＝圧縮記帳後取得価額（1,000）÷耐用年数（10年）×月数按分（6/12）。

　　　　期中損金経理額（75）＞減価償却限度額（50）⇒損金算入額（50）

　　　　また，損金算入にあたっては，現物出資期日から2か月以内に「期中損金経理額に係る届出書」の提出が必要である（ポイント⑥参照）。

(注2)　簿価譲渡

　　　　土地，建物の税務上の帳簿価額（圧縮資産については圧縮後の帳簿価額）にて譲渡したものとして取り扱う。したがって，譲渡損益の計上なし（ポイント①⑤参照）。

(注3)　子会社株式取得価額（3,750）＝分割直前の移転資産の帳簿価額（建物750＋土地3,000）－移転負債の帳簿価額（0）（付随費用がある場合はこれを加算）（ポイント②参照）。

(注4)　会計上，圧縮積立金が取り崩されている（株主資本等変動計算書）が，この取崩益は税務上益金算入する必要はない（ポイント⑤参照）。

(注5)　仮受消費税（108）

　　　　課税資産の譲渡に係る課税標準＝取得した被現物出資法人株式の時価（6,000）×課税資産（建物Ｙ）の時価（1,125）÷（課税資産（建物Ｙ）の時価（1,125）＋非課税資産（土地Ｘ）の時価（3,875））＝6,000×1,125÷5,000＝1,350

　　　　仮受消費税＝課税標準×8％＝108（ポイント④，コラム⑨参照）

(注6)　適格現物出資により資産の移転が行われた場合の，仮受消費税の相手勘定については，明確な規定がない。本設例では雑損失として処理する方法を採用することとする（コラム⑨参照）。

(3)　税務と会計の調整仕訳

前　提　税務仕訳　調整仕訳　申告調整

Step 1 ：会計上と税務上の仕訳比較

　会計上の仕訳（前提⑨）と税務上の仕訳（上記(2)）に差異があるため，以下のような調整が必要となる。この調整仕訳は会計上の仕訳と税務上の仕訳を比較することにより作成される。

(i)　建物Yの減価償却

| 建　　　　物 | 25[注1] | 減　価　償　却　費 | 25[注2] |

(ii)　現物出資による資産移転

| 建　　　　物 | 375[注3] | 子　会　社　株　式 | 375[注4] |

(iii)　圧縮積立金の取崩し

税務調整不要[注5]

（注1）建物（25）＝税務上の増減額（▲50）－会計上の増減額（▲75）
（注2）建物減価償却費否認（25）＝会計上の減価償却費（75）－減価償却限度額（50）
（注3）建物（375）＝税務上の増減額（▲750）－会計上の増減額（▲1,125）
（注4）子会社株式（▲375）＝税務上の増減額（3,750）－会計上の増減額（4,125）
（注5）会計上の(iii)の仕訳（圧縮積立金／繰越利益剰余金）は，利益剰余金額の内訳の変動であり，会計上の利益剰余金額の総額を変動させるものではないため，特段の税務調整は不要。

Step 2 ：仕訳分解

　別表五（一）記入にあたっては，資産・負債項目に係る調整は別表五（一）「利益積立金額の計算に関する明細書」に記載する必要がある。そこで，上記(ii)の調整仕訳を以下のように分解する（斜体部分が追加計上した利益積立金額。差引合計はゼロとなる。(i)については仕訳分解の必要はないが，再掲しておく）。

(i)　建物Yの減価償却

| 建　　　　　物 | 25 ／ 減　価　償　却　費 | 25 |(A)

(ii)　現物出資による資産移転

| 建　　　　　物 | 375 ／ *利　益　積　立　金　額* | *375* |(B)
| *利　益　積　立　金　額* | *375* ／ 子　会　社　株　式 | 375 |(C)

<上記仕訳の申告書記入に際しての留意点>

- （A）の部分は，別表四にて所得の加算調整を行うとともに，別表五（一）において利益積立金額の増加を記入。
- （B）の部分は，別表五（一）「利益積立金額の計算に関する明細書」に利益積立金額の増加として記入（別表四は経由しない）。
- （C）は別表五（一）「利益積立金額の計算に関する明細書」に利益積立金額の減少として記入。

(4)　申告調整　前　提〉税務仕訳〉調整仕訳〉**申告調整**〉

　この結果，A社のX4年3月期の別表四及び別表五（一）の処理は以下のようになる。なお，別表五（一）上，会計処理に係る部分（圧縮積立金取崩し）は，税務調整項目と区別するため斜体にて示している。

別表四：所得の金額の計算に関する明細書（現物出資法人）

区分		総額	処分	
			留保	社外流出
当期利益又は当期欠損の額		(注) ▲183	▲183	―
加算	減価償却超過額	25	25	
所得金額又は欠損金額		▲158	▲158	

（注）　会計上の減価償却費▲75＋雑損失▲108の合計額。

別表五（一）：利益積立金額及び資本金等の額の計算に関する明細書

Ⅰ：利益積立金額の計算に関する明細書（現物出資法人）

区分	期首現在利益積立金額	当期の増減		差引翌期首現在利益積立金額
		減	増	
建物	▲ 400	(注1)※ ▲ 375	(注2) 25	0
圧縮積立金	400	※ *400*		0
子会社株式			(注1)※ ▲ 375	▲ 375
繰越損益金			(注3) 217	
差引合計額		25	▲133	

差引利益積立金額の増減額計（▲158）(注4)

（注1）別表四を経由しない調整については「※」を付して記入する。

（注2）別表四の減価償却超過額（25）に対応。

（注3）会計上の繰越利益剰余金の増減のうち現物出資に係る数値のみを記載してい
る（圧縮積立金取崩し400−減価償却費75−雑損失108＝217）。

（注4）別表五（一）上の利益積立金額の増減合計（▲158）は税務仕訳上の利益積
立金額の増減額（減価償却費▲50＋雑損失▲108＝▲158）と一致する。

コラム ⑨：現物出資と消費税

1．現物出資は消費税法上，資産の譲渡等に該当

　現物出資による資産の移転は，合併や分割のような包括承継と異なり，消費税法上の「資産の譲渡等」に該当し，消費税の課税対象となる。この場合の消費税の課税標準は適格現物出資であるか，非適格現物出資であるかにかかわらず，現物出資により取得する株式の取得時における価額（時価)[3]とされる（消法28①，消令45②三）。

　この際，現物出資により課税資産と非課税資産を移転した場合には，課税資産の譲渡等に係る消費税の課税標準[4]は次の算式により計算した金額となる（消令45③）。

3　法人税法上は適格現物出資に該当し簿価譲渡として取り扱われる場合であって
も，消費税法上は取得株式の時価により課税標準を計算することとなる。

4　この課税標準となる対価の額には，消費税相当額及び地方消費税相当額は含ま
れない（消基通10−1−1）。

$$取得した被現物出資法人株式の時価 \times \frac{課税資産の価額（時価）}{課税資産の価額（時価）＋非課税資産の価額（時価）}$$

２．仮受・仮払消費税に対応する金額の取扱い

上記算式より，現物出資に係る消費税の額は導き出されるものの，これを仕訳として計上する際（税抜経理方式を前提とする），現物出資法人においては，仮受消費税に対応する借方の金額をどう処理するのかという問題が生じる。法人税法上，現物出資により取得する株式の取得価額は，移転資産・負債の簿価純資産価額と規定されているため，税抜経理方式を前提とする限り，下記仕訳に示すとおり，仮受消費税に対応する借方を処理する適当な科目が見当たらないのである。

現物出資法人の仕訳

（前提：現物出資資産の帳簿価額，時価ともに１００，消費税率８％）

被現物出資法人株式	100(注1)	資　　　　　産	100(注1)
雑　損　失？？？	8	仮　受　消　費　税	8(注2)

（注１）現物出資資産の帳簿価額
（注２）仮受消費税＝課税標準（移転資産時価１００）×８％

この仮受消費税に対応する借方の金額について，本来精算すべき消費税額について精算しなかった（できなかった）として整理し，現物出資法人から被現物出資法人への寄附金として捉える考え方もある。しかしながら，実務上は雑損失として処理しているケースが多いのではないかと思われる。

被現物分配法人についても同様の問題がある。法人税法上，増加資本金等の額が，移転資産・負債の簿価純資産価額として規定されているため，下記仕訳に示すように，仮払消費税に対応する貸方の金額を処理する適当な科目がない。こちらについても，実務上は雑収入として処理しているケースが多いものと思われる。

上記の例の被現物出資法人の仕訳

資　　　　　産	100	資　本　金　等　の　額	100
仮　払　消　費　税	8	雑　収　入？？	8

　このほかにも，税込経理とする方法，現金精算を行う方法が考えられるが，前者については，特定の取引のみ税込経理することの問題，後者については現物出資の適格性に影響を与えるのではないかという問題を含んでいる。

　今後，税務当局から現物出資に係る消費税の経理処理方法について，何らかの形で明示されることが望まれる。

設例 2　適格現物出資―被現物出資法人
　　　　　　圧縮記帳資産の移転，消費税課税取引

処理上のポイント

> ✓　適格現物出資に係る税務処理は基本的には適格分社型分割のそれと同様であるが，現物出資は消費税法上の資産の譲渡等に該当するため，消費税に係る処理が異なる。
>
> ✓　圧縮記帳の適用を受けた資産を適格現物出資により受け入れた場合，当該資産の圧縮記帳後の帳簿価額が被現物出資法人における受入価額となる。

　適格現物出資が行われた場合の被現物出資法人の税務処理のポイントは次のとおりである。

ポイント①：移転資産負債の簿価受入れ

　適格現物出資により受け入れた資産・負債の取得価額は，現物出資法人における適格現物出資の直前の税務上の帳簿価額（取得のために要した費用がある場合には当該費用を加算した金額）とされている（法法62の4②，法令123の5）。

ポイント②：資本金等の額の増加

適格現物出資の場合，利益積立金額は増減せず，受入資産・負債の簿価純資産価額に相当する金額が資本金等の額の増減額とされる（法令8①八）。

ポイント③：消費税の処理

現物出資による資産の移転は，合併や分割のような包括承継と異なり，消費税法上の「資産の譲渡等」に該当し，消費税の課税対象となる（消法28①，消令45②三）。

具体的な消費税の処理についてはコラム⑨，294頁を参照のこと。

また，本設例（圧縮記帳資産の現物出資）におけるポイントとしては以下が挙げられる。

ポイント④：圧縮記帳資産の圧縮記帳後の帳簿価額による受入れ

現物出資法人から圧縮記帳の適用を受けた固定資産の移転を受けた場合には，当該現物出資法人において損金算入され取得価額に含まれなかった金額は，受入固定資産の取得価額に算入しない（法令80の2②他）。つまり，被現物出資法人においては，圧縮記帳後の税務上簿価で受入処理を行うこととなる。

以下，適格現物出資に係る被現物出資法人の税務処理について事例に即して解説を行う。

■ 適格現物出資（圧縮記帳，消費税）—被現物出資法人

(1) 前 提

前 提 ＞税務仕訳 ＞調整仕訳 ＞申告調整 ＞

設例1と同様。以下追加。

・被現物出資法人B社における会計処理は次のとおり。

（ⅰ）　現物出資による資産の受入れ

建　　　　　　　　物(注1)	1,125	その他資本剰余金	4,125
土　　　地	3,000		
仮　払　消　費　税	108	雑　　　収　　　入(注2)	108

（ⅱ）　減価償却費計上

| 減　価　償　却　費 | 75 | 建　　　　　　　物 | 75(注3) |

（注1）　共通支配下の取引に該当するため，B社がA社から受け入れた現物出資資産
　　　　は現物出資の日の前日に付された適正な帳簿価額を付す（結合分離適用指針
　　　　218(1)）。
（注2）　消費税の処理は税抜経理方式を採用しているものとする。仮払消費税の金額
　　　　の計算及び相手勘定（雑収入）については，(2)税務上の仕訳を参照。
（注3）　原則として，親会社と子会社の会計方針は統一されているため，被現物出資
　　　　法人における受入建物の減価償却費計算は，原則として現物出資法人における
　　　　取得価額，耐用年数を引き継ぐ。よって減価償却費（75）＝取得価額（1,500）÷
　　　　耐用年数（10年）×月数按分（6/12）。

(2)　税務上の仕訳　　

　　処理上のポイントをふまえた被現物出資法人B社の税務処理は以下のとおり
となる。

（ⅰ）　現物出資による資産受入れ

建　　　　　　　物	750(注1)	資　本　金　等　の　額	3,750(注2)
土　　　地	3,000(注1)		
仮　払　消　費　税	108(注3)	雑　　　収　　　入	108(注4)

（ⅱ）　減価償却費計上

| 減　価　償　却　費 | 50(注5) | 建　　　　　　　物 | 50 |

（注1）　現物出資資産の受入価額：現物出資法人の現物出資直前の帳簿価額にて受入れ。
　　　　圧縮記帳資産については，圧縮記帳後の帳簿価額にて受入れ（ポイント①④参
　　　　照）。
（注2）　資本金等の額（3,750）：適格現物出資資産・負債の簿価純資産価額に相当す
　　　　る額（3,750）の資本金等の額の増加を認識（ポイント②参照）。

（注3）仮払消費税（108）
　　　　課税資産の譲渡に係る課税標準＝交付した被現物出資法人株式の時価（6,000）
　　　　×課税資産（建物Y）の時価（1,125）÷（課税資産（建物Y）の時価（1,125）
　　　　＋非課税資産（土地）の時価（3,875））＝6,000×1,125÷5,000＝1,350
　　　　仮払消費税＝課税標準×8％＝108（ポイント③，コラム⑨参照）
（注4）雑収入（108）：適格現物出資により資産の移転を受けた場合（税抜経理方式）
　　　　の，仮払消費税の相手勘定については，明確な規定がない。本設例では雑収入
　　　　として処理する方法を採用することとする（コラム⑨参照）。
（注5）減価償却費（50）：適格現物出資により減価償却資産を受け入れた場合，減
　　　　価償却費の損金算入限度額の計算において，現物出資法人における取得価額を
　　　　引き継ぐ（法令54①五ロ）。したがって取得価額は圧縮記帳後の取得価額であ
　　　　る1,000。前提より耐用年数は10年。
　　　　　減価償却限度額（50）＝取得価額（1,000）÷耐用年数（10年）×月数按分（6/12）。
　　　　　会計上の損金経理額（75）＞減価償却限度額（50）⇒損金算入額（50）

(3)　税務と会計の調整仕訳

| 前　提 | 税務仕訳 | 調整仕訳 | 申告調整 |

Step 1 ：会計上と税務上の仕訳比較

　会計上の仕訳（上記(1)）と税務上の仕訳（上記(2)）に差異があるため，これ
らを比較し，税務調整仕訳を作成する。具体的には税務仕訳から会計仕訳を差
し引いたものが税務調整仕訳となる。

税務調整仕訳

（i）　現物出資による資産受入れ

| 資 本 金 等 の 額 | 375[(注2)] | 建　　　　　　物 | 375[(注1)] |

（ii）　減価償却費計上

| 建　　　　　　物 | 25 | 減 価 償 却 費 | 25[(注3)] |

（注1）建物（▲375）＝税務上の増減額（750）－会計上の増減額（1,125）
（注2）資本金等の額（▲375）＝税務上の増減額（3,750）－会計上の増減額（4,125）
（注3）建物減価償却費否認（25）＝会計上の減価償却費（75）－減価償却限度額（50）

Step 2 ：仕訳分解

　別表五（一）記入にあたっては，資産・負債項目に係る調整は別表五（一）「利

益積立金額の計算に関する明細書」に記載する必要がある。そこで，上記の調整仕訳を以下のように分解する（斜体部分が追加計上した利益積立金額。差引合計はゼロとなる。(ii)については仕訳分解の必要はないが，再掲しておく）。

　(i)　現物出資による資産受入れ

資　本　金　等　の　額	375	*利　益　積　立　金　額*	*375* (A)
利　益　積　立　金　額	*375*	建　　　　　　　　物	375 (B)

　(ii)　減価償却費計上

建　　　　　　　　物	25	減　価　償　却　費	25 (C)

＜上記仕訳の申告書記入に際しての留意点＞

- （A）の部分は，別表五（一）「利益積立金額の計算に関する明細書」に利益積立金額の増加として記入（項目は「資本金等の額」）すると同時に，「資本金等の額の計算に関する明細書」に資本金等の額の減少として記入（項目は「利益積立金」）。

- （B）の部分は，別表五（一）「利益積立金額の計算に関する明細書」に利益積立金額の減少として記入（別表四は経由しない）。

- （C）の部分は，別表四にて所得の加算調整を行うとともに，別表五（一）において利益積立金額の増加を記入。

(4)　申告調整　　　　前　提 ＞ 税務仕訳 ＞ 調整仕訳 ＞ **申告調整**

　この結果，B社のX4年3月期の別表四及び別表五（一）の処理は以下のようになる。なお，会計処理に基づく記入については，税務調整に基づく処理と区別するため斜体にて示している。

別表四：所得の金額の計算に関する明細書（被現物出資法人）

区分	総額	処分	
		留保	社外流出
当期利益又は当期欠損の額	33	(注) 33	
加算 減価償却超過額	25	25	
所得金額又は欠損金額	58	58	

（注）会計上の減価償却費▲75＋雑収入108の合計額

別表五（一）：利益積立金額及び資本金等の額の計算に関する明細書

Ⅰ：利益積立金額の計算に関する明細書（被現物出資法人）

区分	期首現在 利益積立金額	当期の増減		差引翌期首現在 利益積立金額
		減	増	
建物	0		(注2) 25 (注1) ※▲ 375	▲ 350
資本金等の額			(注1,3) ※ 375	375
繰越損益金			(注5) 33	
差引合計額	0		58	×××

差引利益積立金額の増減計 58 (注6)

Ⅱ：資本金等の額の計算に関する明細書

区分	期首現在 資本金等の額	当期の増減		差引翌期首現在 資本金等の額
		減	増	
その他資本剰余金	×××		(注4) 4,125	×××
利益積立金額			(注3) ▲375	▲ 375
差引合計額	×××		(注7) 3,750	×××

（注1）別表四を経由しない調整については「※」を付して記入する。
（注2）別表四の減価償却費否認（25）と対応。
（注3）利益積立金額と資本金等の額の入り繰りなので，両者は（符号は逆で）一致する。
（注4）会計上のその他資本剰余金の増加（4,125）に対応。
（注5）会計上の繰越利益剰余金の増減のうち現物出資及び減価償却に係る数値のみを記載している。
（注6）別表五（一）上の利益積立金額の増減合計（58）は税務仕訳上の利益積立金増加額（108－50＝58）（上記(2)参照）と一致する。
（注7）別表五（一）上の資本金等の額の増加合計（3,750）は税務仕訳上の資本金等の額増加額（3,750）（上記(2)(i)参照）と一致する。

設例 3　適格現物出資―現物出資法人
デット・エクイティ・スワップ（100%親子間）

処理上のポイント

> ✓　適格現物出資に該当するDESを行った場合，現物出資法人におい
> ては現物出資債権の帳簿価額相当額をもって，被現物出資法人株式の
> 取得価額とする。

　デット・エクイティ・スワップ（DES）とは債務（デット）をエクイティ（株
式）と交換する取引をいい，会社再建の一手法として事業再生などの場面で利
用されることが多い。法構成的には，大きく分けて現物出資型（いわゆる“本
DES”）と現金払込型（いわゆる“疑似DES”）が存在するが，本設例では現物
出資型（金銭債権を当該債権の債務者に対して現物出資するというもの）につ
いて解説する。

　DESは通常，金銭債権のみの現物出資として行われ，事業の移転を伴わな
いことから，法人税法上の適格要件の判定における事業継続要件や従業者引継
要件を満たし得ない。したがって，適格現物出資に該当し得るのは100%グ
ループ内でのDESに限られる[5]。本設例及び設例4では，100%親子間における
DES（適格現物出資に該当）について取り扱う。

　DESが適格現物出資に該当する場合の現物出資法人（債権者）側の税務処理
のポイントは次のとおり（被現物出資法人（債務者）側の処理は設例4参照）。

---

[5]　適格現物出資に該当するためには，この他，①被現物出資法人株式のみの交付
が行われること，②完全支配関係の継続が見込まれること，が必要（法法22の
十四，法令4の3⑩）。したがって，子会社株式を第三者に譲渡するに際して，譲
渡前にDESを行うようなケースは，適格現物出資に該当しない。

ポイント①：簿価譲渡・被現物出資法人株式の取得価額等

　現物出資法人は移転資産（金銭債権）を現物出資直前の帳簿価額により譲渡し，被現物出資法人株式を取得したものとして取り扱う（法法62の4①）。したがって，現物出資に伴う譲渡損益の計上はない。現物出資により交付を受けた被現物出資法人株式の取得価額は，移転資産（金銭債権）の税務上の帳簿価額となる[6]（法令119①七）。また，現物出資法人にあっては利益積立金額及び資本金等の額の異動は生じない。

ポイント②：消費税

　現物出資による資産の移転は，合併や分割のような包括承継と異なり，消費税法上の「資産の譲渡等」に該当する。金銭債権の譲渡は非課税資産の譲渡に該当するため，消費税の課税標準の額には影響を及ぼさない（仮受消費税の計上は不要）[7]。

　以下，100％親子間におけるDES（適格現物出資に該当）に係る現物出資法人の税務処理について事例に即して解説を行う。

■ 100％親子間適格現物出資（DES）─現物出資法人

(1)　前　提　　前提〉税務仕訳〉調整仕訳〉申告調整〉

　①　A社はB社の株式を100％保有している。A社とB社の完全支配関係は現物出資後も継続する見込み。

　②　A社（現物出資法人）はB社（被現物出資法人）にB社宛貸付金（債権

　6　株式の交付を受けるために要した費用がある場合には，これを加算した金額。
　7　消費税法上，金銭債権の現物出資が非課税資産の譲渡等に該当することにより，金銭債権の譲渡対価の5％相当額が分母に算入されることから，課税売上割合が減少し，結果として控除できる仕入税額が減少するという影響を与えることがある点に留意。

金額4,000）を現物出資により移転した。A社における当該貸付金の帳簿価額は次のとおりであり，A社は当該債権を第三者からディスカウント取得しているため，債権金額（4,000）と帳簿価額（3,500）が一致していない。

	会計	税務
貸付金	3,500	3,500
貸倒引当金	1,000	—
差引	2,500	3,500

＊A社は，貸倒引当金を計上できる法人に該当しない。

③　A社，B社ともに3月決算法人である。現物出資期日はX1年10月1日。

④　税務上は適格現物出資に該当。

⑤　本件現物出資に係る会計上の仕訳は以下のとおり。

子会社株式	2,500(注)	貸付金	3,500
		貸倒引当金	▲1,000

（注）100％子会社に対する現物出資であるため，実務対応報告第6号「デット・エクイティ・スワップの実行時における債権者側の会計処理に関する実務上の取扱い」にかかわらず，事業分離における分離元企業の会計処理に準じて行うこととなる。親会社が追加取得する子会社株式の取得原価は移転事業に係る株主資本相当額に基づいて計算され，当該現物出資により移転損益は生じない（結合分離適用指針97-2，226）。

(2) 税務仕訳

上記「処理上のポイント」をふまえたA社の税務上の仕訳は次のようになる。

子会社株式	3,500(注2)	貸付金	3,500(注1)

（注1）適格現物出資に該当するため，現物出資資産である貸付金につき現物出資直前の帳簿価額にて譲渡をしたものとして取り扱う。よって譲渡損益は認識しない（法法62の4①）（ポイント①参照）。

（注2）子会社株式取得価額（3,500）＝適格現物出資直前の移転資産の帳簿価額（3,500）－移転負債の帳簿価額（0）（法令119①七）（ポイント①参照）

(3) 税務調整仕訳

前 提 ＞税務仕訳＞調整仕訳＞申告調整＞

Step 1：会計上と税務上の仕訳比較

会計上の仕訳と税務上の仕訳に差異があるため，これらを比較し，税務調整仕訳を作成する。具体的には税務仕訳から会計仕訳を差し引いたものが税務調整仕訳となる。

税務調整仕訳

| 子 会 社 株 式 | 1,000[注1] | / | 貸 倒 引 当 金 | 1,000[注2] |

（注1）子会社株式（1,000）＝税務上の増減額（3,500）－会計上の増減額（2,500）
（注2）貸倒引当金（1,000）＝税務上の増減額（0）－会計上の増減額（▲1,000）

(4) 申告調整

前 提 ＞税務仕訳＞調整仕訳＞申告調整＞

上記をふまえた別表五（一）の記載は以下のようになる。

別表五（一）：利益積立金額及び資本金等の額の計算に関する明細書

Ⅰ：利益積立金額の計算に関する明細書（現物出資法人）

区分	期首現在利益積立金額	当期の増減		差引翌期首現在利益積立金額
		減	増	
貸倒引当金	1,000	[注1] ※ 1,000		0
子会社株式			[注1] ※ 1,000	1,000
差引合計額		1,000	1,000	

差引利益積立金額の増加額 0 [注2]

（注1）別表四を経由しない調整については「※」を付して記入する。
（注2）別表五（一）上の利益積立金額の増加合計（0）と，税務仕訳上の利益積立金額の増加額（現物出資による増減（0））は一致する。

設例 4　適格現物出資―被現物出資法人 デット・エクイティ・スワップ（100%親子間）

処理上のポイント

> ✓　適格現物出資に該当するDESが行われた場合において，現物出資法人における債権の帳簿価額と債権金額（＝被現物出資法人における債務の帳簿価額）が異なる場合には被現物出資法人（債務者）側にて，税務上，債務消滅差損益が生じる。

　100％親子間でDES（適格現物出資に該当）が行われた場合の，被現物出資法人（債務者）側の税務処理のポイントは次のとおり。

ポイント①：移転資産の簿価受入れ・増加資本金等の額

　移転を受けた金銭債権を現物出資法人における税務上の帳簿価額にて受け入れるとともに，受け入れた簿価純資産価額に相当する資本金等の額を増加させることになる（法法62の4②，法令123の5，8①八）。

ポイント②：混同による債権債務の消滅と債務消滅差損益

　被現物出資法人においては，自己が債務者となっている債権を取得することから，債権債務が同一人に帰属し，混同により消滅する。ここで，現物出資法人における債権の帳簿価額と被現物出資法人における債務の帳簿価額が一致していない場合には債務消滅差損益が生じることとなる。このようなケースの典型例としては，親法人（現物出資法人）が子法人（被現物出資法人）に対する債権を第三者からディスカウント取得しているようなケースが挙げられる。

（i）混同による消滅―債権・債務の帳簿価額が一致している

債　　　　務	×××／債　　　　権	×××

(ii) 混同による消滅—債権・債務の帳簿価額が一致していない

債 務	×××	債 権	×××
		債 務 消 滅 差 損 益	×××

　以下，100％親子間におけるDES（適格現物出資に該当）に係る被現物出資法人の税務処理について，事例に即して解説行う。

■ 100％親子間適格現物出資（DES）—被現物出資法人

(1) 前 提

前 提 〉税務仕訳 〉調整仕訳 〉申告調整 〉

　設例3と同じ前提条件とする。以下追加。

• 被現物出資法人B社における会計処理は次のとおり。

(i) 現物出資による資産の受入れ

貸 付 金	2,500(注1)	資 本 金	2,500(注2)

(ii) 混同による債権・債務の消滅

借 入 金	4,000	貸 付 金	2,500
		債 務 消 滅 差 益	1,500(注3)

（注1）100％親会社からの現物出資であるため，共通支配下の取引として，親会社における適正な帳簿価額（3,500－1,000＝2,500）により受入れ。
（注2）受け入れた債権の適正な帳簿価額（2,500）の資本金の額を増加したものとする。
（注3）債権の受入価額（2,500）と，債務の額（4,000）に差異があるため，債務消滅差益が生じる。

(2) 税務上の仕訳

前 提 〉税務仕訳 〉調整仕訳 〉申告調整 〉

　上記「処理上のポイント」をふまえたB社の税務上の仕訳は次のようになる。

(i) 現物出資による資産の受入れ

貸 付 金	3,500(注1)	資 本 金 等 の 額	3,500(注2)

(ii)　混同による債権・債務の消滅

借　　入　　金	4,000(注3)	貸　　付　　金	3,500(注3)
		債 務 消 滅 差 益	500(注3)

(注1)　貸付金（3,500）：適格現物出資に該当するため，現物出資法人における税務
上の帳簿価額（3,500）にて受入れ（ポイント①参照）。

(注2)　資本金等の額（3,500）：適格現物出資により移転を受けた資産・負債の，現
物出資法人における現物出資直前の帳簿価額（3,500）をもって資本金等の額の
増加を認識（法令8①八）（ポイント①参照）。

(注3)　債務消滅差益（500）：債権・債務が同一人に帰属することから，混同により
消滅する。被現物出資法人における債務金額（＝債権金額4,000）と，貸付金の
帳簿価額（3,500）の差額が債務消滅差益（500）となる（ポイント②参照）。

(3)　税務調整仕訳　　前　提　〉税務仕訳〉調整仕訳〉申告調整〉

Step 1 ：会計上と税務上の仕訳比較

　会計上の仕訳と税務上の仕訳に差異があるため，これらを比較し，税務調整
仕訳を作成する。具体的には税務仕訳から会計仕訳を差し引いたものが税務調
整仕訳となる。

税務調整仕訳

(i)　現物出資による資産の受入れ

貸　　付　　金	1,000(注1)	資 本 金 等 の 額	1,000(注2)

(ii)　混同による債権・債務の消滅

債 務 消 滅 差 益	1,000(注3)	貸　　付　　金	1,000(注4)

(注1)　貸付金（1,000）＝税務上の増減額（3,500）－会計上の増減額（2,500）

(注2)　資本金等の額（1,000）＝税務上の増減額（3,500）－会計上の増減額（2,500）

(注3)　債務消滅差益（▲1,000）＝税務上の債務消滅差益(500)－会計上の債務消滅差
益(1,500)

(注4)　貸付金（▲1,000）＝税務上の増減額（▲3,500）－会計上の増減額（▲2,500）

Step 2：仕訳分解

別表五（一）記入にあたっては，資産・負債項目に係る調整は別表五（一）「利益積立金額の計算に関する明細書」に記載する必要がある。そこで，上記調整仕訳を以下のように分解する（斜体部分が追加計上した利益積立金額。差引合計はゼロとなる。(ii)については仕訳分解の必要はないが，再掲しておく）。

（i）　現物出資による資産の受入れ

| 貸　　付　　金 | 1,000 | *利 益 積 立 金 額* | *1,000* | (A) |
| *利 益 積 立 金 額* | *1,000* | *資 本 金 等 の 額* | *1,000* | (B) |

（ii）　混同による債権・債務の消滅

| 債 務 消 滅 益
（利 益 積 立 金 額） | 1,000 | 貸　　付　　金 | 1,000 | (C) |

＜上記仕訳の申告書記入に際しての留意点＞

- （A）の部分は，別表五（一）「利益積立金額の計算に関する明細書」に利益積立金額の増加として記入（別表四は経由しない）。
- （B）の部分は，別表五（一）「利益積立金額の計算に関する明細書」に利益積立金額の減少として記入（別表四は経由しない）。
- （C）の部分は，別表四にて所得の減算調整を行うとともに，別表五（一）において利益積立金額の減少を記入。

(4)　申告調整　　　前 提 〉税務仕訳〉調整仕訳〉申告調整〉

上記をふまえた別表四，五（一）の記載は以下のようになる。なお，会計処理に基づく記入については，税務調整に基づく処理と区別するため斜体にて示している。

別表四：所得の金額の計算に関する明細書（被現物出資法人）

区分		総額	処分	
			留保	社外流出
当期利益又は当期欠損の額		1,500	1,500	—
減算	債務消滅益	1,000	1,000	
所得金額又は欠損金額		500	500	

別表五（一）：利益積立金額及び資本金等の額の計算に関する明細書

Ⅰ：利益積立金額の計算に関する明細書（被現物出資法人）

区分	期首現在利益積立金額	当期の増減		差引翌期首現在利益積立金額
		減	増	
貸付金		(注2) 1,000	(注1)※ 1,000	0
資本金等の額			(注1,3)※▲ 1,000	▲ 1,000
繰越損益金	×××		(注4) 1,500	××××
差引合計額		1,000	1,500	××××

差引利益積立金額の増加額　　500(注5)

Ⅱ：資本金等の額の計算に関する明細書

区分	期首現在資本金等の額	当期の増減		差引翌期首現在資本金等の額
		減	増	
資本金又は出資金	×××		2,500	×××
利益積立金額			(注3) 1,000	1,000
差引合計額		0	(注6) 3,500	

（注1）別表四を経由しない調整については「※」を付して記入する。

（注2）別表四の債務消滅差益の減算調整（1,000）に対応。

（注3）利益積立金額と資本金等の額の入り繰りなので，両者は（符号は逆で）一致する。

（注4）会計上の繰越利益剰余金の増減のうち現物出資・混同による債権債務の消滅に係る数値のみを記載している（債務消滅益1,500）。

（注5）別表五（一）上の利益積立金額の増加合計（500）と，税務仕訳上の利益積立金額の増加合計（現物出資による増減 0＋債務消滅益500＝500）は一致する。

（注6）別表五（一）上の資本金等の額の増加合計（3,500）は税務仕訳上の資本金等の額の増加額（3,500）と一致する。

設例 5　非適格現物出資—現物出資法人
デット・エクイティ・スワップ（第三者間）

処理上のポイント

✓　非適格現物出資に該当するDESを行った場合，現物出資法人（債権者）はDES対象債権の時価と簿価の差額について，債権譲渡損益として益金又は損金へ算入する。

　デット・エクイティ・スワップ（DES）とは債務（デット）をエクイティ（株式）と交換する取引をいい，会社再建の一手法として事業再生などの場面で利用されることが多い。法構成的には，大きく分けて現物出資型と現金払込型が存在するが，本設例では現物出資型（金銭債権を当該債権の債務者に対して現物出資するというもの）について解説する。

　DESは通常，金銭債権のみの現物出資として行われ，事業の移転を伴わないことから，法人税法上の適格要件の判定における事業継続要件や従業者引継要件を満たし得ない。したがって，適格現物出資に該当し得るのは100％グループ内でのDESに限られる[8]。本設例及び設例6では，非適格現物出資に該当するDESについて取り扱う。

　非適格現物出資に該当するDESが行われた場合の現物出資法人（債権者）側の税務処理のポイントは次のとおり（被現物出資法人（債務者）側の処理は設例6参照）。

ポイント①：時価譲渡

　現物出資が非適格現物出資に該当する場合，現物出資法人は，現物出資した

　8　適格現物出資に該当するためには，この他，①被現物出資法人株式のみの交付が行われること，②完全支配関係の継続が見込まれること，が必要（法法2十二の十四，法令4の3⑩）。したがって，子会社株式を第三者に譲渡するに際して，譲渡前にDESを行うようなケースは，適格現物出資に該当しない。

金銭債権を時価により譲渡したものとして取り扱う。譲渡損益の額は，現物出資の日を含む事業年度の損金又は益金に算入する[9,10]。

ポイント②：被現物出資法人株式の取得価額

非適格現物出資の対価として交付を受けた被現物出資法人株式の取得価額は，移転した資産・負債の時価純資産価額（本設例の場合は金銭債権の時価）となる[11]（付随費用があればこれを加算）（法令119①二，法基通 2 - 3 -14）。

現物出資資産・負債の帳簿価額と，被現物出資法人株式の取得価額との差額は，その現物出資のあった事業年度の損金又は益金として処理される[12]。

ポイント③：消費税

現物出資による資産の移転は，合併や分割のような包括承継と異なり，消費税法上の「資産の譲渡等」に該当する。金銭債権の譲渡は非課税資産の譲渡に該当するため，消費税の課税標準の額には影響を及ぼさない（仮受消費税の計上は不要）[13]。

9　完全支配関係者間において非適格現物出資が行われた場合には，グループ法人税制が適用されるため，譲渡損益調整資産に係る譲渡損益を繰り延べる処理を行う（法法61の13①）。

10　株主割当以外の方法による増資（現物出資）において，交付される被現物出資法人株式の時価と現物出資資産の時価が釣り合っていない場合，寄附金／受贈益課税の問題が生じる可能性がある点に留意。

11　現物出資資産の時価が，当該被現物出資法人株式の取得のために通常要する価額に比べて有利な金額である場合には，被現物出資法人株式の取得のために通常要する価額（＝被現物出資法人株式時価）となる（法令119①四）。

12　DESは再建支援の一形態として行われることが多く，これにより生じた損失は実質的には債務者に対する債権放棄により生じる損失と同じく支援としての性格を有するものであることから，DESを含む再建計画が経済合理性のない過剰支援と認められるような場合には，債権者から債務者に対する寄附金と認定される可能性があることに留意が必要である。また経営権の譲渡に伴い，DESを行う場合において，その損失負担をすることに一定の合理性がない場合にも，寄附金認定される可能性がある。

13　消費税法上，金銭債権の現物出資が非課税資産の譲渡等に該当することにより，課税売上割合が減少し，結果として控除できる仕入税額が減少するという影響を与えることがある点に留意。

　以下，非適格現物出資に該当するDESに係る現物出資法人の税務処理について，事例に即して解説を行う。

■ 非適格現物出資（DES）―現物出資法人

(1) 前 提

前 提 〉税務仕訳〉調整仕訳〉申告調整〉

①　A社（現物出資法人）はB社（被現物出資法人）にB社宛貸付金（債権金額3,500，時価2,000）を現物出資により移転した。当該貸付金のA社における帳簿価額は次のとおり。

	会計	税務
貸付金	3,500	3,500
貸倒引当金	1,000	―
差引	2,500	3,500

②　B社はA社に対しB社株式（時価2,000）を交付した。

③　現物出資前においてA社とB社に資本関係はなく，現物出資後もB社はA社の子会社・関連会社に該当しない。

④　A社，B社ともに3月決算法人である。現物出資期日はX1年10月1日。

⑤　税務上は非適格現物出資に該当。

⑥　本件現物出資に関して寄附金，受贈益の問題は生じない。

⑦　本件現物出資に係るA社の会計上の仕訳は以下のとおり。

B 社 株 式	2,000(注1)	貸 付 金	3,500
債 権 譲 渡 損	500	貸 倒 引 当 金	▲1,000

（注1）（非関連者間の）DES実行時における債権者側の会計処理
　　　　本件は，共通支配下の取引ではなく，また，現物出資後の被現物出資法人が現物出資法人の子会社・関連会社に該当しないため，事業分離の会計処理ではなく，実務対応報告第6号「デット・エクイティ・スワップの実行時における債権者側の会計処理に関する実務上の取扱い」が適用される（結合分離適用指針97-2）。
　　　　債権者は当該債権の消滅を認識するとともに，消滅した債権の帳簿価額とその対価としての受取額（取得する株式の時価）との差額を当期の損益として処理する（金融商品会計基準11）。

(2)　税務上の仕訳 〔前 提〉税務仕訳〉調整仕訳〉申告調整〉

　上記，「処理上のポイント」をふまえたＡ社の現物出資仕訳（税務）は次のようになる。

Ｂ　社　株　式	2,000[注1]	貸　　付　　金	3,500
債　権　譲　渡　損	1,500[注2]		

（注1）Ｂ社株式取得価額（2,000）＝現物出資により移転した貸付金の時価（2,000）（法令119①二，法基通2-3-14）（ポイント②参照）
（注2）債権譲渡損（1,500）：非適格現物出資に該当するため，現物出資資産である貸付金（帳簿価額3,500）を時価（2,000）にて譲渡をしたものとして取り扱う。譲渡損の額（1,500）＝時価（2,000）－（帳簿価額3,500）（ポイント①参照）

(3)　税務調整仕訳 〔前 提〉税務仕訳〉調整仕訳〉申告調整〉

Step 1：会計上と税務上の仕訳比較

　会計上の仕訳と税務上の仕訳に差異があるため，これらを比較し，税務調整仕訳を作成する。具体的には税務仕訳から会計仕訳を差し引いたものが税務調整仕訳となる。

債　権　譲　渡　損	1,000[注1]	貸　倒　引　当　金	1,000[注2]

（注1）債権譲渡損（1,000）＝税務上の譲渡損（1,500）－会計上の譲渡損（500）
（注2）貸倒引当金（1,000）＝税務上の増減額（0）－会計上の増減額（▲1,000）

(4)　申告調整 〔前 提〉税務仕訳〉調整仕訳〉申告調整〉

　上記をふまえた別表四，五（一）の記載は以下のようになる。なお，会計処理に基づく記入については，税務調整に基づく処理と区別するため斜体にて示している。

別表四：所得の金額の計算に関する明細書（現物出資法人）

区分		総額	処分	
			留保	社外流出
当期利益又は当期欠損の額		▲500	▲500	
減算	現物出資による債権譲渡損認容	1,000	1,000	
所得金額又は欠損金額		▲1,500	▲1,500	

別表五（一）：利益積立金額及び資本金等の額の計算に関する明細書

Ⅰ：利益積立金額の計算に関する明細書（現物出資法人）

区分	期首現在利益積立金額	当期の増減		差引翌期首現在利益積立金額
		減	増	
貸倒引当金	1,000	(注1) 1,000		
繰越損益金	×× ×		(注2) ▲500	× × × ×
差引合計額		1,000	▲500	× × × ×

差引利益積立金額の増加額 ▲1,500(注3)

（注1）別表四　現物出資による債権譲渡損認容（1,000）と対応。

（注2）会計上の繰越利益剰余金の増減のうち現物出資に係る数値のみを記載してい
る（債権譲渡損500）。

（注3）別表五（一）上の利益積立金額の増加合計（▲1,500）と，税務仕訳上の利益
積立金額の増加合計（現物出資による増減＝債権譲渡損（▲1,500））は一致する。

設例 6　非適格現物出資—被現物出資法人 デット・エクイティ・スワップ（第三者間）

処理上のポイント

> ✓　非適格現物出資に該当するDESが行われた場合において，移転を
> 受けた債権の時価が債権金額（債務の帳簿価額）と異なる場合には，
> 被現物出資法人（債務者）側で債務消滅差損益が生じる。

　非適格現物出資に該当するDESが行われた場合の被現物出資法人（債務者）
側の税務処理のポイントは次のとおり。

ポイント①：資産（負債）の時価取得

　非適格現物出資が行われた場合，被現物出資法人は，現物出資の日において，
現物出資資産・負債（本設例の場合，DES対象債権）を時価にて取得したもの
として取り扱う。

ポイント②：資本金等の額／利益積立金額

　現物出資により給付を受けた資産及び負債の時価純資産価額（本設例の場合，
DES対象債権の時価）に相当する金額の資本金等の額の増加を認識する（法令
8①一)[14]。利益積立金額の増減はなし。

ポイント③：混同による債務消滅差損益

　被現物出資法人においては，自己が債務者となっている債権を取得すること
から，債権債務が同一人に帰属し，混同により消滅する。ここにおいて，

14　事業の移転がない非適格現物出資の場合の資本金等の額の増加額。事業の移転
がある非適格現物出資（法法62の8①に規定するもの）の場合は交付した株式の現
物出資時の時価が資本金等の額の増加額となる（法令8①九)。

DES対象債権の時価と債権金額（債務の帳簿価額）に差異が生じている場合には，債務消滅差損益が生じることになる。DESが行われるのは一般的には債務者の財政状態が著しく悪化している場合など企業再建の場面が多いため，DES対象債権の時価は債権金額より低くなっていることが多い。この場合には，債務者（被現物出資法人）において債務消滅益が生じ，益金の額に算入されることとなる。

混同による消滅―債権受入価額と債務の額が一致していない場合

債　　　　　　　務	×××／債　　　　　権	×××
	債 務 消 滅 差 損 益	×××

> **※資産調整勘定・負債調整勘定について**
>
> 　非適格現物出資が行われた場合で，当該非適格現物出資に係る現物出資法人の，当該非適格現物出資直前に営む事業及び当該事業に係る主要な資産・負債のおおむね全部が，当該非適格現物出資に係る被現物出資法人に移転する場合には，法令で定められた計算方法により資産調整勘定・負債調整勘定を認識する（法法62の8，法令123の10）。
>
> 　本設例は金銭債権のみを現物出資するものであり，事業の移転を伴わないため，資産調整勘定・負債調整勘定が計上されることはない。
>
> 　資産調整勘定・負債調整勘定の解説は第Ⅰ編第1章7を参照。また申告調整を伴う現物出資の類似事例として，第Ⅱ編第2章設例6を参照のこと。

　以下，非適格現物出資に該当するDESに係る被現物出資法人の税務処理について，事例に即して解説を行う。

■ 非適格現物出資（DES）―被現物出資法人

(1)　前　提

　前　提　税務仕訳　調整仕訳　申告調整

　設例5と同じ前提条件とする。以下追加。

・被現物出資法人B社における会計処理は次のとおり。

（i） 現物出資による資産受入れ

貸 付 金	3,500	/	資 本 金	3,500[注1]

（ii） 混同による債権・債務の消滅

借 入 金	3,500	/	貸 付 金	3,500

（注1）DES実行時における債務者側の会計処理

　　　当設例においては，会計と税務の調整仕訳を明示するため，会社法上の券面額説に基づく，会計処理を示す。実務上は，取引の実態をふまえ，「券面額説」，または「評価額説」のうち，より適切な方法により会計処理を行うこととなる点に留意する。

(2) 税務上の仕訳

前 提 ＞ **税務仕訳** ＞調整仕訳＞申告調整＞

上記「処理上のポイント」をふまえたB社の税務上の仕訳は次のようになる。

（i） 現物出資による資産受入れ

貸 付 金	2,000[注1]	/	資 本 金 等 の 額	2,000[注2]

（ii） 混同による債権・債務の消滅

借 入 金	3,500	/	貸 付 金 債 務 消 滅 差 益	2,000 1,500[注3]

（注1）貸付金（2,000）：現物出資時の時価による譲渡があったものとされるため，当該時価（2,000）にて受入れ（ポイント①参照）。

（注2）資本金等の額（2,000）：非適格現物出資により給付を受けた債権の時価（2,000）をもって資本金等の額の増加を認識する（法令8①一）（ポイント②参照）。

（注3）債務消滅差益（1,500）：債権・債務が同一人に帰属することから，混同により消滅する。被現物出資法人における債務金額（＝債権金額3,500）と，貸付金の時価（2,000）の差額が債務消滅差益（1,500）となる（ポイント③参照）。

(3) 税務調整仕訳

前 提 ＞税務仕訳＞ **調整仕訳** ＞申告調整＞

Step 1 ：会計上と税務上の仕訳比較

会計上の仕訳と税務上の仕訳に差異があるため，これらを比較し，税務調整

仕訳を作成する。具体的には税務仕訳から会計仕訳を差し引いたものが税務調整仕訳となる。

税務調整仕訳

（i）　現物出資による資産受入れ

資 本 金 等 の 額	1,500(注1)	貸　　　付　　　金	1,500(注2)

（ii）　混同による債権・債務の消滅

貸　　　付　　　金	1,500(注3)	債 務 消 滅 差 益 （ 利 益 積 立 金 額 ）	1,500(注4)

（注1）　資本金等の額（▲1,500）＝税務上の増減額（2,000）－会計上の増減額（3,500）
（注2）　貸付金　（▲1,500）＝税務上の増減額（2,000）－会計上の増減額（3,500）
（注3）　貸付金（1,500）＝税務上の増減額（▲2,000）－会計上の増減額（▲3,500）
（注4）　債務消滅差益（1,500）＝税務上の債務消滅差益（1,500）－会計上の債務消滅差益（0）

Step 2 ：仕訳分解

別表五（一）記入にあたっては，資産・負債項目に係る調整は別表五（一）「利益積立金額の計算に関する明細書」に記載する必要がある。そこで，上記調整仕訳を以下のように分解する（斜体部分が追加計上した利益積立金額。差引合計はゼロとなる）。

（i）　現物出資による資産受入れ

資 本 金 等 の 額	1,500	*利 益 積 立 金 額*	*1,500*	(A)
利 益 積 立 金 額	*1,500*	貸　　　付　　　金	1,500	(B)

（ii）　混同による債権・債務の消滅

貸　　　付　　　金	1,500	*利 益 積 立 金 額*	*1,500*	(C)
利 益 積 立 金 額	*1,500*	債 務 消 滅 差 益 （ 利 益 積 立 金 額 ）	*1,500*	(D)

＜上記仕訳の申告書記入に際しての留意点＞

- （A）の部分は，別表五（一）「利益積立金額の計算に関する明細書」に利益積立金額の増加として記入（項目は「資本金等の額」）すると同時に，「資本金等の額の計算に関する明細書」に資本金等の額の減少として記入（項目は「利益積立金額」）。

- （B）の部分は，別表五（一）「利益積立金額の計算に関する明細書」に利益積立金額の減少として記入（別表四は経由しない）。

- （C）の部分は，別表五（一）「利益積立金額の計算に関する明細書」に利益積立金額の増加として記入（別表四は経由しない）。

- （D）について，貸方は所得の加算及び利益積立金額の増加を示しているため，別表四で所得の加算を行うとともに，別表五（一）にて利益積立金額の増加を記入する（加算留保処理）。一方，借方は利益積立金額の減少を示しているため，別表五（一）にて利益積立金額の減少を記入。結果として，別表五（一）残高の増減なし。同様の事例の詳細説明は第1章コラム④，87頁を参照のこと。

(4)　申告調整

前　提 ＞ 税務仕訳 ＞ 調整仕訳 ＞ 申告調整 ＞

　上記をふまえた別表四，五（一）の記載は以下のようになる。なお，会計処理に基づく記入については，税務調整に基づく処理と区別するため斜体にて示している。

別表四：所得の金額の計算に関する明細書（被現物出資法人）

区分		総額	処分	
			留保	社外流出
当期利益又は当期欠損の額		0	0	
加算	債務消滅差益	1,500	1,500	
所得金額又は欠損金額		1,500	1,500	

別表五（一）：利益積立金額及び資本金等の額の計算に関する明細書

Ⅰ：利益積立金額の計算に関する明細書（被現物出資法人）

区分	期首現在利益積立金額	当期の増減		差引翌期首現在利益積立金額
		減	増	
貸付金		（注2）　▲ 1,500	（注1）※ ▲1,500	0
資本金等の額			（注1,3）※　1,500	1,500
繰越損益金	×××		（注4）　　0	××××
差引合計額		▲ 1,500	0	××××

差引利益積立金額の増加額　　　1,500（注6）

Ⅱ：資本金等の額の計算に関する明細書

区分	期首現在資本金等の額	当期の増減		差引翌期首現在資本金等の額
		減	増	
資本金又は出資金	×××		（注5）　3,500	×××
利益積立金額			（注3）　▲ 1,500	▲ 1,500
差引合計額		0	（注7）　2,000	×××

（注1）別表四を経由しない調整については「※」を付して記入する。

（注2）別表四　債務消滅差益の加算調整（1,500）に対応。

（注3）利益積立金額と資本金等の額の入り繰りなので，両者は（符号は逆で）一致する。

（注4）会計上の繰越利益剰余金の増減のうち現物出資・混同による債権債務の消滅に係る数値のみを記載している（いずれも0）。

（注5）会計上の資本金増加額（3,500）に対応。

（注6）別表五（一）上の利益積立金額の増減合計（1,500）と，税務仕訳上の利益積立金額の増加合計（現物出資による増減0＋債務消滅差益1,500＝1,500）は一致する。

（注7）別表五（一）上の資本金等の額の増加合計（2,000）は税務仕訳上の資本金等の額の増加額（2,000）と一致する。

第 **5** 章

現物分配

はじめに

　第5章では，現物分配が行われた場合の申告調整につき，設例に基づいて解説を行う。各設例における，適格・非適格の区分，説明対象としている法人，トピックは次のとおり。

＜第5章にて取り扱う設例＞

設例番号	再編の種類	対象法人	トピック
設例1	適格現物分配	現物分配法人	親法人株式の利益剰余金からの現物分配
設例2	適格現物分配	被現物分配法人	親法人株式の利益剰余金からの現物分配
設例3	適格現物分配	現物分配法人	資本の払戻しによる孫会社の子会社化
設例4	適格現物分配	被現物分配法人	資本の払戻しによる孫会社の子会社化
設例5	適格株式分配	現物分配法人	利益剰余金からの株式分配
設例6	適格株式分配	現物分配法人の株主	利益剰余金からの株式分配

設例 1　適格現物分配—現物分配法人
親法人株式の利益剰余金からの現物分配

処理上のポイント

> ✓　適格現物分配が行われた場合，現物分配法人においては現物分配資産を帳簿価額にて譲渡したものとして取り扱うため，譲渡損益は認識されない。
>
> ✓　利益剰余金のみを原資とする適格現物分配については，利益積立金額が減少する。

　利益剰余金のみを原資とする適格現物分配[1]が行われた場合の，現物分配法人における税務処理上のポイントは次のとおり。

ポイント①：簿価譲渡

　適格現物分配により資産の移転をしたときは，当該現物分配の直前の帳簿価額による譲渡をしたものとして取り扱うため，譲渡損益は認識されない（法法62の5③）。

ポイント②：利益積立金額の減少額

　利益剰余金のみを原資とする適格現物分配が行われた場合，現物分配資産の交付直前の帳簿価額相当額の利益積立金額を減少させる（法令9①八）。

　1　金銭以外の資産の株主への移転が現物分配とされる事由には剰余金の配当のほか，解散による残余財産の分配，自己株式の取得等がある。第Ⅰ編第1章④を参照。

> 参考　株式交換により自己株式に代えて取得した親法人株式の現物分配
>
> 　株式交換直前において株式交換完全子法人が自己株式を有していた場合，株式交換により当該自己株式に代えて親法人株式が交付されることとなる。この場合，子法人における親法人株式の税務上の取得価額はゼロとなる（第6章設例2ポイント参照）。
>
> 　会社法上，親会社株式については相当の時期にその有する株式を処分することが求められている（会社法135）ところ，上述のように親法人株式の帳簿価額はゼロであるため，譲渡を行うと収入金額全額が課税されてしまうこととなる。このため，子法人から親法人への親法人株式の移転手法として，適格現物分配が採用されることが多い。

　以下，利益剰余金のみを原資とする適格現物分配により親法人株式を移転した場合の，現物分配法人における税務処理につき，事例に即して解説する。

■ 親法人株式の適格現物分配

(1) 前　提　　　前 提／税務仕訳／調整仕訳／申告調整

① 　P社はS社株式を100％保有している。

② 　S社はP社株式（親法人株式）40株を保有しており，会計上の帳簿価額は120，税務上の帳簿価額はゼロ(注)である。

　（注）S社を株式交換完全子法人，P社を株式交換完全親法人とする株式交換によりS社保有自己株式がP社株式と交換された場合を想定。

③ 　S社（現物分配法人）はP社株式全株を繰越利益剰余金の配当として，P社（被現物分配法人）に現物分配した。

④ 　配当の効力発生日はX1年6月30日。P社，S社とも3月決算法人である。

⑤ 　現物分配に係るS社（現物分配法人）の会計処理は以下のとおり。

繰越利益剰余金(注)	120	P　社　株　式(注)	120

（注）企業集団内の現物配当の場合には，配当の効力発生日における配当財産の適正
　　　な帳簿価額をもって，その他資本剰余金又はその他利益剰余金（繰越利益剰余金）
　　　を減額する（自己株式及び準備金の額の減少に係る会計基準の適用指針10）。本
　　　設例では前提条件から繰越利益剰余金を減額する。

(2)　税務上の仕訳—現物分配法人　　　前　提　税務仕訳　調整仕訳　申告調整

　利益剰余金を原資とする適格現物分配であるため，適格現物分配により交付
される資産の交付直前の帳簿価額を利益積立金額から減少する。本設例では交
付対象資産であるＰ社株式の税務上の帳簿価額はゼロであるため，仕訳は次の
ようになる。

現物分配仕訳—税務

| 利　益　積　立　金　額(注1) | 0 | ／ | Ｐ　社　株　式(注2) | 0 |

（注１）利益積立金額減少額（０）：交付資産の帳簿価額相当額の現物出資法人の利
　　　　益積立金額の減少を認識する（法令９①ハ）。本設例の場合，現物分配資産の
　　　　帳簿価額がゼロであるため，減少利益積立金額もゼロとなる（ポイント②）。
（注２）現物分配による資産の移転損益：適格現物分配に該当するため，移転資産は
　　　　現物分配直前の帳簿価額にて譲渡をしたものとして取り扱われ，譲渡損益は生
　　　　じない（法法62の５③）。また前提より，本設例におけるＰ社株式の帳簿価額
　　　　はゼロである（ポイント①）。

(3)　税務と会計の調整仕訳—現物分配法人

前　提　税務仕訳　調整仕訳　申告調整

　会計上の仕訳と税務上の仕訳に差異があるため，これらを比較し，税務調整
仕訳を作成する。具体的には税務仕訳から会計仕訳を差し引いたものが税務調
整仕訳となる。

税務調整仕訳：税務仕訳—会計仕訳

| Ｐ　社　株　式 | 120(注1) | ／ | 利　益　積　立　金　額 | 120(注2) |

（注１）Ｐ社株式（120）＝税務上の増減額（０）－会計上の増減額（▲120）
（注２）利益積立金額（120）＝税務上の増減額（０）－会計上の増減額（▲120）

＜上記仕訳の申告書記入に際しての留意点＞

- 別表五（一）「利益積立金額の計算に関する明細書」に増加として記入（別表四は経由しない）。

(4)　申告調整―現物分配法人　〔前 提〕〔税務仕訳〕〔調整仕訳〕**申告調整**

　上記会計上の仕訳及び税務調整を反映した別表五（一）は以下のようになる。

　なお，説明のため，会計処理に基づく処理は斜体にて，税務調整に基づく処理は通常の書体で示している。

別表五（一）：利益積立金額及び資本金等の額の計算に関する明細書

Ⅰ：利益積立金額の計算に関する明細書

区分	期首現在 利益積立金額	当期の増減		差引翌期首現在 利益積立金額
		減	増	
Ｐ社株式	▲120	(注1) ※▲120		0
繰越損益金			(注2) ▲ *120*	××

利益積立金額増減額（0）(注3)

（注1）別表四を経由しない調整については「※」を付して記入する。

（注2）会計上の繰越利益剰余金の増減のうち現物分配に係る数値（利益剰余金の減少120）のみを記載している。

（注3）別表五（一）上の利益積立金額の増減額合計（0）と，税務仕訳上の利益積立金額の増減額合計（0）は一致する。

設例 **2** 適格現物分配—被現物分配法人
親法人株式の利益剰余金からの現物分配

処理上のポイント

> ✓ 利益剰余金を原資とする現物分配については，その全額が受取配当
> の額として取り扱われる。一方，会計上は，現物分配法人株式の減少
> を認識することがあるため，税務調整が必要となるケースがある。
> ✓ 適格現物分配に係る収益の額（受取配当の額）は，全額益金不算入
> となる。

　利益剰余金のみを原資とする適格現物分配[2]が行われた場合の，被現物分配
法人における税務処理上のポイントは次のとおり。

ポイント①：現物分配資産受入価額

　適格現物分配により資産の移転を受けた場合の取得価額は，現物分配法人に
おける現物分配直前の帳簿価額となる（法法62の5③⑥，法令123の6①）。

ポイント②：受入金額の処理

　利益剰余金のみを原資とする現物分配については，その受入金額全額を受取
配当の額として取り扱う（設例4資本払戻しの場合と異なり，株式の譲渡対価
として取り扱う部分はない）。したがって，現物分配法人の株式の帳簿価額の
減額は行われない。一方，会計上は配当財産として受け取る財産と，現物分配
法人株式が実質的に引き換えられたものとみなすため，現物分配法人株式の帳
簿価額の減額を行うことがある。このため，税務調整が必要となることが多い。

2　金銭以外の資産の株主への移転が現物分配とされる事由には剰余金の配当のほ
か，解散による残余財産の分配，自己株式の取得等がある。第Ⅰ編第1章④を参照。

ポイント③：適格現物分配に係る受取配当の益金不算入

　適格現物分配により資産の移転を受けたことにより生ずる収益の額，つまり適格現物分配に係る受取配当の額は，益金の額に算入しない（法法62の5④）。ただし，適格現物分配資産の帳簿価額に相当する金額は利益積立金額の増加を認識する（法令9①四）。

ポイント④：自己株式取得に伴う減少資本金等の額

　法人税法上，自己株式の取得は資本取引として整理されており，自己株式を取得した場合，これに対応する資本金等の額の減少を認識する。適格現物分配により自己株式を取得した場合において[3]，自己株式を取得した法人の減少資本金等の額は，適格現物分配直前における現物分配法人の当該株式帳簿価額相当額とされる（法令8①二十一ロ）。

　以下，利益剰余金のみを原資とする適格現物分配により親法人株式を移転した場合の，被現物分配法人における税務処理につき，事例に即して解説する。

■ 親法人株式の適格現物分配

(1)　前　提

前　提 〉税務仕訳 〉調整仕訳 〉申告調整 〉

　設例1の前提に以下を追加する。

①　現物分配直前においてP社（被現物分配法人）が保有するS社（現物分配法人）株式の帳簿価額は会計・税務とも1,530である。

②　現物分配に伴うP社（被現物分配法人）の会計処理は以下のとおり。

P社株式（自己株式）[注1]	120	S　社　株　式[注2]	90
		受　取　配　当　金[注3]	30

3　株式交換により自己株式に代えて取得した親法人株式を現物分配により親法人に移転する背景については設例1のポイント（参考）を参照。

（注1）現物分配を受領する会社における受入資産は分配前に付された現物分配実施会社における連結財務諸表上の適正な帳簿価額を取得原価とする（事業分離会計基準52，35，14）。

（注2）これまで保有していた子会社株式のうち実質的に引き換えられたものとみなされる分につき，現物分配実施会社株式の帳簿価額を減額する。実質的に引き換えられたものとみなされる額は，分配を受ける直前の当該株式の適正な帳簿価額を合理的な方法によって按分し算定するとされている（事業分離会計基準52，35）。本設例では合理的な方法によって按分された金額は90であったと仮定する。

（注3）貸借差額として処理する。

(2)　税務上の仕訳―被現物分配法人　〈前 提〉〈**税務仕訳**〉〈調整仕訳〉〈申告調整〉

「処理上のポイント」をふまえた被現物分配法人Ｐ社の税務上の仕訳は以下のとおりとなる。

現物分配仕訳―税務

資 本 金 等 の 額(注1)	0	受 取 配 当 金(注2)	0

（注1）資本金等の額減少額（0）：適格現物分配による自己株式の取得に該当するため，現物分配法人（Ｓ社）における税務上の帳簿価額（0）をもって資本金等の額の減少を認識する（法令8①二十一ロ）（ポイント①④）。

（注2）利益積立金額増加額（0）：適格現物分配直前における帳簿価額（0）をもって，受取配当金（益金不算入）を認識する。利益剰余金のみを原資とする現物分配であるため現物分配法人株式の帳簿価額の減少は認識しない（ポイント②③）。

(3)　税務と会計の調整仕訳―被現物分配法人

〈前 提〉〈税務仕訳〉〈**調整仕訳**〉〈申告調整〉

Step 1 ：会計上と税務上の仕訳比較

　会計上の仕訳と税務上の仕訳に差異があるため，これらを比較し，税務調整仕訳を作成する。具体的には税務仕訳から会計仕訳を差し引いたものが税務調整仕訳となる。

税務調整仕訳：税務仕訳－会計仕訳

S　社　株　式 ^(注1)	90	自　己　株　式 ^(注2)（資 本 金 等 の 額）	120
受　取　配　当　金 ^(注3)	30		

（注 1 ）　S社株式（90）＝税務上の増減額（ 0 ）－会計上の増減額（▲90）
（注 2 ）　自己株式（資本金等の額）（120）＝税務上の増減額（ 0 ）－会計上の増減額（▲120）
（注 3 ）　受取配当金（▲30）＝税務上の収益の額（ 0 ）－会計上の収益の額（30）

Step 2 ：仕訳分解

　Step 1 の税務調整仕訳につき，資産・負債項目の相手勘定が利益積立金額となるようにいったん仕訳を分解する。分解に際しては，借方貸方に同額の利益積立金額を計上している（斜体部分が追加計上した利益積立金額）。

S　社　株　式	90	*利 益 積 立 金 額*	*90*	(A)
受　取　配　当　金（ 利 益 積 立 金 ）	30	*利 益 積 立 金 額*	*30*	(B)
利 益 積 立 金 額	*120*	自　己　株　式（資 本 金 等 の 額）	120	(C)

＜上記仕訳の申告書記入に際しての留意点＞

- （A）の部分は，別表五（一）「利益積立金額の計算に関する明細書」に増加として記入（別表四は経由しない）。
- （B）の部分は，借方は所得の減算及び利益積立金額の減少を示しているため，別表四で所得の減算を行うとともに，別表五（一）にて利益積立金額の減少を記入する（減算留保処理）。一方，貸方は利益積立金額の増加を示しているため，別表五（一）にて利益積立金額の増加を記入。結果として，別表五（一）残高の増減なし。同様の事例の詳細説明は第 1 章コラム④，87頁を参照のこと。
- （C）の部分は，別表五（一）「利益積立金額の計算に関する明細書」に減少として記入する（名称：「資本金等の額」）と同時に，「資本金等の額の計算

に関する明細書」に増加として記入（名称：「利益積立金額」）。

(4)　申告調整—被現物分配法人 〈前提〉〈税務仕訳〉〈調整仕訳〉〈**申告調整**〉

上記会計上の仕訳及び税務調整を反映した別表四，五（一）は以下のようになる。

なお，説明のため，会計処理に基づく処理は斜体にて，税務調整に基づく処理は通常の書体で示している。

別表四　所得の金額の計算に関する明細書

区分		総額	処分	
			留保	社外流出
	当期利益の額又は当期欠損の額	30	30	
減算	受取配当否認	30	30	
	仮計	0	0	

別表五（一）：利益積立金額及び資本金等の額の計算に関する明細書

Ⅰ：利益積立金額の計算に関する明細書

区分	期首現在利益積立金額	当期の増減		差引翌期首現在利益積立金額
		減	増	
S社株式			(注1)　※　90	90
		(注2)　30	(注1)　※　30	0
資本金等の額			(注1,5)※　▲120	▲120
繰越損益金			(注3)　*30*	××

利益積立金額増加額（0）(注6)

Ⅱ：資本金等の額の計算に関する明細書

区分	期首現在資本金等の額	当期の増減		差引翌期首現在資本金等の額
		減	増	
自己株式			(注4)　*▲120*	▲120
利益積立金額			(注5)　120	120
差引合計額			(注7)　0	××

（注1）別表四を経由しない調整については「※」を付して記入する。

（注2）別表四　受取配当否認（30）に対応。

（注3）会計上の繰越利益剰余金の増減のうち現物分配に係る数値（受取配当30によ

る利益剰余金の増加）のみを記載している。
（注4）会計上の自己株式（純資産の部）の増加（120）に対応。
（注5）利益積立金額と資本金等の額の入り繰りなので，両者は（符合は逆で）一致する。
（注6）別表五（一）上の利益積立金額の増減額合計（0）と，税務仕訳上の利益積立金額の増減額合計（0）は一致する。
（注7）別表五（一）上の資本金等の額の増減額合計（0）と，税務仕訳上の資本金等の額の増減額合計（0）は一致する。

設例 3　適格現物分配─現物分配法人 資本の払戻しによる孫会社の子会社化

処理上のポイント

- ✓ 適格現物分配が行われた場合，現物分配法人においては現物分配資産を帳簿価額にて譲渡したものとして取り扱うため，譲渡損益は認識されない。
- ✓ 資本の払戻しによる適格現物分配については，一定の方法により計算された資本金等の額及び利益積立金額が減少する。

資本の払戻し[4]に該当する適格現物分配が行われた場合の，現物分配法人における税務処理上のポイントは次のとおり。

ポイント①：簿価譲渡

適格現物分配により資産の移転をしたときは，当該現物分配の直前の帳簿価額による譲渡をしたものとして取り扱うため，譲渡損益は認識されない（法法62の5③）。

4　「資本の払戻し」とは資本剰余金の減少を伴う剰余金の配当で，分割型分割によるものおよび株式分配以外のものをいう（法法24①四）。
　金銭以外の資産の株主への移転が現物分配とされる事由には剰余金の配当のほか，解散による残余財産の分配，自己株式の取得がある。第Ⅰ編第1章④を参照。

ポイント②：資本金等の額及び利益積立金額の減少額

資本の払戻しに該当する適格現物分配が行われた場合，資本金等の額及び利益積立金額を減少させる。資本金等の額の減少額及び利益積立金額の減少額の計算式は以下のとおり。

（ⅰ）　資本金等の額の減少額（法令8①十八）

> 資本金等の額の減少額＝
>
> 　　　資本の払戻し等の直前の資本金等の額（A）
>
> 　　　$\times \dfrac{\text{資本の払戻しによる減少資本剰余金の額（C）}}{\text{前事業年度終了時の資産の帳簿価額－負債の帳簿価額（B）}}$（D）

（注）
- 上記算式中（A）がゼロ以下である場合，（D）はゼロとする。
- （A）がゼロを超え，かつ（B）がゼロ以下である場合には（D）は1とする。
- （D）の割合に小数点以下3位未満の端数があるときはこれを切り上げる。
- 上記算式により計算した金額が，適格現物分配による交付資産の帳簿価額を超えるときは，当該帳簿価額をもって減少資本金等の額とする。
- 上記算式（B）中「帳簿価額」とは税務上の帳簿価額を意味する。
- 上記算式（B）中「前事業年度終了時」は，当該払戻し等の日以前6月以内に仮決算による中間申告書を提出し，かつ，当該提出の日から当該払戻し等の日までの間に確定申告書を提出していなかった場合には，当該中間申告書に係るこれらの規定に規定する期間終了時とする。
- （B）の負債の帳簿価額には新株予約権に係る義務を含む。
- （B）に関し，前事業年度終了の時から当該資本の払戻し等の直前の時までの間（以下「当期中」）に資本金等の額又は利益積立金額が増加し，又は減少した場合には，その増加した金額を加算し，又はその減少した金額を減算した金額とする。この際，当期中に発生した所得の金額と，当期中に生じた譲渡等修正事由に係る帳簿価額修正額に相当する金額は考慮外とする。
- （C）が（B）を超える場合は，（C）の金額は（B）の金額とする。

（ⅱ）　利益積立金額の減少額（法令9①十二）

> 利益積立金額の減少額＝
>
> 　　　適格現物分配より交付される資産の交付の直前の帳簿価額
>
> 　　　－資本金等の額の減少額(ⅰ)

　以下，資本の払戻しに該当する適格現物分配により孫法人株式を移転した場合の，現物分配法人における税務処理につき，事例に即して解説する。

■ 資本の払戻しによる適格現物分配

(1) 前 提

①　P社はS1社株式を100%保有している。S1社はS2社株式を100%保有している。

②　S1社（現物分配法人）はS2社株式全株をその他資本剰余金の配当として，P社（被現物分配法人）に現物分配する。

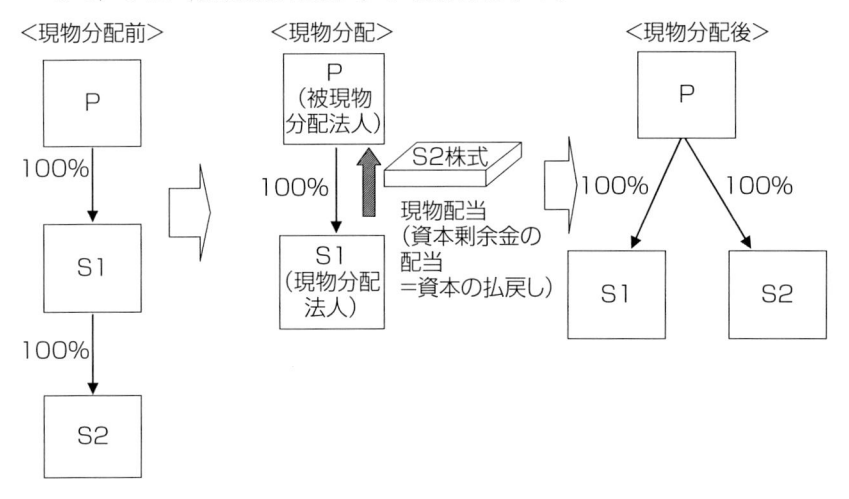

③　配当の効力発生日はX1年6月30日。P社，S1社及びS2社とも3月決算法人である。

④　S1社のX1年3月31日の貸借対照表（税務）は以下のとおり。

S1社現物分配直前の貸借対照表（税務）

| 諸資産 | 2,200 | 資本金等の額 | 1,000 |
| S2社株式 | 300 | 利益積立金額 | 1,500 |

⑤　現物分配前においてＳ１社が保有するＳ２社株式の帳簿価額は，会計上は200，税務上は300である。

⑥　現物分配前においてＰ社が保有するＳ１社株式の帳簿価額は，会計・税務とも1,200である。

⑦　現物分配に係るＳ１社（現物分配法人）の会計上の仕訳は次のとおり。

その他資本剰余金(注1)	200	Ｓ ２ 社 株 式(注)	200

（注）企業集団内の現物配当の場合には，配当の効力発生日における配当財産の適正な帳簿価額をもって，その他資本剰余金又はその他利益剰余金（繰越利益剰余金）を減額する（自己株式及び準備金の額の減少等に関する会計基準の適用指針10）。本設例では前提条件からその他資本剰余金から減額する。

(2) 税務上の仕訳―現物分配法人　　前　提〉**税務仕訳**〉調整仕訳〉申告調整〉

資本の払戻しに該当する適格現物分配であるため，適格現物分配により交付される資産の交付直前の帳簿価額を資本金等の額及び利益積立金額から減少する。

現物分配仕訳－税務

資 本 金 等 の 額(注1)	80	Ｓ ２ 社 株 式(注3)	300
利 益 積 立 金 額(注2)	220		

（注１）資本金等の額減少額（80）＝Ｓ１社の資本金等の額（1,000）×資本払戻しによる減少資本剰余金額（200）÷税務上の簿価純資産の額（2,500）（ポイント②）
（注２）利益積立金額減少額（220）＝適格現物分配直前における帳簿価額（300）－減少資本金等の額（80）（ポイント②）
（注３）Ｓ２社株式減少額（300）＝適格現物分配直前の税務上の帳簿価額
　　　　簿価譲渡とされるため，譲渡損益の認識なし（ポイント①）。

(3) 税務と会計の調整仕訳―現物分配法人

前　提〉税務仕訳〉**調整仕訳**〉申告調整〉

会計上の仕訳と税務上の仕訳に差異があるため，これらを比較し，税務調整

仕訳を作成する。具体的には税務仕訳から会計仕訳を差し引いたものが税務調整仕訳となる。

税務調整仕訳：税務仕訳－会計仕訳

利 益 積 立 金 額[注1]	220	S ２ 社 株 式[注2]	100
		資 本 金 等 の 額[注3]	120

（注１）利益積立金額（▲220）＝税務上の増減額（▲220）－会計上の増減額（０）
（注２）S ２社株式（▲100）＝税務上の増減額（▲300）－会計上の増減額（▲200）
（注３）資本金等の額（120）＝税務上の増減額（▲80）－会計上の増減額（▲200）

＜上記仕訳の申告書記入に際しての留意点＞

- 上記税務調整は，すべて別表五(一)「利益積立金額の計算に関する明細書」に利益積立金額の減少として記入（別表四は経由しない）。

(4)　申告調整─現物分配法人　〈前 提〉税務仕訳〉調整仕訳〉申告調整〉

上記会計上の仕訳及び税務調整を反映した別表五（一）は以下のようになる。

なお，説明のため，会計処理に基づく処理は斜体にて，税務調整に基づく処理は通常の書体で示している。

別表五（一）：利益積立金額及び資本金等の額の計算に関する明細書

Ⅰ：利益積立金額の計算に関する明細書

区分	期首現在利益積立金額	当期の増減		差引翌期首現在利益積立金額
		減	増	
S ２社株式	100		[注1] ※▲100	0
資本金等の額			[注1,3] ※▲120	▲120

利益積立金額増減額（▲220）[注4]

Ⅱ：資本金等の額の計算に関する明細書

区分	期首現在資本金等の額	当期の増減		差引翌期首現在資本金等の額
		減	増	
その他資本剰余金	1,000	[注2] 200		800
利益積立金額			[注3] 120	120
差引合計額		200	120	× ×

資本金等の額の増減額（▲80）[注5]

（注1）別表四を経由しない調整については「※」を付して記入する。

（注2）会計上のその他資本剰余金の減少（200）に対応。

（注3）利益積立金額と資本金等の額の入り繰りなので，両者は（符合は逆で）一致する。

（注4）別表五（一）上の利益積立金額の増減額合計（▲220）と，税務仕訳上の利益積立金額の増減額合計（▲220）は一致する。

（注5）別表五（一）上の資本金等の額の増減額合計（▲80）と，税務仕訳上の資本金等の額の増減額合計（▲80）は一致する。

設例 4　適格現物分配—被現物分配法人　資本の払戻しによる孫会社の子会社化

処理上のポイント

> ✓　資本の払戻しに該当する適格現物分配が行われた場合，被現物分配法人においては，受入金額をみなし配当部分と株式譲渡対価部分に区分し，現物分配法人株式の株式の一部譲渡があったものとして現物分配法人株式の帳簿価額の減少を認識する。株式譲渡損益に相当する金額は資本金等の額に計上する。
>
> ✓　みなし配当部分は適格現物分配に係る収益の額として益金不算入となる。

資本の払戻し[5]に該当する適格現物分配が行われた場合の，被現物分配法人における税務処理上のポイントは次のとおり。

ポイント①：税務処理の概要

資本の払戻しに該当する適格現物分配により株主に資産の交付が行われた場

　5　「資本の払戻し」とは資本剰余金の減少を伴う剰余金の配当で，分割型分割によるものおよび株式分配以外のものをいう（法法24①四）。

　　金銭以外の資産の株主への移転が現物分配とされる事由には剰余金の配当のほか，解散による残余財産の分配，自己株式の取得がある。第Ⅰ編第1章④を参照。

合，株主においては適格現物分配による交付資産は現物分配法人における帳簿
価額にて受け入れる。当該受入価額は一部をみなし配当，残りを株式譲渡対価
として取り扱う。みなし配当部分については全額益金不算入，株式譲渡対価と
対応する原価との差額は株式譲渡損益とせずに資本金等の額として処理する。

以下，第Ⅰ編第1章④(2)より取引図を再掲。

◆図表2-12 資本剰余金を原資とする現物配当に係る受入価額の取扱い◆

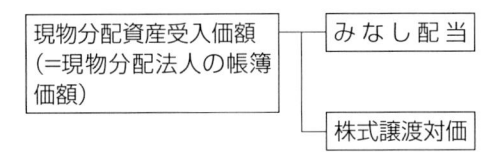

仕訳イメージ（資本剰余金を原資とする適格現物分配）

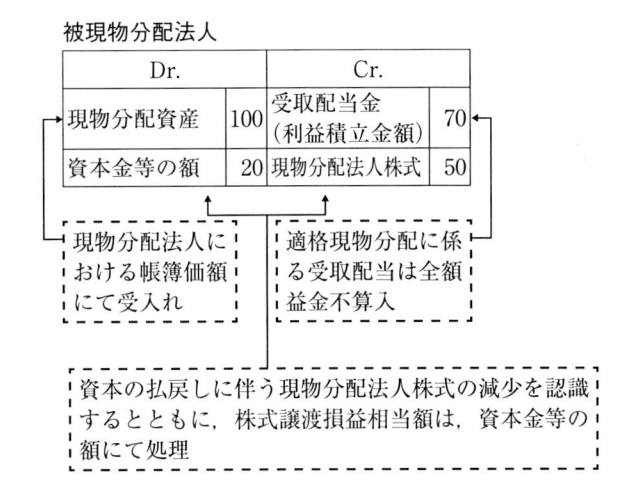

ポイント②：現物分配資産受入価額

適格現物分配により資産の交付を受けた場合の取得価額は，当該資産の現物
分配法人における現物分配直前の帳簿価額となる（法法62の5③⑥，法令123
の6①）。

ポイント③：適格現物分配に係るみなし配当金額の益金不算入

　資本の払戻しに該当する適格現物分配により金銭以外の資産の交付を受けた場合，以下の金額は受取配当とみなされる（法法24①四，法令23①四）。この金額は，被現物分配法人の課税所得の計算上益金の額に算入しない（法法62の5④，法人税申告書上減算・流出処理）。

みなし配当金額＝適格現物分配資産の帳簿価額[注1]

　　　－現物分配法人の資本金等の額のうち当該交付の起因となった株式等に
　　　　対応する金額[注2]

（注1）現物分配法人における当該現物分配資産の交付直前の帳簿価額
（注2）現物分配法人の資本金等の額のうち当該株式等に対応する金額
　　　＝現物分配法人の資本金等の額の減少額[注3]
　　　　　　　×　$\dfrac{\text{株主（被現物分配法人）が払戻し等直前に有していた資本の払戻し等に係る株式の数（保有株式数）}}{\text{資本の払戻し等に係る株式の総数（株式総数）}}$
（注3）現物分配法人の資本金等の額の減少額については設例3ポイント②を参照。

ポイント④：株式帳簿価額の減少額・株式譲渡損益

　資本の払戻しに該当する適格現物分配に係る株式譲渡原価（＝株式帳簿価額の減少額）は以下の算式により計算される（法法61の2⑱，法令119の9，23①四）。また，株式は帳簿価額にて譲渡されたものとされるため，株式譲渡損益は認識されない（法法61の2⑰）。

株式帳簿価額の減少額＝

　　　資本の払戻し等の直前の株式帳簿価額（A）

　　　　×　$\dfrac{\text{資本の払戻しによる減少資本剰余金の額（C）}}{\text{前事業年度終了時の資産の帳簿価額－負債の帳簿価額（B）}}$（D）

（注）
• 資本の払戻し等の直前の現物分配法人の資本金等の額がゼロ以下である場合，（D）はゼロとする。
• 資本の払戻し等の直前の現物分配法人の資本金等の額がゼロを超え，かつ（B）がゼロ以下である場合には（D）は1とする。
• （D）の割合に小数点以下3位未満の端数があるときはこれを切り上げる。
• 上記算式中「帳簿価額」とは税務上の帳簿価額を意味する。

- 上記算式（B）中「前事業年度終了時」は当該払戻し等の日以前6月以内に仮決算による中間申告書を提出し，かつ，当該提出の日から当該払戻し等の日までの間に確定申告書を提出していなかった場合には，当該中間申告書に係るこれらの規定に規定する期間終了時とする。
- （B）の負債の帳簿価額には新株予約権に係る義務を含む。
- （B）に関し，前事業年度終了の時から当該資本の払戻し等の直前の時までの間（以下「当期中」）に資本金等の額又は利益積立金額が増加し，又は減少した場合には，その増加した金額を加算し，又はその減少した金額を減算した金額とする。この際，当期中に発生した所得の金額と，当期中に生じた譲渡等修正事由に係る帳簿価額修正額に相当する金額は考慮外とする。
- （C）が（B）を超える場合は，（C）の金額は（B）の金額とする。

ポイント⑤：資本金等の額

　上述ポイント②～④の処理により生ずる貸借差額は資本金等の額にて処理する。具体的な算式は次のとおり（法令8①二十二）である。

> 資本金等の額の減少額＝
>
> 　　法人税法第24条1項により配当とみなされる金額
>
> 　　＋株式譲渡対価とされる金額（＝株式譲渡原価）
>
> 　　－適格現物分配により交付された資産の取得価額

　以下，資本の払戻しに該当する適格現物分配により孫法人株式を移転した場合の，被現物分配法人の税務処理につき，事例に即して解説する。

■ 資本の払戻しによる適格現物分配

(1) 前　提

前　提〉税務仕訳〉調整仕訳〉申告調整

　設例3の前提に以下を追加する。

- 現物分配に伴うP社（被現物分配法人）の会計処理は以下のとおり。

| S　2　社　株　式（注）
（現物分配資産） | 120 | S　1　社　株　式（注）
（現物分配法人株式） | 120 |

（注）現物分配で孫会社株式を受領した親会社の会計処理について，明文規定はないが，分割型の会社分割が行われた場合の分割会社の株主の会計処理と整合的に処理することが考えられる。この場合，親会社は受け取る孫会社株式とこれまで保有していた子会社株式が実質的に引き換えられたものとみなして処理することになる。

　　実質的に引き換えられたものとみなされる額は，分配を受ける直前の当該株式の適正な帳簿価額を合理的な方法によって按分し算定するとされている（事業分離会計基準52，35）。本設例では合理的な方法によって按分された金額は120であったと仮定する。

(2)　税務上の仕訳―被現物分配法人　〉前　提〉**税務仕訳**〉調整仕訳〉申告調整〉

　「処理上のポイント」をふまえた被現物分配法人Ｐ社の税務上の仕訳は以下のとおりとなる。

現物分配仕訳－税務

　(i)　現物分配による資産の受入れ

Ｓ２社株式[注1]（現物分配資産）	300	Ｓ１社株式[注2]（現物分配法人株式）	96
資本金等の額[注3]	16	受取配当金[注4]	220

　(ii)　現物分配に係る収益の額の益金不算入

適格現物分配に係る益金不算入額[注4]	220	（社外流出）

（注１）Ｓ２社株式取得価額（300）＝Ｓ１社（現物分配法人）における現物分配直前におけるＳ２社株式（現物分配資産）の税務上の帳簿価額（300）（ポイント②）

（注２）Ｓ１社株式譲渡原価（96）＝Ｐ社（被現物分配法人）におけるＳ１社（現物分配法人）株式の税務上の帳簿価額（1,200）×資本の払戻しによる減少資本剰余金額（200）÷直前事業年度終了時の税務上の簿価純資産価額（2,500）（ポイント④）

（注３）減少資本金等の額（16）＝Ｓ１社（分割法人株式）株式譲渡原価（96）＋みなし配当の額（220）－Ｓ２社株式（現物分配資産）取得価額（300）（ポイント⑤）

（注４）みなし配当の額（220）＝Ｓ２社株式（現物分配資産）の帳簿価額（300）－現物分配直前資本金等の額（1,000）×資本払戻しによる減少資本剰余金額（200）÷直前事業年度終了時の税務上の簿価純資産価額（2,500）（ポイント③）

(3)　税務と会計の調整仕訳―被現物分配法人

前　提　税務仕訳　調整仕訳　申告調整

　会計上の仕訳と税務上の仕訳に差異があるため，これらを比較し，税務調整仕訳を作成する。具体的には税務仕訳から会計仕訳を差し引いたものが税務調整仕訳となる。

税務調整仕訳：税務仕訳－会計仕訳

（ⅰ）　現物分配による資産の受入れ

S　２　社　株　式[注1]（現物分配資産）	180	受　取　配　当　金[注4]（利益積立金額）	220
S　１　社　株　式[注2]（現物分配法人株式）	24		
資　本　金　等　の　額[注3]	16		

（ⅱ）　現物分配に係る収益の額の益金不算入

適格現物分配に係る益金不算入額　220　（社外流出）

（注１）S２社株式（現物分配資産）（180）＝税務上の増減額（300）－会計上の増減額（120）
（注２）現物分配法人株式（24）＝税務上の増減額（▲96）－会計上の増減額（▲120）
（注３）資本金等の額（▲16）＝税務上の増減額（▲16）－会計上の増減額（０）
（注４）受取配当金（220）＝税務上の収益の額（220）－会計上の収益の額（０）

＜上記仕訳の申告書記入に際しての留意点＞

　(ⅰ)の仕訳については，すべて別表五（一）「利益積立金額の計算に関する明細書」に増加として記入（別表四にて所得の加算調整を，留保として処理。）。

　(ⅱ)の仕訳については，別表四にて所得の減算調整を，社外流出として処理。

(4)　申告調整―被現物分配法人

前　提　税務仕訳　調整仕訳　申告調整

　上記会計上の仕訳及び税務調整を反映した別表四，五（一）は以下のようになる。

別表四：所得の金額の計算に関する明細書

区分		総額	処分	
			留保	社外流出
加算	受取配当金	220	220	
減算	適格現物分配に係る益金不算入額	220		220

別表五（一）：利益積立金額及び資本金等の額の計算に関する明細書

Ⅰ：利益積立金額の計算に関する明細書

区分	期首現在利益積立金額	当期の増減		差引翌期首現在利益積立金額
		減	増	
S 1 社株式（現物分配法人株式）			(注1) 24	24
S 2 社株式（現物分配資産）			(注1) 180	180
資本金等の額			(注1, 2) 16	16

利益積立金額増減額（220）(注3)

Ⅱ：資本金等の額の計算に関する明細書

区分	期首現在資本金等の額	当期の増減		差引翌期首現在資本金等の額
		減	増	
利益積立金額			(注2) ▲16	▲16
差引合計額			(注4) ▲16	××

（注1）別表四　加算留保：受取配当（220）と対応（24＋180＋16＝220）
（注2）利益積立金額と資本金等の額の入り繰りなので，両者は（符合は逆で）一致する。
（注3）別表五（一）上の利益積立金額の増減額合計（220）と，税務仕訳上の利益積立金額の増減額合計（220）は一致する。
（注4）別表五（一）上の資本金等の額の増減額合計（▲16）と，税務仕訳上の資本金等の額の増減額合計（▲16）は一致する。

コラム ⑩　資本の払戻しに係る資本金等の額・株式帳簿価額の減少額の計算

１．資本の払戻しに係る資本金等の額・株式帳簿価額減少額の計算式

　設例３，４「処理上のポイント」において，資本の払戻しによる適格現物分配が行われた際の，資本金等の額の減少額，現物分配法人株式帳簿価額の減少額の計算式について以下のように説明した。

　　資本金等の額の減少額　　（設例３処理上のポイント②）

$$\text{資本金等の額の減少額} =$$
$$\text{資本の払戻し等の直前の資本金等の額（A）}$$
$$\times \frac{\text{資本の払戻しによる減少資本剰余金（C）}}{\text{前事業年度終了時の資産の帳簿価額 − 負債の帳簿価額（B）}} \text{（D）}$$

　　株式帳簿価額の減少額　　（設例４処理上のポイント④）

$$\text{株式帳簿価額の減少額} =$$
$$\text{資本の払戻し等の直前の株式帳簿価額（A）}$$
$$\times \frac{\text{資本の払戻しによる減少資本剰余金（C）}}{\text{前事業年度終了時の資産の帳簿価額 − 負債の帳簿価額（B）}} \text{（D）}$$

２．適格現物分配における分子の金額

　上記の算式中，（C）部分については，「減少資本剰余金」とすべきか，「適格現物分配資産の帳簿価額」とすべきか疑義が生じる[6]。

　これは，法令のカッコ書きがどの部分に対応するかの解釈の違いによる。

　法人税法施行令第８条第１項十八号には資本の払戻し等（資本の払戻し及び残余財産の一部分配）による減少資本金等の額の計算方法が規定さ

6　稲見誠一・鯉淵直子「現物分配による資本剰余金の配当」（国税速報6209号），朝永英樹「「資本払戻し」を行った法人の資本金等の額の減少額」（T&A master435号）。なお，「平成22年度改正税法のすべて」214頁に仕訳例の記載があるが，「資本払戻し」「残余財産の一部分配」いずれの仕訳例であるか解釈の余地がある。

れている。ここにおいて，上記算式の（C）部分（分子）については次の
ように規定されている。

　法人税法施行令第8条第1項十八号ロ

当該資本の払戻しにより減少した資本剰余金の額⁽ᵖ⁾又は当該解散による残余
財産の一部の分配により交付した金銭の額及び金銭以外の資産の価額⁽ⁱ⁾（適
格現物分配に係る資産にあつては，その交付の直前の帳簿価額⁽ᵂ⁾）の合計額
（当該減少した資本剰余金の額又は当該合計額がイに掲げる金額を超える場合
には，イに掲げる金額）

　問題は(ウ)の部分が(イ)のみに係るのか，(ア)(イ)の双方に係るのか，という点
である。

　(ウ)が(イ)のみに係るものであるという考え方においては，資本の払戻しの
場合は適格現物分配であっても「減少資本剰余金」が分子となり，適格現
物分配に該当する残余財産の一部分配については「資産の帳簿価額」が分
子となる。

　(ウ)は(ア)(イ)双方に対応するカッコ書きであるという考え方においては，資
本の払戻し，残余財産一部分配のいずれの場合においても現物分配資産の
帳簿価額をもって分子（上記算式（C））の価額とすべきということになる。

　本書においては，(ウ)に「資産にあっては」という言葉があることから，
(ウ)は(イ)の「資産の価額」に対応するカッコ書き（＝「価額」（時価）を「帳
簿価額」とするためのカッコ書き）である，つまり適格現物分配に該当す
る資本の払戻しにおける上記（C）の金額は「減少資本剰余金」である，
との立場を採用してきたが，この点に関し，国税庁の質疑応答「適格現物
分配による資本の払戻しを行った場合の税務上の処理について」により，
(ウ)は(イ)のみに係るものであることが明確化された。

設例 5　適格株式分配―現物分配法人
　　　　　利益剰余金からの株式分配

処理上のポイント

✓　適格株式分配が行われた場合，現物分配法人においては完全子法人の株式を帳簿価額にて譲渡したものとして取り扱うため，譲渡損益は認識されない。

✓　適格株式分配の原資が利益剰余金の場合も資本剰余金の場合も，減少する完全子法人の株式の帳簿価額相当額の資本金等の額を減少させる。

　適格株式分配が行われた場合の，現物分配法人における税務処理上のポイントは次のとおり。

ポイント①：簿価譲渡

　適格株式分配により完全子法人[7]の株式の移転をしたときは，当該適格株式分配の直前の帳簿価額による譲渡をしたものとして取り扱うため，譲渡損益は認識されない（法法62の5③）。

ポイント②：資本金等の額の減少

　適格株式分配が行われた場合，その原資が利益剰余金であっても資本剰余金であっても，資本金等の額を減少させる。減少資本金等の額は，その株主等に交付した完全子法人の株式の帳簿価額に相当する額である（法令8①十六）。

　以下，適格株式分配により完全子法人の株式を移転した場合の，現物分配法

　7　完全子法人とは，現物分配の直前において現物分配法人により発行済株式等の全部を保有されていた法人をいう（法法2十二の十五の二）。

人における税務処理につき，事例に即して解説する。

■ 適格株式分配

(1)　前　提

　前　提 〉税務仕訳 〉調整仕訳 〉申告調整 〉

① 　S1社はS2社株式を100％保有している。S1社の株主には，S1社との間に支配関係のある者はいない。

② 　S1社（現物分配法人）はS2社株式全株を繰越利益剰余金の配当として，S1社株主にS1社の発行済株式等の総数に占める各株主の有するS1社株式の数の割合に応じて交付する。

③ 　配当の効力発生日はX1年6月30日。S1社は3月決算法人である。

④ 　税務上，適格株式分配に該当する。

⑤ 　株式分配前においてS1社が保有するS2社株式の帳簿価額は，会計上200，税務上は300である。

⑥ 　現物分配に係るS1社（現物分配法人）の会計上の仕訳は次のとおり。

| 繰越利益剰余金(注) | 200 / | S2社　株　式(注) | 200 |

(注)　保有する子会社株式のすべてを株式数に応じて比例的に配当する場合には，配当の効力発生日における配当財産の適正な帳簿価額をもって，その他資本剰余金又はその他利益剰余金（繰越利益剰余金）を減額する（自己株式及び準備金の額の減少に係る会計基準の適用指針10）。本設例では前提条件から繰越利益剰余金から減額する。

(2)　税務上の仕訳―現物分配法人

　前　提 〉税務仕訳 〉調整仕訳 〉申告調整 〉

　適格株式分配であるため，適格株式分配により交付される完全子法人の株式の交付直前の帳簿価額を資本金等の額から減少する。

現物分配仕訳－税務

| 資本金等の額(注1) | 300 / | S2社　株　式(注2) | 300 |

（注1）　資本金等の額の減少額（300）＝S2社株式の帳簿価額相当額（ポイント②）
（注2）　S2社株式減少額（300）＝適格株式分配直前の帳簿価額による譲渡とされ
　　　　るため，譲渡損益の認識なし（ポイント①）。

(3)　税務と会計の調整仕訳―現物分配法人

| 前　提 | 税務仕訳 | **調整仕訳** | 申告調整 |

　会計上の仕訳と税務上の仕訳に差異があるため，これらを比較して税務調整
仕訳を作成する。具体的には税務仕訳から会計仕訳を差し引いたものが税務調
整仕訳となる。

税務調整仕訳：税務仕訳－会計仕訳

| 資 本 金 等 の 額 (注1) | 300 | S 2 社　株　式 (注2) | 100 |
| | | 利 益 積 立 金 額 (注3) | 200 |

（注1）　資本金等の額（▲300）＝税務上の増減額（▲300）－会計上の増減額（０）
（注2）　S2社株式減少額（▲100）＝税務上の増減額（▲300）－会計上の増減額（▲200）
（注3）　利益積立金額（200）＝税務上の増減額（０）－会計上の増減額（▲200）

＜上記仕訳の申告書記入に際しての留意点＞
• 上記税務調整は，すべて別表五（一）「利益積立金額の計算に関する明細書」
　に利益積立金額の減少として記入（別表四は経由しない）。

(4)　申告調整―現物分配法人

| 前　提 | 税務仕訳 | 調整仕訳 | **申告調整** |

　上記の会計上の仕訳及び税務調整を反映した別表五（一）は以下のようにな
る。
　なお，説明のため，会計処理に基づく処理は斜体にて，税務調整に基づく処
理は通常の書体で示している。

別表五（一）：利益積立金額及び資本金等の額の計算に関する明細書

Ⅰ：利益積立金額の計算に関する明細書

区分	期首現在利益積立金額	当期の増減		差引翌期首現在利益積立金額
		減	増	
Ｓ２社株式（完全子法人の株式）	100		(注1)　※　▲100	0
資本金等の額			(注1, 注2)※　　300	300
繰越損益金			(注3)　　▲200	××

利益積立金額増加額（0）(注4)

Ⅱ：資本金等の額の計算に関する明細書

区分	期首現在資本金等の額	当期の増減		差引翌期首現在資本金等の額
		減	増	
利益積立金額			(注2)　　▲300	▲300
差引合計額			(注5)　　▲300	××

（注1）別表四を経由しない調整については「※」を付して記入する。
（注2）利益積立金額と資本金等の額の入り繰りなので，両者は（符合は逆で）一致する。
（注3）会計上の繰越利益剰余金の増減のうち株式分配に係る数値のみを記載している。
（注4）別表五（一）上の利益積立金額の増減額合計（0）と，税務仕訳上の利益積立金額の増減額合計（0）は一致する。
（注5）別表五（一）上の資本金等の額の増減額合計（▲300）と，税務仕訳上の資本金等の額の増減額合計（▲300）は一致する。

設例 **6**　適格株式分配─現物分配法人の株主
　　　　利益剰余金からの株式分配

処理上のポイント

> ✓　株式分配が行われた場合，現物分配法人の株主においては，現物分
> 配法人株式の一部譲渡があったものとして現物分配法人株式の帳簿価
> 額の減少を認識する。
> ✓　ただし，金銭等不交付株式分配の場合，株式譲渡原価で譲渡したも
> のとされるため，株式譲渡損益は認識せず，完全子法人の株式の取得
> 価額は当該株式譲渡原価に交付を受けるために要した費用を加算した
> 金額となる。

　適格株式分配が行われた場合の，現物分配法人の株主における税務処理上の
ポイントは次のとおり。

ポイント①：株式帳簿価額の減少額・株式譲渡損益

　株式分配に係る株式譲渡原価（＝株式帳簿価額の減少額）は以下の算式によ
り計算される（法法61の２⑧，法令119の８の２①，23①三）。また，完全子法
人の株式以外の資産が交付されなかった株式分配で，その株式が現物分配法人
の発行済株式等の総数のうちに占める各株主の有する現物分配法人の株式の数
の割合に応じて交付されたもの（金銭等不交付株式分配）である場合，現物分
配法人株式は帳簿価額にて譲渡されたものとされるため，株式譲渡損益は認識
されない（法法61の２⑧）。なお，適格株式分配により完全子法人の株式の交
付を受けた場合，みなし配当の額はない（法法24①三）。

> 株式帳簿価額の減少額＝
>
> 　　株式分配の直前の株式帳簿価額（A）
>
> 　　×　$\dfrac{\text{株式分配直前の完全子法人の株式の帳簿価額（C）}}{\text{前事業年度終了時の資産の帳簿価額－負債の帳簿価額（B）}}$（D）

（注）

- 株式分配の直前の現物分配法人の資本金等の額がゼロ以下である場合，（D）はゼロとする。
- 株式分配の直前の現物分配法人の資本金等の額及び（C）がゼロを超え，かつ（B）がゼロ以下である場合には（D）は1とする。
- （D）の割合に小数点以下3位未満の端数があるときはこれを切り上げる。
- 上記算式中「帳簿価額」とは税務上の帳簿価額を意味する。
- 上記算式（B）中「前事業年度終了時」は当該株式分配の日以前6月以内に仮決算による中間申告書を提出し，かつ，当該提出の日から当該株式分配の日までの間に確定申告書を提出していなかった場合には，当該中間申告書に係るこれらの規定に規定する期間終了時とする。
- （B）の負債の帳簿価額には新株予約権に係る義務を含む。
- （B）に関し，前事業年度終了の時から当該株式分配の直前の時までの間（以下「当期中」）に資本金等の額又は利益積立金額が増加し，又は減少した場合には，その増加した金額を加算し，又はその減少した金額を減算した金額とする。この際，当期中に発生した所得の金額と，当期中に生じた譲渡等修正事由に係る帳簿価額修正額に相当する金額は考慮外とする。
- （C）がゼロ以下である場合には（C）はゼロとする。
- （C）が（B）を超える場合，（B）がマイナスの場合を除き，（C）の金額は（B）の金額とする。

ポイント②：完全子法人の株式の受入価額

　金銭等不交付株式分配により完全子法人の株式の交付を受けた株主における取得価額は，現物分配法人の株式の譲渡原価相当額（ポイント①参照）に交付を受けるために要した費用の額を加算した金額となる（法令119①八）。

　以下，適格株式分配により完全子法人の株式の交付を受けた場合の現物分配法人の株主の税務処理につき，事例に即して解説する。

■ 適格株式分配

(1) 前 提

前 提 〉税務仕訳〉調整仕訳〉申告調整〉

設例5の前提に以下を追加する。

① S1社のX1年3月31日の貸借対照表（税務）は以下のとおり。また，S1社の発行済株式等の総数は50株である。

S1社の貸借対照表（税務）

諸資産	1,700	資本金等の額	500
S2社株式	300	利益積立金額	1,500

② X社は，S1社株式を10株保有しており，その他有価証券に区分している。株式分配前においてX社が保有するS1社株式の帳簿価額は，会計・税務とも100である。

③ X社においてS2社株式の交付を受けるために要した費用はない。

④ 適格株式分配に伴うX社の会計処理は以下のとおり。

| S2社株式(注1)（完全子法人の株式） | 10 / S1社株式(注1)（現物分配法人株式） | 10 |

(注1) 子会社や関連会社以外の投資先を被結合企業とする企業結合により，子会社株式や関連会社株式以外の被結合企業の株式が結合企業の株式のみと引き換えられ，結合後企業が引き続き，当該株主の子会社や関連会社に該当しない場合（その他有価証券からその他有価証券），被結合企業の株主の個別財務諸表上，交換損益は認識されず，結合後企業の株式の取得原価は，引き換えられた被結合企業の株式に係る企業結合直前の適正な帳簿価額に基づいて算定する（事業分離会計基準43，130〜135）。その他有価証券に該当する投資先からその他有価証券に該当する株式の現物分配を受けた会社においても，投資の継続に該当するため，株主は受け取った株式の交換損益を認識しないと考えられる。本設例では合理的な方法によって按分された金額は10であったと仮定する。

(2)　税務上の仕訳―現物分配法人の株主

| 前　提 | 税務仕訳 | 調整仕訳 | 申告調整 |

　「処理上のポイント」をふまえた現物分配法人の株主X社の税務上の仕訳は以下のとおりとなる。

株式分配仕訳－税務

| S2社　株　式^(注1)（完全子法人の株式） | 15 | S1社　株　式^(注2)（現物分配法人株式） | 15 |

（注1）S2社（完全子法人）株式取得価額（15）＝S1社株式譲渡原価（ポイント②）
（注2）S1社株式譲渡原価（15）＝X社におけるS1社（現物分配法人）株式の税務上の帳簿価額（100）×S2社（完全子法人）の株式の税務上の帳簿価額（300）÷直前事業年度終了時の税務上の簿価純資産価額（2,000）（ポイント①）

(3)　税務と会計の調整仕訳―現物分配法人の株主

| 前　提 | 税務仕訳 | 調整仕訳 | 申告調整 |

　会計上の仕訳と税務上の仕訳に差異があるため，これらを比較し，税務調整仕訳を作成する。具体的には税務仕訳から会計仕訳を差し引いたものが税務調整仕訳となる。

税務調整仕訳：税務仕訳－会計仕訳

| S2社　株　式^(注1) | 5 | S1社　株　式^(注2) | 5 |

（注1）S2社株式（5）＝税務上の増減額（15）－会計上の増減額（10）
（注2）S1社株式（▲5）＝税務上の増減額（▲15）－会計上の増減額（▲10）

＜上記仕訳の申告書記入に際しての留意点＞
　上記税務調整は，すべて別表五（一）「利益積立金額の計算に関する明細書」に利益積立金額の減少として記入（別表四は経由しない）。

⑷　申告調整—現物分配法人の株主

| 前　提 | 税務仕訳 | 調整仕訳 | **申告調整** |

　上記の会計上の仕訳及び税務調整を反映した別表五（一）は以下のようになる。

別表五（一）：利益積立金額及び資本金等の額の計算に関する明細書

Ⅰ：利益積立金額の計算に関する明細書

区分	期首現在利益積立金額	当期の増減		差引翌期首現在利益積立金額
		減	増	
Ｓ１社株式（現物分配法人の株式）		(注)　※　　5		▲5
Ｓ２社株式（完全子法人の株式）			(注1)　※　　5	5

（注）別表四を経由しない調整については「※」を付して記入する。

第6章

株式交換・株式移転

はじめに

　第6章では，株式交換・株式移転が行われた場合の申告調整につき，設例に基づいて解説を行う。各設例における，適格・非適格の区分，説明対象としている法人，トピックは次のとおり。

<第6章にて取り扱う設例>

設例番号	再編の種類	対象法人	トピック
設例1	適格株式交換	株式交換完全親法人	株式交換完全子法人の株主が50人未満
設例2	適格株式交換	株式交換完全子法人	株式交換完全子法人が自己株式を保有
設例3	適格株式交換	株式交換完全子法人の株主	株式交換完全親法人株式対価
設例4	適格株式交換	株式交換完全親法人	株式交換完全子法人の株主が50人以上，新株予約権の交付あり
設例5	適格株式交換	株式交換完全親法人	現金対価
設例6	適格株式交換	株式交換完全子法人の株主	現金対価
設例7	非適格株式交換	株式交換完全親法人	株式交換完全親法人株式対価
設例8	非適格株式交換	株式交換完全子法人	時価評価損益の計上
設例9	適格株式交換	株式交換完全親法人	三角株式交換
設例10	適格株式移転	株式移転完全親法人	共同株式移転

設例 1　適格株式交換―株式交換完全親法人　　株式交換完全子法人の株主が50人未満

処理上のポイント

> ✓　株式交換完全子法人の株主数が50人未満の適格株式交換の場合，株式交換完全子法人株式の取得価額は，株式交換完全子法人の株主における株式交換完全子法人株式の帳簿価額を基礎として算定する。

適格株式交換（株式交換完全子法人の株主が50人未満）が行われた場合の，株式交換完全親法人における税務処理上のポイントは次のとおり。

ポイント①：株式交換完全子法人株式の取得価額

適格株式交換が行われた場合において，株式交換直前における株式交換完全子法人の株主の数が50人未満である場合，株式交換完全親法人が取得した株式交換完全子法人株式の取得価額は次の算式により計算される（法令119①十イ）。

> 株式交換完全子法人株式の取得価額＝
> 　株式交換完全子法人の株主における株式交換直前の株式交換完全子法人株式帳簿価額[注1]に相当する金額の合計額[注2]

（注1）税務上の帳簿価額。
（注2）株式取得のために要した費用がある場合にはそれを加算した金額。

ポイント②：増加資本金等の額

適格株式交換[1]が行われた場合の株式交換完全親法人の増加資本金等の額は次の算式により計算される（法令8①十）。

1　金銭等不交付株式交換に限り，株式交換完全親法人株式が交付されるもの（いわゆる三角株式交換）を除く。

> 増加資本金等の額＝株式交換完全子法人株式取得価額[注1][注2]

(注1)　株式取得価額に株式取得のため要した費用が含まれている場合はこれを控除する。

(注2)　適格株式交換に伴い，株式交換完全子法人の新株予約権に代えて，株式交換完全親法人の新株予約権を交付した場合の増加資本金等の額については，設例4処理上のポイントを参照のこと。

　以下，株式交換完全子法人の株主の数が50人未満である適格株式交換が行われた場合の，株式交換完全親法人における税務処理につき，事例に即して解説する。

■ 株式交換完全子法人の株主が50人未満の適格株式交換

(1)　前　提

〔前　提〕〉税務仕訳〉調整仕訳〉申告調整〉

①　P社とS社はP社を株式交換完全親法人，S社を株式交換完全子法人とする株式交換を行った。

②　株式交換直前におけるS社株式の保有状況は以下のとおり。なお，株主の数は50人未満である。

株主	保有株式数
P社	600
S社（自己株式）	40
その他非支配株主	360
合計	1,000

③　P社はS社株式1株に対してP社株式1株（時価@3）を交付した（新株発行）。株式交換によりP社が取得したS社株式は400株。P社における資本金増加はなし。株式取得のために要した費用はない。

④　株式交換期日はX1年4月1日。P社，S社ともに3月決算法人である。

⑤　税務上，適格株式交換に該当する。

⑥　S社の株式交換直前における貸借対照表（会計・税務）は以下のとおり。

S社株式交換直前の貸借対照表（会計）

諸資産	1,920	資本金	1,000
		自己株式	▲80
		繰越利益剰余金	1,000

S社株式交換直前の貸借対照表（税務）

| 諸資産 | 1,920 | 資本金等の額 | 920 |
| | | 利益積立金額 | 1,000 |

⑦　株式交換に伴うP社（株式交換完全親法人）の会計処理は以下のとおり。

| S　社　株　式(注1)
（非支配株主保有分） | 1,080 | 資　本　準　備　金(注3) | 1,200 |
| S　社　株　式(注2)
（　S　社　保　有　分　） | 120 | | |

（注1）親会社が非支配株主から取得する株式交換完全子会社株式の取得原価は，非支配株主に交付した株式交換効力発生日の株式交換完全親会社株式の時価に付随費用を加算した額となる（結合分離適用指針236(1)）。したがって，非支配株主から取得する株式の取得原価は1,080となる（@ 3 ×360株）。

（注2）親会社が株式交換完全子会社の自己株式の取得と引き換えに自社株式を交付した場合の会計処理は，非支配株主との取引に準じて処理される（結合分離適用指針238- 2 ）。したがって，S社から取得する株式の取得原価は120となる（@ 3 ×40株）。

（注3）企業結合の対価として株式交換完全親会社が新株を発行した場合には，払込資本の増加として処理される。増加すべき払込資本の内訳項目は会社法の規定に基づき決定される（結合分離適用指針236(2)，111）。本設例では，全額を資本準備金の増加とした。

⑧　その他非支配株主が保有するS社株式の帳簿価額（税務）の合計額は500である。

(2)　税務上の仕訳―株式交換完全親法人

〈前　提〉〈**税務仕訳**〉〈調整仕訳〉〈申告調整〉

　S社の株式交換直前の株主の数が50人未満のため，S社株式の取得価額は，株式交換完全子法人の株主における株式交換直前の税務上の帳簿価額に相当する金額の合計額となる。

株式交換仕訳－税務

| S　社　株　式(注1) | 500 | 資 本 金 等 の 額(注2) | 500 |

（注1）S社株式取得価額（500）＝非支配株主が保有するS社株式帳簿価額合計（500）＋S社が保有するS社株式帳簿価額（0：税務上，自己株式の帳簿価額はゼロであるため。）（ポイント①）
（注2）資本金等の額（500）＝適格株式交換に際して，株式交換完全親法人株式のみが交付されているため，増加資本金等の額は株式交換完全子法人株式の取得価額（株式取得のために要した費用を除く）と同額となる（ポイント②）。

(3)　税務と会計の調整仕訳―株式交換完全親法人

〈前　提〉〈税務仕訳〉〈**調整仕訳**〉〈申告調整〉

Step 1 ：会計上と税務上の仕訳比較

　会計上の仕訳と税務上の仕訳に差異があるため，これらを比較し，税務調整仕訳を作成する。具体的には税務仕訳から会計仕訳を差し引いたものが税務調整仕訳となる。

税務調整仕訳：税務仕訳－会計仕訳

| 資 本 金 等 の 額(注1) | 700 | S　社　株　式(注2) | 700 |

（注1）資本金等の額（▲700）＝税務上の資本金等の額増加額（500）－会計上の資本準備金増加額（1,200）
（注2）S社株式（▲700）＝税務上のS社株式増加額（500）－会計上のS社株式増加額（1,200）

Step 2：仕訳分解

　Step 1の税務調整仕訳につき，資産・負債項目の相手勘定が利益積立金額となるようにいったん仕訳を分解する。分解に際しては，借方貸方に同額の利益積立金額を計上している（斜体部分が追加計上した利益積立金額）。

利　益　積　立　金　額	*700*	S　社　株　式	700	(A)
資　本　金　等　の　額	700	*利　益　積　立　金　額*	*700*	(B)

＜上記仕訳の申告書記入に際しての留意点＞

- （A）の部分は，別表五（一）「利益積立金額の計算に関する明細書」に減少として記入（別表四は経由しない）。
- （B）の部分は，別表五（一）「利益積立金額の計算に関する明細書」に増加として記入する（名称：「資本金等の額」）と同時に，「資本金等の額の計算に関する明細書」に減少として記入（名称：「利益積立金額」）。

(4)　申告調整—株式交換完全親法人 〔前　提〉税務仕訳〉調整仕訳〉申告調整〉

・別表五（一）の受入処理

　上記会計上の仕訳及び税務調整を反映した別表五（一）は以下のようになる。

　なお，説明のため，会計処理に基づく処理は斜体にて，税務調整に基づく処理は通常の書体で示している。

別表五（一）：利益積立金額及び資本金等の額の計算に関する明細書

Ⅰ：利益積立金額の計算に関する明細書

区分	期首現在利益積立金額	当期の増減		差引翌期首現在利益積立金額
		減	増	
S社株式			(注1) ※▲ 700	▲ 700
資本金等の額			(注1, 3)※ 700	700

利益積立金額増減額（0）(注4)

Ⅱ：資本金等の額の計算に関する明細書

区分	期首現在資本金等の額	当期の増減		差引翌期首現在資本金等の額
		減	増	
資本準備金			(注2) 1,200	1,200
利益積立金額			(注3) ▲ 700	▲ 700
差引合計額			(注5) 500	× ×

（注1）別表四を経由しない調整については「※」を付して記入する。
（注2）会計上の資本準備金の増加（1,200）に対応。
（注3）利益積立金額と資本金等の額の入り繰りなので，両者は（符合は逆で）一致する。
（注4）別表五（一）上の利益積立金額の増減額合計（0）は税務仕訳上の利益積立金額の増減額（0）と一致。
（注5）別表五（一）上の資本金等の額の増減額合計（500）は税務仕訳上の資本金等の額の増減額（500）と一致。

設例 2　適格株式交換─株式交換完全子法人
株式交換完全子法人が自己株式を保有

処理上のポイント

> ✓　適格株式交換の場合，株式交換完全子法人では原則として税務上の処理は必要ないが，株式交換直前において自己株式を有していた場合，申告調整が必要となる。

　適格株式交換が行われた場合において，株式交換完全子法人においては，原則として特段の税務処理（評価損益計上など）は必要とされないが，株式交換完全子法人が自己株式を有している場合の税務処理上のポイントは次のとおり。

ポイント：株式交換直前において，自己株式を有している場合

　株式交換直前において株式交換完全子法人が自己株式を有していた場合，当該自己株式が株式交換により株式交換完全親法人株式となるため，これに係る税務処理が必要となる。適格株式交換により交付を受けた株式交換完全親法人

株式の取得価額は，株式交換完全子法人株式（自己株式）の株式交換直前における税務上の帳簿価額とされているが[2,3]（法令119①九），税務上自己株式は有価証券には該当しない（自己株式の取得は資本取引に該当する）ため，自己株式に帳簿価額というものは存在しない。したがって，株式交換完全子法人における株式交換完全親法人株式の取得価額はゼロとなる[4]。

　これに対し，会計上，株式交換完全子会社における株式交換完全親会社株式の取得価額は株式交換完全子会社株式の時価をベースに計算されることとなるため，税務処理と会計処理で相違が生じることとなる。

　以下，適格株式交換が行われた場合の，株式交換完全子法人（自己株式保有）の税務処理につき，事例に即して解説する。

■ 適格株式交換，自己株式保有あり

(1) 前　提

| 前　提 〉税務仕訳〉調整仕訳〉申告調整 〉

　設例1の前提に以下を追加する。

　S社の会計処理は以下のとおりとする。

| P　社　株　式[(注1)] | 120 | 自　己　株　式[(注2)] | 80 |
| | | その他資本剰余金[(注3)] | 40 |

（注1）株式交換完全子会社が自己株式と引換えに受け入れた株式交換完全親会社株式の取得原価は，親会社が付した子会社株式の取得原価（すなわち，株式交換日の時価を基礎として算定された額）を基礎として算定する（結合分離適用指針238-3，447-3，120＝時価@3×40株）。

　2　交付を受けるために要した費用がある場合はこれを加算。
　3　金銭等不交付株式交換に限る。
　4　株式交換完全親法人株式の税務上の帳簿価額がゼロとなるため，その後株式交換完全子法人が株式交換完全親法人株式を売却した場合に，収入金額＝譲渡益となってしまう。このため，実務上，株式交換前に自己株式を消却するケースが多くみられる。しかしながら反対株主の買取請求が行われた場合等，株式交換直前において自己株式を保有するに至るケースもあるため自己株式を保有していた場合の税務処理について解説することとした。

（注2）S社における自己株式の会計上の帳簿価額。

（注3）株式交換完全親会社株式の取得原価と自己株式の帳簿価額との差額は，自己株式処分差額としてその他資本剰余金に計上する（結合分離適用指針238－3）。したがって，P社株式の取得価額120と自己株式の帳簿価額80との差額40は，その他資本剰余金に計上する。

⑵　税務上の仕訳―株式交換完全子法人

前　提	税務仕訳	調整仕訳	申告調整

　株式交換完全子法人が有していた自己株式に対して割り当てられた株式交換完全親法人株式の税務上の取得価額はゼロとなるため，税務上の仕訳は発生しない。

株式交換仕訳－税務

P　社　株　式(注1)	0	S　社　株　式(注2)	0

（注1）P社（株式交換完全親法人）株式取得価額（0）＝株式交換完全子法人株式帳簿価額（0）
　　　（ポイント）

（注2）税務上のS社株式（自己株式）帳簿価額＝（0）

⑶　税務と会計の調整仕訳―株式交換完全子法人

前　提	税務仕訳	調整仕訳	申告調整

Step 1 ：会計上と税務上の仕訳比較

　会計上の仕訳と税務上の仕訳に差異があるため，これらを比較し，税務調整仕訳を作成する。具体的には税務仕訳から会計仕訳を差し引いたものが税務調整仕訳となる。

税務調整仕訳：税務仕訳－会計仕訳

資 本 金 等 の 額(注1) （ 自 己 株 式 ）	80	P　社　株　式(注3)	120
資 本 金 等 の 額(注2) （その他資本剰余金）	40		

（注１）資本金等の額（▲80）＝税務上の資本金等の額増加額（０）－会計上の自己株式の増加額（80）

（注２）資本金等の額（▲40）＝税務上の資本金等の額増加額（０）－会計上のその他資本剰余金増加額（自己株式処分差額）（40）

（注３）P社株式（▲120）＝税務上のP社株式増加額（０）－会計上のP社株式増加額（120）

Step 2 ：仕訳分解

Step 1 の税務調整仕訳につき，資産・負債項目の相手勘定が利益積立金額となるようにいったん仕訳を分解する。分解に際しては，借方貸方に同額の利益積立金額を計上している（斜体部分が追加計上した利益積立金額）。

利 益 積 立 金 額	*120*	P 社 株 式	120	(A)
資 本 金 等 の 額 （ 自 己 株 式 ）	80	*利 益 積 立 金 額*	*80*	(B)
資 本 金 等 の 額 （その他資本剰余金）	40	*利 益 積 立 金 額*	*40*	(B)

＜上記仕訳の申告書記入に際しての留意点＞

- （A）の部分は，別表五（一）「利益積立金額の計算に関する明細書」に減少として記入（別表四は経由しない）。
- （B）の部分は，別表五（一）「利益積立金額の計算に関する明細書」に増加として記入する（名称：「資本金等の額」）と同時に，「資本金等の額の計算に関する明細書」に減少として記入（名称：「利益積立金額」）。

(4)　申告調整—株式交換完全子法人　〔前　提〕〔税務仕訳〕〔調整仕訳〕〔申告調整〕

上記の会計上の仕訳及び税務調整をもとに別表五（一）は以下のようになる。

なお，説明のため，会計処理に基づく処理は斜体にて，税務調整に基づく処理は通常の書体で示している。

別表五（一）：利益積立金額及び資本金等の額の計算に関する明細書

Ⅰ：利益積立金額の計算に関する明細書

区分	期首現在利益積立金額	当期の増減		差引翌期首現在利益積立金額
		減	増	
P社株式			（注1）　※▲ 120	▲ 120
資本金等の額			（注1,4）　※　　80 （注1,4）　※　　40	120

利益積立金額増減額（0）（注5）

Ⅱ：資本金等の額の計算に関する明細書

区分	期首現在資本金等の額	当期の増減		差引翌期首現在資本金等の額
		減	増	
資本金又は出資金	1,000			1,000
その他資本剰余金			（注2）　　40	40
自己株式	▲ 80	（注3）　▲ 80		0
利益積立金額			（注4）　▲ 80 （注4）　▲ 40	▲ 120
差引合計額	920	▲ 80	▲ 80	920

資本金等の額増減額（0）（注6）

（注1）別表四を経由しない調整については「※」を付して記入する。

（注2）会計上のその他資本剰余金増加額（自己株式処分差額）40に対応。

（注3）会計上の自己株式減少（80）に対応。

（注4）利益積立金額と資本金等の額の入り繰りなので，両者は（符合は逆で）一致する。

（注5）別表五（一）上の利益積立金額の増減額合計（0）は税務仕訳上の利益積立金額の増減額（0）と一致。

（注6）別表五（一）上の資本金等の額の増減額合計（0）は税務仕訳上の資本金等の額の増減額（0）と一致。

設例 3 　適格株式交換―株式交換完全子法人の株主 株式交換完全親法人株式対価

処理上のポイント

> ✓　適格・非適格にかかわらず，株式交換の対価が株式交換完全親法人株式のみである場合には，有価証券の譲渡損益は認識せず，帳簿価額の付替えを行う。

　株式交換（金銭等交付なし）が行われた場合の，株式交換完全子法人の株主における税務処理上のポイントは次のとおり。

ポイント①：簿価譲渡

　株式交換の対価として株式交換完全親法人株式のみが交付される株式交換が行われた場合[5]，株式交換完全子法人の株主は，株式交換完全子法人株式をその帳簿価額にて譲渡したものとして取り扱う（法法61の2⑨）。したがって，株式交換に伴う譲渡損益は認識されない。

ポイント②：株式交換完全親法人株式の取得価額

　株式交換により交付を受けた株式交換完全親法人株式の取得価額は，株式交換直前の株式交換完全子法人株式の帳簿価額に相当する額とされている[6]（法令119①九）。

5　株式交換完全親法人株式又は株式交換完全親法人との間に発行済株式等の全部を有する関係にある法人の株式のいずれか一方の株式以外の資産（剰余金の配当として交付された金銭その他の資産及び反対株主に対する買取請求に基づく対価として交付される金銭その他の資産を除く）が交付されない株式交換を金銭等不交付株式交換という。
6　交付を受けるために要した費用がある場合はこれを加算。

　以下，金銭等の交付のない株式交換が行われた場合の，株式交換完全子法人の株主における税務処理につき，事例に即して解説する。

■ 金銭等の交付のない株式交換

(1) 前 提

| 前 提 | 税務仕訳 | 調整仕訳 | 申告調整 |

　設例1の前提に以下を追加する。

　非支配株主のうちX社はS社株式を10株保有しており，その他有価証券に区分している。株式交換直前の会計上の帳簿価額は4，税務上の帳簿価額は10である。X社の会計処理は以下のとおり。

| Ｐ 社 株 式(注) | 4 / Ｓ 社 株 式(注) | 4 |

（注）子会社や関連会社以外の投資先につき株式交換が行われた場合，株式交換後も引き続き子会社株式や関連会社株式に該当しない場合には，株式交換完全親会社株式の取得原価は，株式交換直前の株式交換完全子会社株式の適正な帳簿価額に基づいて算定する（結合分離適用指針280）。したがって，X社におけるP社株式の取得原価はS社株式の帳簿価額4となる。

(2) 税務上の仕訳—株式交換完全子法人の株主

| 前 提 | 税務仕訳 | 調整仕訳 | 申告調整 |

　株式交換の対価として，株式交換完全親法人株式のみが交付されることから，S社の株主においては株式譲渡損益を認識せず，株式交換完全子法人の株式交換の直前のS社株式の税務上の帳簿価額に相当する金額をP社株式の取得価額に付け替える。

株式交換仕訳－税務

| Ｐ 社 株 式(注1) | 10 / Ｓ 社 株 式(注2) | 10 |

（注1）P社（株式交換完全親法人）株式取得価額（10）＝株式交換直前における株式交換完全子法人株式の帳簿価額（ポイント②）

（注２）S社株式譲渡損益（０）：株式交換の対価として，株式交換完全親法人株式の
みが交付されることから，株式交換完全子法人株主における株式譲渡損益の認
識なし（ポイント①）。

(3) 税務と会計の調整仕訳―株式交換完全子法人の株主

| 前 提 | 税務仕訳 | 調整仕訳 | 申告調整 |

Step 1 ：会計上と税務上の仕訳比較

会計上の仕訳と税務上の仕訳に差異があるため，これらを比較し，税務調整
仕訳を作成する。具体的には税務仕訳から会計仕訳を差し引いたものが税務調
整仕訳となる。

税務調整仕訳：税務仕訳－会計仕訳

| P 社 株 式(注1) | 6 | S 社 株 式(注2) | 6 |

（注１）P社株式（６）＝税務上のP社株式増減額（10）－会計上のP社株式増減額（４）
（注２）S社株式（▲６）＝税務上のS社株式増減額（▲10）－会計上のS社株式増減
額（▲４）

Step 2 ：仕訳分解

Step 1 の税務調整仕訳につき，資産・負債項目の相手勘定が利益積立金額と
なるようにいったん仕訳を分解する。分解に際しては，借方貸方に同額の利益
積立金額を計上している（斜体部分が追加計上した利益積立金額）。

| P 社 株 式 | 6 | *利 益 積 立 金 額* | 6 |
| *利 益 積 立 金 額* | 6 | S 社 株 式 | 6 |

＜上記仕訳の申告書記入に際しての留意点＞
・いずれも，別表五（一）「利益積立金額の計算に関する明細書」に記入（別
表四は経由しない）。

⑷ 申告調整─株式交換完全子法人の株主

前　提　＞税務仕訳＞調整仕訳＞**申告調整**＞

　上記会計上の仕訳及び税務調整を反映した別表五（一）は以下のようになる。

別表五（一）：利益積立金額及び資本金等の額の計算に関する明細書

Ⅰ：利益積立金額の計算に関する明細書

区分	期首現在 利益積立金額	当期の増減		差引翌期首現在 利益積立金額
		減	増	
S社株式	6	(注1) ※　6		0
P社株式			(注1) ※　6	6

利益積立金額増減額（0）(注2)

（注1）別表四を経由しない調整については「※」を付して記入する。

（注2）別表五（一）上の利益積立金額の増減額合計（0）は税務仕訳上の利益積立
　　　金額の増減額（0）と一致。

設例 4　適格株式交換―株式交換完全親法人
株式交換完全子法人の株主が50人以上，新株予約権の交付あり

> **処理上のポイント**
>
> ✓　株式交換完全親法人株式を対価とする株式交換完全子法人の株主数が50人以上の適格株式交換の場合，株式交換完全親法人株式の取得価額は株式交換完全子法人の税務上の簿価純資産を基礎として算定する。
>
> ✓　適格株式交換により消滅した新株予約権に代えて，株式交換完全親法人の新株予約権を交付した場合，株式交換完全親法人における増加資本金等の額は，株式交換完全子法人株式の取得価額から，新株予約権の消滅直前の帳簿価額を減算した額となる。

　株式交換完全親法人株式を対価とする適格株式交換（株式交換完全子法人の株主が50人以上，新株予約権の消滅・交付あり）が行われた場合の，株式交換完全親法人における税務処理上のポイントは次のとおり。

ポイント①：株式交換完全子法人株式の取得価額

　株式交換完全親法人株式を対価とする適格株式交換が行われた場合において，株式交換直前の株式交換完全子法人の株主の数が50人以上である場合，株式交換完全親法人が取得した株式交換完全子法人株式の取得価額は，株式交換完全子法人の簿価純資産価額を基礎として計算する[7]（法令119①十ロ）。

　具体的には以下の算式による。

株式交換完全子法人株式の取得価額＝
（株式交換完全子法人の適格株式交換の前事業年度終了時の資産の帳簿価額－負債の帳簿価額）

$$\times \dfrac{\text{株式交換により取得した株式交換完全子法人株式数}^8}{\text{株式交換完全子法人の株式交換直前の発行済株式の総数}}$$

- 上記算式中「帳簿価額」とは税務上の帳簿価額を意味する。
- 上記算式中「前事業年度終了時」は当該株式交換の日以前6月以内に仮決算による中間申告書を提出し，かつ，当該提出の日から当該株式交換の日までの間に確定申告書を提出していなかった場合には，当該中間申告書に係るこれらの規定に規定する期間終了時とする。
- 負債の帳簿価額には新株予約権に係る義務を含まない。
- 前事業年度終了の時から当該株式交換の直前の時までの間（以下「当期中」）に資本金等の額又は利益積立金額が増加し，又は減少した場合には，その増加した金額を加算し，又は減少した金額を減算した金額とする。この際，当期中に発生した所得の金額と，当期中に生じた譲渡等修正事由に係る帳簿価額修正額に相当する金額は考慮外とする。

ポイント②：増加資本金等の額

適格株式交換[9]が行われた場合の株式交換完全親法人の増加資本金等の額は以下の算式により計算される（法令8①十）。

増加資本金等の額＝株式交換完全子法人株式取得価額[注1][注2]

（注1）株式取得価額に株式取得のために要した費用が含まれている場合はこれを控除する。

7　株式取得のために要した費用がある場合にはそれを加算した金額。
8　この他，2種類以上の株式が発行する場合等において基準株式数（会規25④）を基礎として計算する方法，その他合理的な方法によることが認められている（法規26の9）。
9　金銭等不交付株式交換に限り，株式交換完全親法人株式が交付されるもの（いわゆる三角株式交換）を除く。

（注２）適格株式交換に伴い，株式交換完全子法人の新株予約権に代えて，株式交換完全親法人の新株予約権を交付した場合には，株式交換完全子法人のその消滅直前のその消滅をした新株予約権の帳簿価額に相当する金額（当該株式交換に伴い株式交換完全親法人が，株式交換完全子法人の新株予約権に代えて交付した新株予約権に対応する債権を取得する場合には，その債権の価額を減算した金額）を減算する。

ポイント③：新株予約権

　適格株式交換に伴い，株式交換完全子法人の新株予約権を消滅させ，これに代えて，株式交換完全親法人の新株予約権を交付する場合がある。この場合，株式交換完全親法人における増加資本金等の額は，株式交換完全子法人株式取得価額から，その消滅をした新株予約権債務の消滅直前の帳簿価額（当該株式交換完全親法人が消滅新株予約権に対応する債権を取得する場合には，上記新株予約権債務の帳簿価額から消滅債権の価額を減算した金額）に相当する金額を減算した額とされる（法令８①十イ）。

　したがって，個人からの役務提供の対価として発行していた新株予約権を引き継いだ場合の受入仕訳は次のようになる。

株式交換完全子法人株式(注1)	×××	／	資 本 金 等 の 額(注2)	×××
前　払　費　用(注3)	×××	／	新 株 予 約 権(注4)	×××

（注１）法令119①十ロ
（注２）法令８①十イ
（注３）以下の算式で計算される新株予約権に対応する債権の額。
　　　　株式交換完全子法人が発行した新株予約権の発行時の価額×株式交換の日から当該新株予約権の行使が可能になる日までの期間の月数／当該発行日から新株予約権の行使が可能となる日までの期間の月数（法令111の３③二）
（注４）新株予約権債務の株式交換完全子法人における帳簿価額（法令８①十）

　以下，株式交換完全親法人株式対価の株式交換完全子法人の株主の数が50人以上である適格株式交換（新株予約権の消滅・発行あり）が行われた場合の，株式交換完全親法人における税務処理につき，事例に即して解説する。

■ 株式交換完全子法人の株主が50人以上の適格株式交換

(1) 前 提

前 提 ＞税務仕訳＞調整仕訳＞申告調整＞

① X2年4月1日，P社とS社はP社を株式交換完全親法人，S社を株式交換完全子法人とする株式交換を行った。

② 株式交換直前におけるS社株式の保有状況は以下のとおり。なお，株主の数は50人以上である。

株主	保有株式数
P社	600
その他非支配株主	400
合計	1,000

③ P社はS社株式1株に対してP社株式1株（時価@3）を交付した（新株発行）。株式交換によりP社が取得したS社株式は400株。P社における資本金増加はなし。株式取得のために要した費用はない。

④ 株式交換に伴い，S社の新株予約権（税制適格ストックオプション）を消滅させ，これに代えてP社新株予約権（税制適格ストックオプション）を発行し，新株予約権者に交付した。これら新株予約権は個人の役務提供の対価として付与されたものである。S社における株式交換直前の新株予約権債務の税務上の帳簿価額は150，これに対応する前払費用は50。S社新株予約権の付与日はX0年4月1日，行使が可能になる日はX3年4月1日（P社新株予約権の行使可能日も同日）。

取引イメージ

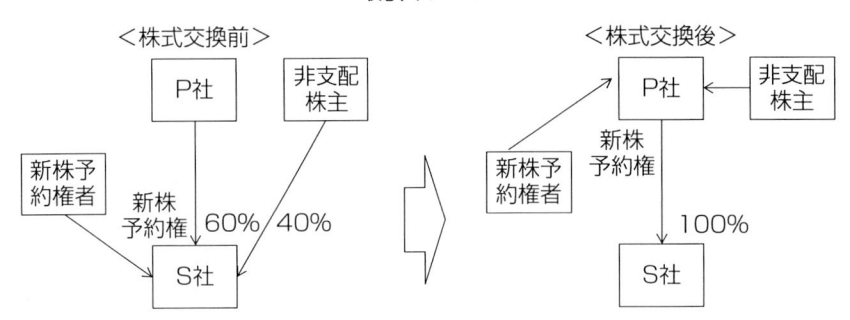

⑤　P社，S社ともに３月決算法人である。

⑥　税務上，適格株式交換に該当する。

⑦　S社のX2年３月31日における貸借対照表（会計・税務）は以下のとおり。

S社X2年３月31日の貸借対照表（会計）

諸資産	2,000	資本金	1,000
		繰越利益剰余金	900
		新株予約権（純資産）	100

S社X2年３月31日の貸借対照表（税務）

諸資産	2,000	新株予約権（負債）	150
前払費用	150	資本金等の額	1,000
		利益積立金額	1,000

⑧　株式交換に伴うP社（株式交換完全親法人）の会計処理は以下のとおり。

S　社　株　式(注1)	1,300	資　本　準　備　金(注2)	1,200
		新　株　予　約　権(注3)	100

（注１）親会社が非支配株主から取得する株式交換完全子会社株式の取得原価は，非
　　　支配株主に交付した株式交換効力発生日の株式交換完全親会社株式の時価に付
　　　随費用を加算した額となる（結合分離適用指針236(1)）。また，子会社の新株予
　　　約権者に新株予約権を交付する場合には，子会社の新株予約権の消滅に伴う利

益を加算して子会社株式の取得原価を算定する（結合分離適用指針236-2）。子会社の新株予約権の消滅に伴う利益は株式交換日の前日の新株予約権の適正な帳簿価額である（結合分離適用指針236-3）。したがって、非支配株主から取得する株式の取得原価は1,300となる（@3×400株+100）。

（注2）企業結合の対価として株式交換完全親会社が新株を発行した場合には、払込資本の増加として処理される。増加すべき払込資本の内訳項目は会社法の規定に基づき決定される（結合分離適用指針236②、111）。本設例では、全額資本準備金の増加とした。

（注3）株式交換日の前日に子会社で付されていた適正な帳簿価額による新株予約権は純資産の部に計上する（結合分離適用指針236-2）。

(2)　税務上の仕訳—株式交換完全親法人

前提　税務仕訳　調整仕訳　申告調整

S社の株式交換直前の株主の数が50人以上のため、S社株式の取得価額は、株式交換直前のS社の簿価純資産価額に株式交換により追加取得した株式の割合を乗じた金額となる。

株式交換仕訳—税務

S　社　株　式 (注1)	800	/	新株予約権（債務）(注2)	150
前　払　費　用 (注3)	50	/	資　本　金　等　の　額 (注4)	700

（注1）S社株式取得額（800）＝S社の前事業年度終了時の税務上の簿価純資産（2,000）×追加取得した株式の割合（400／1,000）（ポイント①）

（注2）新株予約権（150）：S社における新株予約権債務の帳簿価額150を引き継ぐ。（ポイント③）

（注3）前払費用（50）＝（新株予約権の発行時の価額（150）×株式交換の日から当該新株予約権の行使が可能になる日までの期間の月数（12か月）／発行日から行使可能日までの期間（36か月））（ポイント③）

（注4）資本金等の金額（700）：適格株式交換に該当して、株式交換完全親法人及び新株予約権が交付されているため、増加資本金等の帳簿価額（100＝150−50）から新株予約権の取得価額（800）から新株予約権の帳簿価額（800）を減算した金額となる。（ポイント②）

(3) 税務と会計の調整仕訳―株式交換完全親法人

| 前　提 | 税務仕訳 | **調整仕訳** | 申告調整 |

Step 1 ：会計上と税務上の仕訳比較

　会計上の仕訳と税務上の仕訳に差異があるため，これらを比較し，税務調整仕訳を作成する。具体的には税務仕訳から会計仕訳を差し引いたものが税務調整仕訳となる。

税務調整仕訳：税務仕訳－会計仕訳

| 資 本 金 等 の 額(注1) | 500 | S 社 株 式(注2) | 500 |
| 前 払 費 用(注3) | 50 | 新株予約権(債務)(注4) | 50 |

（注1）資本金等の額（▲500）＝税務上の資本金等の額増減額（700）－会計上の資本準備金増減額（1,200）
（注2）S社株式（▲500）＝税務上のS社株式増減額（800）－会計上のS社株式増減額（1,300）
（注3）前払費用（50）＝税務上の増減額（50）－会計上の増減額（0）
（注4）新株予約権（債務）（50）＝税務上の増減額（150）－会計上の増減額（100）

Step 2 ：仕訳分解

　Step 1 の税務調整仕訳につき，資産・負債項目の相手勘定が利益積立金額となるようにいったん仕訳を分解する。分解に際しては，借方貸方に同額の利益積立金額を計上している（斜体部分が追加計上した利益積立金額。）

利 益 積 立 金 額	*500*	S 社 株 式	500	(A)
利 益 積 立 金 額	*50*	新株予約権（債務）	50	(A)
資 本 金 等 の 額	500	*利 益 積 立 金 額*	*500*	(B)
前 払 費 用	50	*利 益 積 立 金 額*	*50*	(A)

＜上記仕訳の申告書記入に際しての留意点＞
- （A）の部分は，別表五（一）「利益積立金額の計算に関する明細書」に記入（別表四は経由しない）。

- （B）の部分は，別表五（一）「利益積立金額の計算に関する明細書」に減少として記入する（名称：「資本金等の額」）と同時に，「資本金等の額の計算に関する明細書」に増加として記入（名称：「利益積立金額」）。

⑷　申告調整—株式交換完全親法人　　前　提　税務仕訳　調整仕訳　申告調整

　上記の会計上の仕訳及び税務調整を反映した別表五（一）は以下のようになる。

　なお，説明のため，会計処理に基づく処理は斜体にて，税務調整に基づく処理は通常の書体で示している。

別表五（一）：利益積立金額及び資本金等の額の計算に関する明細書

Ⅰ：利益積立金額の計算に関する明細書

区分	期首現在利益積立金額	当期の増減		差引翌期首現在利益積立金額
		減	増	
S社株式			(注1) ※▲ 500	▲ 500
資本金等の額			(注1,3) ※　 500	500
新株予約権			(注1) ※ ▲ 50	▲ 50
前払費用			(注1) ※　 50	50

利益積立金額増減額（0）(注4)

Ⅱ：資本金等の額の計算に関する明細書

区分	期首現在資本金等の額	当期の増減		差引翌期首現在資本金等の額
		減	増	
資本準備金			(注2) 1,200	1,200
利益積立金額			(注3) ▲ 500	▲ 500
差引合計額			(注5) 700	××

（注1）別表四を経由しない調整については「※」を付して記入する。
（注2）会計上の資本準備金の増加（1,200）に対応。
（注3）利益積立金額と資本金等の額の入り繰りなので，両者は（符合は逆で）一致する。
（注4）別表五（一）上の利益積立金額の増減額合計（0）は税務仕訳上の利益積立金額の増減額（0）と一致。
（注5）別表五（一）上の資本金等の額増減額合計（700）は税務仕訳上の資本金等の額の増減額（700）と一致。

参考 設例4における，他の当事者の税務処理

　設例4のケース（株式交換完全子法人が，個人からの役務提供対価として発行していた新株予約権を消滅させ，これに代えて株式交換完全親法人の新株予約権を交付した場合）における，株式交換完全子法人，新株予約権者（個人）における税務処理の概要は以下のとおり。

・**株式交換完全子法人**

　税務上，新株予約権は負債として取り扱われるため，その消滅に伴って消滅益が発生する。具体的な仕訳は次のようになるものと考える。

（i）株式交換日

新株予約権（債務）	150	前　払　費　用	50
		新株予約権消滅益	100

　新株予約権（債務）を全額取り崩すとともに，前払費用のうち株式交換完全親法人に引き継がれる部分を取り崩す。結果，子法人勤務期間に対応する部分の前払費用（150－50＝100　付与時において「前払費用150／新株予約権150」という仕訳が認識されているため。）が，株式交換完全子法人に残存する。

（ii）権利行使時

報　　酬　　費　　用	100	前　払　費　用	100

　残存した前払費用については，権利行使時において，損金算入する（ただし，税制適格ストックオプションについては損金算入不可）。

・**株式交換完全子法人の新株予約権者（個人）**

　株式交換完全子法人の新株予約権者が保有する新株予約権に代えて，株式交換完全親法人の新株予約権のみの交付を受けた場合には，新株予約権者においては株式交換完全子法人の新株予約権の取得価額を株式交換完全親法人の新株予約権の取得価額に付け替えるのみで，譲渡損益は認識しない（所令116）。

設例 5　適格株式交換—株式交換完全親法人　現金対価

処理上のポイント

✓　現金対価の適格株式交換による場合，株式交換完全親法人における株式交換完全子法人株式の取得価額は，交付した金銭に株式取得に要した費用を加算した金額となる。

対価を現金とする適格株式交換が行われた場合の，株式交換完全親法人における税務処理上のポイントは次のとおり。

ポイント①：株式交換完全子法人株式の取得価額

対価を現金とする適格株式交換により株式交換完全親法人が取得した株式交換完全子法人株式の取得価額は，その取得の時におけるその有価証券の取得のために通常要する価額，つまり時価（株式取得のために要した費用がある場合はそれを加算した金額）となる（法令119①二十七）。

ポイント②：増加資本金等の額

適格株式交換が行われた場合の株式交換完全親法人の増加資本金等の額は以下の算式により計算される（法令8①十）。

増加資本金等の額＝
　　株式交換完全子法人株式取得価額[注1] − 株式交換完全子法人株主に交付した金銭[注2][注3]

（注1）株式取得価額に株式取得のために要した費用が含まれている場合はこれを除く。
（注2）金銭及び株式交換完全親法人株式以外の資産（当該株主に対する剰余金の配当として交付した金銭その他の資産を除く）がある場合はその価額の合計額となる。
（注3）適格株式交換に伴い，株式交換株式交換完全子法人の新株予約権に代えて，

株式交換完全親法人の新株予約権を交付した場合には，株式交換完全子法人の
その消滅直前のその消滅をした新株予約権の帳簿価額に相当する金額（当該株
式交換に伴い株式交換完全親法人が，株式交換完全子法人の新株予約権に代え
て交付した新株予約権に対応する債権を取得する場合にはその債権の価額を減
算した金額）を減算する。

　したがって，株式交換の対価として現金のみが交付された場合の増加資本金
等の額はゼロとなる。

　以下，対価を現金とする適格株式交換が行われた場合の，株式交換完全親法
人における税務処理につき，事例に即して解説する。

■ 現金対価の適格株式交換

(1) 前　提

①　P社とS社はP社を株式交換完全親法人，S社を株式交換完全子法人とす
　る株式交換を行った。

②　株式交換直前におけるS社株式の保有状況は以下のとおり。

株主	保有株式数
P社	900
その他非支配株主	100
合計	1,000

③　P社はS社株式1株に対して現金6を交付した。P社の現金交付額は合計
　600である（@6×100株）。

④　P社は株式交換にあたり，証券会社に委託手数料30を支払っており，こ
　れはS社株式取得の付随費用と認められる。

⑤　株式交換期日はX1年4月1日。P社，S社ともに3月決算法人である。

⑥　現金交付型であるが，株式交換前にP社がS社株式の2/3以上を保有し
　ているため，税務上，適格株式交換に該当するものとする。

⑦　株式交換に伴うP社（株式交換完全親法人）の会計処理は以下のとおり。

| S 社 株 式 [注] | 630 | / | 現 | 金 [注] | 630 |

(注) 親会社が非支配株主から取得する株式交換完全子会社株式の取得原価は，取得の対価に付随費用を加算した額となる（結合分離適用指針236(1)）。したがって，非支配株主から取得する株式の取得原価は630（＝600＋30）となる。

(2) 税務上の仕訳―株式交換完全親法人

| 前 提 | 税務仕訳 | 調整仕訳 | 申告調整 |

　対価を現金とする適格株式交換のため，S社株式の取得価額は，株式交換に係る交付現金と株式取得のために要した費用の合計額となる。

株式交換仕訳―税務

| S 社 株 式 [注] | 630 | / | 現 | 金 | 630 |

(注) S社株式取得価額（630）＝現金交付額（600）＋株式取得に要した費用（30）（ポイント①②）

(3) 税務と会計の調整仕訳―株式交換完全親法人

| 前 提 | 税務仕訳 | 調整仕訳 | 申告調整 |

　会計上の仕訳と税務上の仕訳に差異がないため，特に税務調整は必要とされない。よって，申告上の調整も不要となる。

| 申告調整不要 |

| 設例 6 | 適格株式交換―株式交換完全子法人の株主　現金対価 |

処理上のポイント

✓　現金対価の株式交換が行われた場合，株式交換完全子法人の株主に
おいては株式交換完全子法人株式を時価譲渡したものとして譲渡損益
を認識する。

対価を現金とする適格株式交換が行われた場合の，株式交換完全子法人の株
主における税務処理上のポイントは次のとおり。

ポイント：時価譲渡

対価を現金とする株式交換が行われた場合，株式交換完全子法人の株主にお
いては株式交換完全子法人株式を時価譲渡したものとして，交付された金銭等
の額と株式交換完全子法人株式の税務上の帳簿価額の差額について，譲渡損益
を認識する（法法61の2①）。なお，合併や分割型分割と異なり，みなし配当
は認識されない。

以下，対価を現金とする適格株式交換が行われた場合の，株式交換完全子法
人の株主における税務処理につき，事例に即して解説する。

■ 現金対価の適格株式交換

(1) 前 提

前　提 〉税務仕訳 〉調整仕訳 〉申告調整〉

設例5の前提に以下を追加する。

株式交換完全子法人の非支配株主のうちX社はS社株式を10株保有していた
ところ，株式交換によりS社株式に代えて現金60の交付を受けた。X社におけ
る株式交換直前のS社株式帳簿価額（会計・税務）はそれぞれ10（会計）と15（税
務）。X社は，会計上株式交換に伴い，以下の仕訳を計上している。

| 現　　　　　金[注] | 60 | S　社　株　式[注] | 10 |
| | | 株　式　交　換　益[注] | 50 |

（注）株主が受け取った現金等の財産は，原則として，時価により計上し，引き換え
　　　られた株式の適正な帳簿価額との差額は，原則として，交換損益として認識する
　　　（結合分離適用指針270）。

(2)　税務上の仕訳—株式交換完全子法人の株主

前　提　税務仕訳　調整仕訳　申告調整

　現金を対価とする株式交換であるため，時価譲渡したものとして譲渡損益を
計算する。

株式交換仕訳—税務

| 現　　　　　金[注1] | 60 | S　社　株　式[注2] | 15 |
| | | 株　式　交　換　益[注3] | 45 |

（注1）交付金銭等の額（60）
（注2）S社株式税務上の帳簿価額（15）
（注3）交付金銭等の額（60）－S社株式帳簿価額（15）（ポイント①）

(3)　税務と会計の調整仕訳—株式交換完全子法人の株主

前　提　税務仕訳　調整仕訳　申告調整

　会計上の仕訳と税務上の仕訳に差異があるため，これらを比較し，税務調整
仕訳を作成する。具体的には税務仕訳から会計仕訳を差し引いたものが税務調
整仕訳となる。

税務調整仕訳：税務仕訳－会計仕訳

| 株　式　交　換　益[注1] | 5 | S　社　株　式[注2] | 5 |

（注1）株式交換益（▲5）＝税務上の株式交換益（45）－会計上の株式交換益（50）
（注2）S社株式（▲5）＝税務上のS社株式増減額（▲15）－会計上のS社株式増減
　　　額（▲10）

＜上記仕訳の申告書記入に際しての留意点＞

- 別表四にて所得の減算調整を行うとともに，別表五（一）「利益積立金額の計算に関する明細書」に増加として記入。

(4)　申告調整—株式交換完全子法人の株主

| 前　提 | 税務仕訳 | 調整仕訳 | 申告調整 |

　上記の会計上の仕訳及び税務調整を反映した別表四, 五（一）は以下のようになる。なお，説明のため，会計処理に基づく処理は斜体に，税務調整に基づく処理は通常の書体で示している。

別表四：所得の金額の計算に関する明細書

区分		総額	処分	
			留保	社外流出
	当期利益の額又は当期欠損の額	50	50	
減算	株式交換益否認	5	5	
	仮計	45	45	

別表五（一）：利益積立金額及び資本金等の額の計算に関する明細書

Ⅰ：利益積立金額の計算に関する明細書

区分	期首現在利益積立金額	当期の増減		差引翌期首現在利益積立金額
		減	増	
S社株式	5	(注1) 5		0
繰越損益金			(注2) 50	××

利益積立金額増減額（45）(注3)

（注1）S社株式の会計上の簿価と税務上の簿価の差異（5）が株式交換に伴い消滅している。

（注2）会計上の株式交換益（50）に対応。

（注3）別表五（一）上の利益積立金額の増減額合計（45）は税務仕訳上の利益積立金額の増減額（45）と一致。

> **参考** 設例5，6における，株式交換完全子法人の税務処理の概要
>
> 　対価が現金であっても適格株式交換であるため時価評価損益の計上は不要である（法法62の9①）。

設例 7　非適格株式交換―株式交換完全親法人 株式交換完全親法人株式対価

処理上のポイント

> ✓　株式交換完全親法人対価の非適格株式交換による場合，株式交換完全親法人における株式交換完全子法人株式の取得価額は，時価に株式取得に要した費用を加算した金額となる。

　対価を株式交換完全親法人株式とする非適格株式交換が行われた場合の，株式交換完全親法人における税務処理上のポイントは次のとおり。

ポイント①：株式交換完全子法人株式の取得価額

　非適格株式交換[10]により株式交換完全親法人が取得した株式交換完全子法人株式の取得価額は，その取得の時におけるその有価証券の取得のために通常要する価額，つまり時価（株式取得のために要した費用がある場合はそれを加算した金額）となる（法令119①二十七）。

ポイント②：増加資本金等の額

　非適格株式交換が行われた場合の株式交換完全親法人の増加資本金等の額は以下の算式により計算される（法令8①十）。

10　株式交換の直前に株式交換に係る株式交換完全親法人と株式交換完全子法人との間に完全支配関係があった場合を除く。

> 増加資本金等の額＝株式交換完全子法人株式取得価額[注1] − 株式交換完全子法人株主に交付した金銭等の価額[注2][注3]

（注1）株式取得価額に株式取得のために要した費用が含まれている場合にはこれを控除する。
（注2）金銭及び株式交換完全親法人株式以外の資産（当該株主に対する剰余金の配当として交付した金銭その他の資産を除く）がある場合はその価額の合計額となる。
（注3）株式交換完全子法人の新株予約権に代えて，株式交換完全親法人の新株予約権を交付した場合には，交付した新株予約権の価額に相当する金額（当該株式交換に伴い株式交換完全親法人が，株式交換完全子法人の新株予約権に対応する債権を取得する場合にはその債権の価額を減算した金額）を減算する。

　以下，対価を株式交換完全親法人株式とする非適格株式交換が行われた場合の，株式交換完全親法人における税務処理につき，事例に即して解説する。

■ 非適格株式交換

(1) 前 提

①　P社とS社はP社を株式交換完全親法人，S社を株式交換完全子法人とする株式交換を行った。

②　株式交換直前におけるS社株式の保有状況は以下のとおり。なお，株式交換直前においてP社とS社に完全支配関係はない。

株主	保有株式数
P社	900
その他非支配株主	100
合計	1,000

③　P社はS社株式1株に対してP社株式2株（1株当たり時価@4）を交付した。交付したP社株式の時価は合計800である（@4×100株×2株）。

④　P社は株式交換にあたり，証券会社に委託手数料を30支払っており，これはS社株式取得に直接要した支出額と認められる。

⑤ 株式交換期日はX1年4月1日。P社，S社ともに3月決算法人である。

⑥ 税務上，非適格株式交換に該当するものとする。

⑦ S社のX1年3月31日における貸借対照表（会計・税務）は以下のとおり。

S社X1年3月31日の貸借対照表（会計）

諸資産	4,000	諸負債	1,000
土地	2,000	賞与引当金	200
建物	1,000	退職給付引当金	300
有価証券	1,000	資本金	1,000
		繰越利益剰余金	5,500

S社X1年3月31日の貸借対照表（税務）

諸資産	4,000	諸負債	1,000
土地	2,000		
建物	1,000	資本金等の額	1,000
有価証券	1,000	利益積立金額	6,000

⑧ 株式交換に伴うP社（完全親法人）の会計処理は以下のとおり。

S 社 株 式(注1)	830	資 本 準 備 金(注2)	800
		現 金	30

（注1） 親会社が非支配株主から取得する株式交換完全子会社株式の取得原価は，取得の対価に取得に要した支出額を加算した額となる（結合分離適用指針236(1)）。したがって，非支配株主から取得する株式の取得原価は830（=800＋30）となる。

（注2） 企業結合の対価として株式交換完全親会社が新株を発行した場合には，払込資本の増加として処理される（結合分離適用指針236(2),111）。本設例では，全額を資本準備金の増加とした。

(2)　税務上の仕訳―株式交換完全親法人

前　提　〉税務仕訳〉調整仕訳〉申告調整〉

　非適格株式交換のため，S社株式の取得価額はS社株式の時価と株式取得のために要した費用の合計額となる。

株式交換仕訳－税務

S　社　株　式(注1)	830	資　本　金　等　の　額(注2)	800
		現　　　　　金	30

（注1）S社株式取得価額（830）＝P社株式時価（800）＋株式取得に要した費用（30）（ポイント①）。
（注2）資本金等の額（800）＝S社株式取得価額（830）－株式取得に要した費用（30）（ポイント②）。

(3)　税務と会計の調整仕訳―株式交換完全親法人

前　提　〉税務仕訳〉**調整仕訳**〉申告調整〉

　会計上の仕訳と税務上の仕訳に差異がないため，特に税務調整は必要とされない。よって，申告上の調整も不要となる。

申告調整不要

設例 **8**　　非適格株式交換―株式交換完全子法人
　　　　　　時価評価損益の計上

処理上のポイント

✓　一定の資産について時価評価損益の計上が必要となるため，これに伴う申告調整が発生する。評価損益の認識時期は株式交換日（前日ではない）の属する事業年度となる。

　対価を株式交換完全親法人株式とする非適格株式交換が行われた場合の，株式交換完全子法人における税務処理上のポイントは次のとおり。

ポイント：時価評価損益の計上

　非適格株式交換[11]が行われた場合，株式交換完全子法人が非適格株式交換の直前に有する時価評価資産について時価評価を行い，評価益・評価損は非適格株式交換の日の属する事業年度の所得の計算上，益金又は損金の額に算入する（法法62の9）。

　この際，時価評価資産とは固定資産，土地[12]，有価証券，金銭債権，繰延資産を指す[13]。また，以下の資産は時価評価資産から除外される（法令123の11①）。

【時価評価除外資産】
- 5年以内[14]に一定の圧縮記帳[15]の適用を受けた減価償却資産
- 売買目的有価証券
- 償還有価証券
- 帳簿価額が1,000万円未満である資産[注]
  （注）　平成29年10月1日以後の非適格株式交換につき適用される。
- 含み損益が1,000万円未満である資産[16]
- 含み損のある100％子会社株式で，その子会社が清算中である等一定の事由[17]のあるもの

11　完全支配関係者間の非適格株式交換を除く。
12　土地の上に存在する権利を含み，固定資産に該当するものを除く。
13　土地等を除く棚卸資産は時価評価資産に含まれない。
14　非適格株式交換等の日の属する事業年度開始の日前5年以内に開始した各事業年度。
15　時価評価除外とされる圧縮記帳は限定列挙されており（法令123の11①一），例えば特定資産の買替えに係る圧縮記帳（措法65の7）はこれに含まれておらず，時価評価の対象となる点，留意が必要である（当該減価償却資産の帳簿価額および含み損益が1,000万円以上である場合に限る）。
16　株式交換完全子法人の資本金等の額の2分の1に相当する金額（A）＜1,000万円の場合は（A）未満の資産（法令123の11①五）。

　非適格合併等と異なり，特定の資産の時価評価のみが行われ，負債について
は時価評価が行われない。なお，非適格合併等においては，「資産調整勘定」
という概念が登場するが，非適格株式交換においては「資産調整勘定」は計上
されない。

　以下，対価を株式交換完全親法人株式とする非適格株式交換が行われた場合
の，株式交換完全子法人における税務処理につき，事例に即して解説する。

■ 非適格株式交換

(1) 前　提

前　提〉税務仕訳〉調整仕訳〉申告調整〉

　設例7の前提に以下を追加する。

　①　S社のX1年3月31日における資産の帳簿価額及び時価は，以下のとお
り。

（単位：百万円）

	税務上の帳簿価額	時価	評価損益
諸資産	4,000	4,000	0
土地（本社敷地）	2,000	2,600	600
建物	1,000	1,500	500
有価証券（A株式）	600	305	▲295
有価証券（B株式）	400	395	▲5
営業権	0	700	700
合計	8,000	9,500	1,500

　②　S社において，株式交換に伴う会計上の仕訳は計上されていない[18]。

　③　建物の含み益500に対応する減価償却費は年間20である。

　④　資本金等の額は1,000百万円である。

　17　清算中のもの，解散（合併による解散を除く。）をすることが見込まれるもの，
　　　当該内国法人との間に完全支配関係がある他の内国法人との間で適格合併を行うこ
　　　とが見込まれるもの（法令123の11①六）。
　18　株式交換により株式交換完全子会社の株主は変更となるものの，原則として株
　　　式交換完全子会社の資産・負債の増減はないため，個別財務諸表上の会計処理は必
　　　要とされない。

⑵　税務上の仕訳―株式交換完全子法人

| 前　提 | 税務仕訳 | 調整仕訳 | 申告調整 |

　非適格株式交換であるため，S社が保有する一定の資産につき時価評価損益を認識する。また，減価償却資産が時価評価の対象となった場合には時価評価により増額された帳簿価額を取得価額に加算して減価償却を行う（法令54⑥）[19]。

　(i)　株式交換の日

株式交換仕訳－税務

土　　　　　地(注1)	600	評　価　損　益(注1)	600
建　　　　　物(注2)	500	評　価　損　益(注2)	500
評　価　損　益(注3)	295	有　価　証　券(注3)	295

（注1）本件土地について帳簿価額および含み益が10百万円以上であるため，時価と簿価の差額600を益金算入（ポイント）。

（注2）本件建物について帳簿価額および含み益が10百万円以上であるため，時価と簿価の差額400を益金算入（ポイント）。

（注3）有価証券のうち，帳簿価額および含み損が10百万円以上であるA株式について，時価と簿価の差額295を損金算入。B株式について，含み損が10百万円に満たないため，評価損益計上対象外。

　　　　なお，営業権については，帳簿価額が10百万円に満たないため，評価損益計上対象外（ポイント）。

　(ii)　期　　末

建物減価償却仕訳－税務

減　価　償　却　費(注4)	20	建　　　　　物(注4)	20

（注4）建物のX2年3月期の減価償却費のうち，評価益に対応する金額を損金算入する。

　19　税務上，減価償却費の損金算入要件として損金経理要件が課されているところ，会計上は減価償却費が計上されていないため，これを満たさないのではないかという疑問が生じるところである。これについては，非適格株式交換等時価評価が行われたことにより，その帳簿価額が増額された場合，その評価益相当額については損金経理額とみなすこととされている（法令61の4）。

(3)　税務と会計の調整仕訳―株式交換完全子法人

前　提 ＞ 税務仕訳 ＞ **調整仕訳** ＞ 申告調整 ＞

　会計上は仕訳が計上されていないため，税務上の仕訳をそのまま税務調整仕訳として申告調整に利用することとなる（以下再掲）。

（ⅰ）　株式交換の日

土　　　　　地	600	評　価　損　益	600
建　　　　　物	500	評　価　損　益	500
評　価　損　益	295	有　価　証　券	295

（ⅱ）　期末

減　価　償　却　費	20	建　　　　　物	20

(4)　申告調整―株式交換完全子法人

前　提 ＞ 税務仕訳 ＞ 調整仕訳 ＞ **申告調整** ＞

　上記の会計上の仕訳及び税務調整を反映した別表四，五（一）は以下のようになる。なお，別表四上，評価損益は一括計上している。

別表四　所得の金額の計算に関する明細書

区分		総額	処分	
			留保	社外流出
加算	非適格株式交換に伴う資産評価損益	805	805	
減算	減価償却費認容	20	20	

別表五（一）：利益積立金額及び資本金等の額の計算に関する明細書

Ⅰ：利益積立金額の計算に関する明細書

区分	期首現在利益積立金額	当期の増減		差引翌期首現在利益積立金額
		減	増	
土地			600	600
建物		20	500	480
有価証券（A株式）		295		▲ 295

利益積立金額増減額（785）[注]

（注）別表五（一）上の利益積立金額の増減額合計（785）は税務仕訳上の利益積立金額の増加額（＝時価評価損益（805）－減価償却（20））と一致する。

参考　設例7，8における株式交換完全子法人の株主の税務処理の概要

　株式交換の対価として株式交換完全親法人株式のみが交付された場合，当該株式交換が非適格株式交換であっても株式交換完全子法人株式の譲渡損益は認識しない(法法61の2⑨)。また，交付を受けた株式交換完全親法人株式の取得価額は，株式交換直前の株式交換完全子法人株式の帳簿価額（交付を受けるために要した費用がある場合はこれを加算）に相当する金額となる（法令119①九）。

コラム ⑪ 完全支配関係者間の非適格株式交換

　完全支配関係者間において非適格株式交換が行われた場合の取扱いは，通常の非適格株式交換とは異なる部分がある。

　以下に，その概要を示しておく。

◆ **株式交換完全親法人─株式交換完全子法人株式の取得価額**

　非適格株式交換により株式交換完全親法人が取得した株式交換完全子法人株式の取得価額は，通常の場合は時価となるが，完全支配関係者間[20]の非適格株式交換で対価が株式交換完全親法人の株式等[21]のみである場合は，適格株式交換と同様に，株式交換完全子法人の株主における株式交換直前の株式交換完全子法人株式帳簿価額（税務上の帳簿価額）に相当する金額の合計額（株式取得のために要した費用がある場合にはそれを加算した金額）となる[22]（法令119①十イ）。

◆ **株式交換完全子法人─時価評価損益の不計上**

　非適格株式交換が行われた場合，通常，株式交換完全子法人において一定の資産の評価損益の計上が必要となるが，完全支配関係者間の非適格株式交換に関しては，この時価評価損益の計上対象外とされている（法法62の9①）。

20　株式交換の直前に株式交換完全親法人と株式交換完全子法人との間に完全支配関係があった場合における株式交換をいう。

21　株式交換完全親法人の株式又は株式交換完全親法人との間に株式交換完全親法人の発行済株式等の全部を保有する関係として政令で定める関係がある法人の株式のいずれか一方の株式。

22　株式交換直前の株式交換完全子法人の株主の数が50人未満であることを前提とする。株主の数が50人以上の場合，株式交換完全子法人の簿価純資産価額を基礎として計算した金額となる（法令119①十ロ）。

設例 9　適格株式交換─株式交換完全親法人　三角株式交換

処理上のポイント

> ✓　いわゆる適格三角株式交換を行う場合，株式交換契約日において保有する「親法人株式」については，みなし譲渡損益が発生する。
>
> ✓　一方，株式交換時点では「株式交換完全支配親法人株式」は簿価にて譲渡したものと取り扱われ，譲渡損益は認識されない。

いわゆる三角株式交換（株式交換の対価として，株式交換完全親法人の親法人株式を交付する株式交換）が適格株式交換に該当する場合の，株式交換完全親法人における税務処理上のポイントは次のとおり。

ポイント①：親法人株式のみなし譲渡

株式交換の対価を親法人株式[23]とする場合（いわゆる三角株式交換の場合）において，株式交換完全親法人が株式交換契約日に親法人株式を有していたとき[24]には，当該契約日において，親法人株式のうち交付が見込まれる数に相当する分を，契約日における価額により譲渡し，かつ，親法人株式をその価額により取得したものとみなして，譲渡損益を認識する[25]（法法61の2㉓）。したがって，親法人株式の帳簿価額は契約日の時価に修正される。

ポイント②：株式交換完全子法人株式の取得価額

交換対価が親法人株式である場合でも，株式交換完全子法人株式の取得価額

23　株式交換の直前に，株式交換完全親法人の発行済株式等の全部を保有する関係がある法人に該当することが株式交換契約日において見込まれる法人（つまり株式交換完全親法人の親法人）の株式（法法61の2㉓，法令119の11の2①）。

24　契約日後に適格合併等一定の事由により親法人株式を取得した場合も同様の取扱いとなる（法令119の11の2②）。

25　非適格株式交換の場合も同じ。

の取扱いは，株式交換完全親法人株式が対価である場合と同じである。すなわ
ち，適格株式交換により株式交換完全親法人が取得した株式交換完全子法人株
式の取得価額は，株式交換直前の株式交換完全子法人の株主の数に応じて以下
のとおりとなる（株式取得のために要した費用がある場合にはそれを加算した
金額）。

(i)　株式交換直前の株式交換完全子法人の株主の数が50人未満である場合

株式交換完全子法人株式の取得価額＝

　　株式交換完全子法人の株主における株式交換直前の株式交換完全子法人
　　株式帳簿価額（税務上の帳簿価額）に相当する金額の合計額（法令119
　　①十イ）

(ii)　株式交換直前の株式交換完全子法人の株主の数が50人以上である場合

株式交換完全子法人株式の取得価額＝

(株式交換完全子法人の適格株式交換の前事業年度終了時の

資産の帳簿価額－負債の帳簿価額)[26]

$\times \dfrac{\text{株式交換により取得した株式交換完全子法人株式数}[27]}{\text{株式交換完全子法人の株式交換直前の発行済株式の総数}}$

（法令119①十ロ）

ポイント③：株式交換完全支配親法人株式の譲渡損益

三角株式交換が適格株式交換[28]に該当する場合，株式交換日において，株式
交換完全支配親法人株式[29]を帳簿価額で譲渡したものとして取り扱う。した

　　26　詳細は設例4参照。
　　27　この他，2種類以上の株式が発行する場合等において基準株式数（会規25④）
　　　　を基礎として計算する方法，その他合理的な方法によることが認められている（法
　　　　規26の9）。
　　28　金銭等不交付株式交換に限る。
　　29　株式交換完全親法人との間に当該法人による直接完全支配関係があり，かつ，
　　　　株式交換後に当該法人による直接完全支配関係が継続することが見込まれている関
　　　　係にある法人の株式をいう（法法2①十二の十七，法令4の3⑰）。

がって，株式交換時の株式交換完全支配親法人株式の譲渡損益は発生しない（法法61の2⑩）。

ポイント④：増加資本金等の額

適格三角株式交換[30]が行われた場合の株式交換完全親法人の増加資本金等の額は以下の算式により計算される（法令8①十）。

> 増加資本金等の額
> ＝株式交換完全子法人株式取得価額[(注)] − 適格株式交換直前の株式交換完全
> 支配親法人株式の帳簿価額

(注)　株式取得価額に株式取得のために要した費用が含まれている場合はこれを除く。

以下，適格三角株式交換が行われた場合の株式交換完全親法人における税務処理につき，設例に即して解説する。

> **[参考]　1株に満たない端数に代えて金銭を交付した場合[31]**
>
> 本設例では取り扱わないが，交付すべき株式交換完全支配親法人株式に，1株に満たない端数が生じ，株式交換完全親法人が端数の代わりに金銭を交付することがある。この場合において，株式交換完全親法人が株式交換直前においてその端数の合計数に相当する株式交換完全支配親法人株式を有していないときは，その有していない数に相当する株式交換完全支配親法人株式に係る有価証券の空売りを行ったものとみなして，株式交換の日をもって，譲渡損益を計上する。この場合の譲渡対価，譲渡原価は次のとおり（法令119の10②）。
>
> 適格株式交換であっても，株式交換に伴い譲渡損益が発生する可能性がある点，留意が必要である。
>
> （金銭等不交付株式交換に該当する適格株式交換の場合）
> ・譲渡対価：株式交換直前における株式交換完全支配親法人株式帳簿価額
> 　　　　　　÷（保有）株式交換完全支配親法人株式数×有していない数
> ・譲渡原価：端数に代えて交付した金銭の額

30　金銭等不交付株式交換に限る。
31　平成20年度改正税法のすべて（財務省ＨＰ）　337頁

＜仕訳イメージ＞

株式交換完全子法人株式	××	資　本　金　等　の　額	××
譲　　渡　　損　　益	××	株式交換完全支配親法人株式	××
		現　　　　　　　金	××

■適格三角株式交換

(1)　前　提

①　X1年10月1日，P社とS社はP社を株式交換完全親法人，S社を株式交換完全子法人とする株式交換を行い，P社はS社株主に対してX社（P社の100％親法人）株式を交付した。交付株式は合計400株（株式交換日における時価@3）。

②　株式交換によりP社が取得したS社株式は800株，S社の発行済株式総数は800株。

③　S社の株主の数は50人以上である。

④　株式交換契約日はX1年8月1日でこの時点におけるP社株式時価は@2.8である。

⑤　税務上，適格株式交換に該当する。

⑥　S社のX1年3月31日における貸借対照表（会計・税務）は以下のとおり。

S社X1年3月31日の貸借対照表（会計）

諸資産	1,000	資本金	400
		繰越利益剰余金	600

S社X1年3月31日の貸借対照表（税務）

諸資産	1,000	資本金等の額	400
		利益積立金額	600

⑦　P社は株式交換契約日（X1年8月1日）時点において，X社株式400株を保有。帳簿価額は会計・税務とも1,000（1株当たり帳簿価額2.5）。

⑧　株式交換に伴うP社（株式交換完全親法人）の会計処理は以下のとおり。

| S　社　株　式(注1) | 1,200 | X　社　株　式(注2) | 1,000 |
| | | 株　式　交　換　益(注2) | 200 |

（注1）支払対価が親会社株式の場合の株式交換完全子会社株式の取得原価は，親会社株式の企業結合日における時価で算定する（結合分離適用指針36，45，38）。したがって，S社株式の取得原価は1,200（＠3×400株）となる。

（注2）企業結合の対価として自社株式以外の財産を交付した場合には，交付した財産の時価と株式交換日の前日における適正な帳簿価額との差額を損益に計上する（企業結合会計基準82(1)，81）。したがって，株式交換益は，交付したX社株式の時価1,200（＠3×400株）とX社株式400株の帳簿価額（＠2.5×400＝1,000）との差額の200となる。

⑨　P社，S社とも3月決算法人である。

(2)　税務上の仕訳—株式交換完全親法人

| 前　提 | 税務仕訳 | 調整仕訳 | 申告調整 |

①　株式交換契約日

株式交換契約日において，P社（株式交換完全親法人）が保有しているX社株式（株式交換親法人株式）400株のうち，株式交換により交付されると見込まれる部分（400株）につき契約日の時価で譲渡したものとして，みなし譲渡損益を認識する。

みなし譲渡仕訳—税務

| X　社　株　式(注1) | 1,120 | X　社　株　式(注2) | 1,000 |
| | | 株　式　譲　渡　益(注3) | 120 |

（注1）X社株式400株を契約日における時価で取得したものとみなす。
　　　　X社株式取得価額（1,120）＝交換契約日X社株式の時価（＠2.8）×交換により交付する株式数（400株）（ポイント①）

（注2）譲渡原価（1,000）＝契約日時点のX社株式の1株当たり株式帳簿価額（＠2.5）

　　　×株式交換により交付することが見込まれる株式数（400株）（ポイント①）
（注3）Ｘ社株式400株を契約日における時価で譲渡したものとみなす。
　　株式譲渡益（120）＝交換契約日Ｘ社株式の時価（1,120）－譲渡原価（1,000）

②　株式交換の日

　S社の株式交換直前の株主の数が50人以上のため，S社株式の取得価額は，株式交換直前期末におけるS社の簿価純資産価額に株式交換により追加取得した株式の割合を乗じた金額となる。一方，Ｘ社株式に係る譲渡損益は発生しないため，S社株式の取得価額とＸ社株式の株式交換直前の帳簿価額の差額は資本金等の額に計上する。

株式交換仕訳－税務

S　社　株　式(注1)　　　1,000	Ｘ　社　株　式(注2)　　　1,120	
資 本 金 等 の 額(注3)　　　120		

（注1）S社株式取得価額（1,000）＝S社（株式交換完全子法人）簿価純資産価額（1,000）
　　　　×適格株式交換による取得株式（800）／S社発行済株式総数（800）
　　　　（ポイント②）
（注2）Ｘ社株式減少額（1,120）＝＠2.8×400株（ポイント③）
（注3）資本金等の額（▲120）＝S社（株式交換完全子法人）株式取得価額（1,000）
　　　　－Ｘ社（株式交換完全支配親法人）株式帳簿価額（1,120）（ポイント④）

(3)　税務と会計の調整仕訳―株式交換完全親法人

　　　　　　　　　　　　　前　提 ＞ 税務仕訳 ＞ 調整仕訳 ＞ 申告調整 ＞

Step 1：会計上と税務上の仕訳比較

　会計上の仕訳と税務上の仕訳に差異があるため，これらを比較し，税務調整仕訳を作成する。具体的には税務仕訳から会計仕訳を差し引いたものが税務調整仕訳となる。

（ i ）　税務調整仕訳―みなし譲渡：税務仕訳－会計仕訳

Ｘ　社　株　式(注1)　　　120	株　式　譲　渡　益(注2)　　　120	

(ⅱ)　税務調整仕訳—株式交換仕訳：税務仕訳−会計仕訳

| 資 本 金 等 の 額(注3) | 120 | X　社　株　式(注4) | 120 |
| 株 式 交 換 益(注5) | 200 | S　社　株　式(注6) | 200 |

（注1）　X社株式（120）＝税務上の増減額（120）−会計上の増減額（0）
（注2）　株式譲渡益（120）＝税務上の収益の額（120）−会計上の収益の額（0）
（注3）　資本金等の額（▲120）＝税務上の増減額（▲120）−会計上の増減額（0）
（注4）　X社株式（▲120）＝税務上の増減額（▲1,120）−会計上の増減額（▲1,000）
（注5）　株式交換益（▲200）＝税務上の収益の額（0）−会計上の収益の額（200）
（注6）　S社株式（▲200）＝税務上の増減額（1,000）−会計上の増減額（1,200）

Step 2：仕訳分解

　Step 1の税務調整仕訳につき，資産・負債項目の相手勘定が利益積立金額となるようにいったん仕訳を分解する。分解に際しては，借方貸方に同額の利益積立金額を計上している（斜体部分が追加計上した利益積立金額）。

X　社　株　式	120	株 式 譲 渡 益 （利 益 積 立 金 額）	120	(A)
利 益 積 立 金 額	*120*	X　社　株　式	120	(B)
資 本 金 等 の 額	120	*利 益 積 立 金 額*	*120*	(C)
株 式 交 換 益 （利 益 積 立 金 額）	200	S　社　株　式	200	(D)

＜上記仕訳の申告書記入に際しての留意点＞

- （A）の部分は，別表四にて所得の加算調整を行うとともに，別表五（一）「利益積立金額の計算に関する明細書」に増加として記入。

- （B）の部分は，別表五（一）「利益積立金額の計算に関する明細書」に増加として記入（別表四は経由しない）。

- （C）の部分は，別表五（一）「利益積立金額の計算に関する明細書」に増加として記入する（名称：「資本金等の額」）と同時に，「資本金等の額の計算に関する明細書」に減少として記入（名称：「利益積立金額」）。

- （D）の部分は，別表四にて所得の減算調整を行うとともに，別表五（一）「利

　益積立金額の計算に関する明細書」に減少として記入。

(4)　申告調整—株式交換完全親法人　　前　提 ＞税務仕訳 ＞調整仕訳 ＞申告調整 ＞

　上記の会計上の仕訳及び税務調整を反映した別表四，五（一）は以下のようになる。

　なお，説明のため，会計処理に基づく処理は斜体にて，税務調整に基づく処理は通常の書体で示している。

別表四：所得の金額の計算に関する明細書

区分		総額	処分	
			留保	社外流出
当期利益の額又は当期欠損の額		200	200	
加算	X社株式（親法人株式）譲渡損益計上もれ	120	120	
減算	S社株式交換益過大	200	200	
仮計		120	120	

（注1）当期利益は株式交換に係る損益のみと仮定して記載。
（注2）所得合計は，税務仕訳上の所得金額（X社株式のみなし譲渡益120）と一致。

別表五（一）：利益積立金額及び資本金等の額の計算に関する明細書

Ⅰ：利益積立金額の計算に関する明細書

区分	期首現在利益積立金額	当期の増減		差引翌期首現在利益積立金額
		減	増	
X社株式			(注1) 120 ※▲ 120	0
S社株式			▲ 200	▲ 200
資本金等の額			(注1,2) ※120	120
繰越損益金			(注3) *200*	× ×

利益積立金額増減額　120 (注4)

Ⅱ：資本金等の額の計算に関する明細書

区分	期首現在資本金等の額	当期の増減		差引翌期首現在資本金等の額
		減	増	
利益積立金額			(注2)　▲ 120	▲ 120
差引合計額			(注5)　▲ 120	× ×

（注１）別表四を経由しない調整については「※」を付して記入する。

（注２）利益積立金額と資本金等の額の入り繰りなので，両者は（符合は逆で）一致する。

（注３）会計上の繰越利益剰余金の増減のうち株式交換に係る数値のみを記載している。

（注４）別表五（一）上の利益積立金額の増減額合計（120）は税務仕訳上の利益積立金額の増減額（120）と一致。

（注５）別表五（一）上の資本金等の額の増減額合計（▲120）は税務仕訳上の資本金等の額の増減額（▲120）と一致。

参考　設例9における，他の当事者の税務処理

設例9のケースにおける，他の当事者の税務処理の概要は以下のとおり。

・株式交換完全子法人

三角株式交換の場合も，適格株式交換であれば，株式交換完全子法人側では，評価損益の計上処理は必要とされない（法法62の9①）。会計上も通常は株式交換に係る仕訳は計上されないことから，通常は税務調整は発生しない。

・株式交換完全子法人の株主

株式交換完全子法人の株主に親法人株式が交付された場合は，株式交換完全親法人株式を交付された場合と同様に，株式交換完全子法人株式の株式交換直前の帳簿価額を親法人株式の取得価額とする（法令119①九）[32]。会計上も株式交換完全子会社株式の帳簿価額を株式交換完全親会社株式の取得原価とすることから，通常は税務調整が発生しない。本設例におけるS社の株主は株式交換によりX社株式を保有することとなるが，X社株式の取得価額は株式交換直前のS社株式の帳簿価額となる。

32　交付を受けるために要した費用がある場合にはこれも加算する。

設例 10　適格株式移転—株式移転完全親法人　共同株式移転

処理上のポイント

- ✓　株式移転完全子法人の株主数が50人未満の適格株式移転の場合，株式移転完全子法人株式の取得価額は，株式移転完全子法人の株主における株式移転完全子法人株式の帳簿価額を基礎に算定する。
- ✓　株式移転完全子法人の株主数が50人以上の適格株式交換の場合，株式移転完全子法人株式の取得価額は，株式移転完全子法人の税務上の簿価純資産を基礎に算定する。

　適格共同株式移転が行われた場合の，株式移転完全親法人における税務処理上のポイントは次のとおり。

ポイント①：株式移転完全子法人株式の取得価額

　適格株式移転により株式移転完全親法人が取得した株式移転完全子法人株式の取得価額は，株式移転直前の株式移転完全子法人の株主の数に応じて以下のとおりとなる（株式の取得のために要した費用がある場合には，その費用の額を加算した金額）（法令119①十二）。

　(i)　株式移転直前の株式移転完全子法人の株主の数が50人未満である場合

> 株式移転完全子法人株式の取得価額
> 　＝株式移転完全子法人の株主における株式移転直前の株式移転完全子法人株式帳簿価額（税務上の帳簿価額）に相当する金額の合計額（法令119①十二イ）

(ii)　株式移転直前の株式移転完全子法人の株主の数が50人以上である場合

> 株式移転完全子法人株式の取得価額＝
>
> （株式移転完全子法人の適格株式移転の前事業年度終了時の資産の帳簿価額
> －負債の帳簿価額）[33]
>
> （法令119①十二ロ）

ポイント②：増加資本金等の額

　適格株式移転が行われた場合の株式移転完全親法人の増加資本金等の額は以下の算式により計算される（法令8①十一）。

> 増加資本金等の額＝株式移転完全子法人株式取得価額[注1][注2]

（注1）株式取得価額に株式取得のために要した費用が含まれている場合はこれを控除する。

（注2）適格株式移転に伴い，株式移転完全子法人の新株予約権に代えて，株式移転完全親法人の新株予約権を交付した場合には，交付した新株予約権の価額に相当する金額（当該株式移転に伴い株式移転完全親法人が，株式移転完全子法人の新株予約権に代えて交付した新株予約権に対応する債権を取得する場合にはその債権の価額を減算した金額）を減算する。

　以下，適格共同株式移転が行われた場合の株式移転完全親法人における税務処理につき，事例に即して解説する。

33　詳細は設例4参照。

■ 適格共同株式移転

(1) 前　提

① 　A社とB社はP社を株式移転完全親法人，A社及びB社を株式移転完全子法人とする共同株式移転を行った。

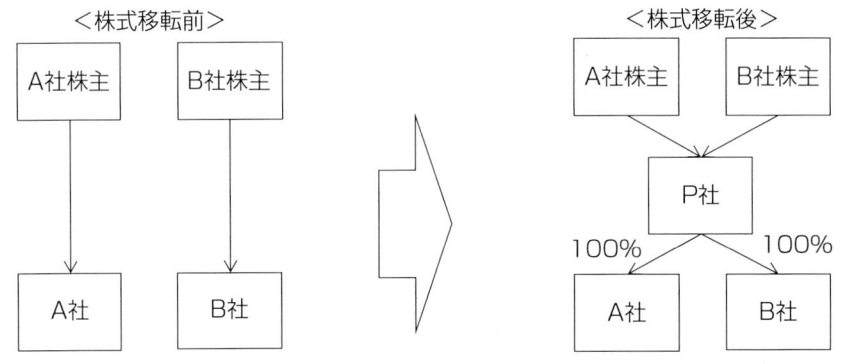

② 　A社の株主の数は50人以上であり，B社の株主の数は50人未満である。A社とB社に資本関係はない。A社の発行済株式は1,000株であり，B社の発行済株式は500株である。

③ 　P社はA社株式1株（時価@1.5）に対してP社株式2株を交付し，B社株式1株（時価@3）に対してP社株式1株を交付した。株式取得のために要した費用はない。

④ 　株式移転期日はX1年4月1日。A社，B社ともに3月決算法人である。

⑤ 　税務上，適格株式移転に該当する。

⑥ 　A社のX1年3月31日における貸借対照表（会計・税務）は以下のとおり。

A社X1年3月31日の貸借対照表（会計）

諸資産	2,000	資本金	1,000
		繰越利益剰余金	1,000

A社X1年3月31日の貸借対照表（税務）

諸資産	2,500	資本金等の額	1,000
		利益積立金額	1,500

⑦　B社のX1年3月31日における貸借対照表（会計・税務）は以下のとおり。

B社X1年3月31日の貸借対照表（会計）

諸資産	1,500	資本金	500
		繰越利益剰余金	1,000

B社X1年3月31日の貸借対照表（税務）

諸資産	1,500	資本金等の額	500
		利益積立金額	1,000

⑧　株式移転に伴うP社（株式移転完全親法人）の会計処理は以下のとおり。
なお，会計上は取得企業をA社とする取得の会計処理を行った。

A 社 株 式(注1)	2,000	資 本 金(注3)	1,000
B 社 株 式(注2)	1,500	その他資本剰余金(注3)	2,500

（注1）取得企業となる株式移転完全子会社の取得原価は原則として株式移転日の前
日における株式移転完全子会社の適正な帳簿価額による株主資本の額に基づい
て算定する（結合分離適用指針121(1)）。したがって，A社株式の取得原価は
2,000となる。

（注2）被取得企業となる株式移転完全子会社の取得原価は，取得の対価に取得に直
接要した支出額を加算して算定する。取得の対価となる財の時価は，取得企業
の株式を被取得企業に対して交付したものとみなして算定する（結合分離適用
指針121(2)）。したがって，B社株式の取得原価は1,500となる（＠3×500株）。

（注3）株式移転完全親会社の増加すべき株主資本は払込資本とし，増加すべき払込
資本の内訳項目は，会社法の規定に基づき決定する（結合分離適用指針122）。
本設例では株式移転前のA社の資本金をP社の資本金として，残額をその他資
本剰余金にすることと仮定した。

⑨　B社株主におけるB社株式の株式移転直前の税務上の帳簿価額合計は500
である。

(2)　税務上の仕訳—株式移転完全親法人

前　提 〉税務仕訳 〉調整仕訳 〉申告調整 〉

　A社の株式移転直前の株主の数が50人以上のため，A社株式の取得価額は，前事業年度終了時のA社の簿価純資産価額となる。またB社の株式移転直前の株主の数が50人未満のため，B社株式の取得価額は，B社株主における税務上の帳簿価額合計となる。

株式移転仕訳－税務

A　社　株　式(注1)	2,500	資　本　金　等　の　額(注2)	3,000
B　社　株　式(注3)	500		

（注1）A社株式取得価額（2,500）＝前事業年度終了時の税務上の簿価純資産価額
　　　　（ポイント①）
（注2）B社株式取得価額（500）＝B社株主におけるB社株主の帳簿価額の合計額
　　　　（ポイント①）
（注3）資本金等の額（3,000）＝A社株式取得価額（2,500）＋B社株式取得価額（500）
　　　　（ポイント②）

(3)　税務と会計の調整仕訳—株式移転完全親法人

前　提 〉税務仕訳 〉調整仕訳 〉申告調整 〉

Step 1：会計上と税務上の仕訳比較

　会計上の仕訳と税務上の仕訳に差異があるため，これらを比較し，税務調整仕訳を作成する。具体的には税務仕訳から会計仕訳を差し引いたものが税務調整仕訳となる。

税務調整仕訳：税務仕訳－会計仕訳

A　社　株　式(注1)	500	B　社　株　式(注2)	1,000
資　本　金　等　の　額(注3)	500		

（注1）A社株式（500）＝税務上のA社株式増加額（2,500）－会計上のA社株式増加額（2,000）

（注2）　B社株式（▲1,000）＝税務上のB社株式増加額（500）－会計上のB社株式増加額（1,500）

（注3）　資本金等の額（▲500）＝税務上の資本金等の額増加額（3,000）－会計上の資本金及びその他資本剰余金増加額（3,500）

Step 2 ：仕訳分解

　Step 1の税務調整仕訳につき，資産・負債項目の相手勘定が利益積立金額となるようにいったん仕訳を分解する。分解に際しては，借方貸方に同額の利益積立金額を計上している（斜体部分が追加計上した利益積立金額）。

A 社 株 式	500	*利 益 積 立 金 額*	*500*	(A)
利 益 積 立 金 額	*1,000*	B 社 株 式	1,000	(A)
資 本 金 等 の 額	500	*利 益 積 立 金 額*	*500*	(B)

＜上記仕訳の申告書記入に際しての留意点＞

- （A）の部分は，別表五（一）「利益積立金額の計算に関する明細書」に記入（別表四は経由しない）。

- （B）の部分は，別表五（一）「利益積立金額の計算に関する明細書」に増加として記入する（名称：「資本金等の額」）と同時に，「資本金等の額の計算に関する明細書」に減少として記入（名称：「利益積立金額」）。

(4)　申告調整—株式移転完全親法人　｜前 提｜税務仕訳｜調整仕訳｜申告調整｜

　上記会計上の仕訳及び税務調整を反映した別表五（一）は以下のようになる。

　なお，説明のため，会計処理に基づく処理は斜体にて，税務調整に基づく処理は通常の書体で示している。

別表五（一）：利益積立金額及び資本金等の額の計算に関する明細書

Ⅰ：利益積立金額の計算に関する明細書

区分	期首現在利益積立金額	当期の増減		差引翌期首現在利益積立金額
		減	増	
A社株式			(注1)　※ 500	500
B社株式			(注1)　※▲ 1,000	▲ 1,000
資本金等の額			(注1,3)　※ 500	500

利益積立金額増減額　0 ^(注4) → 利益積立金額増減額　0 (注4)

Ⅱ：資本金等の額の計算に関する明細書

区分	期首現在資本金等の額	当期の増減		差引翌期首現在資本金等の額
		減	増	
資本金又は出資金			(注2)　1,000	1,000
その他資本剰余金			(注2)　2,500	2,500
利益積立金額			(注3)　▲ 500	▲ 500
差引合計額			(注5)　3,000	× ×

（注1）別表四を経由しない調整については「※」を付して記入する。

（注2）会計上の資本金及びその他資本剰余金の増加に対応。

（注3）利益積立金額と資本金等の額の入り繰りなので，両者は（符合は逆で）一致する。

（注4）別表五（一）上の利益積立金額の増減額合計（0）は税務仕訳上の利益積立金額の増減額（0）と一致。

（注5）別表五（一）上の資本金等の額増減額合計（3,000）は税務仕訳上の資本金等の額の増減額（3,000）と一致。

参考　設例10における，他の当事者の税務処理

　設例10のケースにおける，他の当事者の税務処理の概要は以下のとおり。

◆　**株式移転完全子法人**

　適格株式移転に該当するため，株式移転完全子法人側では，評価損益の計上処理は必要とされない（法法62の9）。会計上も通常は株式移転に係る仕訳は計上されないことから，通常は税務調整は発生しない。

◆　**株式移転完全子法人の株主**

　株式移転により，株式移転完全子法人の株主に対し，株式移転完全子法人株式に代えて株式移転完全親法人株式のみが交付された場合は，株式移転完全子法人株式をその帳簿価額にて譲渡したものとして取り扱い，株式移転完全子法人株式の株式移転直前の帳簿価額をもって株式移転完全親法人株式の取得価額とする（法法61の2⑪，法令119①十一）[34]。したがって，株式移転完全子法人株主において株式譲渡損益が発生することはない。

34　交付を受けるために要した費用がある場合にはこれも加算する。

第7章

株式併合（株式交換等）

はじめに

　平成29年度税制改正により，株式併合・全部取得条項付種類株式・株式売渡請求を用いたキャッシュアウトのうち一定のものについては，「株式交換等」として，組織再編税制が適用されることとなった（第Ⅰ編第1章 ⑦ 参照）。

　本章では，このうち株式併合が行われた場合の申告調整につき，設例に基づいて解説を行う。各設例における，適格・非適格の区分，説明対象としている法人，トピックは次のとおり。

（※）　本章において，株式併合によるキャッシュアウトの対象となる法人を「対象法人」，株主のうちキャッシュアウトされる者を「少数株主」，株主のうち株式併合後も整数株を有する者を「残存株主」と称する。

＜第7章にて取り扱う設例＞

設例番号	再編の種類	対象法人	トピック
設例1	株式併合	少数株主	株式譲渡損益
設例2	株式併合（適格株式交換等に該当）	対象法人（端数買い取り者）	自己株式取得・消却

　なお，株式併合を用いたキャッシュアウトが非適格株式交換等に該当する場合の，対象法人（株式交換等完全子法人）における処理（時価評価損益計上部

分）については，株式交換完全子法人における時価評価損益計上と同様であるため，第6章の設例8を参考とされたい。

設例 1　株式併合―残存株主

処理上のポイント

> ✓　株式譲渡損益は端数の代わり金の全額をもって株式の譲渡収入として取り扱う。
>
> ✓　株式併合後の株式帳簿価額は，併合前の株式帳簿価額から端数対応帳簿価額を控除する。

株式併合を利用したスクイーズアウト（対象会社が端数相当株式を買い取るケース）が行われた場合の，残存株主における税務処理上のポイントは以下のとおりである。

ポイント①：株式譲渡損益

端数の代わり金の全額をもって株式の譲渡収入として取り扱う（みなし配当の認識は行わない（法令23③十二））。株式譲渡収入金額と譲渡原価（端数に対応する帳簿価額）の差額をもって株式譲渡損益を認識する。

ポイント②：株式併合後の帳簿価額

併合後の株式帳簿価額は以下のとおりとなる。

> 併合後の株式帳簿価額＝併合前の株式帳簿価額－端数対応帳簿価額

なお，株式併合における株主側の処理は，当該株式併合が「株式交換等」に該当するか否か，さらには「適格株式交換等」「非適格株式交換等」いずれに該当するかに影響されない。

以下，事例に即して解説を行う。

(1)　前　提

前　提〉税務仕訳〉調整仕訳〉申告調整〉

①　X１年６月１日，A社は子会社であるT社株式のTOBを行った。TOB後のT社株主構成は図表２-13のとおり。

②　T社（対象会社）はX１年10月１日，株式1,000株を１株とする株式併合を行い，端数相当株式２株についてはT社が計750,000にて買い取った（図表２-13）。

③　株式併合前におけるA社のT社株式の税務上の帳簿価額は1,200,000，会計上の帳簿価額は1,195,000である。

◆図表２-13◆

株主	併合前	併合後		
	株式数	整数株	端数	端数に係る交付金銭
A社	8,150	8	0.15	45,000
その他少数株主合計	2,350	0	2.35	705,000
合計	10,500	8	2.50	750,000

④　本件株式併合を利用したキャッシュアウトは「適格株式交換等」に該当する。

⑤　TOB後，端数相当株式の買い取り日までの利益剰余金の増加はないものとする。

⑥　A社（残存株主・取得者）における会計上の仕訳は以下のとおり。なお，税効果に関する処理は捨象している。

現　　　　　金　　45,000 ／ 子 会 社 株 式(注1) 45,000

（注１）本設例では，端数相当株式２株買取りの原資について，(1)前提⑤に記載のとおり，TOB後，端数相当株式の買い取り日までに取得後利益剰余金がないため，当該取引は，A社（取得者）にとって，投資成果の受取りの性質を有さないと考えられ，全額投資の払戻しとして処理するものと考えられる（その他資本剰余金の処分による配当を受けた株主の会計処理13参照）。

⑦　A社，T社ともに３月決算法人である。

⑧　A社において，当期上述以外のT社株式の増減取引は行われていない。

(2)　税務上の仕訳（A社／残存株主）　前 提〉税務仕訳〉調整仕訳〉申告調整〉

　処理上のポイントをふまえたA社（残存株主）の税務上の処理は以下のようになる。

税務上の仕訳

現　　　　　金	45,000	子 会 社 株 式[注1]	22,085
		株 式 譲 渡 損 益[注2]	22,915

（注1）子会社株式帳簿価額の減少（22,085）＝子会社株式帳簿価額（1,200,000）×
　　　　端数部分（0.15）／株式数（8.15）
（注2）株式譲渡損益（22,915）＝交付金銭の額（45,000）－譲渡原価（22,085）

(3)　税務と会計の調整仕訳　前 提〉税務仕訳〉調整仕訳〉申告調整〉

Step 1：会計上と税務上の仕訳比較

　会計上の仕訳（前提⑥）と税務上の仕訳（上記(2)）に差異があるため，以下のような調整が必要となる。この調整仕訳は会計上の仕訳と税務上の仕訳を比較することにより作成される。

子 会 社 株 式[注1]	22,915	株 式 譲 渡 損 益[注2]	22,915

（注1）子会社株式（22,915）＝税務上の増減額（▲22,085）－会計上の増減額（▲
　　　　45,000）
（注2）株式譲渡損益（22,915）＝税務上の金額（22,915）－会計上の金額（0）

(4)　申告調整　前 提〉税務仕訳〉調整仕訳〉申告調整〉

　この結果，A社のX2年3月期の別表四及び別表五（一）の処理は以下のようになる（当期利益はゼロと仮定して記載）。

別表四：所得の金額の計算に関する明細書

区分	総額	処分	
		留保	社外流出
当期利益又は当期欠損の額	0	0	
加算　株式譲渡損益	22,915	22,915	
仮計	22,915	22,915	

別表五（一）：利益積立金額及び資本金等の額の計算に関する明細書

Ⅰ：利益積立金額の計算に関する明細書

区分	期首現在利益積立金額	当期の増減		差引翌期首現在利益積立金額
		減	増	
子会社株式	5,000		22,915	(注1)　27,915
繰越損益金	×××		0	×××
差引合計額	×××	(注2)　22,915		×××

（注1）税務上の期末簿価（1,177,915）(*1)と会計上の期末簿価（1,150,000）(*2)の
　　　差額（27,915）と一致
　　（＊1）税務期末簿価（1,177,915）＝端数買取前簿価（1,200,000）－端数買取り
　　　　　による減少（22,085）
　　（＊2）会計期末簿価（1,150,000）＝端数買取前簿価（1,195,000）－端数買取り
　　　　　による減少（45,000）
（注2）別表五（一）上の利益積立金額の増減額合計（22,915）と，税務仕訳上の利
　　　益積立金額増減額（株式譲渡損益）（22,915）は一致する。

【参考】少数株主における税務仕訳
　少数株主においては，交付を受けた端数の代わり金の額と株式の帳簿価額の差
額をもって譲渡損益を認識する（端数相当株式の買取り者が発行法人（対象会社）
である場合も，みなし配当は認識しない（法令24③十二）。また，少数株主におい
ては，全株式が端数となるため，株式帳簿価額のうち端数となる部分（譲渡原価）
の按分計算は不要である）。

【仕訳イメージ】

現　　　　　金	xx	株　　　　　式	xx
		譲　渡　損　益	xx

少数株主における税務調整は複雑にはならないことが想定されるため，本節では説明を割愛する。

設例 2 　株式併合（適格株式交換等に該当）―対象法人

処理上のポイント

✓　株式併合が「適格株式交換等」に該当する場合，対象法人においては，資産の時価評価課税は行われない。

✓　株式併合に伴う端数相当株式の買取りを対象法人が行った場合，対象法人においては，買取対価相当額の資本金等の額の減少を認識する。

適格株式交換等に該当する株式併合を利用したキャッシュアウトが行われた場合の，対象法人の税務処理のポイントは次のとおりである。

ポイント①：資産の時価評価課税なし

株式併合を利用したキャッシュアウトが「株式交換等」に該当する場合（第Ⅰ編第1章⑦23頁参照）であっても，それが適格要件を満たしている場合（「適格株式交換等）に該当する場合）には，対象会社において，資産の時価評価課税は行われない（法法62の9①）。

ポイント②：端数相当株式の買取り

株式併合に伴う端数相当株式の買取りを，対象会社が行う場合，この端数相当株式の買取りは「自己株式の買取り」に他ならないが，発行法人による端数相当株式の買取りについては，みなし配当事由から除外されている（法法24①五，法令23③十二）。このため，発行法人においては，利益積立金額の減少は認識せず，買取対価をもって資本金等の額の減少を認識する（法令8①二十一）。

(1)　前　提

前　提　税務仕訳　調整仕訳　申告調整

設例１と同様。以下を追加。

①　X２年３月10日，T社はその保有する自己株式（２株）について，消却を行った。なお，消却直前におけるT社の「その他資本剰余金」の額（会計）は０である。

②　端数相当株式（自己株式）の取得と，自己株式の消却に係るT社の会計処理は次のとおり。

(i)　自己株式取得

自　己　株　式	750,000	現　　　　　金	750,000

(ii)　自己株式消却

その他資本剰余金	750,000	自　己　株　式	750,000
繰越利益剰余金	750,000	その他資本剰余金(注)	750,000

(注)　自己株式を消却した場合，消却の対象となった自己株式の帳簿価額をその他資本剰余金から減額するが，その結果，その他資本剰余金の残高が負の値となった場合，会計期末においてその他資本剰余金をゼロとし，当該負の値を利益剰余金から減額する（自己株式及び準備金の額の減少等に関する会計基準第11項，12項）。

(2)　税務上の仕訳

前　提　税務仕訳　調整仕訳　申告調整

対象法人T社の，株式併合及び端数相当株式の買取りに係る税務仕訳は以下のとおりとなる。

(i)　株式併合

仕訳なし

(ii)　端数相当株式の買取り

資本金等の額(注)	750,000	現　　　　　金	750,000

(注)　減少資本金等の額＝自己株式取得対価（法令８①二十一）

(3)　税務と会計の調整仕訳

前　提　税務仕訳　調整仕訳　申告調整

　会計上の仕訳と税務上の仕訳に差異があるため，これらを比較し，税務調整仕訳を作成する。具体的には税務仕訳から会計仕訳を差し引いたものが税務調整仕訳となる。

税務調整仕訳

資 本 金 等 の 額(注1)　　750,000 ／ 利 益 積 立 金 額　　　　750,000

（注1）　資本金等の額（▲750,000）＝税務上の増減額（▲750,000）－会計上の増減額（ 0 ）
（注2）　利益積立金額（750,000）　＝税務上の増減額（ 0 ）　－会計上の増減額（▲750,000）

＜上記仕訳の申告書記入に際しての留意点＞

・上記仕訳は，別表五（一）「利益積立金額の計算に関する明細書」に利益積立金額の増加として記入（項目は「資本金等の額」）すると同時に，「資本金等の額の計算に関する明細書」に資本金等の額の減少として記入（項目は「利益積立金」）。

(4)　申告調整

前　提　税務仕訳　調整仕訳　申告調整

　この結果，T社のX2年3月期の別表四及び別表五（一）の処理は以下のようになる。

　なお，会計処理に基づく記入については，税務調整に基づく処理と区別するため斜体にて示している。

別表五（一）：利益積立金額及び資本金等の額の計算に関する明細書

Ⅰ：利益積立金額の計算に関する明細書

区分	期首現在利益積立金額	当期の増減		差引翌期首現在利益積立金額
		減	増	
資本金等の額			(注1)※ (注4)　750,000	0
繰越損益金			(注2)　▲ 750,000	
差引合計額		0	0	

差引利益積立金額の増加額（0）(注5)

Ⅱ：資本金等の額の計算に関する明細書

区分	期首現在資本金等の額	当期の増減		差引翌期首現在資本金等の額
		減	増	
自己株式		(注3)　▲ 750,000	(注3)　▲ 750,000	0
利益積立金額			(注4)　▲ 750,000	▲ 750,000
差引合計額		▲ 750,000	▲ 1,500,000	

差引資本金等の額のの増加額（▲750,000）(注6)

（注1）別表四を経由しない調整については「※」を付して記入する。

（注2）会計上の繰越利益剰余金の減少に対応。

（注3）会計上の自己株式（純資産の部）の増加・減少に対応。

（注4）利益積立金額と資本金等の額の入り繰りなので，両者は（符合は逆で）一致する。

（注5）別表五（一）上の利益積立金額の増減額合計（0）は，税務仕訳上の利益積立金額増減額合計（0）と一致する。

（注6）別表五（一）上の資本金等の額の増減額合計（▲750,000）は，税務仕訳上の資本金等の額増減合計（▲750,000）と一致する。

【執筆者紹介】

西村美智子（全体監修）　税理士

　国内外のM&Aストラクチャリング，国内外のグループ内再編に係る税務を含む総合税務サービスに従事。主な著書として，『組織再編ハンドブック』『株式買取請求の法務と税務』『現物分配制度の実務詳解』『そうだったのか！　税法条文の読み方』『スクイーズ・アウトの法務と税務』『インセンティブ報酬の法務・税務・会計』『組織再編税制の誤りやすいケース35』（いずれも共著・中央経済社）がある。

中島礼子（税務監修・第1編第1章，3章，第2編第1章，7章執筆）

デロイト トーマツ税理士法人 シニアマネジャー International Tax and M&A部門　税理士
　主な著書として，『税効果会計における「税率差異」の実務』，『株式買取請求の法務と税務』，『現物分配制度の実務詳解』，『そうだったのか！　税法条文の読み方』，『スクイーズ・アウトの法務と税務』『インセンティブ報酬の法務・税務・会計』『組織再編税制の誤りやすいケース35』（いずれも共著・中央経済社）がある。

長沼洋佑（会計監修）

有限責任監査法人トーマツ パートナー　公認会計士
　監査品質統括部テクニカルセンター室長として，組織再編会計などの会計相談業務に従事。現在，企業会計基準委員会企業結合専門委員，日本公認会計士協会 会計制度委員会副委員長（全体委員会、連結・企業結合等専門委員会、収益認識対応専門委員会、収益認識課題検討専門委員会、リース対応専門委員会を担当）。主な著書として『組織再編ハンドブック』（共著，中央経済社），『Q&Aグループ企業の法務・会計・税務』（共著，新日本法規出版）がある。

布施伸章（会計監修・第1編第2章執筆）

合同会社 会計・監査リサーチセンター代表社員　公認会計士
　上場企業等の組織再編を含む会計全般の相談業務を行っている。日本公認会計士協会理事，企業会計基準委員会企業結合専門委員，同税効果会計専門委員，企業会計審議会監査部会専門委員を歴任。主な著書として『詳解組織再編会計Q&A』（清文社）などがある。

波多野伸治（会計監修）

有限責任監査法人トーマツ パートナー　公認会計士
　監査品質総括部テクニカルセンターにて組織再編会計などの会計相談業務に従事。現在，日本公認会計士協会会計制度委員会 収益認識課題検討専門委員会専門委員長、連結・企業結合等検討専門委員会 専門委員。

鈴木肇（第2編第3章（税務）執筆）

デロイト トーマツ税理士法人 パートナー ビジネスタックスサービス部門　税理士
　国内の法人に対する申告書作成及びコンサルティング業務，連結納税制度／グループ通算制度の導入から申告に係るサポート業務，再編・買収等に関する調査・相談，税務デューデリジェンス，日本国内の企業再編全般の税務を含む総合サービスに従事。主な著書として『詳解 グループ通算制度Q&A』（共著，清文社），『詳解 連結納税Q&A（第9版）』（共著，清文社），『Q&Aグループ企業の法務・会計・税務』（共著，新日本法規出版）などがある。

蝋山竜利（第2編第5，6章（税務）執筆）

デロイト トーマツ税理士法人 パートナー International Tax and M&A部門　公認会計士・税理士
　M&Aストラクチャリング，税務デューデリジェンス，グループ内再編，企業再生，事業承継に係る税務を中心とした総合税務サービスに従事。主な著書として『企業再編 法律・会計・税務と評価』（共著，清文社），『Q&A業種別会計実務13 不動産』（共著，中央経済社），『Q&Aグループ企業の法務・会計・税務』（共著，新日本法規出版）などがある。

吉田竜太（第2編第2，4章（税務）執筆（初版時））

デロイト トーマツ税理士法人 シニアマネジャー ビジネスタックスサービス部門　税理士
　国内の法人に対する申告書作成及びコンサルティング業務，連結納税制度の導入から申告に係るサポート業務，再編・買収等に関する調査・相談，税務デューデリジェンス，日本国内の企業再編全般の税務を含む総合サービスに従事。主な著書として『詳解 連結納税Q&A（第9版）』（共著，清文社），『Q&Aグループ企業の法務・会計・税務』（共著，新日本法規出版）などがある。

税務申告でミスしないための
組織再編の申告調整ケース50＋6

2014年 6 月10日	第 1 版第 1 刷発行
2016年 6 月10日	第 1 版第 4 刷発行
2017年11月20日	改訂改題第 1 版第 1 刷発行
2025年 7 月10日	改訂改題第 1 版第11刷発行

編著者　西　村　美　智　子
　　　　中　島　礼　　　子
　　　　長　沼　洋　　　佑

発行者　山　本　　　　　継

発行所　㈱中　央　経　済　社

発売元　㈱中央経済グループ
　　　　パ ブ リ ッ シ ン グ

〒101-0051　東京都千代田区神田神保町1-35
電話　03（3293）3371（編集代表）
　　　03（3293）3381（営業代表）
https://www.chuokeizai.co.jp
製版／文唱堂印刷㈱
印刷・製本／㈱デジタルパブリッシングサービス

©2017
Printed in Japan

令和7年度 日本税理士会連合会 推薦

会計全書

（令和7年6月1日現在）

会計全書オンライン（Webデータベース）提供中！

斎藤静樹・中里 実 [監修]

毎年改正あるいは創設される会計基準や規則、税務法令や通達のうち、有用かつ重要なものを厳選して収録。日本における上場企業の経理・財務部門の水先案内人（パイロット）として、中堅中小企業の IPO に向けたパスポートあるいはビザの役割などを果たしてきた日本を代表する会計税務の宝典。

（3分冊） 会計法規編／会社税務法規編／個人税務法規編

主要目次

中央経済社